정치학적 대화 **❷**

한국
자유민주주의와
그 적들

정치학적 대화 ❷
한국 자유민주주의와 그 적들

초판 1쇄 발행 2018년 4월 2일
    2쇄 발행 2018년 8월 30일

지은이 | 노재봉·김영호·서명구·유광호·조성환

펴낸곳 | 북앤피플
대 표 | 김진술
펴낸이 | 김혜숙
디자인 | 박원섭
마케팅 | 이종률

등 록 | 제2016-000006호(2012. 4. 13)
주 소 | 서울시 송파구 성내천로37길 37, 112-302
전 화 | 02-2277-0220
팩 스 | 02-2277-0280
이메일 | jujucc@naver.com

ⓒ2018, 노재봉·김영호·서명구·유광호·조성환

ISBN 978-89-97871-33-9 93300

정치학적 대화 ❷

한국
자유민주주의와
그 적들

노재봉·김영호·서명구·유광호·조성환 지음

북앤피플

책을 펴내며

　이 책은 "'현재의 현재'를 정치학적으로 이해한다"는 목적을 갖고 2013년 1월부터 지금까지 매주 한 차례 혜사(惠史) 노재봉(盧在鳳) 선생님과 제자들이 모여 가진 '정치학적 대화(politological dialogue)'를 정리한 것이다. 2013년 1월부터 2015년 12월까지 진행된 토론과 대화는 《정치학적 대화》라는 제목으로 이미 출간되었다. 이 책은 그 제2권에 해당하는 것으로서 2016년 1월부터 2017년 12월까지 논의된 내용을 정리했다. 선생님과 정치학적 대화가 시작된 지 2년마다 그 내용을 책으로 정리해서 한 권씩 내는 결과가 되었다.

　정치학과 국제정치학을 공부해보면 가장 어려운 것이 '현재의 현재'를 학문적으로 이해하는 것이다. '현재의 과거'와 '현재의 미래'보다 '현재의 현재'를 이해하기가 더욱 어려운 이유는 그것이 현재진행형으로 우리 눈앞에서 일어나고 있는 일이고 보는 사람의 생각에 따라서 편견이 많이 작용할 수 있기 때문이다. 그래서 '현재의 과거'를 학문적으로 이해하려는 역사학에서는 연구자에게 적어도 1세대 이전의 주제에 한정해서 연구할 것을 권고한다. 여기에는 '현재의 현재'를 연구하다가는 말 꽁무니에 바짝 붙어 따라가다가 뒷발굽에 차이는 것과 같은 위험을 겪을 수도 있다는 학문외적인 우려와 배려가 들어가 있기도 하다.

정치학은 '현재의 현재'를 연구할 수밖에 없다. 그것은 정치학에 주어진 '숙명(宿命)'이다. 모든 위대한 정치사상은 시대의 위기를 정치학적으로 이해하고 그 극복 방안을 모색하는 과정에서 탄생했다. 이런 위기를 극복하려는 정치학적 대화와 자기성찰이 오늘날 위기의 대한민국에서 절실히 요청되고 있다. 이 책은 한국의 위기 상황에 대한 인식과 나름대로의 해법을 찾기 위한 정치학적 노력의 결과물이다.

이 세미나가 진행되는 동안 한국 사회는 그 전례를 찾을 수 없는 커다란 위기를 겪었고 그 후유증은 지금도 계속되고 있다. 촛불집회와 탄핵으로 대통령이 물러나는 초유의 사태가 헌정사에서 발생했다. 촛불집회에서는 '국민주권론'에서 말하는 '국민'이 상징적 존재임에도 불구하고 마치 촛불을 들고 거리로 나온 사람들을 주권자로 왜곡하는 '전체주의적 국민주권론'이 시민들을 현혹했다. 소수 의견이 무시되고 '다수의 폭정'이 만연하고 '전체주의의 일상화'가 우리 사회 곳곳에서 감지되고 있다. 이 모든 현상들은 한국 자유민주주의 체제가 '체제 타락'을 넘어서서 '체제 붕괴'로 나아가고 있는 것이 아닌가 하는 위기감을 불러일으키고 있다.

매주 진행된 세미나에서는 이런 사안들뿐만 아니라 매일매일 일어나는 우리 사회의 크고 작은 사건들이 대화와 토론의 주제로 다루어졌다. 이 세미나는 이런 한국 사회의 현안들을 단순히 시사적이고 '정치적'으로 논의하는 차원을 넘어서서 '정치학적'으로 논의하는 데 그 목적이 있었다. 여기서 독자들의 이해를 돕기 위해 '정치적 대화'와 '정치학적 대화'의 구분이 필요하다고 생각된다.

'정치적 대화'는 우리가 매일매일 신문과 방송을 보면서 우리 사회에서 일어나는 사건들에 대해 서로 상식적으로 이해하고 대화하는 것을 말한다. 이런 대화는 다분히 사실을 확인하고 시사적 차원에서 논의하는 수준에서 이루어진다. 이와 달리 '정치학적 대화'는 사건에 대한 시사적 이해의 차원을 훨씬 넘어서서 정치현실을 개념적으로 이해하고 사상적으로 해명해나가는 것이다.

정치사상(政治思想)이라고 하면 어렵게 들린다. 그러나 반드시 그런 것은 아니다. 사상을 어렵게 설명하니까 재미도 없고 어려운 것이다. '사상'은 다른 말로 하자면 그냥 '생각'이다. 우리의 생각이 행위의 근거가 되기 때문에 결국 생각이 현실을 만들어나가는 것이다. 그 생각이 현실을 어떻게 만들어나가는지를 개념적으로 파악하는 것이 사상이고, 그것이 이 책이 목표로 하는 '정치학적 대화'의 핵심이다.

촛불을 들고 광화문에 나가거나 태극기를 들고 시청 광장에 나가는 시민의 행위는 그 행위를 추동하는 '어떤 생각'이 있기 때문에 가능한 것이다. 자신의 행위가 딛고 서 있는 생각의 근거를 분명하게 이해할 수 있는 사람은 자신의 행위에 대해서 확신을 갖고 움직일 수 있을 것이다. 그러나 많은 사람들은 그 생각의 근거를 완전히 이해하지 못하고 모호한 상태가 되거나 분명하게 설명하지 못하는 경우가 많다. 이런 애매모호한 생각을 개념적으로 분명하게 밝혀주는 것이 '정치학적 대화'의 목적이다. 촛불집회에 등장한 '전체주의적 국민주권론'처럼 이런 애매모호한 상태를 비집고 들어와서 사람들의 생각을 왜곡시키려는 잘못된 이데올로기가 사회적 위기 상황에서는 널리 유포된다. 사람들의 생각과 현실을 왜곡시키는 이데올로기의 허구성을 폭로하고 그것을 바로 잡으려는 노력의 표현이 이 책이 전개하는 '정치학적 대화'이다.

한국의 정치현실을 개념적으로 이해하려고 노력하다 보면 이미 서양에서 비슷한 경험을 바탕으로 사상적 노력이 이루어진 경우가 있다는 사실을 발견하게 된다. 이것은 오늘의 한국 현실 문제를 개념화하는 과정에서 서양이든지 한국이든지 간에 그 이전 사상과의 연관성을 항상 생각하지 않을 수 없다는 것을 의미한다. 이것은 오늘의 현실을 이해하는 데 도움을 주는 사상들의 계보를 찾아올라가는 작업의 필요성을 제기해준다. 그 계보를 찾는 작업은 일상적이고 상식적 차원의 대화를 사상적 차원에서 질문의 형식으로 재구성하는 것만큼이나 어려운 작업이다.

사상의 계보 찾기와 질문의 재구성이라는 부분이 이 세미나에 참여한 제자들에게는 혜사(蕙史) 선생님의 도움이 가장 절실했던 문제였다. 예를 들어 건국, 북한 전체주의, 한국 자유민주주의, 한국 사회의 정치적 낭만주의와 낭만적 민족주의 특징, 한국 시민사회의 성장과 특징 등의 문제들을 논의할 때 선생님께서 해박한 지식을 바탕으로 이와 관련된 사상의 계보를 상세하게 짚어주셨다. 이런 계보를 준거 기준으로 하여 한국의 특수성과 관련된 여러 가지 질문들이 제기되고 심도 있는 논의가 이루어졌다. 이 논의 과정에서 한국적 상황에 서구 이론을 억지춘향식으로 덮어씌우는 것을 항상 경계하면서 이들 양자 사이의 '편차(variation)'를 차별화내고 이를 통해서 한국적 정치 현실의 특징을 정치학적으로 이해하려는 노력이 이루어졌다.

이런 과정을 거쳐서 논의된 주제들 중 중요하다고 생각되는 것들을 이 책에 수록했다. 제1권은 선생님과 제자 세 사람이 번갈아 가면서 질문하고 대화하는 형식을 취했다. 제2권에서는 이전과 형식을 달리하였다. 먼저 선생님께서 여러 기회에 발표하신 글을 게재하였다. 나머지는 네 명의 제자들이 각자 주제를 맡아서 대화와 토론 내용을 논문 형식으로 정리했고 각주는 달지 않고 필요할 경우 본문에 출처를 밝히는 형식을 취했다. 그 이유는 새로운 형식이 대화체보다는 약간 생동감이 떨어지겠지만 독자들에게는 그 주제를 더욱 쉽게 이해하는 데 도움이 될 것으로 생각했기 때문이다. 여기에 실린 글들은 이미 발표된 것들과 새롭게 쓴 것들로 구성되어 있다. 전자의 경우 그 출처를 밝혀두었다.

논어(論語)에 나오는 술이부작(述而不作)이라는 말은 이 책의 특징을 잘 드러내준다. 한국 정치현실을 개념적으로 설명하는 혜사(蕙史) 선생님의 면도칼처럼 끊는 예리한 생각과 논지를 제자들은 이 책에 정리한 글들에서 충실히 반영하고자 노력했다. 그렇기 때문에 본문에서는 선생님을 직접 인용하지는 않았다. 그렇다고 하더라도 이 책은 세미나에서 논의된 선생님의 생각과 주장을 반영하고 있다는 점을 밝혀두고자 한다. 다만 네 사람의 저자가 동시에 그 내용을 정리했기 때문에 각자의 생각이 약간 강하게 반영된 부분이 있는 것도 사실이다. 또한 '민족(nation)' 개념과 국민주권론의 정치사상적 이해를 둘러싼 문제들처럼 저자들이 다양한 시각에서 되풀이해서 다루고 있는 것들도 있다. 그 이유는 이런 주제들과 개념들이 최근 한국 사회에서 왜곡된 형태로 나타나고 있어서 이에 대한 비판이 매우 중요하다고 인식했기 때문이다. 이 점에 유념하면서 지난 몇 해 동안 진행된 지적 향연(饗宴)에 독자들도 비판적 시각을 갖고 참여해 주었으면 하는 바램이다.

이 책은 모두 여섯 개 장으로 나누어져 있다. 제1부에 해당하는 제1장에서 제3장까지는 촛불집회로부터 탄핵에 이르는 과정을 정치학적 관점에서 설명한다. 또한 새로 등장한 문재인 정부의 국정운영 목표와 구체적 정책들을 비판적으로 분석하고 그 대안을 제시하고 있다. 여기에는 2017년 1월 자유민주 지성인들의 모임인 '한국자유회의(Korea Freedom Congress)' 출범과 함께 발표된 노재봉 선생님의 '한국자유회의 선언문'과 그 해제가 실려 있다. 이 선언문은 한국인의 근대성(modernity) 추구가 1948년 '건국혁명'과 박정희 정부의 '산업혁명'을 거쳐 '통일혁명'의 과제를 남겨두고 있다는 점을 지적하고 한국 정치현실 인식을 위한 정치사상적 좌표를 제시하고 있다. 나아가 이 장들에서는 탄핵에 대한 정치사상적 비판과 촛불 집회의 전체주의적 성격을 비판적으로 파헤치고 있다.

제2부에 해당하는 제4장에서 제5장까지는 자유민주주의 일반과 한국 자유민주주의에 대한 이론적, 역사적 이해와 함께 우리 사회에 존재하는 자유민주주의에 대한 도전 세력을 비판적으로 해부한다. 현재 한국의 정치 상황은 대한민국의 바탕이 되는 자유민주주의 이념과 그 역사적 발전 과정을 모든 측면에서 재검토할 것을 요구하고 있다. 이런 요구에 부응하기 위해서 이 장들에서는 자유민주주의, 민족주의, 전체주의, 전복전략, 건국사관 등 건국 이후 한국 정치와 역사전개에 지대한 영향을 미친 정치사상들과 사관들을 정치학적 관점에서 분석한다. 이 장들은 대학에서 가르칠 수 있는 수준 높은 '한국정치학' 교과서를 목표로 하여 쓰여졌다. 제2부는 대학에서 직접 강의를 듣고 리포트를 제출하면서 학점을 취득해야 하는 번거로움을 덜어주면서 '한국정치학'을 공부할 수 있는 기회를 독자들에게 제공할 것이다. 이런 특징 때문에 저자들은 이 책이 시민단체들의 훌륭한 시민교육용 교재로서도 사용될 수 있을 것으로 믿는다.

제6장에서는 세미나에서 논의된 다양한 주제들을 정리하여 한데 묶었다. 여기에는 지난 몇 년간 한국 정치의 중요한 사건들에 대한 정치학적 성찰이 담겨 있다. 이 장에는 촛불집회의 성격, 프랑스혁명과 대한민국 건국혁명의 정치학적 비교, 북한 반체제 작가 '반디'가 쓴 '고발'에 대한 서평, 평화통일에 대한 개념 등의 주제들이 다루어지고 있다.

이 책이 독자들에게 한국 사회가 직면한 위기의 본질과 그 극복 방안에 대한 자신의 의견과 상식을 '정치학적 차원'에서 생각해 볼 수 있는 기회가 되었으면 하는 것이 저자들의 바램이다. 제자들과 세대를 뛰어넘는 격의 없는 대화를 통해서 많은 깨우침을 주시고 이 책 출간에 기꺼이 동의해주신 노재봉 선생님께 깊이 감사드린다. 지난 5년 동안 한 주도 빠지지 않고 세미나에 참여하여 열띤 토론을 벌여준 참석자 분들께도 감사드린다. 이 책의 교정과 색인 작업을 도와준 성신여대의 유나영 박사와 이 책의 출간을 맡아주신 김진술 사장님과 이 책을 훌륭하게 편집해준 북앤피플 편집진께도 고마운 마음을 전한다.

저자들을 대신하여
2018년 3월 1일
김 영 호 씀

차례

제2부 한국 자유민주주의와 그 적들

제4장 | 자유민주주의의 이해

제1부

촛불집회, 탄핵, 문재인 정부 해부

1. 한국자유회의 선언문

노재봉

한국자유회의 선언문[1]

오늘 우리는 한국 자유회의 결성에 즈음하여

한국의 근대성(modernity) 확보 노력이 건국이라는 정치혁명을 시작으로 근대화라는 산업혁명을 거쳐 최종적으로 자유민주주의에 의한 통일로서 완성된다는 역사적 판단을 근거로

다음과 같이 선언한다.

---

[1] 이 선언문은 2017년 1월 23일 '한국자유회의' 창립 대회에서 발표되었다.

1. 우리는 한국 국민에 대한 책임 있는 지성인으로서, 북한 정권의 '통일전선전략'을 추종하며 허구를 앞세운 선전선동으로 국민의 정치의식을 오도하여 국가적 정통성을 파괴하려는 전체주의적 전복세력에 맞서, 자유민주주의 사상을 신장하고 강화하는 데 모든 열정과 노력을 다할 것을 선언한다.

2. 우리는 남북한을 '자본주의 대 공산주의'라는 경제적 대칭개념으로만 보려는 경향에 대하여 정치체제에 관한 문제의식의 중요성을 적시하며, 북한의 정치체제는 자유민주주의 이념과는 절대로 융합될 수 없는 전체주의체제로 규정한다.

3. 우리는 자유민주세력과 전체주의세력이 마치 동일한 정통성에 합의 기반을 가진 두 개의 상대적 세력인 것처럼 '보수 대 진보'라는 허구의 도식으로 세력과 의식을 분류하는 의도적 조작을 엄중히 규탄하며, 한반도에서의 자유민주주의는 정치적으로 보수가 아닌 진보이며, 전체주의는 진보가 아닌 반동으로 규정함이 이론적으로나 현실적으로 정확한 정의(定義)임을 천명한다.

4. 우리는 정치적 대중집회를 조직해 놓고 혁명의 전단계라거나 시민적 명예혁명이라고 하여 정통성의 대체를 암시적으로 선동하는 반동세력의 책동과, 이를 정당화하듯 "대한민국의 주권은 국민에게 있고 모든 권력은 국민으로부터 나온다"(헌법 제1조 2항)고 웅변을 토

하는 여의도 정치인들의 의식은, 개인의 존재와 자유를 부정하며 국가와 사회를 동일시하는 내용을 가진 "집단적 개체"(북한헌법 제 63조)를 주권자라고 인식하게 만드는 전형적 전체주의 사고의 발로임을 적시(摘示)한다.

5. 국민주권 사상은 정치행위의 준거상징임을 의도적으로 외면하고, 민족 또는 민중을 '집단적 개체'로 내세워 그것을 현실적인 주권자로 명분화함으로써, 사실적으로는 독재와 폭력을 제도화하여 자유를 말살하는 체제에 이르게 하는 교활한 의식화에 우리는 단호히 대처한다.

6. 자유민주주의체제는 입헌적 정통성 원리에 입각한 경쟁과 이를 통한 대의제에 근거하여 국민주권 이념을 제도화함으로써 자유가 보호된다는 것을 다시금 환기하며, 이를 이해하는 교양의 부족으로 말미암아 정치권 전체가 대의기능에서 이탈하고 반(反)대한민국 세력에 의해 조직화된 대중적 정치집회에 영합하여 의식적으로 또는 무의식적으로 체제전복 음모에 동조하고 있는 천박한 의식과 행동을 우리는 단호히 규탄한다.

7. 우리는 북한의 전체주의체제가 여느 그것과 마찬가지로 폭력적 혁명이념을 체제의 불가변의 본질을 이루고 있음을 지적하며, 여하한 유화정책도 통용될 수 없는 상대임을 확인함과 아울러 북한

의 핵문제 인권문제 등과 관련한 대립과 갈등을 경제적 지원으로 해
소할 수 있으리라는 환상적 평화주의나 감상주의를 심각하게 경계
한다.

8. 우리는 대한민국의 자유민주주의체제가 보장하고 있는 근대적
자유를 전체주의 혁명의 수단으로 역이용하여 체제전복을 획책하는
음모를 응시하면서, 추상적이고 관념적인 상대주의적 의식을 경계함
과 동시에 단호히 적으로부터 자유를 수호할 권리와 의무를 지고 있
다는 것을 엄숙히 선언하는 바이다.

2. '한국자유회의 선언문' 해제(解題)[2)]

김영호

'한국자유회의 선언'은 선언문이라는 형식 때문에 매우 압축된 형태로 작성되었다. 이 해제(解題)는 선언문의 내용을 더욱 알기 쉽게 이해할 수 있도록 하기 위한 것이다. 이 해제는 선언문의 사상적, 역사적 근거를 설명하는 데 그 목적이 있다. 이 선언문을 작성하는 과정에 참여한 지성인들은 선언문의 구성, 개념, 역사 인식, 내용 등을 둘러싸고 오랜 기간에 걸쳐 심도 깊은 논의를 거듭하였다. 이 해제는 선언문의 '전문'과 여덟 개 항을 순서대로 설명하는 방식을 취한다. 이 해제는 선언문의 목적과 내용이 더욱 잘 이해되었으면 하는 바램에서 작성된 것임을 밝혀둔다.

전문
"오늘 우리는 한국자유회의 결성에 즈음하여 한국의 근대성 확보

---

2) 이 해제는 2017년 1월 23일 '한국자유회의' 창립 대회에서 발표되었다.

노력이 건국이라는 정치혁명을 시작으로 근대화라는 산업혁명을 거쳐 최종적으로 자유민주주의에 의한 통일로서 완성된다는 역사적 판단을 근거로 다음과 같이 선언한다."

'한국자유회의(Korea Freedom Congress)'에서 말하는 '회의(congress)'는 각 전문 분야에서 한국 사회를 대표하는 지성인 대표들의 모임이다. '회의'의 의미를 이해하기 위해서 두 가지 사례를 들어보자. 나폴레옹 전쟁을 마무리 짓는 국제회의는 '비엔나 회의(Congress of Vienna)'라고 불린다. 이 '회의'에는 평화협정을 체결하기 위해 전쟁에 참여했던 유럽 국가들의 외교관들이 대표로서 참여했다. 미국 독립전쟁 시작 직후 독립선언서를 작성하기 위해 13개 주의 대표들이 필라델피아에 모였을 때 그 모임을 '대륙회의(Continental Congress)'라고 불렀다. 이와 마찬가지로 '한국자유회의'는 한국 자유민주주의를 지키기 위한 지성인 대표들의 모임이다. 자신이 속한 조직과 분야를 대표하는 지성인들이 네트워크의 형식으로 모임을 구성하여 한국 사회가 처한 사상적 혼돈 상황을 극복하기 위해 공동으로 논의하고 그 결과를 각자가 속한 조직과 분야로 되돌아가서 그곳의 사람들과 공유하고 피드백을 주고받으면서 사회적으로 전파하는 데 이 회의의 목적이 있다.

다음으로 '전문'에서 한국의 '근대성(modernity)'을 성취하기 위한 노력이 건국이라는 '정치혁명'과 근대화라는 '산업혁명'을 완수하고

'통일혁명'을 미완의 과제로 남겨두고 있다고 말하고 있다. 조선왕조와 일제 식민지 시대를 거치면서 한국인에게 주어진 '근대성' 확보를 위한 가장 중요한 과제는 '인간의 권리'의 제도적 보장이었다. 한국인은 근대국민국가의 건설을 통해서 비로소 그러한 권리를 보장받을 수 있었다. 조선왕조의 몰락과 식민지화로 인하여 그러한 근대성의 추구는 좌절되고 말았다. 해방과 함께 대한민국이라는 근대국민국가가 자유민주주의를 정치이념으로 채택하는 정치혁명을 통하여 건국됨으로써 구한말 이후 계몽운동과 독립운동을 통해서 줄기차게 진행되어온 근대성 확보를 위한 노력이 결실을 맺게 되었다는 점을 전문은 강조하고 있다.

1948년 건국은 그 이전의 왕조체제로 되돌아가지 않고 자유민주주의체제를 채택하였다는 점에서 한국사에서 하나의 커다란 혁명이었다. 혁명은 정치체제의 정통성의 원리(legitimacy principle)의 근본적 변화를 의미한다. 건국혁명을 통하여 한국인은 왕조국가의 권리가 없는 '백성'에서 자유롭고 평등하고 권리를 가진 개인으로서 정치적 정체성의 변화를 겪으면서 국가의 주권자인 '국민'으로 거듭났다. 이러한 한국인의 존재론적 변화와 제도적으로 보장된 자유를 통하여 한국인은 자신의 창의력과 잠재력을 최고로 발휘함으로써 오늘날 대한민국의 번영을 이룩할 수 있었다.

1948년 정치혁명은 민주혁명이었다. 보통·직접·비밀·평등이라는 선거의 4대 원칙을 남녀 구분 없이 적용하여 이룩한 민주선거혁명이었다. 이것은 한국인이 한반도에 삶을 영위하면서 실시한 최초의 민주선거였다. 미국의 경우 여성이 1920년에 비로소 투표권을 가질 수 있었다는 사실에 비추어볼 때 신생 국가가 남녀 평등하게 투표권을 부여한 것은 세계사적으로도 획기적 사건이었다. 또한 1948년 정치혁명은 신분제를 폐지하고 토크빌이 말하는 사회적 평등이 실현된 '민주사회'로의 이행을 촉진시켰다는 의미에서 민주혁명이었다. 그 이후 사회적 평등은 농지개혁, 6·25전쟁, 산업화, 시민사회의 성장 과정을 거치면서 더욱 가속화되었다. 한국 정치의 역동성을 이해하기 위해서는 그 정치가 심화된 사회적 평등이라는 토대 위에 서 있다는 점을 이해하는 것이 중요하다.

정치혁명을 이룩한 다음 한국이 직면한 과제는 국가기반을 구축하는 일이었다. 이 과제는 박정희 정부가 주도한 근대화라고 하는 산업혁명을 통하여 완수되었다. 산업혁명은 한국 사회를 농경사회에서 산업사회로 변화시켰다. 산업사회는 과학과 기술의 발전에 의하여 경제가 발전하고 사회구조적 변화가 일어나는 것을 그 특징으로 하고 있다. 그 이후 한국은 정보화혁명을 거쳐 제4차 산업혁명의 단계로 진입하고 있다.

'전문'은 마지막으로 한국인의 근대성 확보를 위한 노력이 자유민주주의체제에 기반한 통일을 통해서 비로소 완성된다는 점을 강조하고 있다. 통일은 분단과 함께 미완의 과제로 남아 있는 근대국민국가의 건설을 완결짓는다는 의미를 갖고 있다. 또한 이 전문의 내용은 남북한의 민족이라는 공통분모 위에 자유민주적 질서를 부여하는 것이 통일이라는 점을 강조하고 있다. 전문은 통일이 민족 문제가 아니라 체제 문제라는 점을 분명히 하고 있는 것이다. 이상을 종합해보면 '전문'은 정치혁명과 산업혁명을 거쳐 통일혁명을 통하여 구한말 이후 한국인이 추구해온 근대성 확보를 위한 노력이 비로소 완결된다는 역사인식에 바탕을 두고 있다는 것을 알 수 있다.

1. 우리는 한국 국민에 대한 책임 있는 지성인으로서, 북한 정권의 '통일전선전략'을 추종하며 허구를 앞세운 선전선동으로 국민의 정치의식을 오도하여 국가적 정통성을 파괴하려는 전체주의적 전복세력에 맞서 자유민주주의 사상을 신장하고 강화하는 데 모든 열정과 노력을 다할 것을 선언한다.

지성인은 자신이 속한 사회적 지위로부터 독립하여 사고하면서 국가 정통성의 원리와 사회 제반 문제들에 관해서 객관적 입장을 제시하기 위해 노력하는 사람들을 말한다. 특히 국가적 위기 상황에서 그 위기의 원인을 진단하고 해법을 제시해야 하는 지성인의 책임감은 더욱 커진다는 점을 선언문 제1항은 지적하고 있다. 지성인은 항상 현실에 함몰되지 않고 현실과 일정한 긴장관계를 유지하면서 보다 나은 공동체 구성원들의 삶을 위한 해법을 제시하기 위해 노력해야 할 의무를 갖고 있다. 지성인이 현실과 동떨어져 사유할 경우 그것은 유토피아적 피안으로 도피하는 것이고 현실에 지나치게 개입할 경우 기존 질서를 무비판적으로 수용하고 옹호하는 이데올로그로 전락하고 만다. 선언문은 지성인들이 이 점을 유의하면서 현재 한국이

처한 국가적 위기의 원인에 대한 진단과 처방을 제시하기 위해 노력
해야 한다는 점을 강조하고 있다.

　제1항은 현재 한국 사회에 급격히 퍼지고 있는 '일상적 전체주의
(everyday form of totalitarianism)'의 문제점에 관하여 경고음을 울리
고 있다. 전체주의는 개인의 자유를 부정하고 국가의 공식 이데올로
기를 시민사회 전체에 강요한다는 점에서 대한민국의 정당성 원리인
자유민주주의와는 정면으로 배치된다. 전체주의는 북한 체제의 특징
이다. '전체주의적 사고의 일상화'는 남한의 전복을 기도하는 북한의
통일전선전략에 휘말리고 추종하는 결과를 가져오고 있다. 북한의
한국에 대한 '전복전(顚覆戰)'은 직접 군사력을 동원하여 다른 나라의
체제를 정복하는 드러난 전쟁과 달리 한국 내의 반정부 세력과 불만
세력을 이용하여 내부로부터 체제를 타도하려는 정치적 성격을 갖고
있는 전쟁이다.

　전복전의 출발점은 대한민국의 자유민주주의체제를 약화시키기
위해 거짓말과 선전선동으로 국민의식을 오도하고 사회적 혼란을 조
성하는 것이다. 광우병 촛불시위는 그 대표적인 사례이다. 전체주의
적 사고의 일상화는 우리 사회를 물에 젖은 솜과 같이 만들어 붉은
잉크를 한 방울 떨어뜨리면 금방 솜 전체가 붉게 물들고 마는 결과를
가져올 수 있는 매우 위험한 상황을 조성하고 있다. 한국의 지성인들
은 허구적 선전선동에 의해서 우리의 의식 속에 부지불식간에 파고
들고 있는 전체주의의 일상화를 공론화하여 비판하고 자유민주주의
사상을 신장하고 강화하는 데 전력을 기울여야 한다는 점을 이 선언

문은 촉구하고 있다.

2. 우리는 남북한을 '자본주의 대 공산주의'라는 경제적 대칭개념으로만 보려는 경향에 대하여 정치체제에 관한 문제의식의 중요성을 적시(摘示)하며, 북한의 정치체제는 자유민주주의 이념과는 절대로 융합될 수 없는 전체주의체제로 규정한다.

선언문의 제2항은 북한의 정치체제가 '전체주의체제'라고 규정하고 있다. 이것은 지금까지 우리 사회에서 북한 체제를 경제적 범주로 보려는 경향성이 매우 강했기 때문에 북한 체제의 전체주의성을 제대로 파악하지 못하는 문제점을 지적하고 있다. 이러한 경향성은 의도적인 것일 수도 있고 무의식적인 것일 수도 있다. 이 선언문은 북한 체제를 경제체제의 범주인 사회주의와 공산주의로 이해함으로써 "현실의 일식현상"이 생겨나고 북한 체제의 본질인 전체주의성이 가려져서 분명하게 드러나지 않게 된다는 점을 비판하고 있다. 다시 말하자면 '경제적 양식(economic mode)'에 초점을 맞출 경우 자유민주주의와 전체주의 사이에 존재하는 '정치적 양식(political mode)'의 구분과 차이점이 모호해진다는 것이다. 선언문은 북한 체제를 경제적 범주로 보는 것은 북한 정권과 한국 내의 전체주의 동조세력이 북한 체제의 본질을 흐리게 하려는 시도라고 비판하고 있다.

정치적 지배 양식의 관점에서 볼 때 자유민주주의의 대척점에 서 있는 전체주의체제의 특징은 레이몽 아롱(Raymond Aron)의 주장을 원용하면 다음과 같이 정의될 수 있다. 전체주의는 1)국가 권력을 독점하는 정당의 존재, 2)국가 공식 이데올로기의 존재, 3)이런 공식 이데올로기를 사회 전체에 강요하기 위한 폭력과 선전 수단의 국가와 당에 의한 독점, 4)국가의 직접적 통제를 받는 경제체제, 5)개인의 모든 범죄는 이념적으로 해석되어 경찰과 이념적 테러의 대상이 된다는 것 등을 그 특징으로 하고 있다. 이런 기준에 비추어볼 때 히틀러의 독일과 스탈린의 소련과 마찬가지로 북한은 전체주의적 정치 지배 양식에 속한다는 것을 알 수 있다.

북한은 김일성 사후 발생한 대기근과 경제적 어려움으로 일시적으로 군부 중심의 선군정치를 표방했지만 여전히 조선노동당이 권력을 독점하고 있는 일당독재체제이다. 북한은 주체사상이라는 공식적 이데올로기에 의해 지배되고 있는 체제이다. 북한 정권은 모든 사회를 감시하기 위해 폭력과 선전 수단을 국가가 모두 독점하고 외부의 정보가 북한 사회에 유입되지 않도록 철저하게 폐쇄정책을 추진하고 있다. 1990년대말 대기근으로 인하여 장마당들이 만들어지고 원시적 교환경제가 도입되고 있지만 여전히 북한은 국가에 의한 통제경제체제를 유지하고 있다. 또한 북한은 체제를 비판하거나 도전하는 사람들을 정치범으로 몰아서 '정치범수용소'에 이들을 수용하고 있고 그 숫자는 10만여 명에 달하는 것으로 추산되고 있다. 이러한 북한의 정치적 지배 양식을 살펴보면 21세기 한국은 북한이라는 전체주의체제와의 대결에서 최전선에 서 있다는 것을 알 수 있다.

이 선언문은 냉전의 종식과 함께 소련의 전체주의체제는 종언을 고했지만 '북한판 전체주의'는 여전히 한반도 상에 존재하고 있다는 점을 우리에게 일깨워주고 있다. 제2항은 냉전의 종식이 자유와 평등이라는 정치 이념의 승리와 역사의 종언을 의미한다는 낙관론적 사고를 비판하고 있다. 경제적 양식의 관점에서 벗어나서 정치적 지배 양식을 중심으로 남북한에 존재하는 정치체제의 차이점을 이해함으로써 비로소 북한 체제의 전체주의성이 분명하게 드러나고 북한 체제는 한국의 자유민주주의체제와 절대로 융합될 수 없는 체제라는 점을 이 선언문은 지적하고 있다. 이러한 체제의 차이점은 우리가 추구해야 할 통일이 민족 문제가 아니라 체제 통일의 문제라는 점을 다시 한 번 일깨워주고 있다.

3. 우리는 자유민주세력과 전체주의세력이 마치 동일한 정통성에 합의 기반을 가진 두 개의 상대적 세력인 것처럼 '보수 대 진보'라는 허구의 도식으로 세력과 의식을 분류하는 의도적 조작을 엄중히 규탄하며, 한반도에서의 자유민주주의는 정치적으로 보수가 아닌 진보이며, 전체주의는 진보가 아닌 반동으로 규정함이 이론적으로나 현실적으로 정확한 정의(定義)임을 천명한다.

제3항은 앞에서 논의된 자유민주주의와 전체주의에 대한 정치 양식상에서의 구분을 근거로 하여 한국 사회에 널리 퍼져 있는 기존의 '보수 대 진보'의 구분과 도식을 비판한다. 이런 혼란을 피하기 위하여 한국의 사상적 지형과 정치세력을 '자유민주세력'과 '전체주의세

력'으로 나누는 것이 더욱 정확한 현실 인식이라는 점을 선언문은 강조하고 있다. 두 체제는 정치적 정통성 원리의 근거를 완전히 달리하고 있음에도 불구하고 마치 양자가 동일한 원리에 기초하고 있다는 것처럼 전제하고 '보수 대 진보'로 나누는 것은 완전히 잘못된 것일 뿐만 아니라 의식적인 상징 조작이라는 점을 지적하고 있다.

미국에서는 민주당과 공화당이라는 두 정치세력과 양당을 지탱하는 사상적 근거를 각각 '리버럴(liberal)'과 '보수(conservative)'로 구분 짓고 있다. 민주당은 낙태와 같은 문제와 관련해서는 개인의 선택을 강조하는 '리버럴'한 입장을 갖고 있다. 이와 달리 공화당은 사회적·문화적 문제들에 관하여 매우 보수적 정책을 견지하고 있다. 이러한 정책적 차이점에도 불구하고 미국 사회를 대표하는 두 정치세력은 미국 헌법이 제시하는 체제의 정통성 원리를 받아들이고 일치된 견해를 보여주고 있다. 제2차 세계대전과 냉전 시기에 미국이 히틀러의 전체주의와 스탈린의 전체주의에 맞서 싸울 때 민주당과 공화당과 이들을 지지하는 정치세력들은 일치단결하여 미국의 자유뿐만 아니라 자유민주 진영을 지켜냈다.

이와 달리 오늘날 한국의 지성계에서는 북한의 전체주의를 의식적으로 혹은 무의식적으로 옹호하고 지원하는 정치세력을 마치 '진보'인 것처럼 여기는 그릇된 지적 풍토가 만연해 있다는 점을 선언문은 비판하고 있다. 북한 전체주의체제를 옹호하는 세력은 진보가 아니라 반동으로 규정되어야 한다는 점을 선언문은 지적하고 있다. 북한 체제의 시대착오적 반동성에 비추어볼 때 한반도에서는 한국의 자유민주주의가 오히려 진보로 규정되어야 하고 조국 통일을 위한 사상적 바탕이 되어야 한다는 것이다.

자유민주주의는 한반도라는 특수한 상황에서만 진보성을 갖고 있는 것이 아니라 세계사적으로도 그 진보성이 입증되었다는 점에서 보편성을 갖고 있다고 할 수 있다. 자유민주주의는 전제정과 군주정을 뒤집어엎고 나왔을 뿐만 아니라 파시즘과 전체주의와의 대결에서도 승리한 정치체제이다. 이렇게 보면 자유민주주의는 한반도라는 특수한 상황과 세계사라고 하는 보편적 관점에서 볼 때 모두 진보성을 갖고 있는 사상이라는 것을 알 수 있다. 이 선언문은 우리 사회의 지성계가 '보수 대 진보'라는 근거 없는 허구적 도식에서 벗어나서 자유민주세력과 전체주의세력을 정확하게 구분할 것으로 요구하고 있다.

4. 우리는 정치적 대중집회를 조직해 놓고 혁명의 전단계라거나 시민적 명예혁명이라고 하여 정통성의 대체를 암시적으로 선동하는 반동세력의 책동과, 이를 정당화하듯 "대한민국의 주권은 국민에게 있고 모든 권력은 국민으로부터 나온다"(헌법 제1조 2항)고 웅변을 토하는 여의도 정치인들의 의식은, 개인의 존재와 자유를 부정하며 국가와 사회를 동일시하는 내용을 가진 '집단적 개체'(북한헌법 제63조)를 주권자라고 인식하게 만드는 전형적 전체주의 사고의 발로임을 적시(摘示)한다.

정치 집회는 우발적 군중(crowd)의 모임이 아니라 사전에 잘 계획되고 조직화된 대중(mass)의 집단적 행동이다. 이러한 특징은 한국의 경우에도 예외일 수 없다. 우리 사회에서 자주 볼 수 있는 대규모 정치적 대중집회는 특정의 이슈를 공론화하고 해결하기 위한 차원을 넘어서서 반정부 시위와 정권 타도 투쟁으로 발전되는 경우가 많다. 이렇게 될 경우 대중집회는 국민의 민주적 의사 표현의 단계를 넘어서서 체제 도전으로 나아갈 위험성을 안고 있다. 제4항은 이런 위험성을 경고하고 있다.

대중 집회의 열기가 달아오르면 이를 이용하여 혁명의 전단계에 진입했다거나 시민적 명예혁명을 이룩해야 한다는 주장이 공공연하게 제기된다. 혁명은 체제 정통성의 원리가 바뀌는 것을 의미한다. 우리의 경우 자유민주주의에서 다른 이념으로 체제의 성격이 바뀌는 것이 혁명이다. 제4항은 이처럼 '혁명'이 지향하는 구체적 이념은 제시하지 않은 채 대중의 도덕적 분노에 편승하여 대중을 선동하는 행위는 체제를 파괴하는 결과를 가져올 수 있다는 점을 경고하고 있다.

우리 헌법 제1조 2항에 명시된 '국민주권론'은 정치적 정통성의 근거를 제시하기 위한 상징적 준거 기준이다. 그럼에도 불구하고 마치 그 '국민'이 '집단적 개체'로서 실제로 존재하는 것처럼 잘못 이해하고 있다는 점을 이 선언문은 비판하고 있다. 이러한 무지와 오해는 북한 헌법 제63조 '공민의 권리와 의무'라는 조항에 나오는 '하나는 전체를 위하여, 전체는 하나를 위하여'라는 전체주의적 집단적 개체 의식을 정당화시켜주는 결과를 가져오고 만다는 점을 이 선언문은 비판하고 있다. 이와 관련된 비판은 다음 제5항에서 더욱 구체적으로 제시되고 있다.

5. 국민주권 사상은 정치행위의 준거상징임을 의도적으로 외면하고, 민족 또는 민중을 '집단적 개체'로 내세워 그것을 현실적인 주권자로 명분화함으로써, 사실적으로는 독재와 폭력을 제도화하여 자유를 말살하는 체제에 이르게 하는 교활한 의식화에 우리는 단호히 대처한다.

국민주권론이 정치체제의 정통성의 근거를 제시하기 위한 상징적 준거 기준이라는 점은 왕정에서 민주주의로 전환되는 과정을 보면 쉽게 이해할 수 있다. 중세 정치사상 연구의 대가(大家) 칸토르비츠(Ernst Kantorowicz)에 의하면, 왕정에서 국왕은 '생물학적 존재로서의 왕(body natural)'과 '정치적 상징으로서의 왕(body politic)'이라는 측면을 동시에 갖고 있다. 국왕의 인간으로서 신체는 죽음과 함께 소멸된다. 그러나 왕위의 계승과 왕조의 지속성을 유지하기 위해서는 국왕이 육체적으로 죽더라도 정치적 상징으로서의 왕은 유지되지 않으면 안 된다. 왕정에서는 눈에 보이는 생물학적 국왕과 눈에 보이지 않는 국왕의 정치적 상징성이 합쳐져서 왕정의 이념적 정통성을 구성하고 있다.

그런데 르포르(Claude Lefort)가 지적하듯이 왕정에서 민주주의로 전환되는 과정에서 생물학적·상징적 국왕의 존재가 사라지고 '빈 자리(empty place)'가 생겨나게 되었다. 이것은 왕정이 끝나면서 주권자의 자리가 공백이 되고 말았다는 것을 의미한다. 국왕이 떠나버린 이 빈자리를 메우게 되는 상징적 존재가 바로 '국민'이다. 이 국민을 정통성의 원리로 내세운 것이 근대적 의미에서 '국민주권론'이다.

이때 '국민'은 국왕과 달리 눈에 보이는 실체를 갖고 있는 것이 아니라 추상적 개념으로서 정치체제의 '정통성'의 원천을 의미한다. 그럼에도 불구하고 이 선언문은 우리 사회의 정치인들이 국민주권론의 '국민'이 마치 실재(實在)하는 것으로 오해하는 잘못을 범하고 있다는 점을 비판하고 있다. 국민주권론이 명시된 헌법 제1조 2항을 들먹이는 정치인들은 '국민'이 마치 정치적 대중집회에 모인 실재하는 사람들인 것처럼 잘못 이해하고 있다는 점을 이 선언문은 지적하고 있다. 우리 헌법 조항에서 말하는 '국민'은 대한민국이라는 근대국민국가의 정치적 정통성을 부여하는 추상적이고 상징적 존재이다. 그럼에도 불구하고 이처럼 추상적 실체인 '국민'을 실재하는 것으로 여기고 제도적으로 구현하고자 할 경우 '전체주의'로 나아갈 수밖에 없다는 위험성을 이 선언문은 강조하고 있다.

국민주권 사상에서 말하는 추상적 실체인 '국민'을 실제로 존재하는 인간 집단으로 볼 경우 그 국민은 '집단적 개체'로 전락하고 그 집단 속의 개인은 전체를 위해 존재하는 부속물에 불과하게 된다. 북한 헌법 제63조에 나오는 '하나는 전체를 위하여, 전체는 하나를 위하여'라는 조항은 바로 이러한 전체주의적 집단적 개체 의식을 정당화시킴으로써 개인의 자유를 말살하고 독재와 폭력을 정당화시켜주는 결과를 가져온다고 이 선언문은 경고하고 있다.

이 선언문은 그 '집단적 개체'를 흔히 민족 혹은 민중의 이름으로 내세운다는 점을 지적하고 있다. 우선 프랑스혁명에서 탄생한 근대적 의미의 '민족(nation)'은 인간의 자유와 평등을 전제로 하고 있다. 민족이 갖고 있는 이러한 개인적 권리와 자유의 측면을 무시한 채 '집단적 개체'로서의 측면만을 강조할 경우 북한에서 보는 것처럼 개인의 자유가 억압당하고 집단의 이름으로 폭력이 정당화되는 전체주의로 나아갈 수 있다는 점을 이 선언문은 지적하고 있다.

또한 이 선언문은 '집단적 개체'로서 민중 혹은 계급을 내세울 경우 모든 사람을 거기에 포함시키는 것이 아니라 일부를 그들의 적으로 상정하고 거기서 배제한다는 점을 지적하고 있다. 냉전 시대에 등장한 '인민민주주의'에서 말하는 '인민(people)'은 그 대표적인 예로서 그 인민에는 국민 전체가 포함되는 것이 아니라 민중과 계급의 적을 배제한 집단을 의미한다. 이렇게 될 경우 그 집단에서 배제된 사람들의 권리는 무시되고 정치체제는 전체주의로 타락해간다는 점을 이 선언문은 지적하고 있다.

6. 자유민주주의체제는 입헌적 정통성 원리에 입각한 경쟁과 이를 통한 대의제에 근거하여 국민주권 이념을 제도화함으로써 자유가 보호된다는 것을 다시금 환기하며, 이를 이해하는 교양의 부족으로 말미암아 정치권 전체가 대의기능에서 이탈하고 반(反)대한민국 세력에 의해 조직화된 대중적 정치집회에 영합하여 의식적으로 또는 무의식

적으로 체제전복 음모에 동조하고 있는 천박한 의식과 행동을 우리는 단호히 규탄한다.

선언문의 제6항은 자유민주주의체제가 국민주권 사상을 '대의제 민주주의'를 통하여 제도화하고 이를 통해서 정치적 경쟁을 보장하고 국민의 자유를 보장한다는 점을 지적하고 있다. 제5항의 해제에서 지적한 것처럼 국왕이 떠나버린 '빈 자리'에 누가 국왕을 대신하여 주권자의 자리에 앉을 것인가 하는 문제가 생겨난다. 그 하나의 방안이 '대의제'라고 하는 것이다. '대의제'라고 하는 것은 국민 모두가 그 '빈 자리'에 앉을 수 없기 때문에 대표를 뽑아서 국가를 통치하게 하는 제도이다. 이 방안은 국민주권론에 입각하여 개념상으로는 국민 모두가 주권자라는 사상을 인정하면서 동시에 실제로는 대표를 뽑아서 국정을 운영하는 것이다. 우리의 경우 전국구 대표인 대통령과 지역구를 대표하는 국회의원들이 국민의 대표들로서 국민을 통치한다.

여기서 놓쳐서 안 되는 점은 국가의 영토가 너무 크고 인구가 많아서 직접민주주의가 불가능하기 때문에 대의제가 채택된 것이 아니라는 사실이다. 또한 일반 국민보다는 대표들이 더 전문성이 많아서 국정 운영의 편의를 위해서 대의제가 채택된 것만도 아니라는 점이다. 대의제 민주주의의 발전은 왕정에서 민주주의로 정치체제가 전환되는 과정에서 국왕을 대신하여 '국민'을 국가 주권의 추상적·상징적 준거 기준으로 하여 개인의 자유를 제도적으로 보장하고 정치적 경쟁을 제도화시키기 위해 이루어졌다는 사실을 인식하는 것이 중요하다는 것을 이 선언문은 일깨워주고 있다.

국민을 대표하는 대통령과 국회의원들이 제 기능을 하지 못할 경우 자유민주주의체제는 '체제 타락'에 빠지고 만다. 체제 타락이 만성화될 경우 '체제의 붕괴'로 이어지고 만다는 점을 이 선언문은 경고하고 있다. 특히 국회의원들이 대의 기능을 포기하고 대중적 정치집회에 영합하여 장기간에 걸쳐 정치파업을 하고 체제 전복 음모에 동조할 경우 한국의 헌정위기는 체제 붕괴로 이어지고 말 것이라는 점을 이 선언문은 경고하고 있다.

7. 우리는 북한의 전체주의체제가 여느 그것과 마찬가지로, 폭력적 혁명이념을 체제의 불가변의 본질을 이루고 있음을 지적하며, 여하한 유화정책도 통용될 수 없는 상대임을 확인함과 아울러 북한의 핵문제 인권문제 등과 관련한 대립과 갈등을 경제적 지원으로 해소할 수 있으리라는 환상적 평화주의나 감상주의를 심각하게 경계한다.

제7항은 북한의 전체주의가 히틀러와 스탈린의 전체주의와 마찬가지로 폭력적 혁명이념을 내재화하고 있다는 점을 지적하고 있다. 북한 체제는 남한에 대한 공산주의적 통일을 그 명분으로 내세우지 않고서는 유지될 수 없다. 또한 실제로 북한은 끊임없이 전복전의 형태로 한국 사회를 교란시키고 있다. 북한의 핵무기는 군사적 수단일 뿐만 아니라 북한의 전체주의체제를 유지하고 적화 통일을 이룩하기

위한 정치적 무기이다. 이런 북한 체제의 본질은 한국과 미국과 국제사회가 북한에 대해서 유화정책을 펼친다고 해서 변할 수 없다는 것을 이 선언문은 강조하고 있다.

'유화정책(appeasement policy)'이라고 하는 것은 북한이 갖고 있는 불만을 들어줄 경우 북한 정책의 변화를 기대할 수 있다는 전략적 발상이다. 제2차 세계대전 직전 히틀러에 대한 유럽 국가들의 유화정책은 완전히 실패로 돌아가고 말았다. 마찬가지로 유화정책은 북한 체제의 근본적 변화를 유도할 수 없을 뿐만 아니라 북한의 전략에 휘말려들고 마는 결과를 가져온다는 점을 이 선언문은 지적하고 있다. 따라서 경제적 지원을 통하여 북핵 문제와 처참한 북한의 인권 문제를 해결할 수 있을 것이라고 믿는 것은 매우 잘못된 생각이다.

이 선언문은 우리 사회에 널리 퍼져있는 '환상적 평화주의'의 문제점을 지적하고 있다. 우리는 전쟁의 종류에 대해서는 전면전, 제한전, 전복전 등으로 분류하는 데 익숙하다. 그렇지만 우리는 막상 평화의 종류를 제시해보라는 질문을 받을 경우 당황하는 경우가 많다. '평화'는 단순히 전쟁이 없는 상태를 의미한다는 생각에서 벗어나야 한다. 전쟁을 막고 평화를 유지하는 방법과 전략에 대해서 더 많은 생각과 노력을 기울일 필요가 있다. 억지와 봉쇄 전략, 제재, 세력균형과 동맹 등 이 모든 것들이 한반도에서 평화를 유지하기 위한 방법이라는 점을 잊어서는 안 된다.

8. 우리는 대한민국의 자유민주주의체제가 보장하고 있는 근대적

자유를 전체주의 혁명의 수단으로 역이용하여 체제전복을 획책하는 음모를 응시하면서, 추상적이고 관념적인 상대주의적 의식을 경계함과 동시에 단호히 적으로부터 자유를 수호할 권리와 의무를 지고 있다는 것을 엄숙히 선언하는 바이다.

제8항은 자유민주주의체제가 제도적으로 보장하는 '자유'는 언제든지 그 체제를 파괴하려는 세력에게 역이용 당할 수 있는 위험을 안고 있다는 점을 지적하고 있다. 미국의 대법원 판례에서 보는 것처럼 컴컴한 극장에서 불이 났다고 거짓으로 외칠 경우 갑자기 사람들이 밖으로 나가려다가 다칠 수 있기 때문에 이 경우에는 '표현의 자유'가 허용될 수 없는 것이 사실이다. 그러나 '현존하는 명백한 위험의 존재'라는 것만을 자유를 제한하는 기준으로 삼을 수 없는 것도 현실이다. 정부의 정책에 반대하는 것은 허용될 수 있다 하더라도 체제의 전복을 목적으로 하는 자유마저 허용할 수는 없다는 것이다.

'정치적 관용'이 밑바닥이 빠진 독처럼 무제한적으로 용인될 수 없다는 것을 의미한다. 그럼에도 불구하고 현실로 들어가 보면 체제 도전 세력을 사전에 차단시키기 위해서 자유를 제한시킬 경우 정치체제가 독재로 빠질 위험성을 안고 있다. 반대로 무제한적으로 정치적 관용을 베풀고 이를 역이용한 정치세력이 체제 전복을 기도하도록 내버려둔다면 체제 붕괴를 막을 수 없게 되는 상황이 발생할 수 있다. 이것은 자유민주주의체제가 안고 있는 정치적 딜레마이다. 이것은 오디세우스가 스퀼라와 카뤼브디스가 있는 계곡에서 마주친 딜레마와 같은 것이다. 이 선언문은 이런 딜레마를 인식하고 끊임없는 자기 성찰을 통해서 한국의 자유민주주의를 지키기 위해 노력해 줄 것을 한국의 지성인들에게 호소하고 있다.

3. '한국자유회의 선언문'을 다시 읽는다

조성환

위기의 대한민국과 '선언문' 다시 읽기

대한민국 70년 현대사의 전개는 그야말로 위기의 연속이었다. 최근 최순실 게이트와 촛불시위, 대통령 탄핵정국, 문재인 정권의 출범으로 이어진 일련의 사태로 대한민국은 또다시 혼란과 위기에 빠졌다. 국회의 대통령 탄핵 결정 이후 2017년 1월 23일 한국의 자유민주 지성인들이 '한국자유회의'를 결성하여 대한민국이 직면한 헌정 위기와 정치적 혼란의 본질을 진단하고, 그 극복의 대안을 모색하는 선언문을 채택했다.

그 이후 대한민국의 정치와 사회는 숨이 차고, 머리가 어지러울 정도로 혼란과 위기의 소용돌이에 휩싸였다. 2017년 3월 헌법재판소의 대통령 탄핵판결이 이루어진 이후 박근혜 대통령이 파면되고 구속되었다. 조기화된 대통령 선거에서 '촛불세력'의 지원을 받은 문재인 후보가 승리하여 대한민국 제19대 대통령에 취임했다.

'촛불혁명정부'를 천명한 문재인 정권은 '주권자 민주주의'를 내세우며 준(準)혁명적 '적폐청산' 정국을 조성하고, 경제와 사회 복지 부문의 국가 포퓰리즘 정책을 남발하고 있다. 북한의 핵·미사일 도발이 이어지고 북폭의 전운(戰雲)이 몰려오는 상황에서도 문재인 정권은 평화·번영의 유화정책에 몰두하고 있다. 이와 함께 문재인 정권은 미국과의 전통적 동맹강화가 아니라 중국으로 기우는 '탈미접중(脫美接中)'의 모험을 감행하여 외교적 고립을 자초하고 있다. 문재인 정권은 정해진 한미군사훈련까지 연기하면서 평창 동계올림픽에 북한의 선수단과 공연단을 초청하여 남북대화를 구걸하는 동시에 국내적으로 '하나의 민족'이라는 환상을 부채질하고 있다.

문재인 정권의 혁명적 폭주는 이미 예상되었다. 그러나 그 속도와 내용은 일반 국민의 예상을 훨씬 앞지르고 있다. 특히, 문재인 정권과 여당은 우리 헌법에서 '자유'를 박탈하는 개헌까지 밀어붙여 체제교체 의도가 뚜렷한 '촛불혁명'을 완성하려는 의도를 공공연히 내비치고 있다. 자유대한민국은 문재인 정권에 의해 존폐위기에 직면했다.

2017년 1월 23일 '한국자유회의'는 촛불의 집회정치, 탄핵정국은 전체주의적 전복세력의 도전임을 직시했고 이로 인한 대한민국의 자유민주주의적 헌정질서가 위기에 처했음을 선언했다. 불행히도 촛불혁명을 선언한 문재인 대통령에게 정권이 넘어갔고, 자유대한민국은 전체주의에 경도된 세력의 혁명적 도전에 직면하고 있다. 문재인 정권은 무소불위의 국가권력을 동원하여 대한민국 헌법에서 '자유'를 지우려 하고 있다. 대한민국 70년 '기적의 역사'를 뒤집는 촛불혁명 정권의 폭주에 대한민국의 국가적 정통성과 체제적 정당성은 풍전등화에 놓여있다. 한국자유회의 선언문을 다시 읽는 것은 바로 이러한 엄혹한 시대적 상황을 제대로 인식하고 극복 대안을 모색하기 위함이다.

'근대성' 확보 노력의 중단

한국자유회의는 선언문 전문에서 "한국의 근대성 확보 노력이, 건국이라는 정치혁명을 시작으로 근대화라는 산업혁명을 거쳐, 최종적으로 자유민주주의에 의한 통일로서 완성된다"는 역사적 판단을 천명했다. 이 선언문의 전문은 대한민국 70년의 현대사가 자유민주·공화주의의 정치혁명과 시장경제와 개방전략에 의한 산업혁명으로 근대문명의 보편적, 선진적 흐름에 합류한 결과라는 발전적 역사 인식을 천명한 것이다.

선언문은 대한민국 70년의 발전이 자유민주주의의 체제적 정당성과 활력에 기초하여 우리 국민과 지도자가 합심하여 '근대성' 확보를 위한 창조적 노력을 한 결과임을 밝혔다. 한국자유회의는 선언문에서 "우리의 근대화 노력이 자유민주주의적 통일로서 완성 된다"고 선언했다. 즉, 대한민국 70년, 그 기적의 역사는 북한 전체주의 노예국가의 해방을 의미하는 자유민주통일을 이룸으로써 근대성이 완성된다는 것이다.

그러나 촛불세력의 집권과 함께 정치혁명, 산업혁명, 통일혁명이라는 지금까지의 자유대한민국의 근대성 확보 노력은 중단될 위기에 처했다. 문재인 대통령은 대한민국 제19대 대통령 취임선서의 여운이 사라지기도 전에 북한에 대해 "우리의 인위적 통일 노력을 포기하는 것을 선언"(베를린 쾨르버 재단 연설)했고, 1948년 대한민국의 건국을 부정하고 "1919년 임시정부 출범을 건국의 기점으로 삼아야 한다고 선언"(8·15 광복절 축사)했다.

문재인 대통령의 쾨르버 재단 연설은 통일 노력을 규정한 대한민국 대통령의 헌법적 책무의 포기선언이 아닌가? 김대중, 노무현 대통령까지도 기념한 1948년 대한민국의 건국을 1919년 임시정부 수립으로 교체하겠다는 연설은 어떤 의미인가? 문재인 대통령은 1948년 7월 17일에 공포되고 8월 15일에 정부를 구성한 대한민국 헌법으로부터의 권한을 부여받은 제19대 대통령이다. 상해임시정부 수립을 대한민국의 건국이라 선언하는 것은 대통령의 법적 위상을 스스로 부정하는 것이 아닌가? 이를 추진하려면 대한민국 대통령을 사임해야 하는 것이 논리적으로 타당한 것이 아닌가?

일제 강점기에 3·1운동의 독립 정신에 근거하여 중국에서 수립한 임시정부는 그 강령에서 적시했듯이 조선의 독립을 추진하여 "나라의 주권을 회복(復國)하고 건국에 이른다"고 했다. 1948년 수립된 대한민국의 헌법적 법통을 갖는 문재인 대통령의 상해임시정부 건국 선언은 자신의 법적 지위를 부정하는 것인가, 아니면 대한민국의 정통성을 부인하는 것인가 하는 의문을 낳게 하는 것이다. 역사가는 역사해석의 자유를 가지지만 권력(대통령)이 이에 관여하고 특정한 의견을 강제하는 것은 전근대적 전제왕조나 현대 전체주의 국가에서나 있는 일이다.

한국자유회의 선언문에서 지적한 정치혁명과 산업혁명이라는 근대성의 의미는 정권의 변경에 따라, 아니면 대통령의 일방적인 선언으로 부정될 사안이 아니다. 문재인 대통령은 대한민국 헌법에 규정한 신성한 책무를 스스로 포기하려는 것인가? 아니면 일개 정권이 국체와 정체의 변경을 시도하는 것인가? 대한민국은 특정 집권세력의 전리품이 아니다. 대한민국의 대통령은 국민으로부터 한시적으로 권한을 위임받아 헌법이 부과한 책무, 특히 국가의 정통성과 체제 정당성의 수호자가 될 엄중한 책무를 진다. 대통령이 국체와 정체의 변경을 공개적으로 선언해서도, 이를 시도해서는 안 된다. 선언문에서 적시한 대한민국 근대성의 확보 노력은 결코 특정 정권에 의해 중단되어서도 왜곡되어서도 안 되는 것이다.

'주권자 민주주의'의 전체주의적 함의(含意)

19대 대선에 승리한 문재인 대통령은 '촛불혁명정부'를 선언했다. 문재인 후보는 '촛불'로 상징된 분노와 전복의 광장정치에 편승하여 대한민국의 대통령에 선출되었다. 문재인 대통령과 한국의 좌파세력은 '촛불'을 우상의 수준으로 받들어 절대선의 전체주의적 의식을 강화하고 새 정부를 '촛불혁명정부'로 규정했다. '촛불'이라는 혁명적 명령의 우상(偶像)을 신봉하는 문재인 정권은 "나 스스로 나를 대표한다"는 '주권자 민주주의'를 내걸고 자유대한민국의 체제적 근간을 뒤엎고 있다.

한국에서의 '촛불시위'는 2002년 효순·미선 사건, 2008년 광우병 사태에서 보듯이 '거짓과 음모'의 조직화로 반정부·반체제적 광장정치의 위력을 발휘했다. 2016년 말 최순실 게이트를 기화로 분출된 대규모 '촛불시위'는 대통령 탄핵사태로 이어졌고 소위 '촛불혁명'으로 비화했다. 한국자유회의는 출범 선언문 제1항에서 촛불시위를 "북한 정권의 '통일전선전략'을 추종하며 허구를 앞세운 선전선동으로 국민의 정치의식을 오도하여 국가적 정통성을 파괴하려는 전체주의적 전복운동"이라 규정한 바 있다. 2016년 연말의 '촛불'은 민노총, 전교조 등 반(反)자유민주적 이익단체와 다수의 이적단체가 조직한 것으로 처음부터 자유대한민국의 체제전복 운동으로 기획되었다. 박근혜 대통령의 탄핵과 대선 승리에 이끈 '촛불집회'는 사실상 대한민국 자유민주주의에 대한 '체제탄핵'을 목표했다.

문재인 정권은 촛불시위를 결산한 '촛불권리선언'을 거의 복제한 '국정운영5개년계획'을 발표하며 '주권자 민주주의'를 선언했다. '선거나 대표자 위임에 국한'하지 않고 '나로부터 행사되고, 어디에나 행사되고, 늘 행사되는' 국민주권이 실질적으로 보장되는 것을 '주권자 민주주의'로 규정했다. 이와 함께 문재인 정권은 '내 삶을 책임지는 국가'를 5대 국정지표에 삽입했다. '주권자 민주주의'는 언뜻 보아서는 민주주의에 대한 수사학적 확장같이 보인다. 그러나 이를 엄밀히 관찰하면 자유민주주의의 헌법 가치인 대의제 민주주의와 법치주의를 넘어선 개념이다.

'주권자 민주주의'는 "근대적 국민이 아닌 주권적 국민을, 국가 구성원으로서의 국민이 아니라 국가를 형성하는 국민을, 위임된 권력이 아니라 생성적 권력을, 제도화된 국민 참여가 아니라 일상적인 국민주권의 행사를, 참정권과 투표권이 아니라 국민제안, 국민숙의, 국민결정을 통한 국민주권의 실현을, 제도 민주주의가 아니라 일상 민주주의"를 주장한다. 기왕의 정치학적 개념으로 존재하지 않았던 이 주권자 민주주의 개념과 내용은 촛불혁명세력의 기묘한 신조어로 국민의 지위와 주권, 권력과 국가의 위상을 혁명적으로 바꾸겠다는 내용을 담고 있다. 히틀러의 '아리안 민족', 레닌과 스탈린의 '프롤레타리아트', 중국과 북한의 '근로대중'을 주권자로 규정한 것이 상기된다. 이는 개인주의와 다원주의에 기초한 자유민주주의가 아니라 집단으로 일체화된 전체주의적 주권 개념이다.

한국자유회의 선언문 제5항은 "국민주권 사상은, 정치행위의 준거상징임을 의도적으로 외면하고, 민족 또는 민중을 '집단적 개체'로 내세워 그것을 현실적인 주권자로 명분화함으로써, 사실적으로는 독재와 폭력을 제도화하여 자유를 말살하는 체제에 이르게 하는 교활한 의식화에 우리는 단호히 대처한다"고 선언했다. 이 우려가 문재인 정권의 '주권자 민주주의'에 고스란히 재현될 위험에 처했다. 북한헌법 제63조 "하나는 전체를 위하여, 전체는 하나를 위한다"는 전체주의적 수령론에 연결될 개연성이 크다.

'주권자 민주주의'는 다원적 국민이 아니라 상징적·총체적 차원의 '주권자 국민'을 전제하는 '주권자 절대주의'에 속한다. "촛불은 국민의 명령이다"라는 구호를 개념화하면 바로 주권자 절대주의가 되는 것이다. 이와 함께 '주권자 민주주의'는 "위임된 권력이 아니라 생성적 권력"을 주장하고 "내 삶을 책임지는 국가"를 선언함으로써 사실상 '국가 지상주의'를 내세우고 있다. 이러한 측면에서 '주권자 민주주의'는 자유주의, 다원주의, 개인주의를 가치로 삼는 자유민주주의가 아니라 '근로인민'을 주권자로 보는 인민주권론적 전체주의 독재의 개념을 내포한 것이다. 결국, '주권자 민주주의'는 '촛불혁명정권'을 선언한 문재인 정권의 혁명적 체제전환의 사상적 깃발을 의미하는 것이다.

이러한 측면에서 선언문 제4항을 다시 읽어볼 필요가 있다. 즉, "정치적 대중 집회를 조직해 놓고, 혁명의 전단계라거나 시민적 명예혁명이라고 하여 정통성의 대체를 암시적으로 선동하는 반동세력의 책동과, 이를 정당화하듯 '대한민국의 주권은 국민에게 있고 모든 권력은 국민으로부터 나온다'(헌법 제1조 2항)고 웅변을 토하는 여의도 정치인들의 의식은, 개인의 존재와 자유를 부정하며 국가와 사회를 동일시하는 내용을 가진 '집단적 개체'(북한헌법 제 63조)를 주권자라고 인식하게 만드는 전형적 전체주의 사고의 발로"임을 적시(摘示)했다. 문재인 정권의 '주권자 민주주의'는 언뜻 보아서는 민주주의에 대한 '수사적 확장'같이 보인다. 그러나 이를 엄밀히 살펴보면 법치주의와 대의제를 부정하는 내용으로 북한 헌법에서 규정한 '집단적 개체' 개념에 근거한 전체주의적 인민민주주의와 통하고 있음을 발견한다.

민족·평화 지상주의와 대북 유화정책의 위험성

문재인 정부는 '평화와 번영의 한반도'를 대북 및 외교·안보 정책의 근간으로 삼고 있다. 문재인 정권이 직면하고 있는 한반도와 동북아 국제정세는 김대중, 노무현 정권 시기와는 비교될 수 없는 엄중한 상황임에도 불구하고 문재인 대통령은 노무현 정부의 평화·번영정책을 답습하고 있다. 북한은 기만과 지연전술로 핵무장을 완성했고 미국까지 타격할 수 있는 대륙간 탄도탄을 개발한 상황이다. 뿐만 아니라, 중국이 군사적 팽창을 가속하여 미국의 패권에 노골적으로 도전함으로써 동북아는 블록 간 세력경쟁 질서에 돌입한 상태다. 이렇게 대한민국은 북한의 핵무장과 중국의 패권화로 존망의 안보위기에 처했으나 문재인 정권은 민족 및 평화 지상주의에 빠져있다.

문재인 대통령은 쾨르버 재단 연설에서 "우리는 북한의 붕괴를 바라지 않으며 어떠한 형태의 흡수통일도 추진하지 않을 것입니다. 우리는 인위적인 통일을 추구하지도 않을 것입니다. 통일은 쌍방이 공존공영하면서 민족공동체를 회복해 나가는 과정입니다. 통일은 평화가 정착되면 언젠가 남북 간의 합의에 의해 자연스럽게 이루어질 일입니다. 나와 우리 정부가 실현하고자 하는 것은 오직 평화입니다"라고 밝혔다.

이미 북한이 전체주의적 세습왕조를 구축했고, 우리와 국제사회가 결코 용인할 수 없는 핵무장과 대륙간 탄도미사일 전력을 갖춤으로써 유엔의 제재, 그리고 미국의 북폭(北暴)까지 예상되는 상황이다. 그럼에도 불구하고 문재인 정권은 남북한 관계를 '하나의 민족'이라는 '민족성의 원칙'에 따라 합의를 통한 통일(자연적 통일)이 가능하다고 믿고, 우리의 노력으로 평화를 실현할 수 있다고 보았다. 이러한 문재인 정부의 통일관과 유화적 대북정책은 한국자유회의 선언문 제2항, "우리는 남북한을 '자본주의 대 공산주의'라는 경제적 대칭개념으로만 보려는 경향에 대하여 정치체제에 관한 문제의식의 중요성을 적시하며, 북한의 정치체제는 자유민주주의 이념과는 절대로 융합될 수 없는 전체주의체제로 규정한다"는 지적을 상기시킨다.

문재인 정권은 집권 후 북한이 핵 실험을 계속하고 중·장거리 미사일과 대륙간 탄도탄을 계속해서 시험 발사하는 상황에서도 북한과의 대화를 통해서 평화적으로만 해결하자고 주장하고 있다. 우리 국민에게는 민족지상주의의 차원에서 평화의 환상을 불어넣고, 북한의 핵 위협에 대해서는 실익 없는 대화를 구걸하고 있다. 문재인 정권은 북한의 핵 및 미사일 도발과 이에 대한 유엔제재에도 불구하고 북한에 대한 인도적 지원을 계속해야 하며, 북한 인권문제의 제기를 회피하는 대북 유화정책을 견지하고 있다.

문재인 정권은 표면적으로는 북한의 비핵화를 주장하지만, 북한 핵의 동결을 받아들여야 하고, 한미동맹이 깨져도 전쟁은 안 된다는 어느 외교안보통일 특보의 위험한 생각에 내심 동의하고 있다. 이와 함께 평창올림픽을 북한의 선전처럼 '민족의 대사'인 '평화올림픽'으로 변질시켰다. 문재인 정권은 지구촌 전체의 화합과 평화를 상징하는 올림픽 행사를 정권의 친북 정책과 대화 구걸의 계기로 삼아 국민의 우려와 우방국의 빈축을 자초하고 있다. 문재인 대통령은 중국에 대한 3불(不) 정책의 약속, 방중에서의 굴욕적 숭중(崇中) 태도 등으로 우리 국민의 자존심에 씻을 수 없는 상처를 입혔다. 이에 더하여 미국과 일본 등 동맹국과 우방국으로부터 한국 대외전략의 친중 경사의 의심과 우려를 불러일으키고 있다.

이러한 문재인 정권의 대북정책은 "북한의 전체주의 체제가 여느 그것과 마찬가지로, 폭력적 혁명이념을 체제의 불가변의 본질을 이루고 있음을 지적하며, 여하한 유화정책도 통용될 수 없는 상대임을 확인함과 아울러, 북한의 핵문제 인권문제 등과 관련한 대립과 갈등을 경제적 지원으로 해소할 수 있으리라는 환상적 평화주의나 감상주의를 심각하게 경계한다"고 지적한 한국자유회의 선언문 제7항의 의미를 곱씹게 한다. 반동적 전체주의 북한 정권에 맹종하는 촛불세력의 집권은 민족적 감상주의, 평화지상의 환상주의로 북한과의 민족공조, 탈미접중(脫美接中)의 동맹 전환을 시도하고 있다. 이로 인해 대한민국은 체제적 정당성이 위협받고 국제적 고립이 가속되는 등 국가위기에 직면하게 되었다.

자유민주 진보세력과 전체주의 반동세력 간의 투쟁

한국자유회의 선언문 제8항은 "대한민국의 자유민주주의 체제가 보장하고 있는 근대적 자유를 전체주의 혁명의 수단으로 역이용하여 체제전복을 획책하는 음모를 응시하면서, 추상적이고 관념적인 상대주의적 의식을 경계함과 동시에 단호히 적으로부터 자유를 수호할 권리와 의무를 지고 있다는 것을 엄숙히 선언"했다. 한국자유회의의 자유 지성들은 '촛불혁명'을 체제전복의 음모로 진단했고, 이 전복에 대한 도전에 자유 수호의 의지를 선언한 것이다. 이러한 진단은 불행하게도 헌법재판소의 탄핵심판 결정, 문재인 대통령의 집권으로 나타났다.

그들은 한국의 자유민주주의, 법치주의가 보장하고 있는 근대적 자유를 전체주의적 혁명의 수단으로 역이용하여 '적법하게' 집권에 성공했다. 이 세력은 집권하기가 무섭게 자유대한민국의 국가적·체제적 근간을 무너뜨리고 있다. 문재인 정권은 두 축으로 대한민국의 전복을 밀어붙이고 있다. 그 첫째가 '적폐청산'이며 둘째는 개헌 드라이브이다.

문재인 정권은 집권과 동시에 박근혜·이명박 정부를 적폐 정권으로 규정하고 '적폐청산위원회'를 가동했다. 문재인 정권은 전임 정부 책임자였던 대통령과 측근들에 대한 사법처리에 혈안이 되어 있다. 이것은 보수 정권과 우파세력에 대한 도덕적·정치적 제압을 통하여 자유대한민국의 체제적 정당성을 파괴하고 국가체제를 해체하는 것에 다름이 아니다. 이러한 맥락에서 이것은 개인적, 선별적 차원의 '정치보복'을 넘어 국가와 체제의 근간을 뒤엎기 위한 자유민주세력에 대한 '대숙청'으로 이해된다.

국가의 모든 부처에 설치한 '적폐청산위원회'는 국가기밀의 초법적 절취, 전(前) 정부의 주요 정책에 대한 자의적·편의적 고발과 부정, MBC·KBS 등 공영방송의 임원진에 대한 실력행사와 방송기관의 폭력적 장악, 검찰과 재판부 등 사법부의 정치화를 통한 사법 공포의 일상화를 가속화하고 있다. 정부, 공영방송과 언론, 사법기관은 '촛불혁명'의 엔진인 대통령과 청와대, 혹은 소수의 막후 기획자들의 지휘와 명령에 따라 자유대한민국 해체의 수단으로 전락하고 있다. 대한민국 국민은 전체주의적 '촛불세력'과 자유민주적 '비촛불세력'으로 나뉘어 선동과 저항의 전투에 돌입했다.

한국 사회에서 헌법 개정에 대한 공론이 존재해 왔다. 그러나 문재인 정권이 출범한 이후의 개헌논의는 개헌에 대한 기왕의 논의와 공론의 방향과는 그 궤를 달리한다. 그 이전의 개헌논의는 제헌헌법 이후 유지된 대한민국의 자유민주주의 헌법 체계 내에서 '제왕적 대통령제'의 폐해, 대통령과 국회로 이원화된 두 대표기관의 임기 조정문제가 핵심이었다. 두 대표기관의 권한과 임기, 즉 통치기관에 대한 '원포인트 개헌'이 국민적인 여론이었고 정치권의 개헌 쟁점이었다. 그러나 문재인 대통령과 집권당이 주도한 국회개헌특별위원회 자문위원회의 개헌의견(시안)은 자유민주주의적 헌법 체제를 근본적으로 변경하는 내용이 포함되었다.

먼저, 자문위원회 개헌 의견은 대한민국 헌법에서 '자유'의 개념을 삭제했다. 헌법전문, 제4조 통일조항의 '자유민주적 기본질서'를 자유를 뺀 '민주적 기본질서'로, 제119조 경제조항의 자유 개념을 삭제했다. 우리 헌법에서 자유의 개념을 삭제하면 자유민주주의의 체제적 정당성은 훼손되고 만다. 전문에서의 '자유'의 근본규범, 자유민주주의적 통일의 정당성, 경제적 자유 등 자유대한민국 체제성의 근간이 무너지는 것이다.

이에 더하여 개정 의견은 헌법 제5조 2항 "국군은 국가의 안전보장과 국토방위의 신성한 의무를 수행함을 사명으로 하며, 그 정치적 중립성은 준수된다"라는 조항에서 '국가안보'를 삭제할 것을 주문하고 있다. 이 제안은 대한민국의 국가적 존재근거를 없애자는 것에 다름 아니다. 세계 모든 국가의 군대는 자국의 국가안보를 위해 존재한다. 이 시안에 따르면 대한민국의 군대는 대한민국의 안전보장이 아니라 우리 헌법상의 국토, 즉 '한반도와 부속도서'를 방어하여야 한다는 모순된 결론에 이른다. 이 무슨 위험천만한 생각인가? 대한민국의 국군이 핵무장으로 우리를 위협하는 북한까지 방어해야 한다는 것인가? 그리고 동맹인 미국과 싸워야 하는 것인가?

둘째, 개헌 의견은 근대국가의 주권적 주체인 우리 헌법의 '국민'을 '사람'으로, 경제조항에서 '사람중심' 경제로의 대체를 제안하고 있다. 북한 사회주의 헌법에 제3조와 제8조에서 '사람중심'이라는 단어가 명시되어 있다. 이 개념은 북한 주체사상의 근본 개념이며 이를 헌법에 규정한 것은 당연히 지구상에서 유일하다. 사회주의 국가들이 주로 '국민' 대신에 '인민'이라는 단어로 주권의 소재를 표현한다. 북한 헌법의 사람은 '근로인민대중'에 한정한다.

북한 헌법 제3조는 "조선민주주의인민공화국은 사람중심의 세계관이며 인민대중의 자주성을 실현하기 위한 혁명사상인 주체사상, 선군사상을 자기 활동의 지도적 지침으로 삼는다"고 규정했다. 그리고 제4조 주권 조항에 "조선민주주의인민공화국의 주권은 로동자, 농민, 군인, 근로인테리를 비롯한 근로인민에게 있다"고 규정한다. 이러한 시도는 북한 주체사상의 사람중심 철학에 따라 우리 헌법에서 '자유'의 규범을 삭제하고 국민주권을 '근로인민'을 지칭하는 북한의 '인민주권'으로 대체하려는 것이 자명하다. 참으로 경악할 만한 일이 대한민국 제19대 대통령으로 취임한 문재인 대통령과 여당의원, 이들을 대변하는 헌법학자와 각계 지식인들에 의해 일어나고 있다. 이로써 자유대한민국은 '촛불세력'에 의해 정체가 전체주의로 변경될 위기에 처했다.

셋째, 개헌 의견은 현행헌법에 지방자치 조항이 명기되어 있음에도 불구하고 '지방분권'을 헌법사항으로 변경하자고 한다. 대한민국 헌법은 지방자치를 명문화하고 있고 소위 지방분권의 확대는 '자치조직권', '자치재정권' 등 법률사항의 개정으로 충분히 이를 달성할 수 있다. 이러한 상황에서 대통령과 여당, 일부 자치단체가 '지방분권'을 개헌 사안으로 추진해야 한다고 강변하고 1천만인 서명을 추진하고 있다. 이것은 '중앙집권형'의 대한민국을 사실상의 분권형 연방제 국가로 교체(소연방)한 후, 북한 정권과 야합(항복)하여 남북한연방제(대연방)를 추진할 수도 있다는 우려에 연결된다.

결국 헌법개정특별위원회 자문위 개헌 시안은 우리 헌법에서 '자유'를 박탈하고, 국민주권을 사람중심의 인민주권으로 바꾸고, 자유와 창의에 입각한 시장경제를 '사람중심'의 노동(근로대중)경제로 만들며, 지방분권을 구호로 연방(소비에트)체제를 구축하자는 '체제교체'의 내용이 핵심이다. 물론 개헌 시안은 위 사항과 함께 6·10항쟁, 5·18민주화운동을 헌법전문에 삽입해야 한다는 주장, '양성평등' 조항을 '성평등'으로 변경해야 한다는 의견까지를 포함하고 있다. 이러한 맥락에서 지금의 개헌논의와 그 주도 의견은 문재인 '촛불정권수립' 이전의 헌법 개정 논의의 틀을 완전히 벗어났다. 현재 대통령과 여당이 밀어붙이고 있는 헌법개정론은 자유대한민국의 발전을 위한 헌법의 개정이 아님이 드러났다. 이것은 '촛불시민혁명'의 수사와 선전을 통한 '전체주의적 체제변경의 시도'인 것이다.

이들의 체제변경 시도는 미래를 향한 진보가 아니라 지구상에서 가장 시대착오적이고 폭압적인 전체주의 노예국가인 북한식 사회주의에 항복하는 '역사의 반동'을 의미한다. 한국자유회의 선언문 제3항은 "자유민주세력과 전체주의세력이 마치 동일한 정통성에 합의 기반을 가진 두 개의 상대적 세력인 것처럼 '보수 대 진보'라는 허구의 도식으로 세력과 의식을 분류하는 의도적 조작을 엄중히 규탄하며, 한반도에서의 자유민주주의는 정치적으로 보수가 아닌 진보이며, 전체주의는 진보가 아닌 반동으로 규정함이 이론적으로나 현실적으로 정확한 정의(定義)임"을 천명했다.

문재인 '촛불정권'은 '국민'을 내세워 박근혜 대통령과 우파정권을 탄핵하여 성립되었다. 이에 더하여 이들은 세계사의 모범적 발전, '기적의 역사'를 일궈낸 자유대한민국의 체제를 탄핵하고, 1919년 건국론을 주장하면서 '역사의 탄핵'까지 기획하고 있다. 현재, 대한민국은 역사의 반동세력, 북한의 대남통일전선전략과 연계된 전체주의 체제교체 세력의 파괴와 해체의 도전에 직면했다. 최순실 게이트와 촛불시위, 이에 겁박된 국회의원들의 대통령 탄핵결정과 헌법재판관들의 탄핵판결, 문재인 대통령의 대선승리와 촛불세력의 체제교체 시도라는 기묘한 정치드라마가 자유대한민국을 백척간두에 서게 한 것이다.

　지금이 과연 대한민국 국민이 남북한의 전체주의적 연합세력이 기획하고 견인한 촛불세력의 음모와 기만, 선전과 선동에 굴복하고 말 것인가, 아니면 진정한 '자유민주 진보세력'의 각성과 재결집으로 피와 땀으로 이룬 70년 기적의 역사를 더 단단하게 이어갈 것인가 하는 질문을 던져야 하는 시점이다. 이에 더해 대한민국의 모든 자유민주 국민과 지식인, 정파, 시민단체는 진정한 진보세력으로 다시 태어나 하나로 뭉쳐서, '민족의 신화'를 내세운 남북한의 반동 전체주의적 세력의 위협과 도전에 맞서고 이를 격퇴하는 창조적 응전에 나서야 한다.

　한국자유회의 선언문을 1년 만에 다시 읽으면서 자유민주주의의 지속과 전체주의적 전복이라는 역사의 교차로에 선 대한민국의 위기와 선택의 의미를 성찰할 수 있었다. 절망과 좌절은 죽음에 이르는 병이다. 대한민국 국민은 결코 반동 전체주의 세력의 음험한 도전에 굴복하지 않을 것이라는 희망도 발견했다. 많은 국민이, 특히 촛불의 광란에 빠져든 청년세대가 문재인 정권의 위선과 환상, 무능과 독선의 반동적 저의(底意)를 알아차리기 시작했다. 동계올림픽이 끝날 쯤에 많은 국민은 '민족의 우상'이, 촛불의 위장과 광란이 얼마나 위험한 것인지, 그래서 '자유민주'의 가치가 얼마나 소중한지를 깨달아 나갈 것이다. 70년 동안 우리의 이성과 심리, 제도와 관행에 스며든 '자유'의 가치가 대한민국의 새로운 번영의 역사를 만들 수 있게 할 희망의 샘물이다.

제2장

촛불집회와 탄핵의 정치학적 평가

1. 박근혜 대통령 탄핵에 대한 정치사상적 진단[3]

노재봉

탄핵과 파면정국의 특성

국회가 탄핵소추 결의를 하고부터 헌법재판소에 의한 대통령 파면이 결정되기까지의 모든 과정은 과거의 정치불안 사례들과 비교할 때 두드러지게 특이한 특징을 가지고 있음을 발견하게 된다. 그것은 모든 과정이 철저히 합법적으로 진행되었다는 사실이다. 그 진행의 종결점이 헌법재판소의 탄핵인용이었다. 그런데 바로 이점에 본질적이고 핵심적인 문제가 드러나지 않고 있음을 발견하게 된다. 그 내용은 헌재의 결정문에 표현된 사상적 사고의 표출에서 찾아볼 수 있다.

---

3) 이 글은 2017년 3월 23일 열린 제2차 한국자유회의 국민대토론회에서 발표되었다.

헌법재판소 결정문의 '서장'에서 국민주권론을 헌법의 근거로 전제하면서 사실관계의 기재로서 판단근거가 충분하다는 것과 국회관련 부분에서는 삼권분립의 원칙에 따라 국회의 자율권을 강조하고 있음이 관심을 끈다. 그리고 결론부분에서 헌재의 결정이 보수 대 진보라는 이념의 문제를 떠나 헌법질서를 수호하는 결정임을 강조하고 있는 대목이 또한 주의를 끈다.

당장 핵심문제에 들어가기 전에 대략 열거한 앞의 중요한 사항들을 법적 차원에서만 본다하더라도 의문을 떨칠 수 없음을 먼저 지적해 두고자 한다. 첫째, 국민주권이라는 대 전제가 헌법제정권력을 말하는 것인지 아니면 그것이 제도화된 상태를 뜻하는 것인지가 분명하지 않다. 전체 문맥으로 볼 때 그것이 자코뱅주의적인 주권론은 아닌 듯하다. 자유민주주의 제도적 특성인 삼권분립을 강조하고 있는 데서 짐작할 수 있다. 그런데도 그 추상적 표현이 현실로 전개된 광장의 국민주권에 의한 권리 주장이 이른바 민중론에 입각한 전체주의적 요구로 표출된 것을 감안하여 명확한 개념규정을 해주지 못하고 추상개념으로 목전에 전개되고 있는 당면현실과 접합되지 못한 것은 정치의식에 모호한 혼돈을 야기할 수 있다는 것을 지적하지 않을 수 없다.

다음으로 권력분립 원칙을 존중하여 국회의 자율권을 매우 강조하면서 동시에 파면사유의 하나로서 대의민주제를 훼손했다는 지적과 관련되는 모순을 언급하지 않을 수 없다. 먼저 구체적으로 대의민주제 훼손이란 판단이 무엇을 말하는 것인지 이번 사태와 관련하여 분명한 이해가 가질 않는다. 만약 그것이 국회의 자율권과 관계있는 것이라면, 헌법재판소가 과연 헌법정신에 충실했는지 의문을 갖지 않을 수 없다.

이번 사건과 달리 소위 국회 선진화법에 관한 위헌여부 소원에 대하여 그것이 분명히 입법권의 전횡이라는 결과를 초래하는 것이 명약관화한 것임에도, 그리고 그것이 입헌적 권력조직의 균형유지에 심대한 장애가 되는 것임에도, 헌재는 그것을 그 사안이 국회의 자율권에 해당한다는 이유로 그 본연의 의무를 회피한 것은 헌법재판소 자체가 헌정체제에 중대한 손상을 입힌 것으로 볼 수밖에 없다. 그런데 바로 그 사고방식이 탄핵결정문에 재현된 것이 아닌가 하는 것이다. 국회의 탄핵결의안이 대통령을 상대로 한 것이며 그런 의미에서 그 정치적 중요성은 더할 수 없이 큰 것이었음에도 절차상 문제를 도외시하고 넘어간 것은 추상적으로 헌정원리를 빙자한 의도적 회피라고 볼 수밖에 없다.

세 번째로 사실관계의 기재만으로 충분한 판단 근거가 된다는 주장에 관한 것이다. 액면 그대로 이해한다면 누구도 이 주장에 이의를 제기하지는 못할 것이다. 그런데 이번 탄핵사건은 뒤에 상세히 거론하겠지만 고도의 정치적 사건이라는 점을 감안한다면 사실을 단순한 민형사적 시각에서 볼 일은 아니었다는 점을 먼저 지적해 두고자 한다.

마지막으로 이번 헌재의 탄핵결정문에서 가장 관심을 갖게 하는 대목은 '보수 대 진보'라는 이념의 문제를 떠나 헌법질서를 수호하기 위한 결정이라는 것을 강조한 부문이다. 이것은 헌정질서를 완전히 중립적 개념으로 인식한다는 의식의 표현이며, 따라서 어떠한 법질서도 형식과 논리만 완전하고 정연하면 정치체제 여하는 법외의 사안이며 헌법재판은 그것에는 관여하지 않는다는 인식이 표현된 것이라고 밖에 볼 수 없다. 물론 재판관들의 자유민주주의에 대한 신념을 의심하지는 않는다. 그러나 국회의 탄핵결의안 자체가 이념과 무관하지 아니한 정치투쟁의 산물이라는 점을 망각하지 않는다면, 헌재의 정치중립 강조는 헌법질서 수호라는 목적에서 완전히 이탈하는 것이다. 정치를 형식론적 법논리로 비정치화(depoliticization)함으로써 다루어야할 당연한 헌법적 현실 문제를 외면하고 그것에서 도피한 것에 다름 아니다.

이상의 분석과 비판을 종합하여 다시 탄핵정국의 특징으로 규정한 합법성(legality)과 관련하여 본질적 문제를 제기하고자 한다. 우선 헌재의 판결문을 관통하고 있는 법의식의 양태를 드러내고 싶은 것이다. 이미 앞의 설명들이 시사하고 있는 바이지만 법관들의 법사상이 완전히 대륙법 계통의 두드러진 특징인 법실증주의 또는 형식논리주의에 크게 기초하고 있음을 감지할 수 있다는 것이다. 합법성(legality)에만 치중되어 정당성 또는 정통성(legitimacy)의 문제는 고려에서 제외하고 있다는 것이다. 이는 법집행에 있어서 대통령 탄핵과 같은 중대한 헌정문제를 두고 가치에 대해서는 전혀 고려대상으로 삼지 않는다는 것이다. "사실기재"의 강조는 그 한 표현이기도 하지만 작금의 정치투쟁이 가치문제에 직결된 현실임을 헌법사건을 다루면서 애써 도외시한다는 의미이다.

이에 이르면 누구나 독일 바이마르 공화국의 몰락의 역사적 예를 떠 올리게 될 것이다. 히틀러는 온전히 합법적으로 정권을 장악하고 그 공화국을 몰락시켰던 것이다. 실증주의적 법의식은 이런 무서운 결과를 초래했던 것이다. 그 의식은 게임의 규칙에만 매달려 게임 그 자체는 고려의 대상에서 제외하는 것이다. 일찍이 토크빌이 평등사회에서의 법률가들은 폭정보다 자의적 권력을 더 두려워한다는 판단을 내린 바 있거니와 드골 대통령의 유명한 언급도 연상된다. 그는 말했다. "정당성은 합법성에 종속되지 않으며, 합법성은 반드시 정당성의 근거는 못된다."

지금 한국의 정국에서처럼 심각한 이념갈등을 겪고 있음과 동시에 극단적인 정치적 이해충돌에 시달리며 기본가치에 대한 합의가 거의 전무한 상태에서 합법성에만 매달린다는 것은 국민주권 이념에 대한 헌사만 바치며 부담 없는 중립지대로 도피하는 것과 다를 바 없다. 합법성의 신화에 얽매인 가치중립적 태도는 바로 자유민주주의적 질서에 대한 전복활동의 활성화를 위한 터를 제공하는 결과를 초래하는 것이다. 이렇게 되면 국민주권론은 이른바 광장의 여론과 같은 것이 되고 그런 주권은 만장일치(acclamation)로 제도화되는 것이다. 이번 헌재의 만장일치 탄핵결정은 이를 수용한 것이라고 볼 수밖에 없다. 이로써 자발적으로 태극기 집회에 참여한 체제수호를 위한 국민들의 지위는 반역자들이라는 법적 선고를 받는 웃지 못 할 결과가 벌어진 것이다.

탄핵정국과 정치투쟁의 현실

이번 탄핵정국의 핵심은 체제문제를 두고 벌어진 정치대립에 있었던 것이지 한 여인의 이른바 국정농단에 있었던 것이 아니다. 이 사실은 정확히 인식되어야한다. 그것은 판단의 혼돈상태에 있는 대부분의 국민들이 의식의 혼미에서 벗어나는 열쇠이기에 그러하다.

촛불집회는 조직된 집회였고, 그 조직의 당초 계획은 대통령 탄핵이 아니었다. 농민 백남기 씨의 사망사건을 계기로 그를 열사 반열에 올리기 위해 대대적인 시위를 벌려 국가의 공권력을 무력화시킴으로써 체제를 약화시키는 것이 목적이었다. 그 와중에 뜻밖에 한 여인의 국정농단 의혹이 터지면서 당초의 의도와는 달리 너무나 "다행하게도" 대통령을 정조준하면서 체제타도의 지름길을 걸을 수 있게 되었던 것이다. 사용한 수단은 도덕적 증오였다. 다시 말하여 반체제파의 목표는 대통령 탄핵이 아니라 국정농단 의혹을 미끼로 한 '체제탄핵'이었다. 헌재의 파면결정은 부작위적으로 그 체제전복세력의 활동에 예기치 않았던 정당성을 부여하는 결과가 되었다.

이 전복활동의 핵심부가 평양과 연계된 친북좌파로 구성된 것임은 공공연한 사실이다. 그들에게 평양의 남파간첩은 간첩이 아니라 투쟁의 동지로 간주된다는 것은 더 이상 비밀이 아니다. 그런 사정을 이제는 자랑으로 과시하는 지경에까지 이르렀다. 그런데도 이를 지적하고 규탄하면 극우 반민족세력의 모략이라고 매도한다. 촛불세력은 레닌에게서 배운 '이보 전진, 일보 후퇴 전술'을 구사한다. 그러면서 한편으로는 대통령 탄핵은 대통령에 한정되지 않고 "정책탄핵"을 포함하는 것이라고 논리를 내세우며 안보와 외교정책의 전면 중단을 요구하고 나섰다.

그 요구에 불응하는 고위공직자들을 "부역자"라고 규정하고 나섰다. 부역자란 한국전쟁 이후 나온 용어로서 적방에 대한 동조자로서 처단 대상이란 의미이다. 다시 말해서 이제 전복전략은 공개적 차원에 이르렀다는 것이다. 촛불시위가 평화적이라는 이미지를 획책하여 국제적 인정을 유도하는 데까지 성공했다. 이를 이어 '박근혜 정권 퇴진 비상 국민행동'이라는 이름의 촛불집회 핵심조직체가 만든 '2017 촛불집회 권리선언과 100대 촛불개혁과제'라는 문서를 노동신문을 통해 공개하는 단계에까지 이르렀다. (촛불이라는 명사는 민중이라는 말의 조작선전용어임).

그 속에 포함된 소위 개혁항목들은 여기 일일이 열거하기 번거로운 일이지만 오늘도 빈틈없이 진행되고 있으며 그것은 매일매일의 신문의 보도를 보면 쉽게 알 수 있다. 그런데 그 전복세력은 체제탄핵까지는 성공했는데 아직 목표의 완성을 위해서는 한 단계가 남아 있다고 판단하고 있다. 권력을 장악하는 단계가 남아 있다. 이것이 다가오는 대통령선거이다. 마지막 전복 전투가 그것이다. 그것을 위해 상아탑에 앉아 초연한 율사들이 깔아 준 붉은 카펫을 밟아가며 합법적으로 국민주권을 명분으로 성공시킨다는 것이다.

지금 대한민국은 한마디로 현대 역사상 유례를 찾아보기 힘든 야만적 전체주의 추종세력과의 결전장에 서 있다는 것이다. 그 세력은 정치적 핵무기에 해당하는 것이다. 그것에 대항하기 위해서는 상황을 단기적 일과성으로 인식하는 관성에서 벗어나야 한다. 기만의 유혹에서 벗어나야 한다. 민주화를 내세우며 독재규탄과 인권을 마치 노란 리본처럼 달고 외치던 그들이 어찌하여 북한의 노예적 인권상태에 침묵하며, 천사처럼 평화를 외치던 그들이 왜 북한의 핵무기 개발에 먼눈을 팔고 있는지 스스로 물어야 한다. 전복전략은 허위조작으로 선전선동을 주무기로 하면서 타인에게 불리한 것은 망각하도록 세뇌시키는 것이다. 어설프게 그들에게 끌려드는 것은 자신을 확실한 노예화의 길로 인도하는 것임을 명심해야한다.

이러한 상황에서 탄핵선고 이후에 천진한 지식인들이 모든 매체들을 통해 국민통합을 호소하고 있는 잘못된 행동이 무슨 결과를 가져다주는지를 고려해 볼 필요가 있다. 최악의 사태에 맞설 아무런 정신적 준비도 없이 중대한 정치적 체제투쟁을 단합의 호소로서 중성화하고 정신적 사상적 무장해제를 초래하는 것이 바로 그것이다. 무원칙적 원만주의는 의도와 관계없이 시민들을 무의식적으로 전체주의적 전복음모을 위한 동반자로 만들게 되는 것이다. 지금의 상황에서 그런 사회도덕적 호소는 절실하게 필요한 정치의 복원과는 정반대의 비정치화를 유도하게 되는 것이다. 전복세력에게 이보다 더 좋은 것은 없다. 비정상을 정상으로 포장해 주는 것이기 때문이다. 이것이 그쪽이 바라는 '평화적' 정권장악에 필요한 조건을 제공해 주는 것이다.

다가오는 선거는 여야의 경쟁이라는 통상적 선거가 아니라 대한민국이 당면하고 있는 국가안위문제까지 합쳐서 그 존재의 운명을 좌우하는 폭발성이 강한 선거이며, 동질적 게임의 장이 아니라 이질 세력 간의 전쟁적 성격을 가진 선거라는 것에 유념해야 할 것이다.

그런 의미에서 특히 현실적으로 주의를 요하는 것은 지난 근 삼십 년을 통하여 선전과 세뇌전술에 의해 '일상화된 전체주의 의식'의 문제이다. 이와 맞서 싸워야하는 것은 자유민주주의 진영에 속하는 지성인의 몫이다. 이제는 그 지성인들이 자유의 깃발을 들 때이다.

2. '촛불세력'과 우상숭배의 정치의식 비판[4]

조성환

'촛불'과 '탄핵', 분노의 굿판

축제로 위장된 핏발 선 촛불집회가 대한민국의 광장을 휩쓸고 있다. 신문들은 곡학아세(曲學阿世)의 궤변으로, 종편은 대통령의 무능과 도덕적 흠결에 대한 낯 뜨겁고 저질적인 고발에 지칠 줄 모른다. 이미 나라가 만신창(滿身瘡)이 되었건만 거리와 광장, 신문과 방송은 인간 박근혜에 대한 '분노의 굿판'에 탐닉되어 있다. 특별검찰은 사법정의의 엄정한 집행자가 아니라 기회주의적 야당의 사냥꾼이자 여론의 눈치꾼이 되어 마구잡이식 구속에 혈안이 되어 있다. 정치권은 백척간두에 선 대한민국의 위기 수습에 책임을 다하기는커녕, 대통령 탄핵과 촛불정국을 이용하여 조기화 될 대권레이스를 준비하며 온갖

---

4) 이 글은 〈대한언론인회보〉 2017년 2월호, 4월호, 9월호에 실린 글들을 수정·보완한 것이다.

감언이설로 국민의 환심을 구걸하는데 여념이 없다.

　대한민국은 탄핵사태와 촛불정국의 홍수로 혼란과 위기에 봉착했다. 이 위기는 엄중하게 진단되어야 극복의 희망을 가질 수 있다. 촛불정국과 탄핵사태는 박근혜 대통령의 무능과 무분별성으로 촉발되었다. 그러나 이 상황은 박근혜 대통령의 추방 여부를 넘어 대한민국의 체제적 정당성에 대한 도전임을 직시해야 한다. '촛불'의 광장정치를 통한 비폭력·명예혁명이라는 것은 수사(修辭)에 불과하다. 국회의 대통령 탄핵결정으로 잠시 소강상태이지만 혁명적 폭력사태를 배제할 수 없다.

　우리는 건국, 산업화, 민주화라는 70년 근대화를 이루었으나 여전히 통일혁명이라는 미완의 과제를 남겨 둔 상황에서 작금의 위기에 처했다. 한국의 대의제는 대통령의 통치불능 상태, 국회의원의 광장정치에의 편승으로 심대한 위기에 봉착했다. 헌정위기에 직면하여 대한민국은 사실상의(de facto) 무정부상태에 처해 있는 것이다. 헌법재판소의 대통령 탄핵이 인용되든, 기각결정이 내려지든 간에 우리는 현재의 혼란 상태보다 더 심각한, 일종의 총체적 카오스에 빠져들 수도 있다. 작년 말 '최순실 게이트'의 발단에서 앞으로 있을 대통령 탄핵의 인용과 기각의 향배, 조기화 된 대선정국까지 대한민국은 극심한 헌정적 위기, 이념적 갈등에 휩싸일 수 있다.

'촛불', 전체주의 반동의 우상

이 혼란과 위기에서 가장 주목해야 할 것은 한국 사회의 '전체주의화'의 위험성이다. 건국 이후 70년 동안 북한의 '통일전선전략'에 의한 전복전(顚覆戰), 즉 군사전쟁이 아니라 한국 내의 반정부 세력과 불만 세력을 이용하여 내부로부터 체제를 타도하려는 정치적 전쟁이 지속되었다. 작금의 광장정치를 엄밀히 살펴보면 민주화에 편승한 급진 전복세력, 선동적 정치세력, 자칭 '진보'적 시민사회세력의 대연합으로 추동되고 있음을 알 수 있다. 최근의 광장정치는 북한으로부터 시원하여, 우리 사회내부에 침전된 혁명적(전복적) 전체주의의 분출과 무관하지 않다.

현재의 광장정치는 그 명분과 구호의 측면에서 낭만적, 통속적, 즉자적 평가로 얼버무릴 수 없는 심대한 기만성과 위험성이 내포되어 있다. 2008년 광우병 촛불사태에서 시작되어 작금의 촛불시위를 추동하는 제1의 명분은 '국민주권론'이다. 촛불시위의 선두 팻말은 "대한민국의 주권은 국민에게 있고 모든 권력은 국민으로부터 나온다"(헌법 제1조 2항)이다. 이 조항은 일견 참여 혹은 직접민주주의의 정치적 명분으로 이해될 수 있으나, 이는 국민주권론의 기만적 해석에 불과하다. 헌법 조항은 주권의 원칙, "응당 그러해야 한다"는 당위적 의제의 조항이다. 이 조항이 현실적이고 절대적이라 주장하고 광장의 의사를 주권자의 명령이라 주장한다면 현대 민주주의의 제도적 근간인 '대의제'의 존재를 전면적으로 부정하는 것이다. 거리에서 국민이 직접 정치적 의사를 주장하고 이것이 대의제를 초월하는 진리 표준이라고 강변하는 것은 국민주권론이 아니라 전체주의적 인민주권론이다. 광장의 의사를 신성불가침의 성언(聖言)으로 강변하는 것은 현대판 자코뱅 전체주의이다. 촛불세력의 국민주권절대론은 직접민주주의를 빙자하여 자유민주 대의제 민주주의의 근본을 파괴하려는 음모적 기만이다.

이미 우리가 목도했듯이 촛불시위의 주된 구호는 다수결에 의해 선출된 대한민국 국민의 대표인 대통령에 대한 추방 요구였다. 미국 소고기 수입을 광우병으로 선동하여 이명박 대통령의 퇴진을, 최순실 게이트와 관련하여 박근혜 대통령의 하야를 주장했다. 국민의 주권적 권리를 들어 대통령의 퇴진을 요구하는 실력행사가 일상화된다면 다수결주의라는 민주정치의 제도적 근간이 붕괴하는 것이다. 소수의 급진세력이 광장에서 국민주권을 전유(專有)한다면 다수 국민의 진정한 주권은 실종되어버리는 것이다. 촛불의 구호는 국민주권에 대한 편의적 기만이자 다수결주의라는 민주주의적 근본제도를 부정하고 국가의 침식을 기도하는 전복혁명일 뿐이다.

이러한 촛불정치는 자칭 진보를 표방하나 그 실상은 동포의 질곡을 외면하고 전체주의 북한 정권에 굴종하는 '민족지상주의적 반동세력'에 의해 조직되고 선도되는 문제도 안고 있다. 이번 촛불정국에서 시위의 주도세력은 물론이거니와 야권의 유력 대권주자까지 사드 배치의 재고, 정권획득 후 평양 우선방문을 공공연히 주장하였다. 물론, 탄핵이 기각되면 혁명을 하겠다는 극언도 마다않았다. 대한민국의 대통령 후보가 될 사람의 발언인지, 평양 김정은 정권의 대변인의 발언인지 의심이 갈 정도였다.

남북문제에 대한 이들의 주장들은 민족지상주의의 신화에 함몰된 환상일 뿐이다. 이들은 우리의 자유민주주의와 북한의 전체주의가 '하나의 민족' 원칙에 의해 동일한 정체성을 갖는 것으로 보는 심각한 인식적 장애에 빠져있다. 이 주장은 근대정치의 괴물 전체주의에 대한 아무런 경각심도 없이 통일을 위해서는 대한민국의 체제를 파괴해도 좋다는 모험주의적 이데올로기이다. 우리 사회에서 '진보'를 자칭하고 촛불정치를 주도한 세력은 인류사의 유례없는 반동체제인 북한의 전체주의와 전제 정권에 비판은커녕 추종과 굴종을 서슴지 않는다. 이런 맥락에서 이들은 결코 진보세력일 수 없다. 이들의 사상과 행동은 세계사적 기준으로나 한국정치의 기준으로나 반동일 뿐이다. 대한민국에서의 자유민주파는 보수라는 통속적 평가와는 달리 대한민국의 발전을 책임지는 실질적 진보세력이다.

촛불과 탄핵이라는 '분노의 굿판'은 대통령을 포함한 기성정치세력의 무능과 무책임에 기인했지만, 진보의 가면을 쓴 전체주의적 반동세력의 전복혁명 수단이 될 심대한 위험성을 수반한다. 한국의 언론방송은 예외 없이 분노의 여론재판을 휘몰아가고, 국가수호의 충복인 검찰마저 여론의 폭정에 겁박당하고 제 기능을 상실했다. 여론의 폭로가 곧 범죄가 되는 사회는 이미 전체주의적 공포사회가 된 것을 의미한다.

이러한 기묘한 혼돈과 위기에 빠진 대한민국을 구하는 첫 걸음은 기만과 선동에 휩싸인 사상과 이념의 혼선을 바로잡는 일이다. 자유민주주의의 사상적 성찰과 각성을 선도하는 지성적 플랫폼의 결성이 필요하다. 대한민국은 자유민주 진보파에 의한 전체주의 반동파의 구축(驅逐)이 시급하다.

'촛불정국', 중국의 사드배치 간섭 자초

박근혜 대통령의 탄핵 사태로 우리는 심각한 헌정위기와 국론분열의 상태에 처해 있다. 이에 더해 사드배치에 대한 중국의 간섭과 보복 조치로 우리는 국제질서 전환의 소용돌이에 급속히 휘말려가고 있다. 안의 혼란, 밖의 압력이 중첩된 위중한 상황에서 우리의 운명을 가를 대통령 선거가 코앞에 다가와 있다. 안과 밖이 모두 유례없는 위기적 상황에 봉착했다. 대한민국은 백척간두에 서있는 것이다.

이번 탄핵사태는 '최순실 게이트'를 광적으로 부풀리고, 의도적으로 조작한 탄핵 선동 세력에 의해 추진되었다. 그들은 '촛불은 국민의 명령이다'라는 전체주의적 민중주권론을 내세워 다수 국민과 국회의원, 언론과 사법기관을 겁박하여 결국 헌법재판소의 대통령 파면결정을 이끌어냈다. 이번 탄핵은 우리의 민주주의와 법치를 역이용한 전체주의적 전복세력의 음모와 선동이 작용했다는 점이 곳곳에서 확인되었다. 이러한 측면에서 탄핵사태는 단순히 박근혜 대통령 개인의 파면이 아니다. 대한민국의 자유민주주의 헌정과 법치주의가 탄핵되었다 해도 과언이 아니다.

고영태 일당 등 하찮은 무리와 주요 언론기관의 음모로 시작된 이번 탄핵사태는, 민노총, 범민련을 위시한 이적단체들의 '촛불'의 노도(怒濤)를 통한 체제전복 기도, 이에 영합한 검찰의 무분별한 대통령 고발, 당리당략에 몰입된 국회의원들의 부분별한 탄핵의결, 소추의 절차적 흠결, 헌법재판소의 불공정하고 졸속한 심리로 만장일치적 탄핵심판이 결정되었다. 이번 탄핵 결정은 외견상 합법성(legality)을 근거로 진행되었으나 법치와 자유민주주의의 체제적 정당성(legitimacy)이 고려되지 않은 결정이었다.

　　탄핵정국은 국가의 통치 기능을 마비시켜, 한국은 거의 무정부 상태에 빠졌다. 사드 배치에 대한 중국의 간섭과 보복은 바로 이러한 국내정치적 혼란을 틈탄 폭거이자, 곧 있을 우리 대선에서의 친중파 후보에 대한 간접적 지원이나 다름없다.

　　탄핵사태에 기회주의적으로 편승하고 선동한 야당의 유력 대선주자는 노무현 정부 당시 비서실장으로 유엔의 북한 인권 결의안 찬반을 북한에 물어보아야 한다고 했을 정도이고, 북한 핵에 대응하기 위한 방어용 무기인 사드 배치에 대해 집요하게 반대해왔다. 그는 탄핵정국에서 대통령에 당선되면 미국보다 북한을 먼저 방문할 것이라 하였고, 그리고 미국에게 노(No)라고 말할 수 있어야 한다고 공언했다. 중국은 바로 이러한 한국정치의 혼란에서 당선이 유력해진 야당 후보의 친북·친중 입장을 지원함으로써 한국 대선 과정에 개입하여 한반도 관리의 전략적 우위를 확보하려는 야욕을 드러낸 것이다.

　　한국과 미국 정부가 사드배치를 결정한 직후, "소국(小國)이 대국(大

國)을 대항해서 되겠느냐, 너희(한국) 정부가 사드를 배치하면 엄청난 고통을 주겠다"고 중국 외교부가 우리를 협박했다. 중국은 그들이 그렇게도 자랑하고 국제적으로 인정받고 싶어 하는 중화(中華) 문명국의 위상을 스스로 내팽겨 쳤다. 최근 중국은 사드 부지를 제공한 롯데그룹의 중국 점포에 대해 무자비한 폐쇄조치를 취하고, 자국민의 한국 단체여행을 제한하는 등 우리에 대한 치졸한 보복을 전면화하고 있다. 이 보복 조치들은 중국이 책임 있는 대국이 아니라 전체주의적 공산정권에 지나지 않음을, 그리고 몸체는 거인이 되었으나 외교적으로는 치졸한 난쟁이에 불과함을 스스로 드러낸 것이다.

미·중 패권경쟁의 블록정치와 한국의 안보

우리의 안보에 대한 주권적 결정에 내정간섭을 자행하는 중국의 속내는 훨씬 더 복잡하고 전략적이라는 점을 결코 간과해서는 안 된다. 시진핑 집권 이후 중국의 국가전략은 현대화 초기의 일국적 경제성장 제일주의를 넘어선 제국적 패권 투사의 전략으로 전환되었다. 시진핑이 내건 일대일로(一帶一路) 정책은 대륙과 해양의 팽창주의를 의미하고, 제2도련선 선언은 미국의 태평양 영향권에 대한 균점(均霑)의 요구이다. 중국은 단순한 세계의 공장이 아니라 지정학적 세력권의 확장으로 미국의 단극적 패권에 감히 도전하기 시작한 것이다. 국제사법재판소의 불법판정에도 불구하고 중국은 남사군도에 대한 군사기지의 건설을 강행하여 미국 해군력의 투사에 쐐기를 박음으로써, 동남아에서의 우위를 확보하고 인도양을 거쳐 서남아, 중동을 거쳐 아프리카로 이어지는 명대(明代)의 정화(鄭和)라인을 복원하려 하고 있다.

동북아와 중국의 패권전략은 복잡한 국제정치적, 지정학적 구도를 가진다. 중국은 상하이협력기구(SCO)와 러시아와의 전략적 군사협력으로 대륙 군사연합을 이미 구축해 놓고 있다. 시안(西安)을 기점으로 한 일대(一帶) 정책은 서북방에 대한 중국의 대륙제패 전략이다. 그러나 중국의 대륙 전략은 동맹국 북한이라는 완충지대의 유지에 만족하지 않는다. 중국은 대한민국의 존재와 주한미군을 그들의 대륙 패권의 걸림돌이자, 미국이 주도하는 해양세력의 대중 봉쇄정책의 전초기지로 보고 있다. 이러한 측면에서 최근 가열되고 있는 동북아에서의 미국과 중국의 패권경쟁질서는 양국 간의 국가적 경쟁을 넘어 (대륙)블록 대 (해양)블록의 경쟁 양상으로 전개되고 있다는 점이 분명해진다.

동북아와 한반도를 둘러싼 블록 간 경쟁에서 대륙 블록을 주도하는 시진핑 중국은 한반도에 대한 새로운 현상변경 전략을 구사하기 시작했다. 그것은 남한을 중국의 영향권으로 흡인함으로써 미국과 해양세력의 대륙 봉쇄 전략에 적극적으로 대응하려는 전략이다. 이를 상징적으로 표현하면, 중국은 대한민국에 세력을 부식하여 '역(逆)애치슨라인(reversed Acheson line)'을 구축하려 하는 것이다. 즉, 중국은 6·25 전쟁 직전 미국의 애치슨 국무장관이 "한국을 미국의 극동방위선에서 제외한다는 선언"을 역이용하려 하는 것이다. 이는 경제적·정치적으로 한국을 자국의 세력권으로 넣어보자는 속셈이다.

문제는 중국에 대한 우리 정부와 야당의 인식과 태도이다. 이미 박근혜 정부 초기 우리 외교는 중국의 이러한 지정전략(geo-political strategy)을 인식하지도 못하고 시진핑의 한국 포섭전략에 말려든 적이 있다. 박근혜 대통령은 중국의 전승기념일에 천안문 망루에 오름으로써 아무런 외교적 실익도 얻지 못하고 미국과 국제사회로부터 외교적 신뢰만 잃었다. 한편, 중국은 박근혜 정부의 사드배치 결정 이후 친북·반미 성향의 한국 야당 세력의 사드배치 반대 공세를 적극적으로 지원하기 시작했다. 중국은 이를 이용해 그동안 한국과 쌓은 '전략적 협력 동반자 관계'의 우의(友誼), 그리고 주권독립이라는 국제정치 규범을 깡그리 무시한 채, 고압적 내정간섭과 치졸한 보복을 서슴지 않고 있다. 중국은 우리의 사드배치를 빌미로 우리 내부의 정치적 분열을 획책하는 간계(奸計)를 쓰고 있다.

우리는 또다시 국제질서 급변기의 격랑에 휩쓸려 들었다. 19세기 영국과 러시아, 독일의 제국 경쟁, 1945년 미국과 소련의 세계 쟁패에 이어 21세기 미국과 중국의 패권 경쟁의 희생양이 될 처지에 놓였다. 대한민국은 70년의 자유민주주의 헌정체제와 개방발전, 한미동맹으로 세계 10위권의 중견 국가가 되었다. 그러나 최근 우리의 국내 정치는 세계정치의 소용돌이를 무시한 채, 대통령 탄핵까지 초래한 무분별한 권력 쟁투에 혈안이 되어있다. 내우는 외환을 부르게 마련이다. 5월 9일 선거는 한미동맹의 이익을 극대화 시킬 수 있는 후보가 선택되어야 한다. 친북, 모화숭중(慕華崇中)의 후보가 당선될 경우 대한민국의 운명은 천 길 낭떠러지로 떨어질 수도 있을 것이다.

임시정부 건국론과 역사의 우상숭배

문재인의 대선 승리는 '촛불'로 명명된 광장정치에 의해 견인되었다. 문재인 정부의 출범은 단순한 여야 간의 정권교체가 아니다. 지난해 연말에서 올 상반기에 대한민국을 뒤흔든 광장정치와 탄핵을 둘러싼 헌정위기에 편승한 일종의 정치교체에 해당하며, 이 교체는 대한민국의 국가정통성, 체제정당성, 남북한 관계에 대한 위험한 현상변경까지 예고하고 있다.

8월 15일 광복절 경축사는 문재인 정부의 현대사와 체제에 대한 변혁적 의도가 잘 드러났다. 이 경축사는 대한민국의 역사적 정당성과 체제적 정통성을 훼손하고, 남북관계의 기본 구조를 변형시키는 위험한 발언들로 채워졌다. 대한민국 건국일을 1919년 상해임시정부 수립일로 삼겠다는 선언, 무조건적 전쟁방지를 천명한 것, 흡수통일을 포기한 내용을 주목해야 한다. 이 발언들은 한국현대사의 사실이 아니라 신화에 근거한 오도된 정치의식이다.

1948년 5·10선거를 거친 후 8월 15일 민주공화국을 선포한 것은 우리의 의지로 국민, 주권, 영토를 갖춘 근대적 공화국을 수립한 것이다. 제헌헌법부터 현행 헌법까지 1919년 상해에서 결성된 임시정부는 1948년 민주공화국의 법통, 즉 1948년 건국의 시원이자 정통성의 근거로 인정한 것이다. 일제강점 시기 상해임시정부가 국가의 객관적 요소를 갖춘 것은 아니었으며, 국제사회로부터의 국가승인을 받은 것도 아니었다. 상해임시정부는 독립을 추구하는 주체로서의 정부였지 온전한 국가는 아니었다. 1941년 임시정부의 강령에도 '복국(復國)' 뒤 '건국(建國)'을 명시했다. 이는 1919년의 상해임시정부 수립이 건국이 아니라 독립과 복국의 주체가 결성된 것을 의미하고, 1948년 8월 15일 민주공화국의 수립이 바로 건국이라는 점을 나타내준다. 산이 산이듯, 임시정부는 정부이고 민주공화국은 국가이다.

김대중, 노무현 대통령을 포함하는 대한민국의 역대 대통령들은 제헌헌법 발효일인 1948년 8월 15일을 대한민국 건국의 기점으로 삼아왔다. 물론, 문재인 대통령도 제헌헌법을 기점으로 한 대한민국의 제19대 대통령으로 취임하였다. 이러한 측면에서 문재인 대통령이 1948년 건국을 부정하고 1919년 상해임시정부 수립을 건국이라 천명한 것은 권력에 의한 역사의 오만한 왜곡이자 대한민국의 정체성과 대통령의 존재성에 대한 자기부정이다. 1919년 상해임시정부의 수립을 건국으로 2019년에 그 100주년을 기념을 하겠다는 것은, 독립운동의 역사성을 부정하는 일이며 1948년 8월 15일 이후 성립된 대한민국의 역사를 지워버리는 일이다. 1919년 상해임시정부 건국론은 역사의 우상숭배일 뿐이다. 문재인 대통령은 상해임시정부 건국론을 선언하기에 앞서 자신이 대한민국의 19대 대통령인지, 상해임시정부로부터의 '집정관 총재'인지를 고민했어야 했다.

민족의 신화, 자유민주주의적 통일의 적

문재인 대통령은 이번 경축사에서 "모든 것을 동원해서 전쟁만은 막겠다", "누구도 대한민국의 동의 없이는 군사행동을 못하도록 하겠다"는 발언을 했다. 북핵과 미사일의 위협이 우리가 감내하고 국제사회가 용인할 수 있는 수준을 넘은 상황이다. 이는 대한민국 국군통수권자의 선언인지, 아니면 김정은 대변인의 발언인지가 불분명할 정도이다. 우리 사회에는 김대중 대통령의 햇볕정책, 이를 이은 노무현 정부의 평화번영정책 이후 북한에 의한 전쟁도발이 없을 것이라는 환상주의적 평화론이 팽배해 있다. 우리는 "대화가 곧 평화"라는 착각에 빠졌고, 이를 틈타 북한은 미국까지 위협할 수 있는 핵과 미사일 무장의 시간을 벌었다.

문재인 대통령은 흡수통일을 포기하고 북한의 체제를 인정할 것이라 선언했다. 이 선언은 통일에 대한 대통령의 헌법적 책무를 포기한 것으로 의심받을 수 있다. 이런 발언은 대한민국 국군은 누구를 주적으로 삼을 것이며, 유사시 어떠한 방식의 전쟁에 임할 것인가 하는 의문을 일으킨다. 문재인 대통령의 '무조건적 전쟁방지', '북한의 체제인정'은 반통일, 분단고착의 선언이며, 대화로 포장된 패배주의적 평화 구걸에 지나지 않는다. 평화는 힘의 우위에 의해 달성되며, 통일은 북한의 체제인정이 아니라 북한전체주의 노예국가에 대한 우리의 자유주의적 해방을 의미한다.

집권 좌파의 대북 포용(유화)과 패배주의적 평화관념은 민족지상주의라는 신화(神話)에서 연유한다. 해방 직후 미국과 소련의 분할점령, 정파 간의 이데올로기적 투쟁과정을 거쳐 남북한은 이질·대립적 국가를 성립시켰다. 한국 현대사는 남북한의 평화적, 협력적 공존 상태로 보아서는 안 된다. 한국에서는 해방 직후 내전적 게릴라전, 6·25의 전면적 통상전쟁, 정전 이후에는 북한에 의한 대남 전복전쟁이 지속되었다. 정전(停戰)이 곧 평화라는 것은 착각이다.

북한이 선전해 온 '하나의 조선(민족)' 원칙은 우리에게 민족지상주의의 신화를 확산시켰다. 한국 사회의 민족주의 관념은 시민적, 합리적 정치 이념이기보다는 종족적, 낭만적 정념(情念)에 가까웠다. 민족 동질성이라는 신화의 숭배가 체제(국가) 이질성이라는 현실 인식을 왜곡했다. 남북한의 관계는 1991년 남북기본합의서에서 보듯, 체제에 근거한 국가관계가 아니라 민족에 근거한 '특수관계'로 설정되었다. 이로써 남북한 간의 각종 합의가 정식 국호의 책임자가 아니라 남측과 북측의 대표자로 서명되는 웃지 못 할 일이 연속되었다. 남북한 간에 민족이라는 단어는 만병통치적인 주술적 단어(magic word)이지만 체제의 이질성과 국가적 대립성은 드러내지 말아야 할 지성적 금기(intellectual taboo)가 된 지 오래다.

지금 우리는 대한민국이 경험한 역사적 사실과 존재적 현실을 직시하기보다는 신화와 우상으로 오도된 정치의식에 오염되지 않았는가를 반문해야 한다. 건국일 다툼, 전쟁과 평화의 인식의 차이, 남북한 관계에 대한 이견(異見)이 과연 민주사회의 의사의 다양성을 반영한 것이지, 아니면 서로의 존재성을 부정하고 제압하려는 근본주의적 우적(友敵) 투쟁인지를 반문해야 할 시점이다. 우상이 아니라 이성, 신화가 아니라 현실의 각성이 필요하다.

3. '촛불시위'는 전체주의적 도전[5]

조성환

'한국자유회의', 반(反)전체주의 선언

2017년 1월 23일 한국의 자유민주 지성인들은 흔들리는 대한민국을 지키기 위하여 일어설 것을 엄숙히 선언하며, '한국자유회의(Korea Freedom Congress)'를 결성했다. 한국자유회의는 지금의 위기가 단순한 정치 사회적인 진통이 아니라 대한민국의 자유민주주의 체제가 위기에 처했음을 천명했다. 대한민국은 헌정의 안정성이 무너졌으며, 광장의 '촛불'은 법치주의와 대의정치의 원칙을 압도하고 있다. 정치권에선 이를 수습하기보다는 편승하려는 자들이 힘을 얻고 있다. 그런 가운데 북한의 전체주의에 대한 경계를 허무는 목소리까지 노골화하고 있다. 전체주의적 움직임에 고삐가 풀린 것이다. 자

---

5) 이 글은 2017년 2월 18일 개최된 '한국자유회의' 제1차 국민대토론회에서 발표되었다.

유민주 지성인으로 구성된 한국자유회의는 그 같은 시대착오적인 전체주의 위협의 대두에 결연히 맞서 싸워나갈 것을 선언했다.

한국자유회의는 남북한의 전체주의적 전복세력의 도전을 고발하고 이를 제압하기 위한 자유민주세력의 사상적 플랫폼을 만들어 나갈 것이다. 이를 위해 한국자유회의의 첫 사상적 토론회를 연다. 이 토론의 제목은 "한국자유회의 '촛불'에 묻다"로 정했다. 2002년 '효순·미선 사건', 2008년 '광우병 사태에 이어 대한민국은 '촛불'로 상징된 광장정치의 늪에 빠졌다. 작금의 '촛불'의 분출은 국회의 대통령에 대한 탄핵 결정을 강제했고, 극심한 정치 사회적 갈등과 헌정 정치의 파탄을 몰고 왔다. 이 위기 상황에 직면하여 한국자유회의는 '촛불'이 결코 시민혁명의 상징이 될 수 없으며, 전체주의 세력의 혁명적 음모를 은폐하는 '우상'에 불과함을 밝힌다. 한국자유회의는 반(反)전체주의를 선언했다.

오도(誤導)된 국민주권론

한국 정치에서 촛불로 상징된 광장정치는 이미 오래전부터 전개되어왔다. 그러나 2016년 연말부터 제기된 '최순실 게이트'에 대한 촛불시위는 기왕의 사례와는 비교될 수 없는 수준의 규모와 영향력을 행사했다. 최순실의 국정농단에 대한 언론의 폭로에서 시작되어, 대통령의 사과, 박근혜 대통령의 퇴진압박, 국회의 대통령 탄핵 결정, 헌법재판소의 인용과 기각여부에 대한 결정을 남겨두고 있다. 대통령의 탄핵 결정에도 불구하고 촛불은 매주 토요일 광화문 광장을 대통령 퇴진과 혁명의 함성으로 드높이고 있다.

한국의 좌파세력은 2002년 효순·미선 사건 이후 일어난 촛불시위에서 반미의 기치로 대연합하여 노무현 후보가 대통령 선거에서 승리하도록 했다. 2008년 이명박 정부의 미국산 소고기 수입 결정을 '광우병' 선동으로 오도하는 대규모 촛불시위를 일으켰고, 이를 빌미로 이명박 대통령의 퇴진운동까지 벌였다. 이때 촛불세력이 들고 나온 구호가 대한민국 헌법 1조 2항의 국민주권론이었다. 이를 기점으로 한국 좌파세력은 기왕의 계급주의적 민중주의, 민족지상주의적 반미 구호를 숨기고 민주공화국의 정당성의 원천인 국민주권론을 전면에 내세우며 대통령 퇴진운동에 나섰다. 한국의 좌파급진주의자들은 한때 계급적 폭력혁명론을 낭만적 민중론으로 위장했고, 민족주의의 신화(피의 신화)를 명분으로 친북으로 편향되었다. 그러나 2008년 이후 친북좌파가 조직하고 선도한 촛불집회는 대한민국 국민 모두에게 어필할 수 있는 국민주권론의 위장막을 내세워 반정부, 반체제의 광장정치를 일상화시켰다.

이 광장정치는 "촛불은 국민의 명령이다"라는 구호를 내세웠다. 말하자면 '촛불'은 누구도 도전할 수 없는 하나의 신성(神聖)이 된 것이다. 이들은 촛불에 찬성하는 것이 선(善)이고 비판하거나 반대하면 악(惡)이 되는 도덕적·정치적 양자택일의 상황을 연출한 것이다. 이 상황에서 언론과 방송, 국회의원과 검찰, 헌법재판관 등 대한민국의 통치권과 언론, 지식인들은 촛불의 노도(怒濤)에 순치되고 위협받는 상황에 이르렀다. 즉, 촛불세력이 곧 '신성불가침'의 국민이고 따라서 촛불에 침묵하거나 반대하면 비국민으로 낙인찍히는 전체주의적 '공포'가 연출된 것이다. 작금의 '촛불'은 직접민주주의의 상징이 아니라 대한민국의 주요 기관의 자율성과 자주권, 국민의 다원적 의사를 한 색깔로 강요하는 전체주의적 혁명의 우상(偶像)이 된 것이다. 대한민국은 촛불이라는 우상으로 "일방이 타방의 존재성을 부정하고, 남을 거짓이라 선동하여 자신이 진리라고 강변하는 '근본주의적 실존투쟁'이 일상화"된 것이다.

2008년 광우병 집회에서부터 촛불시위의 선두 팻말은 "대한민국의 주권은 국민에게 있고 모든 권력은 국민으로부터 나온다"는 헌법 제1조 2항을 적었다. 이에 더하여 여야를 불문한 여의도 정치인들도 대통령과 경쟁 정파를 비판할 때 이 조항을 내세우게 되었다. 박근혜 정부의 여당이었던 새누리당 유승민 원내대표가 국회 교섭단체 대표 연설에서 이 조항을 들어, 자신은 국민주권에 충실한 민주주의자, 박근혜 대통령은 국민주권을 무시한 독재자로 힐난한 뒤, 여의도 정치인들은 너도나도 국민주권론을 남발하게 되었다. 한국의 광장정치와 여의도 정치는 흑백논리로 단순화된 국민주권론의 홍수에 빠지게 되었다. 이로써 한국의 다원주의적 정치의식은 매몰되고 근본주의적 흑백논리로 물들게 되었다. 이 흑백논리는 전체주의가 침투하는 의식의 스펀지로 작용하게 되었다.

헌법 1조 2항은 민주주의의 정당성과 주권의 원칙, "응당 그러해야 한다"는 당위적 의제이자 상징의 조항이다. 이 조항이 현실적이고 절대적이라 주장하고 광장의 의사를 주권자의 명령이라 주장한다면, 그리고 대표된 정치인이 정치적 투쟁을 위해 국민주권을 오용(誤用) 한다면 현대 민주주의의 제도적 근간인 대의제와 다수결주의, 그리고 법치주의가 훼손되고 부정되는 결과를 낳는다. 거리에서 국민이 직접 정치적 의사를 주장하고 이것이 대의제를 초월하는 진리표준이라고 강변하는 것은 다원적 국민주권론이 아니라 전체주의적 인민주권론이다. 광장의 외침을 신성불가침의 성언(聖言)으로 강변하는 것은 현대판 자코뱅 전체주의에 다름 아니다.

촛불세력의 '국민주권론'은 직접민주주의를 빙자하여 대의제와 법치주의의 근본을 파괴하고 국가와 체제의 전복을 위한 음험한 선동정치의 위장막인 것이다. 국민주권을 추상적으로 일체화시켜 절대화하는 것은 개인의 존재와 자유를 부정하며 국가와 사회를 동일시하는 내용을 가진 '집단적 개체'(북한 헌법 제63조)를 주권자라고 인식하게 만드는 북한의 전체주의적 인민주권론과 다를 바가 없다.

지금의 촛불 정국은 국민의 도덕적 분노를 동원한 박근혜의 추방으로 전개되고 있지만, 그 결과는 대한민국의 대의제와 법치에 심대한 타격을 주어 자유민주주의의 체제적 정당성을 훼손하게 될 것이다. 이러한 차원에서 국회의 탄핵 결정은 자유민주주의에 대한 체제탄핵을 의미한다. 촛불세력에 편승하여 마치 권력을 획득한 듯이 오만을 부리는 제1야당 더불어민주당은 전체주의적 전복세력에 포획되어 설사 정권교체로 권력을 획득하더라도 진퇴양난의 지경에 처할 것이다. '촛불'에 의해 오도된 국민주권론은 대한민국을 다원적 자유민주주의의 열차에서 전체주의적 인민민주주의 열차로 갈아타게 하는 '악마의 티켓'일 수 있는 것이다.

'촛불혁명'은 전체주의적 전복혁명

집회 정치는 우발적 군중(crowd)의 모임이 아니라 사전에 잘 계획되고 조직화된 대중(mass)의 집단적 행동에 의존한다. 이러한 특징은 한국의 촛불시위에서도 전형적으로 나타난다. '촛불'로 상징된 우리의 광장정치는 특정의 이슈를 공론화하고 해결하기 위한 절차적 차원을 넘어선 대규모 반정부 시위와 전면적 정권 타도 투쟁이었다. 이 점은 한국 좌파의 광장정치가 국민의 민주적 의사 표현의 수준을 넘어서서 체제 도전으로 나아갈 위험성을 안고 있었음을 의미한다. 작금의 촛불집회에서 혁명의 전 단계에 진입했다거나 시민적 명예혁명을 이룩해야 한다는 주장이 공공연하게 제기되고 있다. 혁명은 체제 정통성의 원리가 바뀌는 것을 의미한다. 우리의 경우 자유민주주의에서 다른 이념으로 체제의 성격이 바뀌는 것이 혁명이다. '혁명'이 지향하는 구체적 이념은 제시하지 않은 채 대중의 도덕적 분노에 편승하여 대중을 선동하는 행위는 체제를 파괴하는 결과를 가져온다.

지금의 촛불 정치는 민주와 진보를 자칭하나 그 실상은 전체주의 북한 정권을 두둔하거나 이에 굴종하는 소위 '통일전선 세력'에 의해 조직되고 견인되었다. 촛불시위는 2016년 11월 9일 1,503개 단체로 구성된 '박근혜 정권 퇴진 비상 국민행동'(이하 퇴진행동)이 주도했다. 이 촛불시위는 민주노총 중심의 53개 좌파단체의 통합체인 '민중총궐기투쟁본부'와 세월호 참사 유가족 등으로 조직된 4·16연대가 주도한 것으로 알려져 있다. 그러나 이들 단체 중 대부분은 공개적으로 대한민국의 정통성과 자유민주주의 체제를 부정하고 북한이 주장하는 국가보안법폐지, 미군철수, 연방제통일에 동조하는 이적단체(반국가단체)를 포함한 친북반미좌파 단체로 알려졌다. 여기에는 대법원에서 이적단체 판결을 받고서도 극렬하게 시위에 참가한 단체가 포함되어 있다. 조국통일범민족연합(범민련) 남측본부, 범민족청년학생연합(범청학련) 남측본부, 민족자주평화통일중앙회의(민자통), 우리민족연방제통일추진회의(연방통추), 6·15공동선언실천연대(실천연대)남측위원회, 한국대학생총연합(한총련) 등이 대표적이다.

이들 반국가 단체들의 핵심인 '퇴진행동'은 발족 선언문에서 "총궐기로 박근혜 정권을 몰아내고, 민주·민생·평화가 숨 쉬는 새 나라를 만들자"라고 주장했다. 그러나 시위현장에서는 △민족 반역자 박근혜 처단, △노동자가 주인이 되는 세상, △중고생이 앞장서서 혁명정권 이뤄내자, △문제는 자본주의, 사회주의가 답이다, △북한이 우리의 미래이며 희망이며 삶이다, △거대한 횃불로 보수세력 모두 불태우자, △ 서울 한복판에서 미제침략군 몰아내자, △국가보안법 폐지, △양심수 이석기 무죄 석방, △통합진보당 해산 반대, △민주노총위원장 한상균 석방, △국정원 해체, △사드 (THAAD: 고고도미사일방어체계) 배치 저지, △역사교과서 국정화 저지, △세월호 참사 진상규명, △백남기 농민사망 책임자 처벌, △위안부 야합-한일군사정보협정 분쇄 등의 구호를 외치고 유인물을 배포했다. 또 이런 내용 일부가 적힌 피켓과 함께 플래카드가 시위현장에 등장했다. 노동자 위주의 계급투쟁을 획책하고 자본주의 타도를 외치면서 혁명정권과 연방제국가 수립을 공개적으로 천명한 것이다.

이들 주장은 대부분 북한의 대남 공산화 전략 구호들로 박근혜 대통령 탄핵·퇴진과는 무관한 것이다. 이들 단체 중 대부분은 과거에도 미군 장갑차 여중생(효순·미선) 치사사건 촛불집회, 맥아더 동상 철거시위, 평택 미군기지 이전확장 반대시위, 한미 FTA 반대 촛불집회, 용산참사 추모 촛불 문화제, 광우병 촛불시위, 제주 해군기지 반대시위 등에 빠짐없이 참가해왔다. 그러나 이들 단체의 이 같은 시위 주도의 궁극적 목표는 한국 사회의 혼란 획책을 통한 정권붕괴와 민중정권 탄생에 있었다. 이런 형국에 야권의 유력 대권 주자는 사드 배치의 재고, 정권획득 후 평양 우선 방문을 공공연히 주장하였다. 물론 탄핵이 기각되면 혁명을 하겠다는 극언도 주저하지 않았다. 대한민국의 대통령 후보가 될 사람의 발언인지, 평양 김정은 정권 대변인의 발언인지 의심이 갈 정도였다. 그 후보는 반(反)대한민국 전체주의 촛불주도세력에 편승하여 지지도를 높이고 자유대한민국의 대통령이 되겠다는 것이다. 이 지경에 지각 있는 자유 대한민국 국민의 심경은 실로 어떠하겠는가?

이러한 상황에서도 대다수 한국 언론은 이런 사실들을 애써 외면한다. 이보다도 더 개탄스러운 점은 대다수 언론·방송사들이 증오와 적개심, 반목, 갈등, 분열을 조장하는 끔찍한 살인과 파괴의 퍼포먼스를 '국민 축제', '문화 축전', '평화 시위' 등으로 침이 마르도록 미화하고 있다는 점이다. 물론 친북세력과 무관한 일부 지식인들조차도 촛불 정치를 대의제의 대안으로 칭송하기에 이르렀다. 여전히 촛불시위가 광화문 광장을 점거하고 있는 상황에서 한국의 한 사회학자는 《촛불의 시간: 군주·국가의 시간에서 시민의 시간으로》라는 책으로 촛불에 대한 찬송을 아끼지 않는다. 그는 "시민 정치의 집요한 요구와 광장의 촛불집회가 없었더라면 2016년 12월 9일 대통령 탄핵안은 통과되지 않았을 것이다. 정당들은 당리당략과 득실 셈법을 버리고 시민들의 함성 앞에 무릎을 꿇어야 했다. 시민정치란 이런 것이다. 무질서 속에서 질서를 찾는다. 이제 '국가의 시간'이 끝나고 '시민의 시간'이 시작됐다"라고 적었다.

이 촛불 예찬은 사회학도, 정치학도 아니다. 이 교수는 프랑스혁명의 자코뱅 급진주의가 죽음의 공포정치로, 레닌의 전위혁명론이 스탈린의 전체주의로 갔으며, 지고지선의 바이마르의 헌법이 히틀러의 악마적 전체주의를 낳은 비극적 광기의 역사를 모르는 것인가? 지금 대한민국의 촛불에서 '시민의 시간'만을 보았다면 이는 너무도 순진한 삼류문학에 불과하다. 그가 촛불의 시민이 질서정연한 것이 전복세력의 연출에 의한 것임을 과연 몰랐단 말인가? 촛불세력은 아무리 부풀려도 소수일 뿐인데, 촛불에 참여한 시민이 감히 국민 전체를 대변한다고 강변하고 있다. 국민도, 시민도 구체적으로 정의해야 자유주의와 다원주의가 성립한다. 국민 혹은 시민이 '추상적·상징적 전체'로 정의된 모든 정치체제는 전체주의로 귀착되었다.

무질서 속에서 시민이 질서를 찾는다고? 시민의 질서가 국가의 질서를 대체할 수 있다고 본다면 이는 무정부주의를 의미할 뿐이다. 근현대 정치사에 그런 낭만은 존재하지 않았다. 상징적이고 추상적인 전체로 정의된 시민의 정치는 결국 조직된 혁명적 전위대, 노멘클라투라의 노예로 전락하지 않았던가? 우리 사회의 촛불집회는 결코 시민적 명예혁명을 견인하지 않는다. '촛불'은 국민주권을 빙자하여 70년 한국현대사가 피와 땀으로 만든 국가와 체제를 해체하고 전복하는 '혁명적 파괴주의의 발화제'일 뿐이다. 이 음험한 기만의 폭주에서 우리의 순진한 국민은 엘베티우스가 갈파했듯이 "양들에게 잡아먹히는 풀밭 곤충들이 양을 사나운 침략자로 생각하는 반면 양을 잡아먹는 늑대를 전적으로 고마운 존재로 착각하기 쉬운" 혼돈의 상태에 빠져버린 것이다.

한국자유회의, 자유민주주의의 사상적 플랫폼

박근혜 대통령의 헌법 및 법률 위반 여부는 최종적으로 특검과 헌재에서 가려지게 되어있다. 하지만 대통령의 리더십 공백을 틈타 "사회주의가 정답이고 북한이 우리의 삶이 될 혁명정권 세우자"고 체제전복을 획책, 선동한다면 대한민국을 김정은에게 갖다 바치자는 것과 무엇이 다른가? 이런 주장들을 방관하고 있는, 아니 촛불의 광기에 겁박당하고 순치된 언론, 정치권, 검찰 등이 바라는 것은 도대체 무엇인가? 친북세력이 아니라도 우리 사회의 많은 지식인과 정치인들은 우리의 자유민주주의와 북한의 전체주의가 '하나의 민족' 원칙에 의해 동일한 정체성을 갖는 것으로 보는 심각한 인식적 장애에 빠져있다. 이 주장은 근대정치의 괴물, 전체주의에 대한 아무런 경각심도 없이 통일을 위해서는 대한민국의 체제를 파괴해도 좋다는 모험주의적 이데올로기이다. 우리 사회에서 '진보'를 자처하고 촛불 정치를 주도한 세력은 인류사의 유례없는 반동체제인 북한의 전체주의와 전제 정권에 비판은커녕 포용과 굴종을 서슴지 않는다는 점에서 그들은 '반동세력'일 뿐이다. 전체주의 독재자와 결탁하거나 이에 굴종하는 세력이 '진보'를 자처하는 것은 어불성설이요 국제적인 웃음거리이다.

이들의 사상과 행동은 세계사적 기준으로나 한국 정치의 기준으로나 반동세력일 뿐이다. 촛불과 탄핵이라는 '분노의 굿판'은 대통령을 포함한 기성 정치 세력의 무능과 무책임에 기인했지만, 진보와 인민주권의 가면을 쓴 전체주의적 전복 혁명의 수단이 될 심대한 위험성을 수반한다. 이 굿판에 편승하여 한국의 언론방송은 일색으로 여론재판을 휘몰아가고, 국가수호의 충복인 검찰마저 여론의 폭정에 겁박당하고 제 기능을 상실했다. 헌법재판소 재판관도 예외가 아닌 듯해서 침묵하는 다수, '구체적 국민'은 불안하기만 하다. 언론의 폭로가 곧 범죄가 되는 사회는 집단적 광기의 야만 사회이다. 지금 우리 자유 국민은 '촛불'의 기획자들이 내세운 '시민적 명예혁명'을 찬송해야 할 때가 아니다. 대통령 탄핵이 인용되든 기각되든 정치와 사상의 전쟁을 넘어 시민의 전쟁이 예견되는 위기에 처해 있다. 탄핵사태에 의한 헌정의 위기가 '촛불'과 '태극기' 세력 간의 시민전쟁의 참극을 불러올 수도 있다. 대한민국은 전체주의가 일상화되고, 체제전복과 체제수호의 전쟁 발발이 예정된 것인가?

한국자유회의는 촛불세력에 묻는다. 첫째, 당신들은 "북한 정권의 '통일전선전략'을 추종하며 허구를 앞세운 선전과 선동으로 국민의 정치의식을 오도하여 국가적 정통성을 파괴하려는 세력으로, 대한민국의 자유민주주의 체제가 보장하고 있는 근대적 자유를 전체주의 혁명의 수단으로 역이용하여 체제전복을 획책하는 전복세력이 아닌가? 둘째, 당신들은 민족 또는 민중을 '집단적 개체'로 내세워 그것을 현실적인 주권자로 명분화하여, 독재와 폭력으로 자유를 말살하는 전체주의를 의식화하고 조직화하여 자유대한민국을 해체하려는 체제파괴세력이 아닌가? 셋째, 당신들은 신화적 국민주권론을 내세워 박근혜 정권을 무너뜨리고 친북 후보를 지원함으로써 친북 정권을 수립하려는 정치적 위장세력이 아닌가?

촛불세력은 음험한 체제전복 기도를 시민혁명으로 위장하지 말라. 분노로, 정의감으로 촛불에 참여한 수많은 민주시민을, 그동안 각고의 노력으로 자랑스러운 나라를 만들기 위해 노력한 다수 국민을 자유민주적 대한민국의 파괴에 동원하지 말라. 대한민국의 자유와 민주, 법치와 공화를 사랑하는 침묵하는 다수 국민은 촛불의 집단적 광기에 겁먹지 말아야 한다. 대한민국의 진정한 민주시민은 민주공화국을 위한 책임과 헌신의 정신과 참된 애국심으로 뭉쳐 '촛불세력'의 기만적 음모에 맞서야 한다. 자유 국민은 전복세력의 '분노의 선동'과 전체주의적 기만에 휘둘리지 말고 이성과 지성을 갖추고 자유민주공화국의 책임 있는 주인의 역할을 다해야 할 것이다.

자유민주진영의 반(反)전체주의 운동

헌정의 위기, 광기의 광장정치의 위험성을 직시하고 대한민국의 자유민주주의체제를 지키기 위해 이 땅의 자유 지식인들은 '한국자유회의(Korean Freedom Congress)'를 결성했다. 대한민국은 피의 골짜기를 지나고 땀과 눈물의 강을 건너 번영의 바다에 이른 나라다. 대한민국은 이 성취를 지키며 자유의 파도가 되어 어두운 땅의 장벽을 무너뜨리고 통일된 자유민주체제 속에서 남북한 동포 모두가 자유와 인권과 복지를 누리며 번영의 바다를 함께 누빌 수 있도록 해야 한다. 이를 위해 한국자유회의는 남한과 북한의 '전체주의파' 모두와 맞서 싸워나갈 것이다. 한국자유회의가 나아가고자 하는 이 길에 대한민국과 자유를 사랑하는 한국인들이 함께해 줄 것이다.

이러한 우리의 비장한 결의에도 불구하고 한국의 정치권에는 우리 자유민주파의 지성적, 애국적 요구를 대표할 세력도 지도자도 없다. 현재 한국 정치권은 촛불편승(추대)세력과 촛불영합(굴복)세력 밖에 존재하지 않는다. 헌법재판소에서 대통령 탄핵이 인용되면 조기 대선이 불가피한 상태다. 더불어민주당의 유력 대선후보는 촛불세력에 편승하다 못해 포획(捕獲)된 후보이다. 국민의당은 특정 지역을 근거지로 촛불에 영합한 세력이다. 그 당은 국민후보라기보다는 '향민(鄕民)후보'를 낼 수밖에 없지 않을까? 자유한국당과 바른정당은 촛불정치와 대통령 탄핵사태의 패잔병 집단에 불과하다. 정통보수, 개혁보수를 자처하지만, 그들은 이념과 정책을 아랑곳하지 않는 '그저 속류 정치인'일 뿐이다. 그들은 항상 단맛을 찾아다니는 '정치사업가'들이다. 그렇다고 주저앉을 수 없다.

어느 보수 논객은, "보수 유권자들이 정당(政黨) 같은 걸 할 수는 없다. 그러나 국민운동체 같은 건 할 수 있다. 광장을 탈환–점령하고 군중엔 군중으로 대항해야 한다. 그러면서 지식인 파트가 고급 담론을 제시해야 한다. 자유민주·보수우파의 담론이 깡통 좌파의 담론이나 사이비 보수(중도실용주의–진보적 보수주의)의 담론보다 월등히 높아야 한다. 이 담론과 투쟁노선과 구호를 선전 파트가 널리 전파해야 한다. 문화 파트는 이걸 대중문화와 접목시켜야 한다"고 하여, 자유민주 지성의 결집과 활동을 요청했다.

한국자유회의는 자유민주주의의 수호와 진보를 위해 전체주의적 반동파를 제압하는 의식과 사상을 계발(啓發)하고 전파하는데 진력할 것이다. 우리는 이 의미 있는 길에 대한민국의 많은 자유민주파 단체들과 연대하여 반전체주의 투쟁의 선봉에 설 것을 약속한다. 대통령 선거가 목전에 닥쳤다. 반동 전체주의, 친북 굴종 세력에게 대한민국을 내어줄 수 없다. 우리는 대한민국의 자유민주주의를 책임 있게 선도할 정치세력과 이를 대표하는 대통령 후보가 부재함을 통탄만 하고 있을 수 없다. 한국자유회의는 '지성적 의병(義兵)'으로 자유민주파의 사상적 플랫폼을 자처하는 동시에 타락하고 당파적인 여의도 정치권을 혁파할 시민운동체의 결성과 반전체주의 운동의 전개를 촉구한다.

제3장

문재인 정부 국정 운영의 정치학적 비판

1. 문재인 정부, 어디로 가나?[6]

노재봉

올해로 70주년을 맞는 대한민국이라는 국가의 역사는 지속적 전쟁의 역사였다. 새해엔 그 결정적 전기를 맞을 것이 분명하다. 그러나 70년이라는 세월은 국민이 평화와 전쟁이라는 것에 착각을 갖게 하기에 충분한 시간이었다.

지금 대한민국은 전복전(subversive war)과 통상전쟁에 더해 절대무기라는 핵전쟁의 위협에 직면해 있는 상태다. 한국은 고난 속에서도 나름대로 정치와 전략을 역사적 조건들에 부합하도록 총력을 다해 왔다. 국가적 집단의 존재 이유를 자유민주주의에 기초한 헌법으

---

6) 이 글은 2018년 1월 2일 〈문화일보〉에 발표되었다.

로 규정하고, 일관되게 구현해 나갔다. 그것이 성공을 거두었다. 문자 그대로 건국혁명이었다. 사상 처음으로 국제사회의 주류(主流)에 자리 잡았다. 그러나 그 과정에 대가를 치른 것도 여느 역사적 예들과 마찬가지로 새삼스러운 일은 아니다.

그러한 대가 지불은, 북한의 끊임없는 전복 선전으로 앙심(ressentiment)이라는 감정에 접합됐다. '좌파'는 그 감정을 충동해 스캔들을 조작해 내고, 증오를 증폭시켜 대통령 탄핵이라는 절정에 이르게까지 됐다. 이런 기류는 '촛불혁명' 용어 속에 녹아 있다. 문재인 정권이 정권 차원에서 촛불혁명으로 규정한다면, 청와대는 '혁명위원회'가 되는 셈인가. 상해임시정부를 건국으로 규정하면서, 적폐청산이라는 이름으로 대한민국 70년의 '주류(主流) 세력과 역사'를 탄핵하는 데 이르려 한다. 국민주권을 넘어 '사람 중심의 체제'를 선언하고 나섰다. 그 표현에 누가 반대하겠는가. 그러나 내포된 본질을 직시할 필요가 있다.

그 말의 정치사상적 뿌리는 카를 마르크스에 있고, 흘러흘러 북의 주체사상으로 둔갑했다. 독립운동기 지식인들의 낭만적·종족적 민족주의와도 닿아 있는 이런 기류는 급기야 '하나의 민족' 슬로건이 되고, 그 하나를 해치는 것이 '미국이라는 적(敵)'이라는 논리로까지 이어졌다. 따라서 역대 정부가 북한을 주적이라고 규정한 것이 반민족적 처사로 단죄될 판국이다. 통일부와 외교부, 국가정보원은 물론 법무부·검찰 등의 '적폐 청산 TF' 활동에는 이런 맥락이 뚜렷하다.

당면한 북핵 문제를 둘러싼 전쟁 위험을 어떤 외교적 수단으로 헤쳐 나갈 것인가. 정권의 영향력 있는 인사들은, 북핵은 체제수호를 위한 수단이므로 핵 보유를 인정해야 한다고 주장하고 있다. 반면에 미국 측은 북핵 문제를 세계적 안보 문제라고 규정하고 있다. 따라서 북한을 핵보유국으로 인정한다면 미국은 정책적 패배를 자초하게 되는 것이며 '질서교란세력(revisionist states)'에 항복하는 결과가 된다. 어느 길을 택할 것인가. '노예국가' 편에 서면서 중국의 국제정치적 하청업자의 길을 갈 것인지, 미국과 잠정적 동맹이 아니라 확실하고 지속적인 동맹을 다질 것인지 분명히 해야 한다.

제재를 통한 북핵 해체든, 군사적 방법에 의한 핵 제거든, 미국이 어느 것을 선택하더라도 그 충격은 북한에만 국한되지 않고 지금의 남한 정권도 치명적 타격을 받을 건 분명하다. 문 대통령은 월남 패망에 관한 글을 읽으면서 진실의 승리를 확인하고 희열을 느꼈다고 했다. 아직 그런 인식의 연장선에 있다면 곧 닥칠 패닉에 어떻게 대응할지 걱정이다. 제2차 세계대전 뒤 신생 독립국 중에서 유례없는 기적 같은 성취를 이뤄낸 대한민국이 허물어지지 않고 계속 전진하기 위한 지혜가 더 절실한 2018년이다. '민족이 무엇이든 자유 없이는 살 수 없다'는 어느 탈북 여성의 목소리를 가슴에 새겨야 할 때다.

2. 문재인 정부 국정 운영 목표의 정치학적 비판[7]

서명구

촛불혁명 정권 자임하는 문재인 정부

문재인 정부가 출범한지도 벌써 100일이 지났다. 여기에서는 지난 7월 19일 발표된 '문재인 정부 국정운영 5개년 계획(이하 계획)'을 통해 문 정부가 지향하는 바를 검토해 보고자 한다. 문 정부가 여전히 70%대에 이르는 높은 지지율을 보이고 있지만 여소야대 국회의 한계를 안고 있다는 점, 또 자신의 기대와 달리 급박한 안보 현실로 운신의 폭이 상당 부분 제약된 상황에서 발표된 것이라는 점을 감안할 때, 지향하는 궁극적 목표를 완전히 드러냈다고 보기에는 어려운 점이 없지 않지만 국정의 기본 방향은 대체적으로 드러났다고 볼 수 있다.

문재인 정부는 스스로 존재의 근거를 촛불에서 찾고 있고, 통치의

---

7) 이 글은 2017년 8월 21일 한국자유회의 제3차 국민대토론회에서 발표되었다.

정당성도 여기에서 끌어내고 있다. 이낙연 국무총리는 취임사에서 "공직자들은 촛불 혁명의 명령을 받드는 국정과제의 도구들"이라고 언명하였고, '계획'에서도 문 정부는 김대중, 노무현 정부 이후 9년 만에 '촛불시민혁명'으로 집권한 '제3기 민주정부'로 자기규정을 하고 있다. 그렇다면 문 정부가 생각하는 촛불의 명령, 민주정부, 나아가 민주주의란 무엇인가? 그리고 그러한 주장의 근거는 무엇이며, 그것이 갖고 있는 정치적 의미는 무엇일까? 특히 그것이 대한민국의 민주주의 그리고 오늘날 세계 대부분의 나라에서 유일한 대안으로 간주되고 있는 근대 자유민주주의와는 어떤 관계에 있는 것인가?

문재인 정부의 '국민 중심 민주주의'와 '주권자 민주주의'

민주화 30년을 맞은 오늘의 시점에서 한국 민주주의를 돌이켜보면 그동안 적지 않은 성과에도 불구하고 그늘지고 부정적인 측면이 점점 심화되어 왔다는 사실을 부인할 수 없다. 2008년 수입쇠고기 관련 촛불사태를 비롯하여, 작년의 대통령탄핵에 이르기까지 법치주의, 3권 분립, 대의민주주의 등 민주헌정의 상궤를 벗어나는 사태가 빈번해지고 내용도 심각성이 날로 더해가고 있다.

시각에 따라 적지 않은 차이를 보이기는 하지만 논자에 따라 '질 나쁜 민주주의', 독재와 안정된 민주주의 사이의 '폭넓은 중간지대론', 나아가 '민주주의의 후퇴론'까지 대두되고 있는 것이 오늘의 현실이다. 물론 이러한 논의에는 정략적, 이념적 의도가 작용하는 경우도 적지 않아 주의를 요한다. 그러나 크게 보아 포퓰리즘과 반(反)법치는 공통으로 지적되는 요인이라고 할 수 있다. 문제는 한국정치에서 나타난 포퓰리즘과 반법치의 구체적 특성이다.

이와 관련하여 주목해야 할 것은 한국의 경우에는 "권위주의 해체과정이 안티테제를 급진화하고 동원하는 과정이었다"는 지적이다. 즉 도덕적 열정 및 혁명적 이상주의에 바탕을 둔 해방된 공동체를 강조하면서, 특히 낭만주의적 민족관과 공동체적 집단주의의 특성을 강하게 보여주고 있다는 것이다. 문재인 정부의 '계획'에서 나타나는 '국민중심의 민주주의', '주권자 민주주의'는 바로 그 연장선에 있는 것으로 이해된다.

'계획'은 2016년 촛불시민혁명으로 "국민이 더 이상 통치의 대상이 아니라 나라의 주인이자 정치의 실질적 주체로 등장하는 국민의 시대의 도래를 예고"하고 있다고 주장한다. 이러한 시대에는 국민이 "나 스스로 나를 대표하는 정치"를 하는 '국민 중심의 민주주의'가 실시된다고 한다. 여기서 핵심 개념은 '새로운 국민'으로서, '계획'은 이를 '근대적 국민'과 대비하여 설명하고 있다. 근대적 국민은 국가를 구성하는 집합적 존재로서 그 주권은 대표에게 위임되는데 반해, 새로운 국민은 개개인이 권력의 생성과 과정에 직접 참여·결정하는 존재, 즉 개개인이 국민 주권자라는 것이다.

이러한 국민은 선거나 대표자 위임에 국한되지 않고, "아래로부터", "직접", "일상의", 공론과 합의라는 "과정의", 자치분권과 생활정치의 "풀뿌리"로부터 주권을 행사하는 등 '주권자 민주주의'를 구현한다고 한다. 물론 대의민주주의를 전적으로 부정한다고 명시적으로 말하지는 않지만, 이를 "뛰어넘어 국민 개개인이 모두 주권자로서 자기 스스로 주권을 어디에서나, 늘 행사하는 것을 지향한다"고 밝히고 있다. 그리고 그 방식은 정치권의 합의, 정부와의 협치, 국민제안, 국민숙의, 국민결정과 같은 공론과 합의의 과정을 통해서뿐만 아니라, 국민 개개인이 스스로가 일상적으로 주권을 행사하는 것, 특히 시민사회와 연계하여 '2016 촛불'과 같은 자발적 개인들의 네트워크를 통해 이루어진다고 밝히고 있다.

'계획'은 이러한 '주권자 민주주의'의 기치 하에 국가비전으로 '국민의 나라, 정의로운 대한민국'을 표방하고, 5대 국정목표로 '국민이 주인인 정부', '더불어 잘사는 경제', '내 삶을 책임지는 국가', '고르게 발전하는 지역', '평화와 번영의 한반도'를 제시하고 있다.

근대성에 대한 무지와 몰이해

문 정부가 지향하는 이러한 '주권자 민주주의'는 그러나 대한민국과 오늘날 세계 대부분의 나라에서 채택하고 있는 자유민주주의 내지는 대의민주주의와 원리적으로 상당부분 충돌하는 것이다. 자유민주주의는 원래 근대성(modernity) 즉 근대적 가치를 실현시키기 위한 정치체제로서, 산업사회를 정상적으로 작동시키는 데 있어 현재까지는 다른 대안을 찾기 어려운 유일한 선택지이다. 그런데 주권자 민주주의는 이러한 근대성 자체에 무지하거나, 혹은 오해 내지는 몰이해를 하고 있거나 혹은 이를 성급하게 극복하려고 한다는 데 문제가 있는 것이다.

첫째는 근대성에 대한 무지 부분이다. 무엇보다 디지털 기술로 대의민주주의의 한계를 극복하고 직접민주주의를 구현할 수 있다는 것은 대의민주주의의 원리 자체에 대한 무지에서 비롯된 것이다. 고대 아테네를 비롯한 도시국가는 규모 면에서 작았을 뿐만 아니라 매우 단순하고 유기체적 사회로서 공동체에의 참여 자체를 지상의 가치로 여겼던 데 반해, 근대 사회는 고대나 중세와는 달리 개인을 토대로 한, 그리고 매우 분화된 다원 사회와 갈등을 전제로 하고 있다는 점이다. 일부 논자들은 현대 IT 기술을 통해 대의민주주의의 한계를 극복하고 직접민주주의를 실현시킬 수 있다고 주장하지만, 문제는 지리적·공간적 한계의 극복이 아닌 것이다.

둘째는 근대성에 대한 오해 내지는 몰이해 부분이다. 정치적 차원에서의 근대성의 요체는 평등, 자유, 시민이라고 할 수 있다. 먼저 신분제도가 붕괴되면서 나타난 '제(諸)조건의 평등'은 근대사회의 고유한 특성으로 볼 수 있다. 문제는 평등을 유일한 가치로 떠받드는 평등 지상주의를 앞세워 국가와 정치의 기능을 '파이 나누기' 즉 경제로 환원시키는 것이다. '계획'에서도 "정의"의 명분으로 "차별과 격차" 해소를 앞세우면서, 경제주체를 국민 개개인과 가계 중심에 놓겠다고 주장하는 등 국가가 개인에 전방위적으로 개입하는 '내 삶을 책임지는 국가'를 강조하고 있다. 근대사회에서의 자유는 기본적으로 인간의 기본권과 시민의 참정권을 보장하는 '정치적 자유'다. 문제는 이를 경제적 자유로 곡해, 평등의 이름으로 자유 자체를 희생시키려 하는 것이다.

시민의 개념에도 문제가 있다. 흔히 '깨어있는 시민' 혹은 '적극적 시민'을 강조하고 있지만, 문제는 정치 참여와 권리를 강조할 뿐 의무는 완전히 실종된 상황이며, '계획'에서도 이 부분은 찾을 수 없다. 의무와 덕성(virtue)이 탈락된 존재는 한마디로 민중, 특히 저항적 민중에 다름 아니다. 아무리 사회적 약자의 권익 조직화 그리고 이를 위한 직접 민주주의를 표방하더라도 그들의 존재는 민중에 다름 아니다.

근대국가의 정당성 원리인 '인민주권론'도 크게 곡해되고 있다. 그것은 루소(J. J. Rousseau)로부터 연원하는 것으로서 원래 이는 왕국에서 공화국으로 전환되면서, 주권자로서의 왕이 사라진 빈 공간을 메우기 위한 장치로 설정된 것이다. 문제는 인민주권을 정치현실 속에서 바로 구현하려는 데서 발생한다. 로베스피에르(Robespierre)를 비롯한 자코뱅(Jacobin)이 대표적인 사례라고 할 수 있지만, '계획' 또한 "국민 개개인이 주권자"라고 강조하면서 이들의 주권이 바로 구현되는 '아래로부터 민주주의'를 주장하고 있다. 그러나 자율성을 가진 중간집단의 매개 없이 분자화된 개인들 위에 국가가 들어서는 것, 그것이 바로 전체주의인 것이다. 아무리 국민 개개인이 주권자라고 강조하면서 인민주권을 표방하는 순수한 다수의 결정을 내리더라도, 그것이 헌정적 제약이나 공적인 논의 과정이 무시된 채 폐쇄 회로에서 만들어져 다수의 힘에만 의지해 시행된다면 그것은 더 이상 민주주의는 아니다.

셋째는 근대성의 성급하고 무모한 극복이다. '계획'에서 가장 두드러지게 강조하고 있는 것이 일상의 민주주의, 일상적 국민주권행사, 자발적 개인들의 네트워크, 물질주의 극복 등 소위 포스트 모더니즘적 담론에 기초한 직접민주주의다. 이중 물질주의 극복은 일찍부터 '사람이 먼저다'와 같은 구호로 나타났지만, 문제는 이것이 상정하고 있는 '사람' 혹은 '자율적 시민'에 있다. 현실에서 존재하는 것은 민중, 혹은 전근대적 가치를 벗어나지 못한 종족적 민족의 범주를 벗어나지 못하고 있다는 것이다.

한마디로 근대의 극복 내지는 뛰어넘기를 표방하고 있으나, 기실은 근대성 자체도 제대로 획득하지 못한 채 성급하고 무모하게 탈근대적 가치로 포장한 근대에 대한 안티테제에 머물고 있다는 것이다. 근대성의 극복은 이론적으로도 그렇지만 현실적으로도 그 근거가 상당히 취약한 상황이다. 외국에서도 급진적 담론의 범주를 벗어나지 못하고 있으며, 현실적으로는 아일랜드, 아이슬란드와 같은 규모가 작은 국가들이나 아니면 남유럽 국가들에서도 주로 지방정부 차원에서 시험적으로 추진되고 있는 것들이다. 대한민국과 같이 근대국가 자체가 실존적 위협에 처해 있는 상황에서는 너무나 비현실적 환상이라는 비판을 면키 어려운 것이다.

'절대 적'의 상정과 대한민국 부정

'계획'은 구체적인 100대 국정과제의 첫 머리에 '적폐청산'을 올려놓고 있다. 잘못된 것이 있으면 사안별로 바로잡으면 되는 것인데 불구하고, 애매모호하고 자극적인 '국정농단'이라는 용어를 사용, 전 부처에 국정과제라고 '명령'을 내리고 나아가 이 문제에 국민을 동원하고 있는 것이다. 그야말로 초법적 하이퍼 대통령제(hyper presidentialism)가 우려되는 대목이다. 이러한 방식은 부메랑이 되어 문 정부에 대한 불신과 혐오로 이어질 수 있지만, 문제는 여기에서 그치는 것이 아니다. 주어진 여건을 고려하지 않은 채 절대적 기준을 적용하는 이러한 방식이야말로 전형적인 도덕정치(moral politics)의 위험성을 예고하고 있다. 이는 '민주 대 반민주'의 낡은 진영 논리를 토대로 정치를 선악의 문제로 환원시키는 일종의 근본주의에 속한다고 볼 수 있다.

이러한 적폐청산은 당연히 '대상의 선정'을, 그리고 청산 주체인 권력의 정당성과 청산의 동력을 확보하기 위해 지속적인 '분노의 동원'을 불가피하게 만든다. 특히 이질적 세력을 규합하여 하나의 대오에 세우기 위해서는 '공동의 적'에 대한 지속적인 '분노의 동원'이 필요하고, 절대적인 적 즉 악마의 설정이 요구된다. 그 존재는 전지전능하고 무소부재 하여야 한다. 그러기에 범정부적으로 그리고 부처별로 국정농단의 실태를 철저히 항시적으로 규명해야 하며 철저하고 완전한 청산을 기해야 하는 것이다. 적의 존재는 시간도 넘나든다.

과거사 문제가 등장하는 소이도 여기에 있다.

이러한 절대적인 적을 대상으로 한 적폐청산이 지향하는 궁극적 지점은 어디일까? '계획'은 '국민 눈높이에 맞는 과거사 문제 해결'이라고 제시하고 있다. 그렇다면 그 '국민 눈높이'는 과연 어디에 있을까? '계획'은 이를 구체적으로 밝히고 있지 않다. 따라서 '국민 눈높이'를 이끌고 또 규정할 수 있는 이른바 진보진영의 대표적 논객들의 담론을 통해서 이를 유추해 필요가 있다.

이를 위해서는 대한민국을 '반민족적, 분단, 결손국가'로 보는 시각에 주목할 필요가 있다. 그 근거로 가장 중요한 것이 민족이다. 문제는 그것이 근대적 민족이 아니라 종족적. 폐쇄적, 수구적, 저항적 민족이라는 데 있으며, 이러한 민족을 토대로 한 도덕적 합의에 의해 모든 문제를 해결할 수 있고 또 해야 한다는 비현실적 발상을 하고 있는 데 있다. 과거를 '박탈의 역사'로 미래를 '약속의 역사'로 상정하고, 지난 역사를 파행과 왜곡의 역사로 이해하는 변혁적 역사관 즉 혁명적 민족주의가 작동하고 있는 것이다.

따라서 대한민국의 역사는 반민족적 기득권 세력의 청산이라는 이름하에 전면적으로 부정된다. 특히 대한민국을 세운 이승만 대통령과 경제적으로 이를 일으켜 세운 박정희 대통령이야말로, 앙심(ressentiment)의 일차적 대상이 되고 있다. 나아가 현실로서의 대한민국은 기득권 세력의 탐욕으로 부패한 양극화된 사회, '헬조선'으로 저주의 대상화된다. 한마디로 대한민국을 태어나지 말았어야 하는 나라로 보는, 즉 대한민국에 대한 전면 부정으로 연결되는 것이다.

대한민국에 대한 직접적인 위협은 그나마 약화된 국가의 보호 장치와 제도를 무력화시키려는 기도로 이어진다. 국가보안법은 이미 실질적으로 사문화된 상황이므로 구태여 언급할 필요조차 없는지 모른다. 상징적 차원에서 이를 폐지할 것인지, 아니면 자신의 친북적 급진성을 희석시키기 위해 잔존시키는 것이 오히려 이득이 될지를 저울질하는 단계로 보인다. 법원에 의해 이적성을 판결 받은 단체들에 대해 해산할 수 있는 법률도 제정되지 못한 상황에서, 어떤 국가기구도 체제전복세력으로부터 대한민국을 수호하기는 이미 역부족인 상황이다. 얼마 전 군 고위 장성의 '갑질논란'을 통해 군 자체에 대한 불신이 증폭되고 있는 것도 심각한 우려의 대상이다.

마지막으로 개헌문제다. '계획'에서는 '국민주권적 개헌'으로 얼버무리고 있지만, 많은 논객들은 가능한 범위 내에서 직접 민주주의 방식을 택하는 방식 즉 개헌이 아니라 촛불의 광장을 제헌의회로 발전시켜야 하며 이를 통해 결국 '새로운 공화국의 구성'으로 나아가야 한다고 주장하고 있다는 것만을 여기에서는 언급하고자 한다.

전체주의의 위험성

현재 세계적으로 민주주의를 위협하는 가장 큰 요인은 포퓰리즘과 법치의 실종이다. 불행히도 한국도 예외는 아니며, 이를 단적으로 보여주고 있는 것이 '촛불'이다. 이미 한국은 '촛불의 명령'에 따른 국정운영이 진행 중이다. 원래 촛불은 인간의 내면 혹은 존재 자체를 밝히는 것이다. 그러기에 많은 종교들이 각종 의식에서 촛불을 켜는 것이고, 철학자 가스통 바슐라르는 촛불을 인간과 우주의 비의에 접근하는 통로로 보는 독특한 미학을 전개하기도 하였다. 문제는 이러한 촛불을 인간의 내면을 밝히기 위해서가 아니라, 사회, 정치를 향해 다시 말해 '적대적 타자'를 향해 드는 행위이다. 이러한 촛불은 '위장된 횃불'에 다름 아니다.

'촛불 명령'을 받았다고 자임하는 문정부는, 우발적인 촛불 군중, 아니 고도로 사전에 계획되고 조직화된 촛불 대중을 놓고 '새로운 국민'으로 호명하고 있다. 그러나 그 주도세력들이 불순, 불만세력일 가능성이 높다는 것은 새삼 지적할 필요도 없다. 흔히 2,300개 시민단체들의 '밑으로부터의 퇴진운동'이라고 미화되고 있지만, 그 단체들 자체가 중복된 것들이며 노골적인 정치적 편향을 보여 온 단체들이라는 것은 이미 많은 전문가들의 지적하고 있다. 심지어 광장의 큰 틀을 좌우하는 것은 조직화 된 사회단체들, 특히 실무운영자들이라는 것이 촛불 집회에 참가하고 이를 적극 합리화한 어느 학자의 솔직한 고백이다.

이들이 금과옥조로 떠받들고 있는 시민사회라는 것도 상당 부분 과장된 면이 강하다. 시민사회라는 것도 기실은 시민단체에 다름 아니며, 그것도 상당 부분이 좌파 집권에 의존하여 물질적 토대를 마련한데다가 권력에 의존하는 기생적 민중단체의 성격을 강하게 갖고 있는 집단이다. 그 주도자들은 이상과 강령을 가진 합리적 주장이 아니라 과장된 확신과 자신감을 가진 자들로서, '(민중)운동'을 진정한

민주주의를 구현할 수 있는 통로로 착각하고 있는 것으로 보인다.

문재인 정부의 가장 큰 문제는 바로 이러한 군중, 대중 혹은 민중에게 '새로운 국민'이라는 포스트 모던식 개념을 적용하여, 이를 기반으로 근대국가의 민주정치체제 나아가 근대성 자체를 뛰어넘는 '국민 중심의 민주주의', '주권자 민주주의'를 실현하겠다고 나서는 데 있다. 이러한 근대성의 왜곡은 일종의 최대주의적 민주주의관 즉 해방의 철학 혹은 변혁의 정치학으로 지칭될 수 있다. 다시 말해 모든 정치적 권위와 권력으로부터 벗어나 누구에 의해서도 대표되지 않는 직접적 인민주권을 실현하고, 자본주의가 아닌 새로운 생산체제의 건설을 지향하는 등 그야말로 완전히 새로운 모종의 공동체를 추구하는 것으로 볼 수밖에 없다. 그러나 이는 결국 근대 민주주의 혹은 자유민주주의체제를 침식·약화시키고, 원자화된 개인 위에 일원적 지배가 가능한 국가가 들어서게 되는, 다시 말해 전체주의를 초래할 위험성이 농후한 것이다.

3. 문재인 정부 외교·안보·대북정책 비판

조성환

노무현 정책의 '데자뷔'?

'촛불혁명정부'를 자임한 문재인 정권은 '평화와 번영의 한반도 정책'을 추진하고 있다. 이 정책은 단어와 내용 모두 10여 년 전 노무현 정권의 평화·번영 정책을 답습하고 있다. 남북 간 화해협력 추구, 균형자 외교와 한반도 운전자론, 감정적 반일태도, 맹목적 친중 외교, 국정원 개혁을 통한 국가보안법의 실질적인 무력화, 일방적인 전시작전통제권의 환수 추진, 감군정책과 국방 포퓰리즘 등이다. 문재인 정권의 외교·안보·대북정책은 노무현 정권에서 이미 실시했던 정책, '데자뷔(déjà vue)'인 것이다.

권력 주체와 세력의 동일성을 고려하면 이를 당연하게 볼 수 있다. 그러나 이 답습은 그동안 변화된 북한위협의 고도화, 극단으로 대치하고 있는 남북한 관계의 상황 변화를 전략적으로 인식하여 이를 성공적으로 관리하고 우리의 국가이익을 확보할 수 있을까 하는 우려를 자아낸다. 대북·대외 정책의 기조 설정과 그동안의 정책 추진을 관찰해보면 문재인 정권은 노무현 정권 이후 약 10년간 급변한 한반도와 동북아 국제정치의 구도와 역학을 전혀 고려하지 않고 있다. 따라서 정책의 창조성이나 전략적 효과가 기대될 수 없다.

이에 더하여 문재인 대통령과 핵심 참모들은 과연 노무현 정권의 평화·번영정책의 성공과 실패 여부를 엄정히 평가한 후 자신들의 정책을 입안하고 실천하려는가 하는 의문이 든다. 문재인 정권은 일종의 '도덕적 확신'에 매몰되어 민족의 신화, 자주 이데올로기, 평화의 환상, 허장성세의 균형자론에 근거한 노무현 정권의 대북·대외 정책이 우리의 안보위기를 자초했고, 실권(失權)과 폐족 선언의 주요한 원인이었다는 사실을 애써 외면하고 있는 듯하다. 노무현 정책의 시즌 2는 결코 정책적, 정치적 성공을 예상할 수 없다. 대내외적으로 전개될 분란과 정책실패, 그리고 우리의 국제적 고립과 안보위기가 예정되어 있다.

문재인 대통령은 북한의 핵·미사일 위협, '전략적 인내'를 끝내고 북폭 준비를 끝낸 미국, 주권국가의 안보적 선택까지 노골적으로 간섭하는 중국의 패권화 등 한반도와 동북아 질서의 격랑 앞에서 '민족과 평화'만을 내세우고 있다. 문재인 정권의 대북·대외 정책이 단순한 아마추어의 낙관만은 아닌 것으로 보인다. 이미 우리 사회에 깊숙이 파고든 병적 의식, 혹은 전체주의적 도그마의 암영(暗影)인 듯하다.

통일론, 항복인가, 분단고착론인가?

문재인 정권의 대북·통일관과 외교·안보정책을 구성하는 키워드는 민족·통일·평화·자주이다. 이들 키워드는 김대중, 노무현 정권을 거쳐 문재인 정권으로 전승되고 있다. 이들 키워드는 누구나, 어떤 국가도 추구해야 할 보편가치로 분식(粉飾)되어 선동적 표어나 이데올로기적 도그마로 고착될 개연성이 높다. 문재인 정권은 엄중한 북한의 위협, 격랑에 휩싸인 동북아 국제정치에 대한 냉정한 현실 인식을 도외시하고 있다. 문재인 대통령과 외교안보통일정책 입안자들의 의식구조는 결코 현실주의가 아니다. 그들은 민족과 자주의 이데올로기, 유토피아적 평화론에 근거한 대북 유화정책과 이상주의로 포장된 기만적 외교정책을 펼치고 있다.

지난해 7월 문재인 대통령은 베를린 쾨르버 재단의 연설, "나는 이 자리에서 분명히 말합니다. 우리는 북한의 붕괴를 바라지 않으며 어떠한 형태의 흡수통일도 추진하지 않을 것입니다. 우리는 인위적인 통일을 추구하지도 않을 것입니다. 통일은 쌍방이 공존공영하면서 민족공동체를 회복해 나가는 과정입니다. 통일은 평화가 정착되면 언젠가 남북 간의 합의에 의해 자연스럽게 이루어질 일입니다. 나와 우리 정부가 실현하고자 하는 것은 오직 평화입니다"라고 선언했다.

북한과 "공존공영하면서 민족공동체를 회복"하고, "인위적인 통일을 추구하지 않겠다"는 선언이 과연 헌법의 최고 수호자로서 통일의 신성한 의무를 지는 대한민국 대통령의 공식 발언일 수 있을까 하는 의문이 든다. 문재인 대통령이 북한을 민족으로 함께 살아가야 하는 '공존공영의 공동체'로 전제하고 "인위적인 통일을 추구하지 않겠다"고 선언한 것은 대한민국 헌법 제4조 규정, '자유민주적 기본질서'에 의한 통일의 원칙', 즉 통일의 체제적인 전제를 무시하는 발언이다. 대한민국 대통령이 스스로 통일의 개념과 방식을 호도(糊塗)한 것이다.

이 발언은 입만 열면 통일을 주장하는 소위 진보좌파 세력의 위험한 통일관을 역설적으로 대변하는 것이 아닌가 하는 생각이 든다. 즉, 우리 사회의 자칭 진보좌파 세력은 북한의 '우리 민족끼리' 담론을 거리낌 없이 수용하고 통일은 '민족적 결합'이라고 공공연히 주장해 왔다. 북한의 끊임 없는 '통일전선전략'의 침투와 이에 포섭되고 세뇌된 종북주의자들은 북한이 우리 민족의 성원인 이상 북한식 전체주의도 무방하다는 위험천만한 생각까지 하고 있다.

최근 더불어민주당은 우리 헌법 제4조에서 기존의 '자유민주적 기본질서에 의한 통일' 규정에서 '자유'를 삭제하고 '민주적 기본질서에 의한 통일'로 바꾸자는 개헌안을 내놓았다가 급히 철회하는 해프닝이 있었다. 이미 국회 헌법개정특별위원회 자문위원회는 우리 헌법에서 '자유'라는 근본 규범을 삭제하는 개헌안을 제시한 바 있었다.

이것은 단순한 '자유'라는 단어의 유지·삭제의 문제가 아니다. 통일은 대한민국의 체제와 우리의 삶의 양식이 걸린 매우 중요한 문제이다. 북한은 공존공영의 민족공동체가 아니라 대한민국이 자유민주적 방식으로 통일해야 할 '정치적, 영토적 대상'이다. 남북한 통일문제에서 체제 문제를 빼 버리면 통일의 개념이 설정될 수 없으며, 정당성 자체도 없어진다. 통일은 분명히 민족의 번영이라는 목표를 갖는다. 그러나 민족의 번영은 자유민주주의의 체제적 선택에서만 가능할 일이다. 시대착오적인 전체주의로는 상상조차 할 수 없고, 두 체제의 혼합으로도 불가능하다.

결국, 문재인 대통령은 베를린 선언에서 '민족'이라는 주술적·낭만적 단어로 남북한 통일의 엄중한 현실 문제인 '체제의 원칙'을 가려버렸다. 이러한 측면에서 대한민국 국민은 문재인 대통령에게 과연 헌법적 책무인 정당하고 바른 통일을 추구하는지, 아니면 민족의 공존공영이라는 수사(修辭)로 북한의 전체주의 세습 정권을 두둔하는 반통일, 즉 분단고착 정책을 펴려는 것이 아닌지를 물어야 한다. 엄정한 정치학적 논리로 보면, 문재인 정권의 평화와 번영의 한반도 정책은 통일론이 아니고 분단을 고착시키는 정책이다. 그 자체로 통일 반대 선언이다.

역사상 모든 통일은 힘의 관계가 반영된 인위적 방식의 정치 변동이며, '구성원의 삶의 방식'의 선택을 의미한다. '합의에 의한 통일', '인위적 통일 노력의 포기'는 사실상 항복을 의미한다. 역사상 모든 통일은 군사적 정복 아니면, 정치적 흡수의 결과이다. 문재인 대통령은 역사에도 없고 현실에서 결코 가능할 수 없는 '환상'을 주장한 것이다. 이러한 측면에서 문재인 정권의 평화와 번영의 한반도 정책은 북한 김정은 전체주의 정권에 대한 패배를 선언한 것으로 대한민국의 통일을 포기한 것이나 다름없다. 문재인 대통령은 베를린 선언에서 "인위적 통일 노력을 포기하고 (…) 오직 평화만을 추구한다"고 했다. 이는 통일문제를 평화론으로 위장하여 분단을 고착시키자는 발언이다. 문재인 대통령의 베를린 선언은 주권자인 국민이 위임한 통일수행의 헌법적 직무를 포기하는 것이다.

낭만적 민족주의와 평화 이데올로기

민주화 이후 대한민국의 대통령들이 소위 '통일 업적주의'의 욕심으로 남북한 관계를 '민족관계'로 설정하고 각종 대북 유화정책을 실시했다. 문민정부를 선언한 김영삼 대통령이 "어떤 동맹도 민족을 우선하지 못한다"고 선언했고, 김대중 대통령은 '한반도 냉전 해체론'으로 민족에 대한 '햇볕정책'을 추진했으며, 노무현 정권은 '평화·번영 정책'의 틀로서 북한과의 '민족공조'에 열중했다. '민족'이라는 단어는 탈냉전, 민주화 이후 통일의 역사적 과제를 푸는 '주술적 단어(magic word)'로, 따라서 이에 대한 비판은 '지성적 금기(intellectual taboo)'가 되었다. 특히, 자칭 진보좌파 정권의 민족 패러다임은 이성적 합리주의를 넘어 맹목적 집단 이념으로 정치화되었다. 문재인 정권의 통일 및 대북정책은 민족 지상주의로 명명되어도 하등 이상하지 않다.

문재인 정권의 2018년 평창 동계올림픽에 대처하는 방식은 문 정권의 민족 우선주의의 실체를 나타내준다. 북한의 핵과 미사일 도발로 미국과 국제사회의 '제재와 압박'이 정점으로 치닫고 있는 상황에서 문재인 정권은 '평화올림픽'의 슬로건을 내걸고 평창 동계올림픽의 북한 참가를 제의했다. 이러한 문재인 정권의 조치에 북한 김정은은 신년사에서 평창 동계올림픽을 '민족의 대사(大事)'로 규정하고 참가를 결정했다.

이러한 상황에서 남북한 당국자들은 북한의 평창 동계올림픽 참가, 남북단일팀 합의, 북한 악단의 공연 등의 문제를 놓고 협상과 대화에 돌입하였다. 문재인 정권은 평창올림픽을 평화라는 이름으로 남북한 잔치로 만들기에 여념이 없게 되었다. 이 과정에서 우리 사회 일각에서는 '평양올림픽'이라는 힐난(詰難)이 분출하고, 김정은은 급조된 열병식을 결정하여 국제사회 특히 미국의 우려와 비판을 불러 일으키고 있다. 문재인 대통령은 김정은의 '민족의 대사'에 맞추어 평창올림픽 행사를 변질시키고 있다.

평창올림픽은 국제올림픽이며 대한민국의 대사이다. 평창 동계올림픽은 대한민국이 국제무대에서 외교력을 발휘해 주도적으로 유치했다. 북한이 우리의 동계올림픽 유치를 집요하게 방해한 것이 주지의 사실이다. 이에 더하여 핵과 미사일 도발로 우리를 핵 인질로 잡고 미국을 비롯한 국제사회의 제재와 압박이 고도화되고, 미국의 북폭까지 논의되는 상황에서 문재인 정권은 '민족의 대사'라는 김정은의 감언(甘言)과 전술적 위장에 화답하고 있다. 문재인 대통령이 선언한 평화올림픽 선언은 민족의 죄인이자 국제적 '질서교란국가(revisionist state)'의 어린 두목 김정은과의 합작품이다. 과연 북한 전체주의와의 민족의 잔치로 내건 평화가 진정한 평화를 가져올까?

대한민국은 근대주권국가이다. 근대국가라는 것은 한마디로 말해 전쟁 국가로 전쟁을 통해 체제를 수호하고, 주권을 유지하고 평화를 지켜내는 것이다. 냉엄하고 비극적이지만 엄연한 국제 정치의 현실이다. 그런 점에서 "현실을 너무 낙관하는 사람은 지옥을 만든다"는 것을 유념할 필요가 있으며, 평화만 강조하다가 자칫 더 큰 전쟁을 불러올 수 있다. 문재인 대통령은 취임 이후 국내외의 많은 연설에서 '오직 평화만'을 강조해 왔다. 북한의 핵과 미사일 위협이 대한민국을 인질로 잡았고 미국까지 타격할 수 있는 상황에서 평화만을 강조하는 문재인 대통령의 정치 심리가 과연 무엇인가 궁금해질 정도이다.

우리 사회에는 민주주의는 국방도 필요 없고 무조건 싸우지 말아야 한다는 식의 추상적 평화론이 만연해 있다. 현실주의적 평화관은 온데간데없고 평화 이데올로기만 만연한 것이 사실이다. 우리 사회는 핵이라는 절대무기로 무장한 북한이라는 적을 앞에 두고 민족지상주의의 주술과 평화 이데올로기의 환상에 사로잡혀 있다. 이런 '환상주의'는 한국 사회를 군사적으로, 의식적으로 무장해제 시키고 있지나 않은지, 나아가 핵을 가진 북한에 항복하는 패배주의를 확산시키지 않는지를 경계해야 한다. 문재인 대통령은 자신의 평화주의가 대한민국을 지옥으로 빠트리지 않을까를 반문해야 할 것이다.

균형외교와 국제적 고립

문재인 대통령의 민족 우선, 평화 중시 정책은 '한반도운전자론'에서 나타나는 '균형자 외교'로 나타난다. 문재인 대통령의 균형자 외교는 노무현 정권의 '동북아균형자론'과 궤도를 같이한다. 본질적으로 무정부상태인 국제사회에서 19세기 영국, 20세기 중반 이후 미국과 같이 여타 국가를 압도할 수 있는 군사력과 경제력을 갖는 국가들이 균형자 역할을 할 수 있다. 노무현 정권의 '동북아균형자론'은 동북아 주요 국가들에 대한 잘못된 셈법에 근거한 외교적 허장성세(虛張聲勢)였다는 것으로 평가되었다. 이러함에도 불구하고 문재인 정권은 균형자 외교를 내세우고 있다. 외교적 실패와 국가안보의 참화가 예정되어 있다.

문재인 정권의 균형자 외교는 대한민국의 국제적 연계 구조의 변경을 수반한다. 문재인 외교가 주창하는 '균형자 외교'는 감상적 민족주의에서 비롯됐다. 문재인 대통령은 노무현 대통령이 그랬던 것처럼 한미일(韓美日)을 중심으로 한 국제공조보다 남북한의 민족공조를 중시하고 있다. 문재인 정권은 '민족'에 대한 낭만적 감상주의에 치중하여 국제 정치의 냉엄한 현실을 헤치고 나가기 위한 국제공조를 뒤로한 채 미국과 일본에는 감정적으로, 북한에는 온정적으로 대하는 외교를 펴고 있다. 이러한 측면에서 문재인 정권의 균형자 외교는 한국 외교의 현상변경을 수반하며, 이는 북한의 핵·미사일 도발, 미·중 패권경쟁이라는 국제 정치의 소용돌이에 맥없이 휩싸일 위험을 수반한다. 집권 후 문재인 대통령의 외교 행보는 이 우려를 현실화시키고 있다.

먼저, 북한의 핵과 미사일 도발, 김정은 정권의 대미 위협에 대한 문재인 정부와 트럼프 행정부 간의 관계는 유기적 공고화가 아니라 감정적, 정책적 균열이 심각하게 노정된 상태다. 문재인 대통령의 미국방문, 트럼프 대통령의 방한은 한미동맹에 대한 의례적인 관계를 확인하는 수준에 그쳤다. 한국의 집권 여당, 문재인 정권 지지 세력은 미국의 대북 압박과 군사적 선제타격에 대한 극도의 반감을 분출한 상태이며 미국의 대북 군사 감시, 기동 훈련에 대한 외교적 군사적 마찰도 노정되고 있다. 미국은 평창올림픽 이후 북한에 대한 '코피 터트리기' 군사작전, 또는 그 이상의 군사적 행동을 예고하고 있다.

문재인 정권이 전시작전통제권 조기 환수를 선언하고 한미 FTA 재협상이 진행되는 상황에서 미국은 한국산 전자제품 등에 대한 세이프가드 조치로 무역제재를 구체화시켰다. 평창올림픽을 이유로 한 한미 정기군사훈련의 연기, 북한 초청과 남북한 대화 등에 대한 트럼프 행정부의 불만도 우회적으로 표출되고 있다. 미국과의 이런저런 외교적 엇박자와 감정적 마찰은 문재인 정권의 민족 우선 정책에서 비롯된 것이다. 국내외 여론은 군사적 차원의 미국의 '문재인 패싱'은 필연적이라 진단하고 있다. 한미동맹은 위기의 시험대에 올랐다.

둘째, 문재인 정권은 박근혜 정부에서 맺은 한일 간의 위안부 합의에 대한 재검토에서 보듯이 감정적 반일을 부추겼다. 지난해 말 외교부는 박근혜 정부 때 성사된 한일 위안부 합의에 "이면 합의가 있었다"며 위안부 합의를 재검토하겠다는 뜻을 내비쳤다. 소위 '적폐청산'이라는 명목으로 발표한 사안이지만 상대방이 있는 외교에서는 자칫 국제적 신뢰도에 치명적 손상이 오는 조치이다. 그러나 문재인 정권은 일본과의 위안부 합의를 실제로 재검토하는 것을 포기했다. '한일 위안부 합의 재검토'를 국내 여론의 환기를 통해 우리의 감정적 반일을 부추기는 일종의 '외교 포퓰리즘'으로 이용한 것이다. 정부는 시민단체가 아니고, 책임을 져야 할 당사자이다. 따라서 문재인 정권은 국내 정치용 포퓰리즘으로 외교적 실익 없이 우방과의 신뢰만 해치게 되었다.

셋째, 문재인 정권의 친중 경사는 정도를 지나치고 있다. 대통령 당선 전 문재인과 더불어민주당은 박근혜 정부의 사드 배치 결정을 집요하게 반대했다. 이를 계기로 중국은 대한민국의 안보 주권에 간섭하는 분열간계(分裂奸計)를 본격화시켰다. 중국은 대한민국의 안보적 결정의 정파적 대치를 이용하여 주권적 간섭에 돌입한 것이다. 문재인 정권의 친중 선회는 집권 이전에 이미 결정되어 있었다. 문재인 정권의 집권과 더불어 중국 정부에 이른바 '3불(不)'(미국 미사일방어체계(MD)·사드 추가 배치·한·미·일 3국 군사동맹 등 불가)과 '쌍중단'(북한의 핵·미사일 개발 활동과 대규모 한미 연합훈련을 동시에 중단하는 것)'을 약속했다. 이 약속은 단순한 정책 약속이 아니라 우리와 미국과의 군사동맹의 주춧돌을 빼내는 조치이다.

문재인 정권은 한반도 전체에 자국의 영향력을 행사하려는 시진핑 중국의 패권전략에 스스로 편입한 것이다. 중국은 이미 동맹으로 확보된 북한에다 대한민국까지 편입된 안보라인, 즉 '역(逆) 애치슨라인'을 그은 것이나 다름없게 되었다. 1950년 1월에는 애치슨 국무장관이 한반도를 포기했는데 이번에는 문재인 대통령이 한국을 미국의 방어선을 변경할 수 있는 무모한 조치를 한 것이다. 지난해 연말에는 문재인 대통령이 직접 중국을 방문하여 21세기 대명천지에서는 상상도 할 수 없는 모화숭중(慕華崇中)의 사대외교를 펼쳤다.

문 대통령의 베이징대 연설은 주권국가, 세계 10위권의 중견국 대한민국의 국격과 국민적 자존심을 깡그리 도외시한 비굴과 아양의 언사로 가득 찼다. 국치(國恥)가 따로 없었다. 문재인 정권의 친중 급선회는 자칫 자유와 번영의 주춧돌이었던 한미동맹의 자산을 내팽개치고 대한민국은 북한이라는 '전체주의 노예국가'의 편에 서서 공산당 일당독재로 미국에 패권에 도전하는 중국의 국제정치적 하청업자로 전락시킬 수 있는 외교적 모험주의이다.

우리가 민족·자주·반미의 입장에서 독재와 야만의 대륙 국가의 편에 서면 70년 자유대한민국의 기적은 물거품이 될 것이다. 입만 열면 민족의 자존을 외치는 이 땅의 자칭 진보세력은, 그리고 이들을 대표한 문재인 정권은 '자유 없는 거인(Giant without Liberty)' 중국의 그늘에서 전체주의 핵 국가 북한을 끌어안을 참인가? 자주와 진보가 아니라 '민족의 주술', '평화의 환상'에 취하여 '노예의 길'을 가고 있는 것이 아닌가? 이것은 진보가 아니라 야만이자 반동이다. 문재인 정권의 거꾸로 가는 외교를 보며 "현실을 낙관적으로만 보는 사람이 지옥을 만든다"는 경구가 새삼 되새겨진다.

4. 북한 옹호하는 체제전복 세력이 '적폐'다[8]

유광호

북한인권 무시하는 문재인 정부

2017년 11월 8일 도널드 트럼프 미국 대통령의 국회 연설은 자유와 체제의 문제를 제기하는 것이었다. 2017년 11월 13일 북한군 병사가 공동경비구역(JSA)으로 사선을 넘어 귀순했다. 자유를 찾아서다. 그 병사가 경계선을 넘어 남하했는데도 북한군의 사격으로 몸에 수많은 총탄을 맞았다. 미국 독립혁명 전 패트릭 헨리가 부르짖었던 "자유가 아니면 죽음을"이란 절규에 해당하는 사건이다.

문재인 대통령을 비롯하여 정부 측에서는 북한 저격병들의 월경과 대남 총격에 맞사격으로 대응하지 않은 한·미군 관계자를 칭찬하고 표창할 뿐 그 병사의 자유를 위한 투쟁에 대해서는 말하지 않았다. 반가워하지 않는 표정이 역력했다. "사람이 먼저다"라는 구호를

---

8) 이 글은 〈월간조선〉 2018년 1월호에 게재된 것을 수정한 것이다.

트레이드마크로 삼는 문재인은 사람을 사람이게끔 하는 가치인 자유를 위해 목숨 걸고 찾아온 대한민국 헌법상 '국민'에게 왜 찬사를 보내지 않는 것인가?

한편 해산된 통합진보당을 잇는 좌익 정당 소속 국회의원은 귀순병사의 뱃속에서 나온 기생충들이 공개된 것을 "인권 유린"이라면서 매도했다. 북한의 처참한 실상과 북한 수령 김정은의 체면이 말이 아니게 된 것에 그가 화가 났으리라고 네티즌들은 추정하고 비판했다.

이들에게 인권이라는 것은 과연 무엇인가? 임종석 청와대 비서실장은 국회의원 시절인 2004년 미국의 '북한인권법' 제정에 항의하는 서한에 서명했다. 그 항의서한 작성을 위한 회의에서 임종석은 "미국의 북한인권법 통과는 탈북자의 급속한 증가와 북한의 강한 반발을 불러온다"느니, "탈북자 대량 입국은 인권에 반(反)하고 경제국익에도 역행한다"느니, "탈북자 기획입국은 브로커가 개입된 부도덕한 상업행위이자 대북 적대행위"라느니 하는 발언을 남겼다.

탈북자 대량 입국이 인권에 어긋난다는 말이 무슨 뜻인지 알 수가 없다. "대북 적대행위"라는 말은 북한 당국이 우리와 미국에 대해 위협하면서 쓰는 용어 그대로다. 그러면서 그는 방송사들로부터 뉴스에 사용한 북한 화면에 대한 비용을 징수하여 북한에 보내는 일을 주도했다고 한다. 이런 자가 자신을 '민주화운동'을 했다고는 결코 말하지 못할 것이다. 물론 사회주의자들은 사회주의가 실현되는 것을 '민주화'라고 하고, 자유민주주의자들은 자유민주주의가 실현되는 것을 '민주화'라고 하지만 말이다.

한국의 좌경 인사들이 말하는 인권의 대상은 지식인의 허위의식을 통렬하게 비판했던 프랑스 지식인 쥘리앵 방다가 말한 '관념적 인도주의(humanitarianism)'의 추상적 인간이 아닌가 싶다. 그렇지 않다면 북한의 동포들이 처해 있는 구체적인 인권 참상들에 대하여 어찌 그리 냉담할 수 있겠는가? 그런 의문은 임종석이 의장을 맡았던 '전대협'의 사상과 활동을 살펴봄으로써 풀 수 있을 것이다.

한편 트럼프 미국 대통령은 2017년 11월 초 방한 시 국회 연설에서 북한 정권의 인권 유린을 상세하게 고발하는 명연설을 해서 양심 있는 한국인들을 부끄럽게 했다. 또 그는 자유민주체제가 준 자유를 향유하면서 성취한 대한민국의 근대화 '기적'에 찬사를 보냈다.

트럼프의 연설은 온화하고 외교 수사적인 것이었지만, 거기에는 뼈가 있었다. 그것이 표출한 정치적 의미의 핵심은 남북한에는 물론 국제적으로도 '체제' 문제를 건드린 것이었다. 왜냐하면 '기본권'을 강조하면서 북한을 비판했기 때문이다. 자유민주주의의 출발이면서 핵심이 '기본권'이다. 이 기본권이 바로 인권이다. 이 기본권이 진짜 문제인데, 북한과 중국은 이 기본권이 보장되고 있지 못하다. 트럼프 대통령의 연설은 "문재인은 왜 2,500만 북한 주민에 대해서는 한마디도 없고 오히려 북한 불량정권에 대화와 협상을 운운하고 있느냐"고 트럼프는 묻고 있는 것으로 읽힌다.

지금은 위급한 북핵에 대하여 한·미·일 3국이 협력해야 되는 상황이다. 그런데 문재인 정부는 기본권 보장도 안 하고 있는 중국에 사대(事大) 굴종하고 있다. 노영민 주중대사가 12월 5일 시진핑에게 신

임장을 제정하면서 방명록에 적은 말이 '만절필동 공창미래(萬折必東
共創未來)'라고 보도되었다. '만절필동'은 '황하는 아무리 곡절이 많아
도 반드시 동쪽으로 흘러간다'는 뜻이다. 충신의 절개는 꺾을 수 없
다는 뜻의 사자성어다. 조선은 명(明)나라가 망했는데도 만동묘(萬東
廟)를 건립하고 숭명사대(崇明事大)를 했다. 그 '만동'이 '만절필동'에서
따온 말이다. 이 사건은 중국 공산정부에 대한 문재인 정부의 자세를
상징하는 것 같다.

'liberty'와 'freedom'

귀순 병사가 자유를 배우거나 체험할 기회는 없었을 것이다. 북한
수령독재 전체주의 체제에서 자유는 방탕이나 반체제를 의미하기 때
문이다. 이사야 벌린(Isaiah Berlin)은 자유를 소극적 자유와 적극적 자
유로 구분하기도 했지만, 일반적으로 'liberty'가 '무엇을 할 권리 내
지 자유'를 의미한다면 'freedom'은 liberty에다가 개인적 영역이 합
해진 것을 가리킨다. 귀순 병사가 배우지 않았는데도 죽음을 무릅쓰고
자유를 찾았던 것은 인간의 본성에 개인적 자유에의 경향이 내재해 있
기 때문일 것이다. 그렇기 때문에 남한으로부터 전해진 자그마한 정보
들이 점화장치가 되어 자유에 대한 인간적 갈망에 불을 붙였던 것이
리라.

그런데도 한국의 좌경 학자들은 우리 헌법에 명시되어 있는 '자유
민주적 기본질서'라는 말은 유신헌법에서 처음 들어간 표현이기 때

문에 폐기돼야 한다고 주장하고 있다. 독일 기본법에는 '자유와 민주'라고 돼 있다고 억지 주장을 하고 있다. 그리고 우리 제헌헌법은 노동자이익균점권이 표현하듯이 '사회민주주의' 헌법이었다고 주장한다. 따라서 사회주의까지 포용하는 '민주주의'를 내세워야 한다고 주장한다.

그들은 기어이 '자유'를 빼려고 안달이다. 그런 입장은 자유민주주의가 무엇인지를 모르고 있음을 스스로 폭로할 뿐이다. 가장 상위의 정치형태로서 자유민주주의체제와 전체주의체제가 있다. 그리고 그 하위에 경제제도로서 자본주의, 사회민주주의, 공산주의 등이 있다. 따라서 제헌헌법이 경제제도로서 사회민주주의적 요소를 많이 가짐과 동시에 국가의 정치형태로서 자유민주주의를 채택한 것은 사실이고 그런 조합은 조금도 부자연스러울 것이 없다. 단지 당시 한국의 발전단계에서 볼 때 현실성이 결여돼있을 뿐이었다. 그럼에도 불구하고 '자유'를 지우려고 지속적으로 시도하는 것은 그들의 좌경성을 드러낼 뿐이다.

보수주의 사상가 로저 스크러튼(Roger Scruton)은 정치적 자유를 보는 입장에 크게 세 가지가 있다고 했다. 첫째는 자유주의 입장인데, 밀(J. S. Mill)은 자유란 국가와 사회에 대하여 자신을 주장하는 개인의 힘이라고 했고, 로크는 일정하게 자유를 제한하는 법 아래서 방종하지 않는 자유를 말했다. 둘째는 보수주의 입장인데, 하나의 사회질서에 속해야 하는 사람으로서 자유는 다른 가치들과 균형 잡혀야 한다는 입장에서 밀의 자유주의 입장에 맞섰다. 셋째는 복지사회주의 입장으로, 위의 두 가지 입장이 적극적 자유를 충족시키지 못한다면서 더 만족스러운 분배를 요구한다.

벌린은 '적극적 자유'를 잠재적으로 전체주의적이라고 보았다. 이 중에 보수주의는 이성적이고 질서 있는 자유를 옹호한다. 자유주의, 보수주의, 사회주의의 세 사상 중에서 자유주의와 사회주의는 추상적이고 원칙적인 추론에 의거한다. 그에 비해 가장 사려 깊은 보수주의자는 지속가능한 자유란 자연법의 적절한 목적들, 공동체의 관습들과 공동선에 의하여 질서지워진다고 생각하고 있다는 점을 음미할 필요가 있다.

근대국민국가란 무엇인가

이승만은 건국에 즈음하여 "다시는 종의 멍에를 메지 말라"고 했다. 그런데 한국의 지식인들은 '국가에 맞서는 자유'라는 관점에 너무 전염된 것 같다. 좌익들도 표면적으로는 그런 담론을 많이 이용한다. 물론 국가와 정부 내지 정권은 구별되어야 한다. 정부는 입법·행정·사법 기관과 기구들로 우리가 보고 만질 수 있는 것이지만, 국가라는 정치체는 추상적인 존재로서 만져지지는 않는 것이다. 그러면서도 그 구성원들을 묶어 주는 존재다. 일찍이 홉스는 그런 추상적인 법인(法人) 같은 것으로서의 국가를 '인공인(artificial person)'이라고 표현했다.

1946년 6월 북한에는 이미 공산 괴뢰정권이 세워졌고 미국과 소련 간에 한반도 통일정부 협의도 결렬된 상황에서 이승만 박사가 "남한에서도 임시적 중앙정부 같은 것을 세워야 한다"는 독트린을 발표했을 때 세간에서는 '민족'의 이름 아래 반대가 비등했다. '국가'라는 것을 이해하지 못했던 것인데, 요즘도 국가를 생각하는 입장을 '국가주의'라고 매도하는 풍조가 만연해 있다. 이런 사고방식은 '낭만적 민족주의'에다가 '미국식 사고방식'이 더해져 생긴 것일 것이다. 미국식 사고방식이란 난숙한 자유주의 나라에서 국가는 뒤로 숨기고 사회를 전면에 내세우는 사고방식을 말한다.

그러나 최고의 정치공동체 단위가 '국가'다. 국가의 자율성과 목적과 가치를 구현하기 위한 것이 '국민국가(nation-state)'다. 다시 말해 기본권을 보호하기 위한 것이 국가의 기능이다. 19세기 후진 독일에서도 칸트와 헤겔은 'Rechtsstaat'를 내세웠는데, 국가는 가치를 실현해야 하는 존재라는 것이었다. 'Rechtsstaat'는 번역이 또한 쉽지 않은 개념이다. '법에 의한 국가' 내지 '권리를 보호하기 위한 국가'라는 뜻이겠다. 이 전통이 독일에서도 그 후에 파괴된다. 그리하여 좌익은 국가 대신에 사회를 내세우고, 베버를 비롯한 자유주의자들은 '폭력을 독점하는 조직으로서의 국가'라는 국가이론을 세우게 되었다.

한국 좌익은 1948년 체제로서의 대한민국 국가를 해체해야 되겠다는 입장에다가 민중론을 더해 왔다. 계급과 사회라는 이름으로, 그리고 민족이라는 이름으로 국가가 부정당하고 있다. 그것들은 유토피아적이고, 시공을 떠난 관념들이다. 근대국가 만들기라는 것이 '건국'임을 모르는 소치다. 봉건적 지배나 노예상태를 벗고 인간의 권리를 확보하자는 것이 근대국가가 탄생된 목적이다.

사라진 자유해방의 전통

대한민국은 그런 권리와 자유를 확보하고 확충해 온 역사를 가졌다. 이승만 대통령은 건국에 즈음하여 "다시는 종의 멍에를 메지 말라"고 했다. 농지개혁으로 예속으로부터의 해방과 자유를 선사했다. 자유로운 자립적 국민들로서만 자유민주적 국민국가를 만들 수 있기 때문이었다. 그리고 북한 전체주의 체제에 갇힌 민족의 자유 박탈 상태를 해방하기 위한 표현이 그의 '북진통일'론이었다. 이어서 박정희 대통령은 "대한민국을 자유의 방파제라고 한다. 그러나 우리가 왜 방파제에 머물러야 되느냐? 우리는 자유의 파도가 되어 평양을 들이칠 것이다"라고 했다.

이승만과 박정희 대통령을 비롯한 한국의 애국 정치인들은 이렇게 남한의 국민들뿐 아니라 미해방 북한 동포들의 자유와 인권 확보를 국가의 목적으로 했다. 그런데 이런 자유해방의 전통이 사라졌다. 대신에 체제전복 세력은 북한 전체주의 권력을 옹위하고 북한 동포의 인권문제는 억눌러 왔다. 이 체제전복 세력이 바로 '적폐'다. 문 정부는 적폐청산을 하려면 바로 이 적폐를 청산해야 하는 것이다.

자유민주주의체제는 기본적 자유를 모든 구성원에게 허용해야 하기 때문에 그 자유를 이용하여 체제를 전복하려는 세력에 대처하는 데 허약성을 가지는 정치형태다. 따라서 자유민주주의체제가 정당하고 보편성 있는 체제라는 이유로 당연히 전체주의체제에 승리하는 것은 아니다. 실제로 제1차 대전 때부터 제2차 대전 종전 무렵까지 서유럽 대부분의 자유민주국가의 체제가 전체주의에 의해 무너졌었다. 제2차 대전에서도 자유민주주의는 전체주의에 질 수 있었다. 그런데 미국이라는 존재가 자유민주주의를 이 세계에서 구했다. 미국의 능력이라는 우연이 없었으면 세계의 역사는 많이 달라졌을 것이다.

한국인들도 미국의 힘 덕분에 일제의 지배로부터 해방이 됐다. 그리고 그 후 잠재력을 발현해 '기적'을 이룰 기회를 가졌다. 자유민주주의체제, 그것도 70년째 전쟁 중인 자유민주주의체제에 사는 한국인들은 자유를 소중히 지키며 향유해야 한다. 그러려면 국민 각자가 이성적이어서 다른 모든 가치들에서와 마찬가지로 자유의 한계를 아는 것이 필수적이다.

5. '분리를 통한 통일전략'을 다시 논한다

김영호

민족 중심 통일논의의 문제점

《정치학적 대화》 제1권에서 한국 사회에서 제출되어 있는 기존 통일방안들을 비판하고 그 대안의 하나로서 '분리를 통한 통일전략 (unification through separation)'을 제시한 바 있다. 이 전략은 남북관계를 민족 간의 특수한 관계라는 시각에서 바라보지 말고 '정상적인 국가 대 국가의 관계'라는 관점에서 보고 통일전략을 모색해나가자고 하는 발상이다. 남북관계를 민족관계가 아니라 독립된 국가 단위의 관계로 재정립해서 통일전략을 모색해나가자는 것이다. 이 새로운 통일전략을 이 책에서 다시 한 번 논의하는 이유는 문재인 정부에 들어와서도 정치체제를 배제하고 민족을 중심으로 통일을 논의하는 문제점이 계속되고 있기 때문이다.

1991년 12월 남북한이 합의한 '남북기본합의서' 서문은 남북관계를 나라와 나라 사이의 관계가 아니라 통일을 지향해나가는 과정에서 잠정적으로 형성된 특수관계로 규정하고 있다. 여기서 말하는 '특수관계'는 국제정치에서 흔히 보는 국가 간의 관계가 아니라 동일한 민족 간의 관계라는 것이다. '분리를 통한 통일전략'이라는 새로운 전략은 기본합의서의 주장과 달리 남북관계를 여느 국가 간 관계와 같은 것으로 파악하고 전략을 모색해 나가자는 것이다.

남한과 북한을 흔히 '분단국가'라고 부른다. 이 용어는 남북한에 존재하는 국가의 실체를 정확하게 이해하는 데 혼란을 야기한다. 남북한은 국가형태에 초점을 맞추어보면 '근대국가'라는 것을 알 수 있다. 이와 동시에 남북한은 각각 지역 내에 있는 주민에 대한 지배 방식과 국가운영 원리인 정치체제에 있어서 커다란 차이점을 보여준다. 남한은 자유롭고 평등하고 권리를 가진 '개인'으로 구성된 '국민'을 단위로 하여 세워진 자유민주주의체제이다. 북한은 개인을 인정하지 않고 '집단적 개체'를 단위로 하여 그 위에 절대적 권력을 가진 '수령'이 앉아서 지배하는 전체주의체제이다.

통일은 두 국가로 나누어져 있는 남북한이 하나로 통합되어 단일한 근대국민국가라는 국가형태를 완결 짓는 것을 의미한다. 남북한은 자유민주주의와 전체주의라는 완전히 이질적 정치체제로 갈라져 있다. 통일은 국가형태의 차원에서 뿐만 아니라 정치체제의 차원에서 이질적 체제를 동질적 체제로 통합시키는 것을 의미한다. 통일은 1991년 기본합의서가 암시하고 있는 것처럼 '민족통일' 문제가 아니라 '체제통일' 문제라는 것을 알 수 있다.

과거 한국 정부가 내놓은 '민족공동체 통일방안'의 경우도 통일한 국의 정치체제가 어떤 것이 되어야 하는지가 불분명하다. '민족공동체'는 그 자체가 선험적으로 하나의 정치질서를 갖고 있는 것이 아니다. 그것은 이 공동체가 정치적 상황에 따라서 어떤 정치체제와도 결합될 수 있다는 것을 의미한다. 그렇기 때문에 이 공동체와 정치체제와의 연관성을 분명히 제시해주는 것이 필요하다. 이 통일방안을 제시하면서 한국 정부가 체제문제는 통일국가를 만들어나가는 과정에서 남북한이 서로 의논해서 처리한다고 한 것은 커다란 문제라고 하지 않을 수 없다.

국가형태와 정치체제의 문제는 서로 분리하는 것이 불가능하다는 것을 인식하지 못하고, 정치체제 문제를 빼놓고 '민족공동체'라는 용어를 통일방안에 사용한 것 자체가 큰 문제였다. 노태우 정부가 '한민족공동체 통일방안'을 내놓자 야당과 재야뿐만 아니라 심지어 학계에서조차 통일문제에 대해서 정치체제 선택의 문제를 완전히 배제하고 마음대로 얘기해도 좋다는 사회적 풍조가 만연하게 되었다. 이런 풍조는 정치체제 문제의 중요성에 대한 시민의 의식을 무장해제시키고 통일이 체제통일이 아니라 민족통일이라는 잘못된 인식을 시민들에게 심어주고 통일교육에도 커다란 혼선을 가져오고 말았다.

이런 상황은 '민족공조론'이라든지 '우리민족끼리'라든지 하는 북한의 선전과 선동을 통한 전복전략이 우리 사회에 통하게 되는 계기를 마련해주었다. 이런 계기를 통하여 한국 사회에 존재하는 전복세력은 자유민주주의가 보장하는 자유를 역이용하여 통일문제와 관련된 사상적, 이념적 혼란 상황을 더욱 부추기기 시작했다. 정치체제를 빼고 민족을 중심으로 보는 통일방안의 문제점과 그것이 만들어낸 왜곡된 통일논의는 최초의 남북정상회담에서 발표된 2000년 '6·15 남북공동선언'에 그대로 이어지고 있다.

이 선언의 제1항은 "남과 북은 나라의 통일문제를 그 주인인 우리 민족끼리 서로 힘을 합쳐 자주적으로 해결한다"고 규정하고 있다. 이것은 북한이 주장하는 '민족공조론'을 그대로 갖다 놓은 것이다. 이 선언의 제2항은 한걸음 더 나아가서 남측의 연합제안과 북측의 낮은 단계 연방제안의 공통점을 인정하고 이 방향에서 통일을 지향해 나가기로 합의했다. 두개의 정치체(body politic)가 연합제든지 연방제든지 어떤 방식으로 통합을 이루고자 한다면 체제의 동질성(homogeneity)이 확보되어야 한다. 남북한과 같은 이질적 체제가 하나로 원만하게 통합된 예는 역사적으로 존재하지 않는다.

유럽 28개 국가들이 통합된 유럽연합(EU)은 국가연합의 대표적 형태이다. 이들 회원국들은 모두 자유민주주의와 시장경제라는 동질적 체제를 갖고 있다. 연합제보다 더욱 견고한 결합 방식인 연방제를 채택하고 있는 미국의 경우 연방에 속한 모든 주들의 체제의 동질성을 연방정부가 무력으로 보장할 수 있는 조항을 헌법 제4조에 명시해 두고 있다. 만약 50개 주 중 어느 한 주가 공산주의를 채택한다고 하면 미 연방정부는 군사력을 동원하여 그 주의 체제 변경을 막을 수 있는 권한을 갖고 있다.

2000년 남북공동선언은 정치체제 문제를 전혀 고려하지 않고 민족공조론의 입장에 서서 북한의 입장을 일방적으로 수용함으로써 국가정체성과 통일논의에 커다란 혼란을 불러왔다. 2000년 남북정상회담 이후 건국 이후 '반공정책'을 비판하는 목소리가 우리 사회의 일각에서 나오고 국가보안법을 철폐해야 한다는 주장까지 제기되었다. 심지어 그동안 '반공정책'이 자유민주주의체제와 부합되지 않는 정책이었다는 주장이 학계에서 제기되는 심각한 상황이 발생했다.

이런 주장에 대해서 묻고 싶은 것은 '반공(反共)'에 반대하는 사람들은 그 대신에 '무엇'에 찬성하느냐 하는 것이다. 그 답은 '친공(親共)'과 '용공(容共)'이 될 것이기 때문에 자유민주주의에 대해서 확고한 신념을 가진 학자라고 한다면 감히 '반공정책'을 무조건적으로 비판하지는 못할 것이다. 이런 의식의 혼란은 통일논의 과정에서 정치체제 문제를 등한시하거나 아예 배제해버림으로서 생겨난 문제이다.

이런 혼란은 문재인 정부에 들어와서도 계속되고 있다는 데 문제의 심각성이 있다. 2017년 7월 문재인 대통령이 발표한 '베를린 선언'을 보면 정치체제 문제가 빠진 민족 중심의 통일논의가 되풀이되고 있다는 것을 알 수 있다. 그는 6·15공동선언으로 돌아갈 것을 제안하고 이 선언이 여전히 유효하다고 주장하고 있다. 그는 한국이 북한의 붕괴를 바라지 않고, 어떤 형태의 흡수통일도 추진하지 않을 것이며, 인위적인 통일을 추구하지도 않을 것이라고 선언하고 있다.

그가 말하는 '인위적인 통일'이 무엇을 의미하는지는 알 수 없지만 '베를린 선언'의 기조는 통일을 포기하겠다는 것으로 들린다. 그러면서도 이 선언에서 그는 "통일은 쌍방이 공존공영하면서 민족공동체를 회복해 나가는 과정"으로 정의하고, 통일은 "평화가 정착되면 언젠가 남북 간의 합의에 의해 자연스럽게 이루어질 일"로 보고 있다. 언젠가 남북 간 합의가 이루어져서 통일이 된다면 그것이 어떻게 인위적인 것이 아니고 자연스러운 것인지 납득하기 어렵다.

역시 가장 큰 문제는 통일을 정치체제의 문제가 아니라 '민족공동체의 회복 과정'으로 보고 있다는 점이다. 이것은 '한민족공동체 통일방안'에서 시작하여 '6·15공동선언'을 거쳐 문재인 정부의 '베를린 선언'에 이르기까지 한국 정부의 통일논의가 정치체제의 문제를 완전히 빼어버리고 민족의 통일이라든지 민족공동체의 회복이라는 관점에서 이루어지는 커다란 문제점을 안고 있다는 것을 보여준다.

'분리를 통한 통일전략'의 정치학적 근거

남북관계를 과거 정부나 문재인 정부처럼 같은 민족 간의 특수관계로 보지 말고 국가 대 국가 사이의 정상적 관계로 보고, 이런 인식에 근거하여 통일전략을 수립하자는 것이 '분리를 통한 통일전략'의 핵심적 주장이다. 이 주장을 뒷받침할 수 있는 사실적 근거로서 제시될 수 있는 것은 현재 남북한에 존재하는 두 개의 국민은 동질성은 전혀 없는 완전히 이질적 집단이라는 사실이다. 굳이 동질적인 것을 찾는다고 한다면 종족적·언어적·문화적·역사적 차원에서의 '민족'뿐이다. 이것은 현재 한반도 상에 정치적으로 두 개의 '국민'이 존재하고 있고, 이들 서로 다른 국민을 구성원으로 하는 두 개의 '국가'가 존재하고 있다는 것을 의미한다. 그 두 개의 국가는 서로 완전히 이질적 정치체제를 갖고 있기 때문에 서로 적대적 관계에 놓여 있고 생사를 건 실존적 투쟁을 벌이고 있다.

이런 양상은 전체주의국가 북한이 남한의 적화통일을 목표로 하는 혁명적 성격을 가진 정치체제이기 때문에 더욱 심화된다. 남북관계를 낭만적으로 종족적, 문화적 민족이라는 관점에서 볼 경우 남북한이 처해 있는 적대관계라든지 실존적 투쟁의 관계가 가려지거나 희석될 가능성이 매우 높기 때문에 민족적 관점에서 벗어나서 남북관계를 여느 국가들과 마찬가지로 국가 대 국가의 관계로 보고 통일전략을 수립해나가는 것이 현실적인 전략이 될 수 있다는 것이 '분리를 통한 통일전략'이라는 새로운 전략적 주장의 핵심 내용이다.

위의 설명 중 '민족'과 '국민'의 구분은 좀 더 분명하게 해 둘 필요가 있다. 이 구분은 이 책의 다른 장들에서도 되풀이해서 설명하고 있다. 그 만큼 이 구분은 식민지를 경험한 한국인의 의식 속에 뿌리 깊게 박혀있는 '정치적 낭만주의'와 '낭만적 민족주의'를 비판적으로 이해하는 데 도움을 줄 것이다. 우리가 흔히 사용하는 '민족(民族)'이라는 개념은 영어 nation을 구한말 일본에서 번역한 것을 수입해서 사용하고 있는 번역어이다. 이 번역은 '종족'이라는 의미를 갖는 '족(族)'이라는 표현이 들어가 있어서 '민족'을 종족적·문화적 민족으로만 오해할 소지를 안고 있다.

nation은 이런 종족적 의미와 별도로 정치적 의미를 갖고 있다. 이때 그 번역은 '국민'으로 번역하는 것이 옳다. 일본 역사학계에서는 이런 번역에서 오는 오해를 피하기 위해서 최근에는 nation을 가능하면 '민족'으로 번역하지 않고 '국민'으로 번역해서 사용하고 있다. '국민'으로서 nation의 개념은 프랑스혁명 때 탄생했다. 프랑스혁명은 신분제를 철폐하고 프랑스 내에 살고 있는 사람들은 모두 종족과 신분의 차이를 불문하고 '국민'임을 선언했다. 이 '국민'은 자유롭고 평등한 권리를 가진 '개인'을 의미한다. 프랑스혁명을 통해서 주권이 국민에게 있다는 '국민주권론'이 등장했다. 왕조주권에서 국민주권의 시대로 바뀌면서 왕조국가는 국민국가로 바뀌었던 것이다.

nation의 의미와 번역을 둘러싼 이상의 논란을 제대로 이해한다고 하면 남북한에는 하나의 종족적 의미의 '민족'이 있고, 두 개의 정치적 의미의 '국민'이 존재한다는 앞의 사실적 설명이 납득이 갈 것이다. 남북한에 두 개의 '국민'이 존재한다는 관점에서 보면 남북관계는 정치체제의 이질성 때문에 적대적 관계가 될 수밖에 없다. 이 적대적 관계는 북한이 전복전략을 통해서 한국의 자유민주주의체제를 끊임없이 위협하기 때문에 더욱 심화될 수밖에 없다.

남북한에 살고 있는 주민들이 하나의 민족이라고 하더라도 내일 당장 전쟁이 난다고 하면 어떤 일이 벌어질 것인가? 그들이 하나의 민족이기 때문에 서로 총부리를 겨누지 않을 것인가?

남북한의 군인들과 전쟁에 동원된 민간인들은 서로 같은 동포이고 종족적으로 같은 민족이면서도 남한과 북한이라고 하는 국가의 편에 각각 서서 서로에게 총부리를 겨누고 죽이지 않을 수 없을 것이다. 물론 이것은 비극이다. 인간은 비극적 상황에 직면해서는 이를 자꾸 피하고 낙관적 상황만을 생각하려는 경향이 있다. 그러나 비극적 상황을 애써 무시하고 다른 방식으로 포장한다고 하더라도 현실은 전혀 달라지지 않는다. 남북관계의 현실이 아무리 비극적이라고 할지라도 현실을 정면으로 직시하고 통일전략을 모색해나가는 것이 진정한 의미에서의 정치학적 사고에서 요구되는 것이다.

서부 유럽 지역을 중심으로 하는 서양사를 보면 이 지역 국가들은 수많은 전쟁을 했다. 1648년 베스트팔렌조약이 체결되고 근대국제정치질서가 형성된 후 유럽 국가들 사이의 전쟁은 더욱 빈번해졌고 이런 현상은 제1차, 제2차 세계대전까지 계속되었다. 한 프랑스인은 독일인 친구를 두고 있었다. 그는 독일 친구에게 우리는 평시에는 가까운 사이이지만 전쟁이 난다면 우리는 나라를 위해서 서로에게 총부리를 겨눌 수밖에 없다고 했다고 한다.

이와 똑 같은 경우가 남북한 주민들 사이에서도 언제든지 생길 수 있는 것이다. 남북한과 달리 유럽은 석탄과 원자력 공동체를 시작으로 경제공동체를 거쳐서 현재 단일통화까지 갖춘 유럽연합을 탄생시켜 국가주권까지 공유하면서 과거와 같은 전쟁을 되풀이하지 않기 위해 애쓰고 있다. 이것은 유럽연합 회원국들의 정치체제가 동질적이었기 때문에 가능했던 것이다. 남북한은 여전히 이질적 체제로 남아 있고 김정은 정권 등장 이후 부자세습체제가 더욱 강화됨으로써 남북한 사이의 정치체제의 이질성은 더욱 심화되고 있는 실정이다.

남북관계의 적대적 현실을 직시하기 위해서는 북한이 내세우는 '하나의 민족'이라는 신화에서 벗어나서 남북관계를 국가 대 국가의 관계로 보고 '분리를 통한 통일전략'을 수립하고 구체적 대응책을 마련해나가는 것이 궁극적으로 통일에 도움이 될 뿐만 아니라 북한 체제 붕괴 혹은 위기 상황 발생 시 올바른 대응을 해나가는 데 도움을 줄 것이다. 여기서 '분리(separation)'라고 하는 것은 한국이 북한과 통일할 의사가 없으니까 따로 떨어져서 국가 대 국가의 관계로서 남북관계를 보자는 것이다. 이렇게 하면 역설적이게도 북핵 위기로 인하여 한반도 안보 위기가 매우 심각한 상황에서 한반도에서 핵전쟁을 억지하면서 오히려 한국 주도의 통일의 길이 더 빨리 열릴 가능성이 있다는 것이 새로운 통일전략의 발상이다.

새로운 통일전략의 유용성

새로운 통일전략의 기반은 1991년 남북한의 유엔동시가입이 실현되었을 때 마련되기 시작했다. 북한은 소련과 사회주의권의 붕괴로 인하여 냉전 종식과 함께 국제적으로 고립되었다. 북한은 남북한이 같은 민족이기 때문에 '하나의 조선' 원칙을 주장하면서 동시가입에 반대했다. 안보리 상임이사국이었던 소련과 중국은 북한이 동시가입에 반대할 경우 한국의 단독가입을 지지하겠다는 의사를 분명히 했다. 세계정세가 자신에게 불리하게 돌아간다고 판단한 북한은 '하나의 조선' 원칙을 포기하고 동시가입을 받아들이지 않을 수 없었다. 남북한 유엔동시가입으로 인하여 북한이 대남 선전과 선동 무기로 내세워온 '하나의 민족'이라는 논리는 커다란 타격을 입었다.

새로운 통일전략은 한국으로 하여금 북한의 인권문제를 더욱 객관적으로 보고 대처하는 것을 가능하게 할 것이다. 유엔은 북한의 열악한 인권 상황 개선을 위해서 2006년부터 2017년까지 13년간 계속해서 북한인권결의안을 채택해오고 있다. 북한 주민의 인권 상황이 개선되어 자결권을 행사할 수 있는 여건이 마련되는 것은 평화통일을 앞당기게 될 것이다. 1975년 소련과 동구권의 인권 개선을 주요한 목표로 내세운 '헬싱키 협정'은 사회주의권의 민주화를 촉진시키는 계기가 되었다. '민족'이라는 신화를 걷어내고 남북관계를 '특수관계'가 아니라 국가 대 국가의 관점에서 바라보고 헬싱키 협정처럼 한국이 국제사회와 함께 북한에 대한 압력을 계속 가한다면 통일의 여건은 훨씬 더 앞당겨질 수 있을 것이다.

북핵 문제의 경우에도 한미동맹을 더욱 강화시키고 대북한 핵억지력을 유지하면서 북한이 내부로부터 스스로 변할 때까지 '분리'해두고 기다리자는 것이 새로운 통일전략의 발상이다. 지금까지 민족의 입장이나 경제적, 기능주의적 접근방식에 입각한 햇볕정책이라든지 비핵·개방 3000이라든지 한반도 신뢰프로세스와 같은 대북정책은 소기의 성과를 거두지 못하고 실패로 돌아가고 말았다. 이런 실패한 과거 대북정책을 더 이상 되풀이하지 말고 북한 전체주의체제의 성격을 분명하게 재규정하고 낭만적 민족주의적 사고에서 벗어나서 '분리를 통한 통일전략'을 추진하는 것이 한반도 평화를 유지하고 평화통일의 시기를 훨씬 더 앞당기는 데 기여할 수 있을 것이다.

새로운 통일전략은 남북관계를 기능주의적으로 접근하려는 시도가 뚜렷한 한계점을 갖고 있다고 본다. 기능주의가 성과를 거둔 것은 유럽연합의 경우이다. 유럽국가들은 석탄과 철강 분야에서 협력을 시작하여 단일통화를 채택하고 경제통합을 완성했다. 경제분야에서 성공적 통합은 정치분야로 협력이 파급(spill-over)되는 효과를 가져 왔다. '파급효과'라는 것은 아래 위로 쭉 늘어둔 깡통 중 제일 위의 것에 물이 다 채워지고 나면 그 여분의 물이 아래의 다른 깡통을 채우는 것과 같이 국가들 사이의 기능적 통합이 지속적으로 확대되는 과정을 설명하기 위해 발전된 용어이다.

기능주의라고 하는 것은 국가들 사이의 정치체제가 동질적이고 자율적으로 작동하는 하나의 시스템이 존재할 때 비로소 적용가능하다. 그러나 기능주의는 남북관계처럼 서로 이질적 체제를 하나로 통합하여 새로운 시스템을 만들려고 하는 경우에는 적용될 수 없는 것이다. 이런 시스템이 없는 상황에서 기능주의적 접근방식으로 통일이라는 목표는 달성될 수 없다. 그럼에도 불구하고 이런 기능주의적 방식을 계속해서 밀고나가는 것은 그것을 주장하는 쪽이 손해를 보면서 결과적으로 패배할 수밖에 없다.

지금까지 한국이 적대관계에 처해 있는 남북관계에 현실성 없는 기능주의를 고집하다가 핵무기와 장거리 미사일로 무장한 북한의 심각한 위협에 처하고 말았다. 기능주의적 접근방식이 남북 간 화해와 협력을 증진시킨 것이 아니라 전쟁의 위험성을 오히려 더 높이는 결과를 가져오고 말았다. 새로운 통일전략은 기능주의적 접근이 갖고 있는 이론적, 현실적 문제점에 대한 비판에서 그 대안을 모색하고 있는 것이다.

새로운 통일전략은 통일을 결코 포기하는 것이 아니라 통일을 서둘지 말고 장기적 관점에서 접근하자는 것이다. 서독은 동서독이 1972년 유엔에 동시가입한 후 독일민족의 관점이 아니라 동독 대 서독을 국가 대 국가의 관점에서 통일문제에 접근함으로써 소련의 붕괴와 함께 동독이 민주화되면서 동독 주민들이 자결권을 행사하여 서독으로 통합을 결의함으로써 평화통일을 이룩했다. 남북한의 경우에도 두 개의 국가로 '분리'된 채로 있다가 북한 체제가 변화하여 정치체제의 동질성이 확보되면 평화통일은 어렵지 않을 것이다.

식민지를 경험한 한국의 민족주의는 저항적 민족주의의 성격을 강하게 가질 수밖에 없었다. 자유민주주의체제에 입각한 대한민국의 건국과 함께 남한에서는 저항적 민족주의가 시민적 민족주의로 나아갈 수 있는 전진적 계기가 마련된 것이 사실이다. 그럼에도 불구하고 남한 사회에서는 저항적 민족주의에 뿌리를 둔 낭만적 민족주의의 특징이 여전히 강하게 남아 있다. 이런 특징은 북한의 '민족공조론'이라든지 '우리민족끼리'라는 선전과 선동을 이용한 전복전략에 의해서 더욱 강화되고 있는 실정이다.

서구에서 민족주의는 우파의 전유물이다. 한국에서는 민족과 민족주의가 좌파적 성향을 가진 지식인들과 정치인들에 의해서 강조되는 정반대의 현상을 볼 수 있다. 한국 좌파의 민족주의 인식은 식민지시대 때부터 형성되어 내려오는 정치적 낭만주의와 낭만적 민족주의의 영향을 받아서 종족적, 문화적 의미의 '민족'을 신성시하는 경향이 강하다. 이렇게 될 경우 '민족'은 개인의 자유와 권리, 자유민주주의체제, 대한민국이라는 국가보다 더욱 상위에 존재하는 것으로 잘못 인식되기에 이른다.

이런 신성한 의미를 가진 '민족'에 대한 저항은 반민족적이고 심지어 반민주적 행위로 여겨진다. 한국의 좌파들이 북한 인권문제를 제기하면 남북관계 개선에 도움이 되지 않기 때문에 신중하게 접근해야 한다고 주장하는 것을 본다. 이것은 표면적인 이유일 뿐이다. 노무현정부와 같은 한국의 좌파 성향을 가진 정권들이 북한 인권문제를 제기하는 데 소극적인 더욱 근본적인 이유는 이와 같은 민족 우위의 인식과 무관하지 않을 것이다.

사회주의권의 붕괴 이후 북한은 대내적으로 어려운 고비를 맞을 때마다 민족의 논리를 앞세워 한국을 이용하여 그 위기를 극복하기 위해 노력해 왔다. 남북관계를 같은 민족 간의 '특수관계'로 규정한 1991년 기본합의서는 그 대표적인 예이다. 북한은 남한과 관계 개선을 빌미로 하여 숨 돌릴 틈을 만들고 비밀리에 핵 개발에 나섰다. 그 위기를 벗어난 후 북한은 기본합의서를 헌신짝처럼 버렸다.

새로운 통일전략은 북한 붕괴 시 남한 내에서 통일문제를 둘러싸고 남남갈등이 생겨나는 것을 사전에 방지할 수 있을 것이다. 남남갈등은 북핵 문제와 북한의 위협에 대응하는 데 필요한 남한 내부의 강력한 일체감 형성을 저해하고 있다. 대북정책을 둘러싸고 남한 내에서 벌어지고 있는 남남갈등은 남북관계를 종족적, 낭만적 민족주의적 관점에서 접근하기 때문에 발생하는 것이다. 낭만적 민족주의적 입장은 한반도에서 미국을 배제하기만 하면 같은 민족인 남북 간에 평화와 통일이 쉽게 이루어질 것이라는 근거 없는 생각을 낳고 한미동맹을 약화시키는 역할을 한다. 남북관계를 국가 대 국가의 관점에서, 남북한을 독립된 국가 단위의 관계로 접근한다고 하면 정치적 낭만주의라든지 낭만적 민족주의적 접근방식에서 생겨날 수 있는 감성적이고 부정적인 영향을 극복하고 북한의 군사적 위협에 대응하기 위해 한국 내부의 결속을 다지는 데 기여할 수 있을 것이다.

새로운 통일전략이 소기의 성과를 거두기 위해서는 '분리'되고 나서 '통일'에 이르는 '중간 과정(through)'에서 제기되는 문제들을 찾아내고 이들에 대한 해결방안을 모색해나가야 할 것이다. 여기에는 남북한 간에 정치체제의 정당성(legitimacy) 원리에 대한 통일과 헌정적 질서에 대한 합의를 어떻게 이룰 것인가 하는 문제가 포함될 것이다. 이 중간과정에서 남북한 사이의 경제적, 군사적 통합을 어떻게 이룰 것인지에 대해서도 해결 방안을 모색해 나가야 할 것이다.

제2부

한국 자유민주주의와 그 적들

1. 자유민주주의란 무엇인가?

김영호

자유민주주의 논쟁의 정치적 의미

자유민주주의가 무엇인지를 설명해 달라는 질문을 받으면 답하기가 쉽지 않다. 자유민주주의체제 하에서 살면서 그 생활에 젖어 있으면서도 막상 그 구체적 내용을 체계적으로 설명한다는 것은 쉽지 않다. 오늘날 거의 모든 선진국들이 채택하고 있는 자유민주주의라는 이념은 오랜 기간에 걸쳐서 다양한 사상들과 제도들이 결합되고 버무려지면서 발전해 왔다.

그렇기 때문에 자유민주주의에 대한 올바른 이해는 다양한 정치사상과 정치제도들에 대한 종합적 이해가 전제로 되지 않으면 안 된다. 이런 사정으로 인하여 자유민주주의에 대한 오해가 생겨나는 것은 어쩌면 당연한 것인지도 모른다. 그러나 더욱 큰 문제는 이런 사정을 이용하여 특정 정치적 목적을 위하여 자유민주주의의 내용을 왜곡하는 사례가 학자와 전문가들뿐만 아니라 일부 정치세력에 의해서 우리 사회에서 다반사로 일어나고 있다는 사실이다.

이것은 우리 사회에서 벌어지고 있는 '자유민주주의 논쟁'이 단순히 특정 정치이론에 대한 학문적 논쟁을 넘어서서 정치투쟁의 차원에서 일부 세력에 의해서 이용되고 있다는 것을 의미한다. 대한민국의 실존적 위협 세력인 전체주의체제를 가진 북한을 앞에 두고 자유민주주의라는 국가이념을 왜곡하고 훼손하려는 시도가 우리 사회의 여러 곳에서 일어나고 있다는 것은 체제 유지의 차원에서 볼 때 매우 심각한 문제라고 하지 않을 수 없다. 이런 사상의 혼돈 상황은 자유민주주의에 대한 올바른 이해가 학문적 차원에서 뿐만 아니라 실천적 차원에서도 매우 중요한 의미를 갖고 있다는 것을 알 수 있다.

'사상'(思想)은 쉬운 우리말로 바로 '생각'이다. 생각은 인간 행위의 근거가 되는 것이다. 자유민주주의에 대한 왜곡된 생각과 인식은 부지불식간에 체제 전복세력들의 선전과 선동에 휘말려들어갈 수 있는 '지적 공백'을 만들어내고 만다. 교묘한 학문적 왜곡을 통하여 만들어지는 이런 지적 공백을 메우고 자유민주주의체제를 지키기 위해 정치학적 자기 성찰과 자유민주 지성인의 역할이 한국 사회에서 지금보다 더 중요했던 때는 없었다. 현재 대한민국은 핵과 미사일로 무장한 북한 전체주의세력에 의한 실존적 위협에 직면하고 있다. 자유민주주의에 대한 올바른 이해와 확고한 신념을 바탕으로 우리 사회 내부를 결집시켜 그 위협에 대처해나가지 않으면 안 된다.

이를 위해서는 시민교육이 무엇보다 중요하다. 시민교육의 출발점은 학교 교육이다. 그러나 2011년 초중고 역사교과서 집필 기준을 둘러싼 논란은 자유민주주의의 이해와 관련하여 우리 사회가 직면하고 있는 사상적 혼란 상황의 현주소를 적나라하게 보여주고 있다. 그 논란은 건국 이후 한국 정치의 발전 과정을 설명하면서 '자유민주주의'라는 용어를 사용할 것인지 아니면 '민주주의'라는 용어를 채택할 것인지를 두고 벌어졌다.

좌파 성향의 학자들과 교사들은 기존 헌법 정신에 부합되는 '자유민주주의' 대신에 '민주주의'라는 용어를 교과서에 사용할 것을 주장했다. '민주주의'는 종류가 다양하기 때문에 그 앞에 그 체제의 성격을 나타내는 용어를 정확하게 붙여서 혼란을 피하고 그 의미를 분명히 해주는 것이 필요하다. 그렇지 않을 경우 그것은 한국의 국가이념인 자유민주주의인지 아니면 북한이 주장하는 '인민민주주의'인지 불분명해지는 문제점이 생겨난다.

인민민주주의는 제2차 세계대전 직후 소련에 의해 점령된 지역들인 동구 공산권 국가들과 북한에서 소련에 의해 수립된 정치체제다. 이 체제는 공산주의 세력이 권력을 바로 장악하기에는 취약하다는 현실을 고려하여 자본가와 지주 등을 포함한 여타 세력들과 과도기적으로 연립정권을 세우는 전형적인 통일전선전략의 일환으로 추진된다. 인민민주주의체제는 과도기를 거쳐 공산세력이 공산당 일당독재 하에서 궁극적으로 전체주의체제를 확립해 나가기 때문에 자유민주주의와는 질적으로 완전히 다르다. 두 체제와 이념 사이의 현격한 차이점을 분명히 이해하도록 하기 위해서 '자유민주주의'인지 '인민민주주의'인지를 분명하게 구분해서 설명하는 것이 중요하다.

냉전 종식 이후 공개된 소련문서를 보면 해방 직후 1945년 9월 20일자 극비지령문에서 스탈린은 "북조선에 반일적인 민주주의 정당·단체들의 광범위한 블록을 토대로 부르조아민주주의정권을 수립할 것"을 지시하고 있다. 여기서 말하는 '부르조아민주주의정권'은 바로 인민민주주의체제의 수립을 의미하는 것이다. 이것은 소련 점령군의 비호 하에 통일전선전략을 통해서 공산세력 중심의 인민민주주의 정권을 수립한 후 공산당 일당독재로 나아가기 위한 과도기적 시도이다. 6·25전쟁 이후 김일성은 국내파 공산주의세력, 중국공산당 출신인 연안파, 소련인 출신 갑산파 등을 모두 제거하고 전체주의체제를 확립해나간다. 자유민주주의와 인민민주주의를 명확하게 구분함으로써 한반도 분단 이후 남북한에 완전히 이질적 정치체제가 등장하게 되는 역사적 과정을 정치학적으로 이해하는 데 크게 도움을 준다.

2011년 교과서 논란은 혼란이 있는 '민주주의'라는 용어가 아니라 '자유민주주의' 혹은 '자유민주적 기본질서'라는 용어를 사용하는 것으로 일단락되었다. 그러나 2017년 좌파 성향의 문재인 정부가 들어서면서 한국교육과정평가원은 중·고교생들이 2020년부터 배울 '역사 교과서 집필 기준' 시안(試案)에 '자유민주주의'를 '민주주의'로 대체할 것을 권고했다. 문재인 정부가 집권한 이후 개헌 논의가 본격화되면서 일부 좌파 학자들은 현행 헌법에 명시되어 있는 '자유민주적 기본질서'라는 용어 대신에 그보다 더 넓은 의미를 갖는 '민주적 기본질서'로 바꾸자는 주장을 하고 있다. 교과서 용어 수정을 넘어서서 헌법마저 좌파 세력이 주장해온 애매모호한 '민주적 기본질서'로 대체하자는 주장이 거리낌 없이 등장하는 것을 보면 문재인 정부 등장 이후 우리 사회의 체제 위기가 더욱 심화되고 있다는 것을 보여준다. 이런 때일수록 자라나는 세대와 시민들에게 자유민주주의를 올바르게 이해시키고 교육하고 이를 바탕으로 자유민주주의체제를 지켜나가려는 실천적 노력이 더욱 중요해지고 있다.

개인의 자유와 권리 보호

자유민주주의라는 이념은 한국에서 자생적으로 생겨난 것이 아니라 구한말부터 서양으로부터 전파되어 한국 사회에 수용되면서 1948년 근대국민국가 대한민국의 건국과 함께 국가이념으로 자리 잡았다. 전파와 수용 과정을 거쳐서 정착된 모든 사상은 현실적 여건의 차이로 인하여 그 실현 과정에서 많은 진통을 겪게 마련이다. 건국 당시 한국 사회가 서양처럼 이런 이념을 실현할 수 있는 정치문화적, 사회경제적 여건을 두루 갖추고 있었던 것은 아니다.

그럼에도 불구하고 한국 사회의 우파와 좌파를 막론하고 마치 건국과 함께 자유민주주의 이념이 완벽하게 구현될 수 있는 여건이 갖추어져 있었던 것처럼 잘못 생각하는 '과거완료형적 사고'가 지배적이다. 이런 사고는 건국 이후 국민 모두가 피와 땀을 흘리고 많은 정치적 우여곡절을 거치면서 진행되어온 한국 자유민주주의의 발전 과정을 왜곡할 뿐만 아니라 현실을 깡그리 무시하고 한국정치사를 비판 일변도로 보려는 '관념 정치'로 나아갈 위험성을 안고 있다. 이런 문제점을 염두에 두면서 자유민주주의의 핵심적 원리들에 대한 이해를 바탕으로 한국 자유민주주의의 발전 과정을 이해하는 것이 중요하다.

자유민주주의는 그 발생지인 서양에서 장기간에 걸쳐 다양한 사상들과 원리들이 결합되면서 발전해 왔기 때문에 하나의 사상과 원리만을 단편적으로 봐서는 제대로 이해하기 어렵다. 여러 사상들과 원리들이 어떻게 상호보완성을 갖고 자유민주주의체제를 떠받치고 있는지를 입체적으로 이해하는 것이 중요하다.

우선 자유민주주의(liberal democracy)는 개인의 자유와 권리의 보호를 최우선적 목표로 삼는다는 점을 이해하는 것이 매우 중요하다. 이것은 자유민주주의가 그 사상의 뿌리를 자유주의(liberalism)에 두고 있다는 것을 의미한다. 중세 봉건제를 타파하고 중앙집권화를 통해서 절대왕정이 유럽에서 등장했다. 절대왕조체제에 대항하여 개인의 자유와 권리를 중시하고 보호하기 위한 자유주의 사상이 발전했다. 그 대표적인 사상가는 1688년 영국명예혁명의 이론적 근거를 제공한 로크(John Locke)이다. 그의 자유주의 사상은 《시민정부론》에서 잘 나타나 있다.

로크에 따르면 인간은 태어날 때부터 양도할 수 없는 권리를 갖고 태어났다. 이것을 흔히 '천부인권(天賦人權)'이라고 한다. 이 권리들에는 생명, 자유, 재산권 등이 포함된다. 이런 권리를 가진 인간 혹은 사람을 '개인'이라고 부른다. 자유주의는 개인을 가장 중요시하는 사상으로서 평등하고 자유로운 개인은 권리의 주체이다. 개인은 국가를 만들기 이전에 이미 이런 권리들을 갖고 태어났다는 점이다. 그렇기 때문에 국가의 존재 이유는 개인의 권리들을 보호하는 데 있다는 사실이다. 이런 목적을 실현하기 위해서 만들어진 국가는 흔히 '제한정부(limited government)'라고 불리운다.

로크의 논리 구성을 따라서 사회계약을 통해서 국가가 성립되는 과정을 살펴보면 자유주의의 특징을 더욱 잘 이해할 수 있다. 국가가 만들어지기 이전에 개인은 일종의 '자연상태(state of nature)'에 처해 있다. 이 상태에서는 개인들 사이의 분쟁과 갈등을 조정해 줄 수 있는 국가가 없기 때문에 인간의 삶은 커다란 어려움에 처하게 된다. 이러한 곤경(predicament)에서 벗어나기 위해 개인들은 모두가 공평하게 자신들이 갖고 있는 천부인권의 일부를 양도하는 조건으로 사회계약을 체결하여 국가를 만든다.

여기서 로크가 권리의 '전부'가 아니라 '일부'를 양도한다고 한 이유는 국가에게 모든 권리를 주어버리고 난 후 국가가 개인을 억압하는 폭정을 할 경우 속수무책이 되기 때문이다. 이런 사태에 대비하기 위해서 개인은 모든 권리를 국가에 양도하지 않고 저항권 혹은 혁명권을 여전히 갖고 있다. 로크는 국가가 폭정화될 수 있다는 가능성을 배제할 수 없기 때문에 이에 대한 대비책으로서 개인은 저항권을 갖고 있다고 주장한다. 잘 알려진 바와 같이 1776년 제퍼슨(Thomas Jefferson)이 쓴 미국 '독립선언서'는 로크의 자유주의 사상의 영향을 크게 받았다. 이런 저항권의 행사로서 영국의 식민지로부터 벗어나기 위한 독립전쟁을 정당화하고 있다.

자유롭고 평등한 개인들 사이에 합의된 사회계약을 통해서 성립된 자유주의 국가는 중립적 심판관처럼 국가의 내부 질서를 유지하고 외부의 적으로부터 국가의 안보를 지키는 역할을 떠맡는다. 이처럼 국가는 길거리에 그냥 떨어져 있는 돌과 나무와 같은 존재가 아니라 개인의 생명과 안전, 자유와 권리의 보호라는 뚜렷한 목적을 갖고 생겨났다는 것을 알 수 있다. 이런 자유주의 사상이 자유민주주의의 핵심적 원리의 하나이다.

이런 핵심적 원리는 오늘날 모든 나라 헌법의 '기본권' 조항에 명시되어 있다. 우리 헌법의 경우 전문(前文)과 총강에 이어 제일 먼저 '국민의 권리와 의무'라고 하는 기본권 조항이 나온다. 독립선언서의 자유주의적 천부인권 사상을 구체화시킨 미국 헌법의 경우 연방헌법을 13개 주들이 비준하면서 동시에 10개의 수정조항을 만들어 바로 첨부했다. 이 수정조항은 다른 나라 헌법의 기본권과 관련된 내용들을 담고 있기 때문에 '권리장전(Bill of Rights)'이라고 부른다. '인간과 시민의 권리선언'으로 이름 붙여진 '프랑스혁명 선언문'은 개인의 자유와 권리에 관해서 상세하게 언급하고 있다.

이러한 사상적, 역사적 뿌리를 갖는 자유민주주의는 자유주의 사상의 영향을 받아 개인의 자유와 권리의 보호를 최우선 원리로 삼고 있다는 것을 알 수 있다. 이것은 자유민주주의를 국가이념으로 하는 한국과 같은 근대국가는 '인권국가'라는 것을 의미한다. 이것은 인권을 단순히 어려움에 처해 있는 사람을 도와야 한다는 동정심(compassion) 때문에 인도주의적 차원에서 추구해야 하는 것이 아니라 '인간의 권리' 그 자체가 국가가 추구해야 할 목적으로 근대국가 성립 당시부터 분명하게 설정되어 있다는 것을 의미한다.

근대국가의 발상지인 유럽 국가들은 1975년 헬싱키협정을 체결하여 소련과 동구 공산권의 인권문제를 본격적으로 제기함으로써 내부로부터 소련제국이 붕괴하도록 유도하여 냉전의 평화적 종식에 크게 기여했다. 미국과 유럽 국가들, 소련과 동구 공산권 국가 등 35국이 참여한 헬싱키협정은 안보와 경제 문제뿐만 아니라 인권을 핵심 어젠더로 설정함으로써 소련제국의 인권문제를 공론화하여 공산권 민주화를 이끌어내는 데 결정적 기여를 했다. 미국과 유럽연합의 모든 국가들은 북한 인권 문제에 지대한 관심을 갖고 유엔 북한인권결의안 제안과 통과를 주도하고 있다. 헬싱키협정과 이들의 유엔에서의 노력은 자유민주주의국가는 바로 '인권국가'라는 확고한 신념에 서 있다는 것을 알 수 있다.

노무현 정부는 유엔 대북한인권결의안 표결 시 기권한 바 있다. 인권결의안에 찬성할 경우 북한을 자극하여 남북 대화와 남북관계 개선에 도움이 되지 않는다는 것이 당시 노무현 정부가 내세운 이유였다. 이런 잘못된 정책은 앞서 살펴본 정치학적 관점에서 보면 인권국가인 근대국가 대한민국의 정체성을 스스로 포기하는 것을 의미한다. 2016년 북한인권법안이 10년여만에 가까스로 국회를 통과했다. 이 법안의 핵심인 '북한인권재단'은 여야의 의견 차이로 인하여 아직도 출범조차 하지 못하고 있는 실정이다. 이런 문제점들은 자유민주주의국가는 인권국가라는 의미를 되새기고 그런 신념을 확고히 가질 때 극복될 수 있을 것이다.

입헌주의

자유민주주의의 중요한 원리는 입헌주의(constitutionalism)이다. 입헌주의는 헌법에 개인의 자유와 평등과 인권을 명시하고 국가권력의 남용에 의해서 이것이 침해받지 않도록 3권분립과 견제와 균형 등 여러 가지 제도적 장치들을 마련해두는 것을 말한다. 국왕의 절대권력을 제한하기 위해서 1215년 만들어진 대헌장인 마그나 카르타가 입헌주의의 출발점이라는 것을 널리 알려진 사실이다.

개인의 자유와 권리가 헌법에 명시된다고 해서 기본권이 자동적으로 보장되는 것이 아니다. 이것은 앞서 살펴본 '사회계약론'을 다른 각도에서 보면 더욱 분명해진다. 개인들이 권리의 일부를 양도하여 만들어진 국가는 개인들보다 막강한 권력을 갖게 됨으로써 권력 남용의 소지가 항상 존재하고 있다. 미국 연방헌법의 사상적 근거를 설명하는 《연방주의자 논고(Federalist Papers)》 제51번을 보면 이런 구절이 나온다: "만약 인간이 천사라고 한다면, 국가는 필요 없을 것이다. 만약 천사가 국가를 지배한다면, 국가에 대한 견제와 균형의 장치는 필요 없을 것이다." 미국 헌법의 아버지 매디슨(James Madison)이 쓴 이 말을 풀어서 설명하면, 인간은 천사가 아니기 때문에 국가가 필요하고, 천사가 국가를 지배하지 않기 때문에 3권분립과 같은 견제와 균형의 장치가 반드시 필요하다는 것이다. 이것은 자유민주주의의 핵심적 원리인 입헌주의를 명료하게 설명해주고 있다.

이런 입헌주의 사상에 입각하여 각국의 헌법은 국가권력 행사의 한계와 범위를 명시해두고 있다. 대통령과 국회의원의 임기는 일정 기간으로 정해져 있다. 입법부, 행정부, 사법부 사이의 견제와 균형을 통해서 각 부처의 권력 남용을 막고 개인의 자유와 권리를 보호하기 위해 3권분립이 헌법에 명시되어 있다. 이러한 입헌주의에 기초한 한국과 미국과 같은 국가를 '입헌 공화국'이라고 부르기도 한다. 여기서 놓쳐서 안 되는 사실은 북한과 같이 미사여구로 치장된 헌법이 만들어져 있다고 해서 그 자체가 '입헌국가'가 되는 것을 보장해주지 않는다는 점이다. 헌법의 규정과 그 실질적 작동 과정이 일치해야만 입헌주의에 입각한 자유민주주의국가로 부를 수 있는 것이다.

입헌주의의의 견제와 균형의 원리가 작동하는 과정을 이해를 돕기 위해서 몇 가지 예들을 들어서 설명해보면 다음과 같다. 국회가 법을 제정하면 대통령이 이 법안에 서명해야 비로소 효력이 발생한다. 이때 대통령은 국회가 보내온 법안에 대해서 거부권을 행사할 수 있다. 대통령의 거부권은 대통령이 이미 입법 과정에 개입하여 국회에 대한 견제력을 행사하고 있다는 것을 의미한다. 국회는 법안 심의 과정에서 대통령의 거부권 행사를 항상 염두에 두지 않을 수 없다. 대통령은 다른 나라와 조약을 체결한 후 국회의 비준을 받아야 한다. 이것은 국회가 대외정책에서 국익의 관점에서 행정부를 견제하는 제도적 장치이다.

국회와 대통령에 의해서 통과된 법률이라고 하더라도 국민의 자유와 권리를 침해했을 경우에는 헌법재판소가 그 법률안의 위헌 여부를 판단하도록 하는 견제 장치가 마련되어 있다. 사법부는 대통령과 국회의원과 달리 선거에 의해서 뽑지 않음으로써 여론의 영향을 받지 않고 독립성을 갖고 재판을 할 수 있도록 했다. 사법부는 헌법 규정에 대한 해석을 통해서 결정을 내리기 때문에 사법부에 대한 견제는 대통령과 국회에 의한 헌법 개정안 제출과 국민투표를 통한 헌법 개정을 통해서 궁극적으로 이루어질 수 있는 제도적 장치가 마련되어 있다. 자유민주주의체제가 유지되기 위해서는 사법부는 주어진 막강한 권력을 스스로 남용하지 않고 '자제력'을 발휘해야 하고 시대의 변화에 맞게 과거 판례에 얽매이지 말고 새로운 판례를 통해서 국민의 자유와 인권을 보호해나가야 한다.

3권분립은 그 자체를 위해서 존재하는 것이 아니라, 개인의 자유와 인권을 보호하기 위한 수단적 제도라는 점을 인식하는 것이 중요하다. 입법, 사법, 행정의 3부는 엄연히 전체로서 하나의 통치체제(body politic)을 이루고 있다. '분립'이라는 표현을 쓴다고 해서 이들이 완전히 따로 따로 떨어져 있다고 생각하는 것은 잘못이다. 비유적으로 표현하자면 피자를 자를 때 너무 세게 눌러서 조각이 완전히 떨어져 나간 것이 아니라 약간만 눌러서 조각들의 표시는 나지만 서로 유기적으로 결합되어 있는 상태로서 3권분립을 이해해야 한다.

언론에서 보도되는 '튀는 판사, 튀는 판결'이라는 말들은 3권분립을 오해하여 마치 사법부의 독립성이라고 하는 것이 자유민주주의 체제와는 전혀 별개의 판결을 내릴 수 있는 것으로 오판하는 판사들의 판결을 비판하고 있는 것이다. 이런 측면에서 보자면 박근혜 대통령에 대한 헌법재판소의 탄핵 결정은 '국회독재(elective despotism)'를 정당화시켜주는 잘못된 판결로 비판받아 마땅하다. 헌재 탄핵 결정 직후 헌재를 비판한 이 책에 실려 있는 '박근혜 대통령 탄핵에 대한 정치사상적 진단'이라는 글을 보면 헌재의 판결문이라고 하는 내용은 그 수준이 너무 낮고 '합법성'과 '정당성'을 제대로 구분하지 못하고 있다. 대통령 탄핵과 같은 중대한 결정을 헌재 재판관들이 만장일치의 결정을 내렸다는 것은 여타 자유민주주의국가에서는 그 예를 찾기 어려운 것으로서 전체주의국가에서나 볼 수 있는 일이다.

헌재의 대통령 탄핵 결정처럼 사법부가 행정부와 국회에 대해서 제 기능을 하지 못할 경우 그 체제는 '국회독재'로 나아갈 가능성이 높다. 한국 사회는 1987년 민주화 이후 권력이 국회에 급격하게 쏠리는 '국회독재' 현상이 나타나고 있다. 3권분립은 프랑스 사상가 몽테스키외(Charles de Montesquieu)가 체계적으로 제시했다. 그는 견제와 균형의 원리가 제대로 작동하지 않고 '국회독재'와 같은 현상이 나타나는 것을 '체제 타락(regime corruption)'이라고 불렀다. 여기서 '타락'이라고 하는 것은 관리들의 부패나 비도덕적 행위를 의미하는 것이 아니다. 부패는 법을 어기는 것이기 때문에 발견될 경우 처벌을 하는 것이 가능하다. 그러나 '타락'이라고 하는 것은 합법성을 가장해서 이루어지기 때문에 정치체제 유지에 미치는 부정적 영향이 매우 크다. 3권분립을 이루고 있는 입법부, 행정부, 사법부가 각각에게 주어진 제 기능을 하지 못할 때 생겨나는 현상을 '체제 타락'이라고 말한다.

'체제 타락'이 심화되면 '체제 붕괴(regime collapse)'로 이어진다. 이런 체제 타락과 붕괴를 막기 위해서는 대통령과 국회의원과 판사와 같은 국가의 엘리트들이 자유민주주의체제에 대한 분명한 이해와 신념을 갖고 대한민국이라는 민주공화국을 지키기 위해 노력하는 것이 중요하다. 국가의 활동을 감시하고 체제 타락과 붕괴를 막을 수 있는 건강한 시민사회와 시민적 덕성(virtue)을 가진 시민의 역할이 자유민주주의체제의 유지와 발전을 위해서 매우 중요하다고 할 수 있다.

시민사회의 존재

자유민주주의의 특징은 시민사회(civil society)라는 자율적 영역을 인정한다. 자유민주주의의 대척점에 서 있는 정치체제인 전체주의는 북한과 소련에서 보는 것처럼 시민사회의 영역을 국가가 완전히 말살시켜 인정하지 않는 체제를 말한다. 북한 사회 내에도 여러 가지 사회단체들이 존재한다. 그러나 북한의 정당과 종교와 직능 단체들은 모두 국가에 의해서 조직된 것들이고 국가에 의해서 철저히 통제를 받는다. 이들은 모두 국가의 공식 이데올로기인 주체사상을 가르치고 주입하는 단체이다.

한국의 시민사회와 달리 북한의 이런 단체들에서 개인들은 자신들이 원하는 가치들을 자율적으로 추구할 수 없고 오로지 전체주의국가에 의해 강요된 정신적, 육체적 활동만이 이루어진다. 북한의 민주화는 시민사회에 대한 국가의 전체주의적 지배가 완화되면서 자율적 시민사회가 서서히 모습을 드러내고 북한 주민들이 국가의 지배로부터 시민사회를 탈환하는 과정을 거치게 될 것이다.

이런 '시민사회의 탈환'은 동구권 전체주의국가들이 민주화되는 과정에서 일어났다. 그러나 북한의 경우 동구권과 같은 평화적이고 점진적 민주화를 현재로서는 기대하기 어렵다. 북한의 전체주의체제는 개혁이 불가능하고 김정은 체제의 붕괴와 함께 국가 전체가 완전히 붕괴하여 무정부상태로 빠져버릴 가능성을 배제할 수 없다. 북한과 동구권 국가들의 예를 통해서 여기서 지적하고자 하는 것은 시민사회의 존재는 어떤 정치체제가 자유민주주의인지 전체주의인지를 구분해주는 중요한 기준이 된다는 점이다.

시민사회의 존재는 개인은 국가로부터 독립된 사적 영역을 인정받는다는 것을 의미한다. 종교혁명과 절대왕정을 거치면서 인간은 종교를 강요하는 것은 피비린내 나는 내전과 종교전쟁을 불러온다는 것을 깨우치게 되었다. 자유민주주의의의 핵심적 사상을 이루는 자유주의는 바로 종교와 사상과 양심의 자유를 누릴 수 있는 개인의 독립된 사적 영역의 존재를 인정받기 위한 기나긴 투쟁 과정에서 탄생했다. 자유민주주의국가에서는 국교가 존재하지 않고, 종교의 자유가 보장된다. 국가의 간섭으로부터 독립된 이런 사적 영역은 종교의 영역을 넘어서서 집회와 결사의 자유와 같은 시민적 자유의 보장, 자유로운 시장경제활동의 보장, 다양한 이익 단체의 결성 등의 영역으로 더욱 확대되면서 '시민사회'가 형성되고 그 구체적 모습을 드러내게 된다.

독자적 영역으로서 시민사회를 인정하면서도 국가와 시민사회의 관계를 둘러싼 논란은 뜨겁다. 대표적으로 시민사회는 국가와 완전히 구분되고 독립된 공간으로서 국가의 지원 없이도 자율적으로 유지될 수 있다고 보는 입장이 있다. 이런 주장에 따르면 시민사회는 국가와 완전히 독립해서 존재하고 작동되기 때문에 국가는 시민사회를 통제하기 위해 개입할 수 없다는 것이다. 그러나 이런 입장은 국가의 강압적 이미지에만 초점을 맞추어 국가에 대한 부정적 이미지를 만들어내고, 시민사회를 과도하게 이상화시키고 있다는 문제점을 안고 있다.

국가와 시민사회의 단절성을 강조하는 주장은 분석적 차원에서는 가능할지 모르지만 양자는 상호의존적이라고 보는 것이 타당하다. 시민사회는 국가와 분리되어서는 존재할 수 없고, 또 역으로 국가는 시민사회와 유기적으로 연결되어 있다. 시민사회는 경제, 종교, 교육 활동의 영역으로 이와 관련된 개인들의 수많은 자발적 결사체들로 구성되어 있다.

헤겔은 시민사회를 개인의 욕구 충족을 위한 경제 활동의 영역으로 규정하고 거기서 발생하는 문제점을 해결하기 위한 국가의 역할을 강조했다. 이와 달리 마르크스는 시민사회를 부르주아계급이 지배하는 영역으로 보고 국가는 시민사회의 상부구조에 불과하다고 보았다. 마르크스에 따르면 국가는 부르주아계급의 이해를 관철시키기 위한 수단으로서 주식회사로 치면 주주 이사회에 불과하다고 보았다. 그는 인간 해방을 위해서 시민사회에서 부르주아계급에 의해서 착취당하는 프롤레타리아계급 주도의 혁명을 통해서 국가를 뒤엎고 공산주의 사회를 건설해야 한다고 주장했다. 그러나 그의 주장은 소련과 같은 현실 사회주의국가들에서 보았듯이 혁명 후 국가는 소멸되지 않고 인간을 억압하는 전체주의라는 괴물로 변하고 말았고, 냉전의 종식과 함께 모두 몰락하고 말았다.

헤겔과 마르크스와 달리 여기서 주목하고자 하는 것은 토크빌(Alexis Tocqueville)의 시민사회론이다. 그는 국가와 다른 독립적 영역으로서 시민사회의 존재를 인정하고 동시에 시민사회는 국가와 긴밀한 연관성을 가져야 한다는 점을 역설했다. 그가 말하는 시민사회는 시민들이 자발적으로 만든 다양한 결사체(association)들을 말한다. 여기에는 정치, 교육, 종교, 경제 활동 등과 관련된 다양한 결사체들을 말한다. 이런 결사체를 매개로 해서 '민주사회'에서 원자화된 개인은 국가와 연계성을 가져야 개인에 대한 국가의 횡포를 막고 자유를 지킬 수 있다고 보았다. 또한 시민적 결사체는 개인적 자유를 위해서 뿐만 아니라 공동체에 대한 책임을 떠맡기 위해서도 필요하다고 보았다.

시민사회에 관한 이상의 논의는 한국 자유민주주의 발전 과정을 이해하는 데 출발점이 된다. 건국 이후 한국의 시민사회는 매우 취약했다. 토크빌이 모델로 삼은 미국과 달리 한국은 국가가 시민사회 형성에 주도적 역할을 했다. 박정희 대통령의 산업정책을 통한 신중상주의적 경제정책은 산업혁명 수준의 폭발적 경제성장을 가져왔다. 이를 발판으로 하여 한국의 시민사회가 서서히 형성되면서 국가와 독립된 영역으로서 서서히 자리를 잡아나가기 시작했다. 1987년 6·10항쟁 과정에서 넥타이 부대가 시위에 동참하면서 민주화가 진전되었다.

이것은 그동안 국가 주도의 산업화를 통해서 성장한 시민사회가 본격적으로 정치적 영향력을 발휘하기 시작했다는 것을 의미했다. 6·29선언을 통해서 대타협이 이루어지고 민주화가 진행되면서 한국의 시민사회가 본격적으로 작동하기 시작했다. 국가 주도의 경제정책이 경제자율화라는 이름으로 민간에 더 많은 자율성을 주는 방향으로 바뀌면서 시민사회는 더욱 발전하게 되었다. 그러나 1987년 민주화 이후 한국 시민사회의 발전은 오히려 개인의 자유를 위축시키고 자유민주주의체제를 위협하는 방향으로 나아가고 있다는 데 문제의 심각성이 있다. 문재인 정부 등장 이후 이 문제는 그 심각성을 더해가고 있다.

이를 이해하기 위해서는 이탈리아 공산주의 이론가 그람시(Antonio Gramsci)가 제시한 시민사회론을 살펴볼 필요가 있다. 그는 기존의 공산주의 이론가들과 완전히 달리 시민사회를 적대시하지 않고 공산주의 혁명을 위해서 적극적으로 활용해야 할 영역으로 파악했다. 이를 위해 그는 마르크스와 달리 시민사회를 하부구조에 연결시키지 않고 그 독립성을 인정했다. 그람시에 따르면 서구 선진자본주의국가에서 사회주의 혁명이 일어나지 않은 이유는 부르주아계급의 지배이념과 문화에 노동자계급이 부지불식간에 동화되어 부르주아계급에게 헤게모니를 빼앗겼기 때문이다. 사회주의 혁명은 노동자계급이 시민사회의 다양한 분야와 조직에 침투하여 진지전을 구사하여 헤게모니를 되찾아올 때 비로소 가능하다고 보았다.

촛불시위를 통한 문재인정부의 등장은 한국의 좌파세력들이 교육, 정당, 종교, 노동, 문화, 언론, 법조 영역에 침투하여 시민사회에서 좌파 헤게모니를 장악함으로써 가능하게 되었던 것이다. 문재인 정부는 좌파 세력의 시민사회 장악을 통해서 이를 바탕으로 합법적으로 국가권력을 장악했다. 그런데 문제는 이런 세력을 권력 기반으로 하는 문재인 정부는 이들의 요구를 충족시켜 주기 위해서 포퓰리즘적 정책을 펼 수밖에 없다는 점이다. 이들 세력 중 일부는 공공연하게 자유민주주의체제에 도전하고 있다. 이런 상황은 문재인 정부하에서 '체제 타락'을 넘어서서 '체제 위기'가 도래할 수 있다는 것을 의미한다. 이것은 체제도전세력으로부터 한국 자유민주주의체제를 지키고자 하는 체제유지 세력에게 '시민사회의 재탈환'이란 중차대한 과제를 던져주고 있다. 그 이유는 시민사회를 재탈환하지 않고서는 국가권력을 되찾을 수 없을 정도로 한국의 시민사회가 발전했기 때문이다.

법치주의

자유민주주의의 출발점이 된 자유주의가 주장한 개인의 권리와 자유는 처음부터 모든 사람에게 평등하게 부여되지 않고 일정 수준의 재산을 가진 사람들에게만 주어졌다. 어떤 사상이 그 원리를 처음 제시했을 때 그 원리가 현실에서 바로 구체화되지 않고 사상과 현실의 괴리가 존재하게 되는 경우가 있는 것이 사실이다. 이런 괴리감 때문에 그 사상을 비현실적이라거나 이데올로기적이라고 일방적으로 비판할 수만은 없다. 일단 어떤 사상의 원리가 제시되고 나면 그 사상은 현실과의 괴리를 좁혀나가고 궁극적으로 극복해나가는 힘을 갖고 있다. 인간의 정치적 행위는 정치사상에 그 근거를 두고 있기 때문에 사상과 현실의 괴리는 수많은 우여곡절과 변증법적 과정을 거치면서 양자가 일치되는 방향으로 점진적으로 극복되어 나간다.

그 하나의 예로 들 수 있는 것이 미국의 독립선언서이다. 이 선언은 '모든 인간은 천부인권을 갖고 평등하게 태어났다'는 그 당시로서는 전혀 현실과 동떨어진 원리를 천명하고 있다. 그 당시 흑인 노예의 존재는 미국 사회의 현실이 선언서에서 제시된 원리와 완전히 괴리되어 있다는 것을 보여준다. 그러나 그 선언서는 인간 평등의 원리를 제시함으로써 궁극적으로 노예 존재라는 현실적 인간불평등은 점진적으로 극복될 수밖에 없는 길을 열어놓았던 것이다. 마찬가지로 자유민주주의가 처음부터 정치적 원칙으로서 제시한 자유와 권리의 평등성이라는 생각은 처음에는 일정 재산을 가진 사람들에게만 허용되면서 원리와 현실 사이에 괴리감이 존재했다. 그러나 그 괴리감은 시간이 지나면서 점진적으로 극복되고 이념의 원리가 현실에서 실현되는 방향으로 나아간다.

그 대표적인 것이 선거권이다. 영국의 경우 산업혁명과 함께 노동자와 농민의 선거권 요구가 차티스트운동으로 전개되었다. 그 결과 일부 계층에 국한되었던 제한적 선거권은 점차적으로 확대되어 전 국민이 투표권을 갖는 보통 선거권으로 발전했다. 미국의 경우 여성이 투표권을 행사할 수 있게 된 것은 1920년부터이다. 선거권의 확대 과정은 자유주의적 요소가 민주주의적 요소보다 선행되었고 민주적 요소의 확대와 함께 오늘날의 자유민주주의의 모습이 정착해나갔다는 것을 보여준다. 서양처럼 선거권의 점진적 확대 과정을 거치지 않고 한국의 경우는 1948년 5월 10일 21세 이상의 남녀 유권자 모두에게 평등, 보통, 직접, 비밀 원칙에 따른 선거권이 즉시 주어졌다. 5·10선거는 한국의 민주화가 1948년에 이루어졌고, 과거 왕조체제와는 완전히 다른 자유민주주의에 입각한 대한민국 건국은 '민주혁명'이었다는 것을 의미한다.

자유민주주의의 또 다른 중요한 요소는 '법치주의'이다. 이것은 성별, 종교, 인종, 지위고하를 막론하고 모든 사람은 법 앞에 평등하다는 것을 의미한다. 유럽 국가들은 대부분 중세 시대에 이미 법치주의적 전통이 확립된 후 근대 시기로 들어오면서 자유민주주의를 발전시켜나갔다. 특히 자유민주주의의 근간이 되는 법치 사상은 국회에서 법을 통과시켜 놓으면 법이 된다는 '법 형식주의적 사고'와 그런 법에 단순히 따른다는 식의 사고에 국한해서 이해되어서는 안 된다. 앞서 지적한 생명과 권리를 위한 투쟁이 '헤비어스 코퍼스(인신보호청원, Habeas Corpus)'와 같이 법에 실질적으로 반영되고 그 결과 사회가 바뀌어나가는 것이다. 법의 내용과 해석이 자유민주주의체제의 정당성(legitimacy)의 원리와 일치해야 하는 것은 물론이다. 그렇지 않을 경우 법치는 훼손되고 자유민주주의는 '체제 타락'을 거쳐 '체제 붕괴'로 나갈 위험성이 커진다.

'법 앞의 평등'은 자유민주주의의 핵심 원리인 자유와 권리와 평등의 관계를 설명하는 데 매우 중요하다. 자유는 외부의 제약 없이 자신이 하고 싶은 것을 할 수 있는 것을 의미한다. 이것을 '소극적 자유(negative liberty)'라고 부른다. 그러나 '자유'와 '방종'은 구분되어야 한다. 이런 구분에 설 때 자유는 자신에게 부여된 권리의 범위 내에서 행동해야 하는 것을 의미한다. 자신의 권리 범위를 넘어서서 행동하거나 다른 사람의 권리를 남용하거나 침해할 경우 그것은 자유가 아니라 자유의 타락 형태인 '방종'에 해당된다. 평등의 관점에서 보면 자유는 모든 사람들이 공평하게 누려야 할 가치이다. 권리에 기반을 둔 자유의 개념은 모든 사람에게 주어진 권리가 평등해야 한다는 점을 강조한다. 자유민주주의는 이러한 자유와 권리의 평등성은 법치주의에 의해서만 보장될 수 있다는 확고한 믿음 위에 서 있다.

국민주권론과 대의제 민주주의

자유민주주의를 구성하는 또 다른 중요한 원리는 '국민주권론'이다. 우리 헌법 제1조 2항은 "대한민국의 주권은 국민에게 있고, 모든 권력은 국민으로부터 나온다"고 규정하여 국민주권론을 명시하고 있다. 국민주권 사상은 미국혁명과 프랑스혁명에서 처음 제시된 후 자유민주주의체제의 핵심적 원리로 정착되었다. 왕조체제는 주권이 국왕에게 있고 신분제가 존재한 불평등 사회였다. 대한민국의 건국은 조선 왕조체제를 대신하여 국민주권론을 핵심으로 하는 자유민주주의체제를 탄생시켰다는 점에서 한국사에서 '정치체제 혁명'으로 이해되어야 할 것이다. 1948년 대한민국 건국을 '건국혁명'이라고 부르는 이유도 여기에 있다는 것을 알 수 있다.

이 책에 실린 '한국자유회의 선언문 해제'에서 설명하고 있는 것처럼 국민주권론은 왕조체제가 붕괴하고 민주주의로 이행하는 과정에서 '정치적 상징으로서의 왕(body politic)'이 사라지면서 생겨난 '빈 자리'를 메우기 위한 정치적 상징과 명분체를 찾는 과정에서 발전되었다. 르포르(Claude Lefort)가 지적하고 있는 것처럼 국왕이 떠나버리고 난 후 생겨난 그 '빈 자리'를 메우게 되는 상징적 존재가 '국민'이고, 그 국민을 국가체제 정당성의 원리로 내세운 것이 헌법에서 말하는 '국민주권론'이다.

이것은 정치체제가 왕조주권에서 국민주권으로 바뀌었다는 것을 의미한다. 이런 체제 변화가 일어난 역사적 사건이 프랑스혁명이다.

여기서 반드시 기억해두어야 할 것은 '국민'은 어디까지나 왕조주권의 상징이었던 국왕을 대신해서 등장한 상징적 존재이지 광화문 촛불집회와 같은 정치적 대중집회에 모여 국민주권론을 소리 높여 외치는 실재(實在)하는 사람들이 아니라는 점이다.

왕이 떠나버린 그 '빈 자리'는 항상 빈 채로 남아 있어야 한다. 그 빈 자리가 정치의 장(場)이다. 그 빈 자리를 차지하기 위해서 개인들의 다양한 이해관계를 대변하는 정당들이 서로 경쟁을 벌이는 것이다. 국민은 투표권을 행사해서 한국의 경우 전국구 대표인 대통령과 지역구 대표인 국회의원들을 뽑아서 권력을 위임하고 일정 기간 그들에게 빈 자리에 앉아서 국가를 통치할 수 있는 정당한 권리를 부여하는 것이다. 여기서 주권의 '상징적 소유'와 '실질적 행사'가 구분되어 제도화된다는 것을 알 수 있다. 자유민주주의가 대의제 혹은 대표제를 그 기본 원리로 하고 있고, 다른 말로 대의제 민주주의(representative democracy)라고 불리는 이유가 여기에 있다.

만약 그 '빈 자리'가 비어있지 않고 누군가가 영구히 차지하고 있다고 한다면 그것은 자유민주주의가 아니라 전체주의로 귀결되고 만다. 북한의 경우처럼 김일성이 그 빈 자리에 영구히 앉아 있다가 죽고 나자 김정일과 김정은에게 권력이 세습되면서 김일성 가문이 그 자리를 영구히 차지하고 있다. 바로 이것이 전체주의이다. 북한에서 보는 것처럼 전체주의체제 하에서 개인의 자유는 소멸된다. 김일성 가문 출신 수령의 지배를 받는 모든 사람들은 북한 사회에서 평등하지만 그것은 '자유 속의 평등'이 아니라 '노예 속의 평등'일 뿐이다.

전체주의와 달리 자유민주주의는 그 빈 자리를 항상 비워두고 여러 정당들이 자유롭게 경쟁하게 하는 대의제 민주주의를 국민주권론에 입각하여 제도화함으로써 개인들은 '자유 속의 평등'을 누릴 수 있는 것이다.

이상과 같은 주장은 이 책에 실려 있는 제1장의 '한국자유회의 선언문'과 제4장의 '국민주권론과 대의제'라는 글들에 잘 나타나 있다. 이 글들은 국민주권론과 대의제 민주주의의 상호연관성, 자유민주주의와 전체주의의 등장 배경을 수준 높은 정치사상의 차원에서 설명하고 있는 매우 독창적인 업적으로 평가되어야 할 것이다. 시대의 어둠은 그 어둠을 밝힐 수 있는 정치사상의 불빛을 필요로 한다. 그 글들은 광화문 촛불시위와 국회에 의한 대통령 탄핵과 헌법재판소의 탄핵 결정이라는 한국 사회가 직면한 시대적, 사상적 혼돈 상황 속에서 작성되었다. 이 글들은 시대의 어둠을 밝히고 사상적 혼돈을 정치학적 차원에서 극복할 수 있는 지적 좌표를 제시했다는 점에서 평가받아야 할 것이다.

대의제를 기본 원리로 하는 자유민주주의는 민주주의와 정치 엘리트의 존재가 조화를 이룰 수 있다는 것을 보여준다. 특히 오늘날 자유민주의의체제가 딛고 서 있는 것은 '산업사회'이다. 과학과 기술의 발전에 의해서 전문화되면서 끊임없이 발전해나가는 산업사회는 각 분야에서 엘리트를 배출하고 그들의 지도적 역할을 필요로 한다. 정치의 경우에도 정치 엘리트와 대표자의 존재는 앞서 지적한 바와 같이 주권의 상징적 소유와 실질적 행사가 구분되어 제도화되면서 불가피하게 나타나는 현상이다. 자유민주주의에서 정치 엘리트로서 대표자의 기능은 무한정 임기를 갖고 국민의 요구를 무시하고 통치하는 독재자가 아니라 일정 기간 부여된 정치권력을 행사하는 것이다. 그렇지만 엘리트 지배는 항상 과두제와 포퓰리즘으로 빠질 위험성을 안고 있다. 이런 위험에 빠지지 않도록 자유민주주의체제를 담당하는 대표자들이 정치적 리더십을 발휘하는 것이 안정적 자유민주주의의 발전을 위해 긴요하다고 할 수 있다.

이와 관련하여 강조해두어야 할 것은 대의제 민주주의는 영토가 넓고 인구가 많아서 국민주권을 직접적으로 행사하는 직접민주주의가 물리적으로 불가능하기 때문에 편의상 차선책으로 채택되고 발전되었다는 생각은 국민주권론과 대의제 민주주의에 대한 그릇된 인식에서 비롯된 것이라는 사실이다. 이런 오해는 직접민주주의는 좋고 대의제 민주주의는 나쁘다는 잘못된 인식을 심화시킨다. 현대 자유민주주의는 고대 그리스의 직접민주주의와는 완전히 다른 정치사상에 서 있다는 점을 잊어서는 안 된다. 고대 그리스는 노예가 존재했을 뿐만 아니라 근대와 같은 자유롭고 평등한 개인의 개념도 존재하지 않았고, 인간은 사익이 아니라 공동체의 공공선이라는 목적(telos)을 위해서 살아 갈 때 그 존재성을 비로소 인정받았다.

대통령과 국회의원과 같은 국민의 대표자들이 국민적 요구를 수용하지 못하고 사욕을 채우고 당파 싸움에 골몰하는 타락한 정치현실을 볼 때 대의제 민주주의에 대한 국민적 불신감이 생겨나는 것은 사실이다. 그렇다고 해서 대의제 민주주의를 대체하여 직접민주주의로 나아가자고 하는 것은 한국 자유민주주의체제 그 자체를 부정하는 결과를 가져오고 말 것이다. 대의제 민주주의가 안고 있는 문제점들은 건강한 시민사회와 건전한 시민의식을 가진 시민들에 의해서 공론화되고, 이들이 견제와 감시 기능을 충실히 발휘할 때 극복될 수 있을 것이다. 이러한 노력을 통하여 주기적으로 실시되는 선거를 통해 국민의 기대에 미치지 못하는 대표들을 교체해나가면서 대의제 민주주의가 정상적으로 작동할 수 있도록 하는 것이 중요하다.

한국 사회에서 대규모 광화문 촛불시위와 함께 국민주권론이 거리에서 제창되면서 대의제 민주주의에 대한 불신과 함께 대의제를 뛰어넘어 직접민주주의로 나아가야 한다는 주장이 제기되고 있다. 이런 주장은 촛불혁명에 의해서 탄생한 정권이라는 점을 내세우는 문재인 정부 출범 이후 더욱 두드러지고 있다. 앞서 국민주권론의 분석에서 자세히 살펴본 것처럼 한국 국민 모두가 직접 스스로를 지배한다는 것은 정치원리상으로나 현실적으로 불가능하다.

그렇다고 한다면 직접민주주의를 제창하는 경우에도 누군가는 국민 전체를 대표하는 대표자가 나올 수밖에 없고, 국민은 그 대표자에 의해서 지배를 받아야 한다. 그럼에도 불구하고 직접민주주의를 내세우는 것은 '전체주의적 국민주권론'을 내세워 국민을 선동하고 기만하는 것으로 볼 수밖에 없다. 만약 그렇지 않고 대의제 민주주의를 전면 부정하고 직접민주주의를 시도하겠다고 하는 것은 한국 자유민주주의체제의 정당성(legitimacy) 원리를 부정하는 체제전복적 혁명적 발상이라고 하지 않을 수 없다.

그런 발상은 자유민주주의체제를 부정하고 전체주의로 나아가는 초대장에 불과할 뿐이다. 자유민주주의체제를 유지하고 발전시키기 위해서는 그릇된 국민주권론을 내세운 선동과 함께 우리 국민의 의식 속에 급속하게 형성되고 있는 '전체주의의 일상화'를 경계하지 않으면 안 된다. 이를 위해서는 자유민주주의의 구성 원리들과 구체적 내용에 대해서 더욱 철저하게 이해하는 것이 중요하다.

2. 국민주권론과 대의제

노재봉

무릇 자유민주체제라는 것은 모두가 대의제 또는 대표제를 통하여 국민의 주권이 행사되는 체제를 말한다. 국회의원은 말할 것도 없고 대통령도 표로써 표현되는 국민 또는 자격 있는 시민의 투표에 의해서 선출되며 그것을 정당성의 근거로 하여 권력을 행사하는 것이다. 그리고 그들의 권력행사는 일정 기간에 한정되며 그 기간을 다하게 되면 다시 투표로 표현되는 국민의 의사에 의해서 연임을 하든가 아니면 권력을 다른 손으로 이양하게 되는 것이다.

이러한 제도적인 체제는 특정한 철학적 근거에 기초하고 있는 것이다. 여기서 가장 문제가 되는 것은 국민주권 사상이라는 것이다. 역사적으로 말하자면, 국민주권이란 군주주권이 몰락하고 난 후에 나온 것이다. 그런데, 국민을 주권자로 설정할 때, 그 기본조건은 국민 개개인의 정치적 평등을 전제하는 것이다. 그러한 국민이 주권자로서 권력을 행사한다는 것은 어떻게 하면 가능할 것인가? 모든 개개인이 주권자로 등장한다면, 정치질서는 무정부상태가 될 것이 뻔하다. 국민주권이 주장되는 소이(所以)가 무정부를 지향한 것이 아니라고 한다면, 어떻게 질서 있는 주권행사를 가능하게 할 것인가? 방법은 두 가지로 나뉜다.

그 하나는 국민을 하나로 묶는 것이다. 정치공동체에 하나 이상의 주권자가 있을 수 없는 것이 당연한 것이라면, 논리적으로 국민을 하나로 묶어 주권자로 만드는 것이 가능한 것이다. 이럴 경우, 국민이라는 것은 개개인의 존재를 초월하여 하나의 집단적 개체로 설정되는 것이다. 국민을 하나의 유기체로 또는 몸으로 만드는 것이다. 그 하나 속에 개개인은 전체가 살아가는 데 필요한 부품과 같은 지위를 부여 받게 된다. 그러므로 그 집단적 개체를 대표한다는 존재에 의해 모두가 통제 되는 것이다. 나아가서 그 집단적 개체는 스스로 전체이기 때문에 국가와 사회가 따로 있을 필요도 없고 있을 수도 없는 것이다. 그런 논리에 선 체제에서 어긋난다는 개인이란 존재할 수 없는 것이기 때문에 당연히 제거되어야 하는 것이다. 여기서 "어긋난다"는 것의 의미는 개인의 자유를 말하는 것이다. 개개인의 자유는 허용되지 않는다. 따라서 평등은 실현되기는 하지만 자유는 설 자리가 없게 되는 것이다. 이런 국민주권의 현실태를 전체주의라고 부르는 것이다.

다른 하나는 이와는 사뭇 다른 국민주권의 실현 방식이다. 우선 그것은 개개인의 평등에 더하여 자유를 인정한다는 데 차이를 보이는 것이다. 평등한 개개인들은 각기 공동체의 운영에 대하여 다른 의견을 가질 수 있는 존재들로 인정된다. 그런 상이한 의견들을 보유한 개개인은 모두가 주권행사에 참여할 당연한 권리를 갖는다. 그러면 어떻게 하면, 평등과 동시에 자유가 보장되는 방식으로 주권행사를 할 수 있는 것일까? 그것은 비슷한 생각을 가진 사람들이 모여 복수의 집단을 이루고 이들이 서로 경합하는 가운데 주권자 개개인의 의사가 표출되게 함으로써 정치적 자유를 통한 주권행사를 하게 하는 것이다. 그 제도적 장치가 투표인 것이다. 이를 통하여 대의제 또는 대표제가 성립되는 것이다. 이런 제도에 의한 권력행사는 그것이 국민주권이란 명분으로 독재로 전락하지 않게 하기 위해 일정 기간 동안 권력을 행사하게 하는 것이다. 이런 사상에 근거한 정치체제를 자유민주주의체제라고 하는 것이다. 이 점에 유의하여 강조할 것은 대의제 또는 대표제가 이른 바 직접민주주의, 즉 국민주권을 직접적으로 행사하는 것이 물리적으로 불가능하기 때문에 그 편의적 차선책이라고 생각하는 오해에서 벗어나야 한다는 것이다.

3. 건국사관을 통해서 본 한국현대사

김영호

전복전략으로서의 역사전쟁

하나의 공동체가 구성원들 사이의 통합을 바탕으로 안정적으로 존재하면서 힘을 모아 미래를 개척해 나가기 위해서는 그 공동체가 걸어온 역사에 대한 공감대의 형성이 중요하다. 보수주의 사상의 선구자 버크(Edmund Burke)는 프랑스혁명의 자코뱅 과격주의를 비판한 책 《프랑스혁명에 관한 성찰》에서 공동체는 단순히 현재 살아 있는 사람들 사이의 계약이 아니라 세상을 떠난 조상들과 앞으로 태어날 미래 세대들 사이의 파트너십이라는 점을 강조했다. 모든 공동체는 과거와 현재와 미래 세대를 하나로 묶어주는 세대 간 역사인식의 공감대 형성 없이는 유지·발전할 수 없다.

한국 사회는 세대 간 역사인식의 괴리감이 커지고 있을 뿐만 아니라 '역사전쟁'의 소용돌이 속으로 휘말려들어간 지가 이미 오래되었다. 자라나는 세대들에게 공동체의 일원으로서 가져야 할 기본 교양을 가르치는 시민교육의 핵심 교재인 역사교과서는 대한민국을 잘못 태어난 나라이고, 실패한 나라로 그리고 있다. 역사교과서의 서술 방식과 내용을 둘러싸고 첨예한 사회 갈등이 계속되고 있다. 이런 갈등은 정치권으로 비화되어 정권이 바뀌면 교과서 서술 지침과 내용이 완전히 뒤바뀌는 상황이 일어나고 있다. 이런 현상은 한국 사회와 같은 수준의 선진국에서는 찾아볼 수 없는 후진적 양상이라고 하지 않을 수 없다.

'역사논쟁'과 '역사전쟁'은 그 양상이 완전히 다르다. 역사논쟁은 객관적 역사적 사실들을 바탕으로 해서 역사해석 과정에서 일어나는 견해의 차이를 두고 벌어지는 것이 일반적이다. 이런 논쟁은 새로운 자료들이 발견되면 해소되는 경우가 많고, 그에 따라 역사해석에서도 견해 차이가 좁혀지게 된다. 이와 달리 '역사전쟁'은 역사라는 또 다른 수단을 통한 '정치투쟁'의 연장선상에서 일어나는 것이 그 특징이다. 역사가 과학적 학문 연구의 대상이 아니라 정치투쟁을 위한 수단으로 전락할 경우 정치적 목적을 달성하기 위해 역사적 사실과 해석의 왜곡이 일어나는 것은 불가피할 것이다. 자유민주주의적 대한민국과 전체주의적 북한정권으로 분단된 한국적 상황에서 역사전쟁은 체제 문제와 관련되는 전복전략과 연계될 가능성이 매우 높다는 데 그 문제의 심각성이 있는 것이다.

대한민국은 제2차 세계대전 이후 독립한 국가들 중 유일하게 민주화와 산업화에 성공한 나라로 기록되고 있다. 2017년은 '1987년 민주화'를 기념하는 30주년이 되는 해이다. 6·10항쟁과 6·29선언이라는 대타협을 통해서 직선제 개헌을 핵심으로 하는 민주화가 이루어졌다. 여기에 초점을 맞추어 일부에서 2017년을 '민주화 30년'이라고 부르는 것을 본다. '민주화 30년'이라고 하면 마치 한국의 민주화가 1987년에 처음으로 시작된 것과 같은 오해를 불러일으킬 수 있다.

한국 최초의 민주화는 남녀 구분 없이 성인들에게 투표권이 주어지고 보통·평등·직접·비밀선거의 원리에 따라서 1948년 5·10선거를 통해서 이루어졌다. 총 유권자 중 96.4%가 등록하여 95.5%가 투표에 참여했다. 한국사에서 최초로 국민의 자유로운 투표에 의한 '민주혁명'이 1948년에 이루어졌던 것이다. 이런 역사적 사실은 까마득히 잊어버리고 마치 한국 민주화가 1987년에 처음으로 시작된 것처럼 착각하기도 하고 일부에서는 역사를 호도하기도 한다. 1948년 민주화는 자유민주주의체제에 기반한 것이었다는 점에서 당시 독립한 대부분의 국가들이 사회주의로 기울었다는 사실에 비추어볼 때 세계사적 관점에서 볼 때 매우 예외적인 사건이었다.

해방 직후 국내의 무정부적 상황과 국제정치적 압력에 능동적으로 대처하면서 1948년 민주혁명을 이끈 지도자는 이승만이다. 흔히 이승만의 업적을 평가할 때 여기까지는 잘 했고 저기까지는 문제가 있었다는 식으로 보는 '공과론(功過論)'이 있다. 이것은 정치를 일종의 응용도덕적 관점에서 바라보는 잘못된 인식이다. 도덕에서 정치가 나오는 것이 아니고, 정치가 도덕을 규정하는 것이다. 건국 과정에서 이승만의 리더십 하에서 자유민주주의체제에 입각한 대한민국이 세워지지 않았다고 한다면 한국인이 자유와 인권을 누리는 것은 불가능했을 것이다. 이런 사실은 기아와 인권 탄압에 시달리는 '실패국가 북한'과 '성공국가 대한민국'을 비교해보면 정치를 도덕적 관점에서 바라보는 것이 얼마나 낭만적인 생각인지를 쉽게 알 수 있다.

국가 지도자에 대한 평가는 도덕 교과서식으로 이루어지는 것이 아니다. 모든 지도자에게는 자신에게 주어진 시대적 소명이 있다. 이런 시대적 소명을 완수했는지가 지도자 평가의 기준이 되어야 한다. 이승만 박사에게 부여된 시대적 소명은 자유와 평등과 인권이 실현되는 나라를 세우라는 것이었다. 그는 자유민주주의 대한민국을 세우고 북한의 남침으로부터 이를 지켜내고 한미동맹 체결을 통해서 국가안보를 반석에 올려놓음으로써 시대적 소명을 다했다.

박정희 대통령은 가난에서 국민을 벗어나게 하고 산업화를 통해서 국가기반을 구축해야 한다는 역사적 임무를 부여받았다. 그는 국내의 반대를 무릅쓰고 한일 국교정상화를 통해서 자본과 시장을 확보하고 이승만의 민주혁명에 뒤이어 산업혁명을 완수했다. 시대적 소명을 다하고 국가발전의 기틀을 다진 이승만과 박정희 대통령을 역사교과서가 온갖 왜곡을 통해서 깎아내린다는 것은 한국 정치체제에 대한 단순한 비판을 넘어서서 도덕론을 가장한 체제 전복적 사고와 연결되어 있다고 볼 수밖에 없다.

특히 대한민국 건국과 관련한 이승만의 정치행위는 도덕론적 관점이 아니라 정치적 현실주의의 관점에서 설명되어야 한다. 그는 독립운동 지도자들과 해방 이후 등장한 정치인들 중에서 '족탈불급(足

脫不及)'의 인물이고, 탁월한 정치적 현실주의자(political realist)이다. 그의 정치적 현실주의는 신념, 지식, 실천 세 가지 측면에서 두드러진다. 그는 국제정치에 대한 혜안을 갖고 자유민주주의에 대한 확고한 정치적 신념을 가진 지도자이다. 그는 자신의 정치적 신념을 실천하는 과정에서 권력과 정당성의 문제와 같은 정치세계의 기본원리들을 분명하게 파악하고 있다. 그는 이런 신념과 지식을 갖고 이를 실천해나가는 과정에서 그 실현을 위한 전략과 전술을 분명하게 파악하고 구사한 현실주의자이다. 이런 정치적 현실주의에 바탕을 둔 사상과 실천을 통해서 이승만은 건국혁명을 성공적으로 이끈 지도자로 자리매김될 수 있었던 것이다.

건국사관의 등장과 한국현대사

"역사는 과거와 현재의 끊임없는 대화이다"라는 카(E. H. Carr)의 역사에 관한 정의는 잘 알려져 있다. 그런데 이 정의는 일반인들의 상식과 달리 설명을 필요로 한다. 그는 이 정의를 역사는 역사가와 역사적 사실들 사이의 끊임없는 상호작용이라고 풀어서 다시 설명하고 있다. 이를 통해서 그는 역사란 단순히 사실들이 스스로 말하는 것이 아니라 '역사가의 생각'이 반영된 것이라는 점을 강조하고자 하는 것이다.

카는 고기를 잡기 위해 바다에 그물을 던지는 어부에 역사가를 비유하고 있다. 어부처럼 역사가는 자신의 주제를 설명하는 데 필요하다고 '생각'하는 역사적 사실들을 선택해서 역사를 서술해나간다. 이 점을 여기서 강조하는 이유는 역사가의 현재적 생각이 역사 해석에 커다란 영향을 미치기 때문이다. 이것은 역사가의 생각과 역사를 보는 눈, 즉 사관(史觀)이 한국현대사 해석에 커다란 영향을 미친다는 것을 의미한다.

과거 대학 운동권에서 신입생들을 의식화시킬 때 사용했던 말이 '시각교정(視角矯正)'이다. 시각교정은 해방과 분단에 초점을 맞추고 대한민국의 건국을 분단국가의 수립이라는 부정적 관점에서 바라보는 《해방전후사의 인식》이라는 한국현대사 책을 통해서 이루어졌다. 시각교정은 말 그대로 역사를 보는 눈을 바꾸겠다는 것이다. 역사관이란 우리가 쓰는 색안경과 같은 것이다. 빨간 안경을 쓰면 세상이 빨갛게 보이고 노란 안경을 쓰면 세상이 노랗게 보이는 것처럼 사관에 따라서 한국현대사를 긍정적 혹은 매우 부정적으로 볼 수도 있다.

앞에서 지적한 것처럼 한국 사회의 역사전쟁은 자라나는 세대들에게 대한민국의 건국과 발전 과정을 긍정적 역사관 아니면 부정적 역사관이라는 안경을 씌워서 보게 할 것인지를 두고 벌어지고 있는 것이다. '태어나서는 안 될 나라,' '정의가 실패한 나라,' '헬 조선' 등과 같은 한국 사회와 역사에 대한 부정적 인식은 모두 자라나는 세대들에게 부정적 역사관을 씌운 결과이다. 자라나는 세대들이 나라에 대한 자긍심이 아니라 부정적 인식을 갖게 된다고 하면 젖은 스펀지에 붉은 잉크가 금방 퍼지듯이 사소한 정치적 스캔들이나 국가적 재난이 체제 전복세력에게 쉽게 역이용됨으로써 자유민주주의체제의 불안정성은 더욱 커질 것이다. 역사전쟁에서 자유민주주의체제를 지키려는 체제 수호 세력이 체제 전복 세력에 맞서서 한국현대사에 깊은 관심을 가져야 하는 이유가 여기에 있다.

지금까지 한국현대사를 '해방'과 '분단'이라는 안경을 쓰고 바라보는 사관이 주류를 이루어 왔다. 해방과 분단에 초점을 맞추어 한국현대사를 바라보면 대한민국의 '건국'이라고 하는 한국현대사의 가장 중요한 사건은 이들 사건에 가려져서 보이지 않거나 부차적 사건으로 밀려나고 만다. 해방은 '해방공간'이라는 표현에서 보듯이 그야말로 '빈 공간'으로서 새로운 나라가 세워짐으로써 비로소 채워질 수 있다. 식민지로부터 진정한 의미의 해방은 대한민국과 같은 새로운 근대국가를 수립함으로써 비로소 완결되는 것이다.

그럼에도 불구하고 해방에만 초점을 맞추는 '해방사관'에 서서 현대사를 바라보면 건국은 가려져서 보이지 않거나 그 중요성이 무시되는 20세기 정치철학자 보글린(Eric Voegelin)이 말하는 '현실의 일식현상(日蝕現象)'이 생겨나게 되는 것이다. 자연의 일식현상은 시간이 지나면 저절로 원상태로 되돌아오지만 역사의 일식현상은 편향된 기존 사관에 대한 비판을 통해서 비로소 극복될 수 있다. 이를 위해서는 대한민국의 건국과 발전을 중심에 놓는 '건국사관'의 입장에 서서 한국현대사를 바라볼 필요가 있다.

다음으로 '분단'에 초점을 맞추는 사관은 한국현대사를 분단의 형성과 심화라는 관점에서 바라보고 분단 극복의 중요성을 강조한다. '분단사관'에 따르면 대한민국은 분단국가로서 일종의 '불구국가'이고 극복의 대상으로 여겨진다. 이런 역사인식이 갖고 있는 커다란 문제점은 대한민국의 건국을 조국의 분단을 가져온 분열 행위로 보고 그 책임을 이승만 박사와 건국 주체세력에게 일방적으로 돌리고 있다는 점이다. 이와 관련하여 소련의 지령 하에 남한보다 훨씬 더 일찍 단독 정권 수립에 착수한 김일성과 소련군정에 대한 비판은 외눈박이식의 분단사관에서는 찾아볼 수 없다.

분단사관이 갖고 있는 또 다른 문제점은 분단 극복, 즉 통일의 중요성을 강조하면서도 그 통일이 어떤 정치이념에 기초하여 어떤 방식으로 이루어져야 하는지에 대해서는 아무런 언급이 없다는 것이다. 분단사관은 어떤 방식으로든지 통일만 이룩하면 된다는 '통일지상주의'와 연결된다는 점에서 매우 위험한 생각이다. 통일은 자유민주주의체제에 기초하여 대한민국 건국 이후 70년간 이룩된 정치발전과 경제성장을 그 동력으로 삼아 이루어져야 한다. 오늘날 '성공국가 대한민국'과 '실패국가 북한'을 비교해보면 이 점은 더욱 분명해진다.

왜곡된 해방과 분단 사관에서 벗어나서 '건국사관'을 통해서 한국현대사를 바라보려는 노력이 필요하다. 건국사관은 한국현대사를 대한민국의 건국을 중심으로 바라보려는 역사인식이다. 이런 인식에 설 때 비로소 독립운동과 해방의 진정한 의미는 독립된 근대국민국가를 건설하고 대한민국이 당당하게 근대국제사회의 일원이 되었다는 점에 있다는 것을 알 수 있다. 자유의 보금자리 대한민국이 건국됨으로써 한국인은 자신의 잠재력을 발휘할 수 있는 제도적 여건이 마련되었고 세계가 부러워하는 정치발전과 경제성장을 이룩할 수 있었다.

서로 이념과 체제를 달리하는 미국과 소련이라는 두 초강대국이 패권전쟁을 벌이는 냉전 상황 하에서 새로운 독립국가를 건설한다는 것은 결코 순탄치 않았다. 건국은 글자 그대로 '나라를 세운다'는 의미를 갖고 있다. 당시의 시대적 요청에 따르면 그 국가형태는 '근대 국민국가'가 되어야 했다. 근대국가의 건설과 동시에 국가운영의 원리로서 자유민주주의를 택할 것인지 아니면 인민민주주의 혹은 전체주의를 택할 것인지 한국인은 체제 선택의 기로에 서 있었던 것이다.

이승만은 서로 이질적 정치체제를 가진 미국과 소련 사이에 한반도뿐만 아니라 유럽에서도 타협이 불가능하다는 점을 분명하게 인식하고 있었다. 해방 직후 미군정이 남한 내에서 좌우합작을 통한 정부 수립을 시도했을 때 그는 미국 정책에 격렬하게 반대했다. 소련군정은 북한 점령 직후부터 1945년 9월 20일자 스탈린의 비밀 지령에 의해서 공산세력이 힘이 약할 때 쓰는 통일전선전략에 따라서 북한에 인민민주주의 정권을 남한보다 먼저 수립해 나갔다. 이를 통해서 소련은 북한을 국제공산주의의 하나의 지국(支局, chapter)으로 만들어 나갔던 것이다.

1946년 제1차 미소공동위원회가 아무런 성과 없이 끝났을 때 이승만은 남한에서만이라도 단독정부를 수립해야 한다는 그 유명한 '정읍발언'을 내놓았다. 이 발언은 단순한 발언이 아니라 중요한 연설이었으며 한국 외교사에서 '이승만 독트린'으로 기록되어야 할 선언이었다. 소련과의 합의와 남한 내의 좌우합작이 불가능하기 때문에 자유민주주의 이념을 정당성의 원리로 하는 근대국가 대한민국을 남한에서 먼저 세워야 한다는 것이 이승만의 주장이었다. 이 선언 후 그는 1946년 말 미국 지도자들을 설득하기 위해 직접 미국으로 건너가서 대미외교를 펼쳤다.

　이승만은 제2차 세계대전 이후 대한민국과 같은 신생국의 탄생은 국제정치에 의해 좌우될 것이라는 점을 분명하게 이해하고 있었다. 국제법으로 미국의 명문 프린스턴대학에서 박사학위를 받고 국제정치에 대해서 해박한 지식을 갖고 있었던 이승만은 구한말부터 일본의 침략성을 경계했던 것만큼 국제공산주의를 내세운 소련의 제국주의적 야심을 정확하게 인식하고 있었다. 이 점은 그가 1941년 8월 집필한 《일본내막기》에 잘 드러나 있다.

　이승만은 소련의 국제공산주의는 공산주의의 탈을 쓴 제국주의로서 독립된 근대국민국가를 건설하는 데 가장 커다란 적이라는 점을 분명하게 인식하고 있었고 이런 생각에서 좌우합작이라든지 소련과의 타협을 통해서 한국 문제를 해결하려는 미국의 노선에 극구 반대했던 것이다. 미국 국제정치학자 한스 모겐소(Hans J. Morgenthau)는 이러한 소련의 새로운 방식의 제국주의를 '국가주의적 보편주의(nationalistic universalism)'로 개념화하여 비판했다. 이런 입장에서 보면 북한의 김일성과 박헌영과 같은 공산주의자들은 한국 민족의 이익을 대변하는 것이 아니고 국제공산주의적 연대라는 미명 하에 소련의 국가이익을 대변하는 꼭두각시에 불과했다.

스탈린은 소련 점령군 사령관 스티코프를 통해서 북한 헌법 작성에까지 개입하면서 북한을 소련의 위성국가로 만들었던 것이다. 이런 상황에서 좌우합작이라든지 미국과 소련 사이의 합의를 통해서 통일국가를 세운다는 것은 애당초 불가능한 일이었다. 이승만은 새로운 나라를 세우는 건국 과정은 마키아벨리가 지적하는 것처럼 토론과 합의에 의한 것이 아니고 체제 선택의 혁명적 성격을 갖고 있다는 것을 누구보다도 잘 알고 있었다.

이런 생각을 가진 이승만은 독립운동을 같이 한 김구와 건국과정에서 완전히 다른 길을 걷게 되었다. 김구는 임시정부를 중심으로 독립운동을 하면서 코민테른과 같은 국제공산주의와 연대하여 독립운동을 공산주의혁명으로 전환시키려는 임시정부 내의 공산주의 세력에게 단호히 반대했다. 그러나 독립운동 당시 이런 생각을 갖고 있던 김구는 남북협상을 위해 북한에 들어갔다가 김일성에게 완전히 역이용당하고 말았다.

그 이후 김구는 5·10선거에 참여하지 않았고 대한민국의 건국이 분단국가의 건설이라는 점을 내세워 반대했다. 이승만과 김구의 노선을 비교해보면 한국현대사는 남한에서 자유민주주의국가를 건설하여 이를 자유민주기지로 하여 북한을 봉쇄하면서 통일을 달성해야 한다는 '이승만 패턴'과, 하나의 민족으로서 화해와 협력을 통해서 통일을 이룩해야 한다는 '김구 패턴'으로 나누어볼 수 있을 것이다. 다른 말로 하자면 한국현대사에서 전자의 패턴은 정치적 현실주의를 대표하고 후자의 패턴은 정치적 낭만주의를 대변하는 것으로 볼 수 있다.

낭만적 민족주의에 바탕을 둔 '김구 패턴'은 남한의 햇볕정책과 북한의 민족공조론과 같은 형태로 되풀이되어 나타나면서 남북관계가 두 개의 이질적이고 적대적인 체제 사이의 실존적 대결이라는 사실을 분명하게 인식하는 것을 방해한다. '김구 패턴'은 종족적 민족주의의 관점에서 정감적으로 남북관계를 이해하려는 정치적 낭만주의의 전통이 강한 우리 사회에서 한국인의 정치의식 형성에 커다란 영향을 미치고 있다. 앞서 살펴본 해방과 분단 사관이라든지 뒤에 살펴볼 '1919년 건국론' 등은 모두 한국인이 갖고 있는 정치적 낭만주의적 정치의식과 밀접히 연관되어 있다고 봐야 할 것이다.

미국은 1947년 3월 소련과 공산세력의 팽창을 저지해야 한다는 '트루먼 독트린'을 발표하고, 전후 피폐해진 유럽의 경제부흥을 위한 지원방안으로서 그해 5월 '마셜플랜'을 발표한다. 이승만 독트린과 트루먼 독트린은 합치점을 찾아가고 있었다. 소련과의 합의가 불가능하다는 것을 뒤늦게 깨달은 미국은 한국문제를 유엔으로 이관하기로 결정한다. 유엔은 남북한 전체에서 유엔감시 하에 민주선거를 실시할 것을 권고한다. 소련군정은 유엔 선거감시위원단의 방북을 거부했다. 1948년 5월 10일 남한에서만 유엔 감시 하에 자유로운 민주선거가 실시되어 제헌의회가 구성되어 제헌헌법이 통과되고 이승만이 국회에서 압도적 다수로 대통령에 선출됨으로써 대한민국 건국과 정부 수립이 완료되었다.

이승만 대통령은 1948년 8월 15일 대한민국 정부 수립 기념 축사에서 "오늘 거행하는 이 식은 우리의 해방을 기념하는 동시에 우리 민국(民國)이 새로 탄생한 것을 겸하여 경축하는 것"이라고 점을 강조했다. 그의 축사에서 알 수 있는 것처럼 1945년 8월 15일은 광복절이고, 1948년 8월 15일은 대한민국이 건국된 날이라는 것을 알 수 있다. 국가가 세워진 후 영토 내의 주민에 대한 최고의 권력, 즉 대내적 주권을 실질적으로 행사하고 다른 나라들에 대해서 대외적 주권을 대표는 정부가 수립된다. 1910년 조선왕조가 일본의 식민지로 전락한 후 36년간의 일제 식민지 지배와 1945년 해방 후 미군정 3년간을 거쳐 1948년 영토, 국민, 주권이라는 근대국가의 3대 요소를 갖춘 근대국가 대한민국이 건국되었던 것이다. 대한민국의 건국은 왕조국가로 되돌아간 '복고적 혁명'이 아니라 자유민주주의 이념을 바탕으로 하는 '민주혁명'이었다.

대한민국 정부는 1948년 12월 12일 유엔총회에서 통과된 유엔결의안 제195호(III)를 통하여 국제적으로 승인을 받게 되었다. 이 결의안 제2항은 "유엔총회는 한반도의 유엔한국임시위원단이 감시하고 협의할 수 있었고 전체 한국 주민들의 절대 다수가 거주하는 지역에서 하나의 합법정부가 수립되었다"고 선언하고 있다. 나아가 이 결의안은 "이 정부는 임시위원단의 감시 하에 한반도 해당 지역 유권자들의 자유로운 의사가 정당하게 표출된 선거를 통해 수립되었다"고 지적하고 "따라서 이 정부는 한반도에 존재하는 유일한 그러한(합법) 정부"라고 선언하고 있다.

일부에서는 남한에서만 실시된 선거는 반쪽 선거이고 분단을 가져왔기 때문에 대한민국 정부가 유엔이 주장하는 것처럼 한반도의 유일한 합법정부로 인정받는 것을 적절하지 못하다고 주장하고 있다. 유엔 결의안이 말하는 '합법성'은 대한민국이라는 국가와 정부가 한국인의 자유로운 의사의 표출, 즉 자결권의 행사를 통한 민주적 선거라는 '적법한 절차'에 의해서 수립되었는지 여부를 묻는 것이다. 5·10선거가 자유선거에 의한 남한 주민의 자발적 의사 표현이었다는 점을 유엔결의안은 인정하였다.

이것은 단일 후보에 대한 '흑백투표'라는 비민주적 투표 방식에 의해서 성립된 북한 정권은 합법성이 결여되어 있다는 것을 의미한다. 북한은 정권 성립 이후 지금까지 한 번도 남한에서와 같은 자유선거를 실시한 적이 없다. 유엔결의안은 남한에서 한국민의 자유로운 의사 표출에 의해서 성립된 정부가 대한민국 정부이고 그러한 의미에서 이 정부는 한반도에서 '유일한 합법정부'라고 인정하고 있는 것이다.

북한이 1991년 한국과 함께 유엔 회원국으로 동시에 가입하고 정권 수립 후 일부 공산국가들로부터 승인을 받았다고 해서 북한 정권이 안고 있는 합법성 문제가 해소되는 것은 아니다. 유엔결의안이 말하는 '합법성'은 북한이 진정으로 자유선거를 통해서 주민의 자유의지가 표현되는 민주화가 이루어졌을 때 합법적 정부로 국제적으로 인정받을 수 있다는 것을 의미한다. 통일은 북한지역에서 이러한 '합법성'을 확보하는 것으로부터 출발해야 한다는 것을 1948년 유엔결의안은 잘 보여주고 있다.

유엔총회 결의안 통과 이후 1949년 1월 1일 미국은 대한민국을 가장 먼저 정식으로 승인했다. 중국은 1월 4일 한국을 정식으로 승인했다. 영국은 1월 18일, 캐나다는 4월 9일, 호주는 8월 15일 각각 한국을 정식으로 승인했고 1950년 3월까지 26개국이 한국과 정식 외교관계를 맺었다. 3·1운동 직후 수립된 대한민국 임시정부는 국제사회로부터 외교적 승인을 받기 위한 독립외교를 펼쳤다. 그러나 국제사회는 임시정부가 한반도 내의 주민에 대해서 실질적 주권을 행사하지 못한다는 이유를 들어 승인을 거부했다. 1948년 대한민국 건국과 정부 수립 이후 유엔뿐만 아니라 국제사회는 대한민국을 주권국가로 승인하고 근대국가체제의 일원으로 받아들였다.

건국 시점을 둘러싼 논쟁

문재인 정부가 들어서고 나서 '건국 시점(建國始點)'을 1948년이 아니라 1919년 대한민국 임시정부가 수립된 날로 보는 주장이 본격적으로 제시됨으로써 '건국 시점'을 둘러싼 논쟁이 가열되고 있다. 임정 수립을 건국으로 보는 주장은 '해방사관'과 '분단사관'을 비판하고 한국현대사를 '건국사관'의 입장에서 보려는 움직임이 본격화되면서 이에 대한 대응으로 일부 역사학자들에 의해서 제기되었다. 문재인 대통령이 2017년 8월 15일 광복절 기념사에서 대한민국 건국 시점을 1919년으로 주장함으로써 건국 시점 논쟁은 더욱 가열되고 있다.

'1919년 건국설'은 역사적 사실과 정치학과 국제정치학 이론에 비추어볼 때 설득력이 없다. 그 한 가지 예로서 1941년 11월 임시정부가 발표한 '대한민국 건국강령'을 들 수 있다. 이 강령은 총강(總綱), 복국(復國), 건국(建國) 세 개의 장으로 구성되어 있다. 이 강령은 일제에 빼앗긴 나라를 되찾기 위한 독립운동시기를 '복국'시기로 보고, 이 시기가 완성된 다음에 본격적으로 '건국'에 착수해야 한다고 주장하고 있다. 여기서 보는 것처럼 임시정부는 그 자체의 문건에서 1919년 상해임시정부 수립 이후 1945년 해방될 때까지의 시기를 건국이 완료된 것이 아니라 독립운동시기로 보고 있다. 이런 임시정부의 문건에 비추어보면 '1919년 건국설'은 역사적 사료에 의해서도 전혀 뒷받침되지 않는다는 것을 알 수 있다.

상해에 임시정부가 수립되었지만 한반도에 살고 있던 한국인은 일제의 총부리 아래에서 자유와 권리를 박탈당하고 억압적 식민 지배를 당하고 있었다. 1919년에 건국되었다고 한다면 그 이후 해방될 때까지 왜 한국인들이 일제의 억압 하에서 계속 신음하고 있어야 했는지를 '1919년 건국설'은 설명해주지 못한다. '1919년 건국설'은 1919년 건국되었다고 한다면 1945년 해방이 될 때까지 목숨을 바친 애국선열들의 독립운동은 도대체 무엇을 위한 것이었는지 도저히 설명할 수 없는 자기모순에 빠지고 만다는 것을 알 수 있다.

1919년 상해임시정부 수립 이후 임시정부 지도자들은 제1차 세계대전을 종결짓는 평화회담이 열리고 있던 파리로 가서 미국과 영국과 프랑스로부터 임시정부를 국가로서 국제적으로 승인을 받기 위한 독립외교운동을 펼쳤다. 그러나 임시정부는 국제사회로부터 파리에서 뿐만 아니라 그 이후 해방이 될 때까지 국가로서 국제적 승인을 얻지 못했다. 그 이유는 임시정부는 1948년 대한민국처럼 주민의 자유로운 투표에 의해서 수립되지 않았을 뿐만 아니라 한반도 영토 내의 주민에 대해서 주권을 실효적으로 행사하고 있지 못했기 때문이다.

구한말 이후 국제정치질서는 서구 중심의 근대국제정치체제로 재편되었다. 이 질서 하에서는 '내가 국가다'라고 해서 국가가 되는 것이 아니고 다른 나라들로부터 주권국가로서 '국가성(statehood)'을 인정받아야 한다. 이 승인 문제는 조공체제와 비교해보면 더욱 잘 이해가 될 수 있다. 조선왕조는 중국 중심의 중화질서인 조공체제에 속해 있었다. 조선이 건국되었을 때 이성계는 명나라에 사신을 보내서 '조선(朝鮮)'과 '화령(和寧)'이라는 두 개의 국호 중 하나를 선택해 줄 것을 요청했고, 명나라는 '조선'을 국명으로 채택해주었다. 이것은 조공체제 하에서 국가 승인에 해당되는 '책봉(冊封)'의 과정이다.

조공체제에서 근대국가가 중심이 되는 국제정치체제로 질서가 바뀌었지만 국가 승인 문제는 조공체제와 방식은 달라도 여전히 국가성을 획득하는 데 중요한 역할을 한다. 근대질서에서는 국가들이 서로 주권을 승인하고 외교 관계를 수립하면서 대사와 공사와 같은 상주외교사절을 파견한다. 임시정부는 다른 나라들이 보기에 영토 내의 주민에 대해서 주권을 실효적으로 행사하지 못했기 때문에 국가로서 승인을 해주지 않았던 것이다. 그럼에도 불구하고 '1919년 건국설'을 주장하는 것은 이론적으로 설득력이 전혀 없는 것이다. 임시정부는 1948년 대한민국 건국의 정신적, 사상적 정당성의 근거를 제시한 것으로 봐야지 그 자체를 건국으로 볼 수 없다. 제헌헌법이 1948년 대한민국의 건국이 임시정부의 법통을 이어받는다고 하는 것은 바로 이런 의미이다.

'1919년 건국설'이 역사적 사실과 정치학과 국제정치학 이론에 의해서 전혀 뒷받침되지 않음에도 불구하고 문재인 대통령이 직접 나서서 광복절 기념사와 중국 방문 때에 "2019년은 3·1 운동 100주년이면서 임시정부 수립 100주년이 되고, 그것은 곧 대한민국 건국 100주년"이라고 단적으로 주장하고 있다. 임시정부는 3·1운동의 정신을 이어받아 한국사에서 최초로 '민주공화국'을 선포했다. 이 점에서 임시정부의 수립은 1948년 대한민국 건국에 사상적으로 커다란 영향을 미쳤다. 임시정부가 끼친 이런 정신사적 영향을 중시하여 1919년을 1948년 대한민국 건국에 커다란 영향을 끼친 날로 '기념'하는 것은 의미가 있는 것이다. 그러나 이런 수준을 넘어서서 1919년에 대한민국이 건국되었다고 주장하는 것은 사실적, 학문적으로 전혀 납득하기 어렵다.

2017년 국민은 문재인 후보를 제19대 대한민국 대통령으로 선출했고 그는 스스로 제19대 대통령으로서 국민 앞에서 취임 선서를 했다. 문대통령 이전으로 그 시기를 거슬러 올라가 보면 1948년 건국과 함께 취임한 이승만 대통령이 초대 대통령이다. 그런데 문재인 대통령이 주장하는 것처럼 1919년 건국설 주장을 받아들일 경우 이승만 이전 대통령은 누구인지를 둘러싼 논란이 발생한다. 1919년에 건국되었다고 한다면 1948년 7월 17일에 제정된 헌법을 '수정헌법'이 아니라 '제헌헌법'이라고 부르는 이유도 전혀 설명이 안 된다. 이것은 '1919년 건국설'이 대한민국의 정체성에 심각한 문제를 불러일으키고 있다는 것을 알 수 있다.

1919년 건국설은 앞서 살펴본 대한민국을 국제적으로 인정한 1948년 유엔결의안 195(Ⅲ)과도 충돌을 일으켜 외교적으로 커다란 문제를 일으킬 수 있다. 이 결의안을 근거로 하여 세계의 여러 나라들이 1949년부터 대한민국을 승인하고 외교관계를 수립했다. 그런데 이제 와서 문재인 대통령이 1948년 건국을 국제적으로 인정한 유엔결의안과 달리 건국 시점을 1919년으로 앞당길 경우 외교적으로도 커다란 문제점을 야기할 수 있다. 1919년 건국설이 1948년 대한민국 건국의 역사적 사실과 그 성과를 부정하는 '역사 탄핵'의 일환으로 정치적 목적을 갖고 추진되고 있는 것이 아닌가 하는 의혹을 불러일으키는 이유가 여기에 있다. 1919년 건국설과 달리 대한민국은 위대한 3·1운동에 의해 성립된 대한민국임시정부의 법통을 이어받아 1948년에 건국되었다는 것이 역사적 사실(史實)이고 정치학적, 국제법적으로도 타당하다는 점을 다시 한 번 강조해두고자 한다.

건국 이후 산업혁명과 대한민국의 발전

건국 이후 대한민국의 예산 편성 기준일은 매년 1월 1일이 아니고 6월 1일이었다. 그 이유는 미국의 원조에 의존해야 했기 때문에 미국 예산 편성이 끝난 이후에야 비로소 나라의 예산을 확정할 수 있었기 때문이다. 이런 어려운 여건 하에서 건국 이후 국가 기반을 구축하려는 노력이 꾸준히 계속되어 1인당 국민소득 100달러가 채 되지 않던 나라가 2018년 3만 달러의 국민소득 달성을 눈앞에 두고 있다. 건국 이후 지난 70년간 대한민국은 경제뿐만 아니라 정치, 사회, 문화 등 모든 면에서 눈부신 발전을 이룩했다.

건국 이후 이승만 대통령은 농지개혁을 성공적으로 단행하여 산업화의 발판을 마련했다. 자유롭고 평등한 '국민'을 단위로 성립된 대한민국에서 지주-소작제와 같은 불평등한 봉건적 잔재는 제거되지 않으면 안 되었다. 이것이 농지개혁이 갖는 정치적 의미이다. 필리핀과 같이 전후 농지개혁에 성공하지 못한 국가들은 지주세력의 존재로 인하여 근대화와 산업화에 커다란 어려움을 겪고 있다. 한국은 성공적인 농지개혁을 통하여 경제발전을 이룬 아시아의 네 마리 용의 하나로 부상했다.

이승만 정부는 농지개혁법을 통과시켜서 '유상몰수, 유상분배' 원칙에 따라서 농지를 분배받은 농민에게 토지의 소유권뿐만 아니라 상속권도 인정해주었다. 이것은 농민들에게 토지의 사유재산권을 인정해주었다는 것을 의미한다. 이와 달리 북한은 '무상몰수, 무상분배' 원칙을 내세웠지만 이것은 기만적 정책에 불과했다. 북한정권은 농민에게 토지를 주었다가 국가가 전부 뺏어서 토지를 국유화시켜 집단농장에 귀속시키고 말았다. 오늘날 북한 경제가 파탄을 맞은 이유는 국가의 모든 자원을 우선적으로 핵 개발에 쏟아 붓는 정책과 함께 농민에게 토지 소유를 인정하지 않아서 생산성이 크게 떨어졌기 때문이다.

신생 대한민국은 태어난 지 불과 3년이 채 되지 않았을 때 북한의 남침으로 풍전등화의 위기에 빠졌다. 일부 고등학교 역사교과서를 보면 6·25전쟁 관련 부분에서 전쟁이 북한의 전면적 남침에 의해서 일어난 것이 아니라 마치 전쟁 발발 책임이 남북한 모두에게 있는 것처럼 오해할 수 있도록 서술하고 있다. 이러한 왜곡된 해석을 뒷받침하기 위해서 일부 교과서는 6·25전쟁 이전에 남북한 사이에 38선상에서 수많은 국경 분쟁이 일어났다는 사실을 제시하고 있다. 이런 사실은 국경 분쟁의 연장선상에서 전쟁이 우발적으로 일어났다는 인상을 학생들에게 심어준다. 미국의 수정주의학자 브루스 커밍스(Bruce Cumings)는 소련문서가 공개되기 이전에 쓴 책에서 6·25전쟁이 남북한 사이에 일어난 대규모 국경분쟁이 우발적으로 확대되어 전면전으로 비화되었다는 '내전론'을 제시했다. 그의 주장은 전쟁을 직접 체험한 세대들의 경험과 부합되지 않을 뿐만 아니라 냉전 종식과 함께 소련문서가 공개됨으로써 설득력을 잃게 되었다. 비밀해제된 소련문서는 1949년 10월말부터 스탈린이 김일성과 북한의 소련군사 고문단에게 국경분쟁을 절대 도발하지 못하도록 엄명을 내렸다는 것을 보여준다. 그 이후 북한의 남침에 의해서 전쟁이 발발할 때까지 38선상에서 국경분쟁은 더 이상 일어나지 않았다. 커밍스의 '내전론'이 그 근거를 상실했음에도 불구하고 교과서에서 그런 주장을 무비판적으로 수용하고 있다는 것은 납득하기 어렵다.

6·25전쟁은 북한-소련-중국 북방 공산 3국이 사전에 긴밀히 협조

하여 일으킨 남침전쟁이었다. 김일성은 1949년 내내 스탈린에게 남침을 지원해줄 것을 요청했다. 그럴 때마다 스탈린은 시기가 무르익지 않았다고 생각하고 북한의 요청을 거절했다. 1949년 10월 중국에서 모택동이 주도한 공산혁명이 성공하자 스탈린은 동북아지역에서 공산세력을 한반도 전체로까지 확대하고 미국과의 냉전 대결에서 결정적 승기를 잡기 위해 1950년 1월말 김일성에게 극비 전문을 보내서 남침 지원을 약속했다. 이 전문에서 스탈린은 남침과 관련하여 사전에 모택동의 동의를 받도록 김일성에게 요구하여 유사시 중국을 6·25전쟁에 끌어들이기 위한 사전 조치를 취해두었다. 모택동은 김일성이 베이징을 방문했을 때 스탈린의 요구대로 북한이 위기에 처했을 때 중국이 참전하여 돕겠다는 약속을 했다. 전쟁 발발 이전 북방 공산 3국의 움직임을 보면 6·25전쟁은 북한의 남침 전쟁이면서 동시에 국제전의 성격을 동시에 갖고 있다는 사실을 알 수 있다.

6·25전쟁 발발과 관련한 일부 교과서의 애매한 서술로 인하여 학생들은 이 전쟁이 북한의 남침에 의해 일어났다는 사실조차 제대로 이해하지 못하는 심각한 상황이 발생했다. 자라나는 세대와 전쟁 체험 세대가 전쟁에 대한 '역사의 기억'을 공유하지 못한다고 하는 것은 커다란 문제라고 하지 않을 수 없다. 이 문제는 단순히 역사 인식의 문제에 그치지 않고 자라나는 세대들의 호국관과 국가안보관에도 매우 부정적인 영향을 미칠 수 있다.

트루먼 대통령을 비롯한 미국의 정책결정자들은 전쟁 발발 직후부터 북한의 배후에는 소련이 있다고 확고하게 믿었다. 미국은 미국의 적극적 지원과 유엔의 선거 감시와 승인으로 탄생한 대한민국이 공산화될 경우 자신의 위신뿐만 아니라 신생 국제기구의 위상에도 커다란 문제가 생길 것으로 판단했다. 미국은 한국의 적화는 일본에게도 부정적 영향을 미쳐서 일본이 미국의 영향권에서 벗어나서 중립화정책을 추진하거나 좌경화할지도 모른다는 우려를 가졌다. 미국은 유엔안보리 결의안을 바탕으로 유엔군을 구성하고 맥아더 장군을 유엔군 사령관에 임명했다. 맥아더의 인천상륙 성공 이후 국군과 유엔군이 38선을 넘어서 북진하자 중국은 김일성에게 사전에 약속했던 대로 대규모 병력을 보내 전쟁에 참전했다. 그 이후 전쟁의 전개 상황은 잘 알려진 바와 같이 현재의 휴전선을 중심으로 정전협정이 체결되어 3년간 계속된 전쟁이 끝났다.

찰스 틸리(Charles Tilly)는 "전쟁이 국가를 만들고 국가가 전쟁을 만든다"고 지적한 바 있다. 6·25전쟁 이후 한국은 미국의 도움으로 20개 사단으로 구성된 60만 대군을 갖게 되었다. 미국의 반대를 무릅쓰고 2만7천명의 반공포로를 석방하는 '벼랑끝 외교'를 통해서 이승만은 한미군사동맹조약에 소극적이었던 미국을 설득하여 1953년 한미군사방위조약을 체결하여 국가안보의 안전판을 마련했다. 한미동맹은 한국이 안보에 대한 걱정 없이 경제발전에 총력을 기울일 수 있는 여건을 마련해주었다.

이승만은 독립운동과 건국 과정에서 핵심적 역할을 했을 뿐만 아니라 전쟁을 겪으면서도 자유민주주의의 기반을 만들고 이를 확고히 유지해 왔다. 이것은 그의 커다란 업적이라고 하지 않을 수 없다. 그는 국가 운영에서 권위주의적 모습을 보여준 것이 사실이다. 1952년 부산정치 파동 당시 추진된 발췌개헌은 권위주의적 지배 형태로 거론된다. 그런 점을 인정한다고 하더라도 이승만의 정치적 행위는 전시 상황에서 정치적 혼란으로부터 국가를 지키려는 '헌정적 국가이성(constitutional reason of state)'의 차원에서 평가해 볼 여지가 충분히 있을 것이다.

미국은 휴전협정을 조기 체결하고 종전 후 남한으로부터 철수하려는 미국 정책에 대해서 사사건건 반발한 이승만을 제거하려는 '에버레디(everready)'라는 극비작전을 마련해두기도 했다. 그러나 미국은 이 계획을 실행에 옮기지 못했다. 이것은 미국이 전시 상황에서 취한 이승만의 헌정적 국가이성적 정책에 공감을 표했다는 것을 의미한다. 여기서 중요한 것은 '권위주의'와 '전체주의'를 명확하게 구분해야 한다는 점이다. 권위주의는 정치적 자유에 일정한 제한을 두지만 경제 행위와 사적 영역에 속하는 시민사회의 활동에 대해서는 제약을 가하지 않는다.

이와 달리 전체주의는 국가가 정치적 자유를 억압할 뿐만 아니라 시민사회의 영역을 완전히 통제하고 말살하는 북한과 같은 체제를 말한다. 권위주의는 경제발전과 함께 두터운 중산층이 형성되면서 민주화를 통한 개혁이 가능하다. 이와 달리 전체주의는 그런 개혁의 가능성이 애초부터 체제의 속성상 차단되어 있기 때문에 결국은 체제가 붕괴할 수밖에 없다. 소련은 그러한 예를 잘 보여주고 있고, 북한 역시 소련이 걸었던 길을 걸을 수밖에 없을 것이 분명하다. 건국

이후 국가기반 구축 작업은 박정희 대통령이 주도한 산업혁명을 통해서 본격으로 이루어졌다. 한국의 산업혁명은 산업정책을 추진한 '발전국가(developmental state)'에 의해서 이루어졌다. 후발 국가의 산업화는 민주적 방식을 따른 경우는 찾아보기 어렵다. 소련의 경우는 전체주의적 방식을 따랐다. 독일과 일본의 경우는 권위주의적 방식을 따랐다. 한국은 후자의 경우처럼 국가주도의 권위주의적 방식을 취했다. 박정희 정부는 수출주도형 경제발전 정책을 통하여 한국을 세계 10위의 경제대국으로 이끄는 데 기반을 마련하였다.

한국의 산업혁명은 강력한 국가 주도로 이루어졌지만 건국의 이념인 자유민주주의와 시장경제의 원리는 국가권력의 정당성 확보와 시장합리적 정책 추진을 위해 유지되었다. 이 점에서 한국과 같은 '발전국가'는 사회주의 혹은 전체주의 국가와 확연히 구분되는 것이다. 전체주의 북한은 정치권력과 경제권력을 분리하지 않고 정치가 경제를 완전히 장악함으로써 경제는 파탄에 이르고 말았다. 반면에 한국은 권위주의적 정치체제 하에서도 경제권력은 시장에 맡겨둠으로써 경제발전이 가능하게 되었다. 한국의 경제발전을 통해서 두터운 중산층이 형성되면서 민주화를 진전시킬 수 있는 사회적 기반이 마련되고 시민사회가 본격적으로 형성되기 시작했다. 이런 시민사회의 형성과 발전은 6·10항쟁 당시 넥타이 부대의 시위 참여에 의해서 상징적으로 확인된다.

한국 산업혁명과 관련하여 강조해 두어야 할 것은 한미방위조약과 주한미군의 존재가 한국의 안정적 경제발전을 위한 안보 여건을 제공해주었다는 점이다. 주한미군의 주둔은 한국이 방위비를 절감하고 국가 재원을 경제발전에 투여할 수 있는 여건을 마련해주었던 것이다. 박정희 정부는 엄청난 반대를 무릅쓰고 산업화에 필요한 자본 확보를 위해 한일국교 정상화를 단행했다. 한국의 산업혁명은 한미동맹이라는 안보 여건과 한일외교관계 정상화를 통한 자본과 시장을 확보했기 때문에 가능했던 것이다. 21세기에도 여전히 한미동맹과 한일우호관계는 북핵 위기에 대응하기 위한 안보 공조체제라는 의미를 넘어서서 한국경제의 지속적 발전을 위해서 매우 중요한 조건이라는 점을 잊어서는 안 될 것이다.

한국은 산업혁명을 통해서 불과 20년만에 농경사회에서 산업사회로 완전히 탈바꿈했다. 산업사회는 농경사회처럼 단순하지 않고 매우 복합적이고 전문화된 사회이다. 이런 변화는 국가 주도에서 탈피하여 시민사회의 자율성 증가를 요구한다. 한국 정치를 비롯한 한국 사회의 모든 분야가 이런 사회적 요구에 부응하고 그에 맞는 의식 개혁과 제도적 장치를 마련할 수 있는가에 한국 사회의 미래가 달려있다고 할 수 있다.

4. 대한민국의 탄생과 근대국민국가 완성을 위한 노력

조성환

'과거 완료형' 역사 인식의 문제점

대한민국의 탄생과 그 이후 한국 정치의 전개과정을 이야기할 때 한국 사회의 우파와 좌파를 막론하고 빠지기 쉬운 지적 함정이 있다. 그것은 '과거 완료형' 사고방식이다. 즉, 건국과 함께 우리 국민이 선택한 자유민주주의가 완성된 형태로 존재했다고 착각하고 그 이후의 한국 사회를 부정적으로 보는 것이다. 왜 우리는 건국과 더불어 온전한 민주주의를 갖지 못했는가? 한반도 분단은 이승만의 집권욕 때문이었다. 박정희는 개인 독재를 위해 민주주의를 말살했다 등등 수없이 많은 속설이 있을 것이다. 한국 사회의 이러한 '과거 완료형', 그리고 즉자적 정치 및 역사 인식은 비판받아야 한다.

대한민국은 건국에서 완성된 것이 아니고 피와 땀을 흘리면서 국민 모두 함께 만들어나가는 과정에 있다고 보는 것이 정확하다. 시대의 제약과 도전에 응전하면서 세계사의 표준이 된 근대국민국가의 내용을 차곡차곡 채우고 나라와 국민이 성숙해 나간 것이다. 역사는 매 순간 일종의 드라마같이 전개되는 것이지 완결되거나 어떤 궁극적인 단계를 향해 기계적으로 전진하는 것이 아니다. 역사는 끊임 없는 과정으로 파악되어야 한다. 그 과정은 시대적인 한계와 인간적인 선택의 자유가 서로 작용하여 "한 장면에서 다른 장면으로 바뀌면서 부단히 진행되는 것"을 의미한다.

대한민국의 탄생과 전개과정은 서구에서 만들어졌고 세계로 전파되어 나간 '근대국민국가'의 수용과 발전과정을 빼놓고 이야기할 수 없다. 대한민국의 탄생과 발전을 잘 이해하기 위해서는 역사에 대한 과거 완료형 사고가 아니라 바로 시대적 한계와 자유의지적 선택의 작용하여 변화를 거듭해왔다는 시각을 갖는 것이 중요하다.

대한민국은 조선 왕조가 일본 제국주의에 망한 이후 일제의 식민지 통치를 경험하는 과정에서 해방된 후 탄생했다. 우리가 일제 식민지로 전락하기 이전인 구한말에 서양의 새로운 문화와 사상이 조선으로 유입되고, 독립운동 세력에게 '신문화'와 '신교육'이 유입되면서 다양한 형태의 계몽운동이 전개되었다. 이러한 움직임이 해방 이후까지 계속되면서 우리의 민족사에는 '역사적 대전환(Historische Wendung)'이 배태되고 있었다. 이것은 조선의 왕조체제가 망한 이후에도 근대성(modernity)을 수용하고 내재화시키는 노력이 지속되었음을 의미한다.

한국 사회는 조선의 왕정(monarchy)이 끝난 후 새로운 국가를 건설해야 하는 과업에 직면하게 되었다. 여기서 말하는 새로운 국가는 '근대국민국가(modern nation-state)'이다. 특히 3·1운동과 더불어 우리는 서양에서 시작된 세계사의 흐름을 접하고 거기에 동참하게 되었다. 한국 사회가 근대성을 갖는 국가와 접목하고 지속적으로 근대성의 확보 노력을 한 것은 한국사에서 혁명적 성격을 갖고 있다고 봐야 한다. 혁명은 기존 정치질서의 근본적 변화와 함께 새로운 이념에 기초한 새로운 정치체제의 탄생을 의미한다. 1948년의 건국은 일제 식민지로부터의 해방, 3년의 미 군정을 거쳐 왕정으로의 복귀가 아닌 새롭고 근대적인 자유민주공화국을 성립시켰다는 점에서 그 자체가 혁명이었다. 분단의 이유를 들어 건국의 혁명적 의미를 폄훼하는 것은 스스로 정치적 근대성에 대한 무지를 자백하는 것이다.

정치적 근대성

칸토르비츠(Ernst Kantorowicz)가 지적하듯이 왕정에서 왕은 '생물학적 존재로서의 왕(body natural)'과 '상징적인 존재로서의 왕(body politic)' 두 가지로 나타난다. 왕정에서 정당성(legitimacy)의 근거는 세습(succession)을 통해서 이어지는 실물적인 국왕과 국왕의 존재 자체가 갖는 상징성이다. 여기서 상징성이라고 하는 것은 바로 '천명(mandate of heaven)'에 해당한다. 이것이 왕정의 이념적 정당성이었다. 그런데 르포르(Claude Lefort)가 지적하듯이 왕정이 끝나면서 이 물리적, 상징적 존재가 사라지고 '공백(empty place)'이 생기게 되었다. 왕은 근대적 표현으로 주권자를 의미하기 때문에 왕정이 끝나면서 주권자의 자리가 공백이 되어버렸다. 이 빈자리를 메우게 되는 것이 '국민'이고 이 국민을 통치의 정당성으로 내세운 것이 근대적 의미의 '국민주권론(popular sovereignty)'이다.

근대에 들어 주권의 보편화가 이루어지고 정치적 정당성의 원천이 바뀐 것이다. 그러나 모든 국민 개개인이 그 주권자의 자리에 앉아서 통치자가 될 수 없다는 문제가 발생한다. 이러한 이유로 눈에 보이지 않는 상징성이 매우 중요한 의미를 부여받게 된다. 국민주권론은 근대국가에서 있어서 정당성의 근거가 되는 것이다. 이것은 왕이 아니라 국민이 주권자임을 선언하는 것이다. 국민주권론은 모든 국민이 자유롭고 평등하다는 이념에 기초해 있다는 것을 쉽게 알 수 있다. 자유와 평등의 이념 하에 국민주권론이 인류사에 등장하게 된 것이 프랑스혁명이다. 프랑스혁명을 통해서 왕권은 국회(Assembly Nationale)와 대중(publique)에 의해 대체되었다. 프랑스 국민이 모두 주권자라는 생각이 생겨났고, 루이 16세가 스스로를 프랑스의 왕이 아니라 프랑스 국민의 왕이라고 선언한 것은 이런 이유 때문이었다.

국민주권론에 기초하여 왕을 대신하여 누가 주권자의 자리에 앉을 것인가 하는 문제와 관련하여 두 가지 방안이 제시되었다. 그 하나가 대표제(representation) 방안이다. 이 방안은 개념상으로는 국민 모두가 주권자라는 생각을 인정하면서 실제로는 대표를 뽑아서 통치하는 것이다. 여기서 국민은 '추상적 실체'라는 점을 이해하는 것이 중요하다. 대한민국의 정치제도는 이러한 방안과 개념에 기초하여 만들어졌다.

다른 방안은 국민이 추상적인 개념이라고 하더라도 실질적으로 모든 국민은 하나라고 생각하는 것이다. 루소(J. J. Rousseau)가 주장하는 '일반의지(general will)'라는 개념은 이러한 생각에 기반을 두고 있다. 루소는 스위스 제네바 출신으로서 고대 그리스를 연구하면서 소규모의 민주주의를 이상적으로 생각했던 사상가였다. 프랑스혁명 당시 자코뱅당(Jacobin)은 루소의 생각을 구현하려 했다. 국민은 그 권력을 위임할 수도 없고 불가분의 존재들이기 때문에 대표제는 실현될 수 없다고 생각한 것이다. 그 결과 이러한 대표제를 주장하는 세력들은 모두 숙청의 대상이 되었다. 이러한 이유로 인하여 프랑스혁명 당시에 테러와 독재 정치가 나타나기도 했다. 당시 표현으로 대표제는 "창자 속에 있는 회충 같은 존재"로 인식되었다.

이러한 두 가지 방안이 18세기에 나온 근대성의 프로젝트를 대변하는 것이다. 대표제의 경우 누가 주권자의 자리에 앉을 것인가라는 질문이 경쟁과 갈등의 원인이 되는 것이다. 왕정과 달리 대표제 하에서는 주권자의 자리를 혼자서 영구적으로 차지할 수 없기 때문에 그 자리를 차지하기 위해서 경쟁이 유발되는 것이다. 이러한 경쟁이 바로 근대정치의 본질을 이루는 것이라고 할 수 있다. 경쟁과 갈등이 없는 조화로운 세상은 근대정치의 세계에서는 상상하기도 어렵고 실현되기도 힘든 것이다. 이러한 갈등 때문에 필요한 것이 바로 개인의 인권이고 자유이다. 따라서 인권과 자유는 근대정치 세계의 특징인 경쟁의 조건을 이루는 것이라는 점이 매우 중요하다. 현재 우리가 채택한 자유민주주의 체제는 바로 이러한 특징을 갖는다는 것을 명심해야 한다.

민족의식: 합리주의와 낭만주의의 분기(分岐)

주권의 변화와 함께 근대의 정치체제는 과학주의(scientism), 합리주의(rationalism), 개인주의(individualism)의 등장과 함께 발전되었다. 서양은 근대에 들어 뉴턴의 과학적 발견, 이성(reason)에 근거한 보편주의(universalism)의 등장과 함께 종교의 권위가 몰락하기 시작했다. 지구가 태양을 중심으로 돌고, 이성은 어디에서든지 통할 수 있다는 생각이 나타난 것이다. 프랑스혁명 직후 등장한 나폴레옹은 이러한 보편주의적 척도로 세상을 똑같이 만들려고 했다. 이런 시도는 자연적으로 발생하고 형성된 전통적 공동체(community)들이 파괴되는 결과를 가져왔다. 다시 말해 프랑스혁명과 함께 종교를 배척하는 개인주의와 물질주의가 등장한 것이다. 그러나 이 보편주의 추세는 전통적 '종족집단(ethnic group)'의 결속이라는 문제에 봉착하게 된다.

영국과 프랑스에서 시작된 합리주의와 보편주의는 곧바로 독일로 확산되었다. 당시 독일은 통일된 국가가 아니었을 뿐만 아니라 후진국이었다. 독일은 프랑스로부터 불어오는 이러한 혁명의 움직임에 크게 반발하였다. 독일은 이러한 서구의 보편주의를 받아들이는 것을 거부했다. 당시 서구는 영국과 프랑스였고, 독일은 서구에 속하지 않았다. 스펭글러(Oswald Spengler)가 '서구의 몰락(der

Untergang des Abendlandes)'을 선언했을 때 서구는 바로 영국과 프랑스였다. 독일은 서방에서 시작된 이러한 계몽주의에 대항한 것이다. 헤겔, 칸트, 베토벤과 같은 사람들은 처음에는 프랑스혁명의 보편주의를 지지했지만 나폴레옹이 추진한 제국주의적 본질을 깨닫고 태도를 바꾸었다. 합리주의와 과학주의에 대한 독일의 반발은 낭만주의(romanticism)로 이어졌다. 독일은 문화(Kultur)라는 개념을 창안했고 프랑스가 주창한 문명(civilization)과 대립시켰다. 문명이 반종교적, 물질적, 반종족적, 이성적 특징을 갖고 있다고 한다면 문화는 이들과는 반대되는 개념이었다.

낭만주의의 기본 취지는 문명에 의해서 타락하지 않은 순수한 것들을 찾고자 하는 것이었다. 그 순수성의 원천을 근대가 아니라 중세(medievalism)에서 찾으려 했다. 중세는 문명의 때가 묻지 않은 순수한 것으로 인식되면서 중세의 것들이 각광 받게 된 것이다. 볼테르는 중세가 암흑의 시대라는 인식을 부인했다. 낭만주의는 숨어있는 전통을 중요시하게 되는데 그 중에서도 가장 중요한 것이 언어였다. 당시 보편적 언어로 인식된 프랑스어가 아니라 특수 종족집단의 언어가 중요시되었다. 특히 헤르더(Herder)는 종족집단의 개별 언어의 중요성을 강조했다. 종족 언어와 함께 자연적 삶에서 나타난 민화를 발굴하기 시작한 것도 낭만주의의 흥기와 관련되었다.

한국의 정치적·민족적 낭만주의

서양의 이러한 두 가지 큰 흐름을 지적하는 이유는 이들이 한국 사회의 근대성 형성 과정과 밀접하게 연관되어 있기 때문이다. 이러한 사상들이 나중에 한국으로 유입되면서 '한국만의 것'을 모색하려는 운동이 본격화되는데 한국은 낭만주의의 영향이 현저했다. 일제 식민지 이전까지만 해도 지식인들은 한문을 주로 썼고, 여성들이 한글을 사용했다. 일제 식민지 시기에 들어오면서 낭만주의가 말하는 자연적인 것, 즉 한국만의 것을 강조하기 시작하면서 한글이 널리 사용되기 시작했다. 자연적이고 때 묻지 않은 세계가 민중의 세계이고 민족만의 고유의 정신인 '민중의 정신(Volksgeist)'이 강조되기 시작했다. 이러한 자연적인 것들을 찾고자 하는 움직임이 한국에서도 민화나 음악 등에서 본격적으로 나타나기 시작했다.

이러한 사상적 발전이 정치적으로 어떤 의미를 갖는지를 생각해 보아야 한다. 중세는 왕정의 시대였다. 따라서 왕정은 자연적인 질서로 받아들여졌다. 왕은 민족을 위하고 왕과 민족이 결합되어 만들어진 유기체설이 발전한다. 이 유기체설은 "모두는 한 사람을 위하고, 한 사람은 모두를 위하여(all for one, one for all)"라는 관계를 주장하게 된다. 이러한 유기체적 발상과 공화정은 어떻게 다른 것인가 하는 질문을 본격적으로 제기한 사람이 낭만주의의 창시자인 슐레겔(Friedrich Schlegel)이다. 낭만주의는 엘리트주의와 대립되는 개념이다. 이러한 전통은 퇴니스(Tönnies)의 공동사회(Gemeinschaft)와 이익

사회(Gesellschaft)라는 구분법으로 이어진다. 낭만주의에서는 공동사회가 강조된다. 그리고 엘리트가 아닌 민중(Volk)로부터 자연발생적인 영웅이 참 영웅으로 인식된다. 로빈훗(Robin Hood)이나 윌리엄 텔(William Tell)이 그 대표적인 예이다.

낭만주의 사상들이 식민지 조선에서는 어떤 방식으로 수용되었는지를 볼 필요가 있다. 민중으로부터 나오고 민중과 하나가 되는 영웅은 홍명희의 소설 '임꺽정'과 현대에 들어서서 황석영의 '장길산'에서 나타난다. 이중섭의 소 그림은 서양에서는 그냥 건장한 소로 그려지는 것과 달리 우리는 민중문화(Volkskultur)의 상징으로 해석한다. '한국의 얼'은 무엇인가 하는 질문이 해방 이후까지 계속되는 것을 볼 수 있다. 문학에서는 조윤제가 한민족의 특성으로서 '은근과 끈기'를 주장했다.

이러한 낭만주의적 사고는 서양에 비해서 후진국이었던 독일, 러시아, 일본에서도 비슷하게 일어났다는 점을 주목할 필요가 있다. 독일어를 사용하는 독일 민족은 하나가 되어야 한다는 생각이 독일의 근대성을 향한 하나의 길을 열어주었다. 러시아에서도 러시아적인 것을 찾기 위해 농민 속으로 들어가야 한다는 나로드니키 운동이 일어났다. 일본에서는 독일의 낭만주의를 본떠서 자기들만의 것을 찾고자 했다. 메이지 시대에 들어서면서 일본 문화의 독자성이 강조되었고, 자기들만의 전통을 찾는 노력이 활발해졌다.

한국은 일본의 식민지로 전락한 이후 독립을 위해 싸우던 사람들이 독립을 위해서는 '한국만의 것'이 필요하다는 것을 깨닫고 한국만의 전통을 찾아 나서게 되었다. 이 움직임의 배경에는 독일, 러시아, 일본과 유사한 낭만주의의 흐름이 자리 잡고 있었다. 이러한 맥락에서 조선어문학회가 창설되었고 국문학자들은 민요를 수집하는 운동을 적극적으로 전개했다. 이러한 '우리의 것', '민중적인 것'을 찾는 노력이 진행되는 가운데 한국은 해방을 맞았다.

보편(합리)주의와 낭만주의의 대립

해방 후 근대국가 수립과 관련하여 우리 사회에는 사상적으로 대립하는 두 개의 진영이 생겨났다. 그 하나는 기독교에 기반하여 자유, 평등, 인권, 독립을 제창하고 유교를 통렬히 비판하는 진영이다. 이승만, 안창호가 이 진영을 대표한다. 이들은 한국 사회에 기독교적인 문화 요소들을 도입하여 해방 이후 민주공화국 체제를 건설해야 한다는 사상적 흐름을 대표한다. 이를 위해 이들은 식민지 시대에 국민을 교육하는 애국계몽운동을 활발하게 전개해 나갔다. 안창호의 흥사단은 그 대표적인 예이다. 이들의 노력으로 과거 조선 왕조의 유교적 체제가 기독교적 보편주의적 체제로 전환되었다는 점에서 의미가 있고, 그 자체가 한국사에서 하나의 커다란 혁명이라고 할 수 있다.

또 다른 한편은 신채호가 대표하는 한국만의 것을 찾으려는 진영이다. 신채호는 역사를 통해서 조선 민족의 독자성을 강조하고 찾으려고 노력했다. 최남선의 백두산 문화론은 이와 유사한 예로 볼 수 있다. 최남선은 백두산 문화를 인류학적 접근법에 접목시켜 단군 신화가 단순히 신화가 아니라는 생각을 만들어낸다. 최남선은 "해에게서 소년에게"라는 시에서 보는 것과 같이 처음에는 바다를 강조했다. 이것은 바다를 통해 세계로 진출한다는 것을 의미했다, 그러다가 최남선은 바다가 아닌 산으로 중심을 옮겨가서 중앙아시아의 문화가 단군의 문화라고 주장하게 된다. 마찬가지로 신채호도 한국의 문화가 한반도에 국한된 것이 아니고 중앙아시아를 포괄하며 만주는 우리 땅이었다는 주장으로까지 나아간다.

신채호의 주장은 서양에서 들어온 사회적 다원주의(Social Darwinism)의 영향을 받았다. 모스(Edward Morse)가 일본에 전파한 이 사상은 다원주의가 내세운 적자생존의 논리로부터 부국강병의 논리를 구축했다. 정글과 같이 치열한 경쟁이 만연한 무정부적 국제정치 현실에서 강자만이 살아남을 수 있다는 주장이다. 이러한 사상적 영향을 받은 신채호는 "역사는 아(我)와 비아(非我) 사이의 투쟁"이라고 주장했다. 독일에서는 부국강병을 통한 경쟁을 민족 간의 투쟁으로 묘사했다. 신채호는 이러한 민족 간의 투쟁을 강조하는 사관을 정립시켰다.

그런데 문제는 신채호식의 사관은 적자생존 경쟁에서 패배한 한국과 같은 나라는 어떻게 되는 것인가 하는 딜레마를 내포한다. 사회적 다원주의가 말하는 적자생존을 받아들인다고 하면 힘이 없는 한국의 패배는 받아들일 수밖에 없다는 이론적 문제점이 발생한다는 것이다. 그러기 때문에 서양 세력을 도덕적으로 규탄할 수밖에 없게 된다. 이런 이론적 딜레마를 극복하기 위해 제시된 것이 러시아의 크로포트킨(Peter Kropotkin)이 주장한 상호부조론과 무정부주의 (anarchism)이다. 신채호의 민족투쟁 사상은 교육과 문화를 통한 문명개화 사상과 외교독립노선과 대립하게 되는 것이다.

이러한 사상은 엘리트를 부정하고 민중을 중시하는 것이 되고, 정치적으로는 무장투쟁론에 귀착한다. 엘리트 세력과 대별되는 민중을 중심으로 역사를 바라보는 신채호의 민중저항론은 현대 한국 사회의 민중론에 지대한 영향을 미쳤다. 신채호의 민족투쟁론은 기독교 중심적인 정신세계를 가진 이승만의 생각과는 정반대되는 것이었다. 이승만과 신채호가 이념적으로 대립하고 갈등하게 되는 이유가 여기에 있는 것이다.

해방 후 노선투쟁과 6·25 전쟁의 의미

이러한 다양한 사상들이 복합적으로 공존하는 가운데 한국은 해방을 맞이하게 되었고 근대국가의 수립이라는 과제에 직면하게 되었다. 앞서 지적한 바와 같이 근대국가의 수립은 유교적 질서의 왕정을 대체한다는 의미에서 한국사에서 하나의 커다란 혁명을 의미한다. 신채호와 달리 이승만은 미국에서 박사학위를 받고 독립운동을 하는 과정에서 기독교 사상에 기반한 자유민주주의적 정치이념을 체득했다.

해방 이후 한반도는 미국과 소련에 의해 남북한으로 분할·점령되었고, 우리는 미국과 소련 사이의 대립적 상황에서 건국을 추진할 수밖에 없었다. 소련은 국제공산주의(communist internationalism)를 내세웠고, 소련이 군사적으로 점령한 북한은 그 노선을 받아들였다. 국제공산주의 노선에 따르면 국경을 초월한 계급 중심의 세계관 때문에 민족주의는 반동적 사상으로 치부되었다. 따라서 북한은 세계 공산주의혁명을 위한 하나의 분국(national chapter)에 불과하게 되었다. 박헌영과 같은 좌익 인사들이 신탁통치안을 지지했던 것은 국제공산주의의 지휘국인 소련의 지령을 그대로 받아들인 것이다.

이승만은 국제공산주의가 소련의 제국주의적 팽창을 위한 야욕을 은폐시키는 이데올로기라고 정확하게 간파했다. 냉전 종식과 더불어 진행된 소련의 붕괴는 사실상 러시아 제국의 붕괴였다. 이것은 공산형 식민질서의 붕괴를 의미한다. 우리 사회에서는 냉전 종식을 이런 식으로 바라보지 못하는 경우가 허다하다. 그 이유는 국제공산주의의 이데올로기적 성격을 제대로 파악하지 못했기 때문이다. 스탈린의 한반도 정책은 러시아의 제국주의적 야욕과 팽창의 연속이었다. 한국전쟁은 이러한 맥락에서 발생한 것이다. 이승만은 소련의 영토적 야심을 항상 의심하고 정확하게 파악하고 있었다. 소련과 달리 미국은 한국에 대해서 영토적 야욕은 없었다.

북한은 국제공산주의의 흐름에 따라서 한반도에서 공산혁명의 기지의 역할을 자처했고, 남한은 그 혁명의 대상이었다. 미국이 한국을 미국의 도서방위선으로부터 제외시킨 애치슨 라인을 발표하자 스탈린은 김일성의 남침을 지원하기로 결정하여 6·25 전쟁이 발발했다. 남침 초기 한국과 유엔군이 부산방어선으로 밀리면서 한반도 전체가 공산화되기 일보직전까지 갔다. 그러나 맥아더 장군의 인천상륙작전의 성공으로 한국 주도의 통일이 이루어질 수 있는 순간까지 가게 된다. 이 시점이 한국에게는 통일의 기회였다. 이승만은 유엔군이 진격하기 이전에 한국군이 38선을 돌파해야 한다고 생각했다. 그렇게 하지 않을 경우 북한 지역의 통제권을 한국 정부가 가질 수 없을 것으로 판단했다. 그래서 국군이 먼저 38선을 진격했고 이 과정에서 한국과 미국 사이에 갈등이 발생했다는 사실은 잘 알려져 있다.

국군과 유엔군이 원산-평양을 잇는 선에서 멈추었으면 한반도는 이미 한국 주도로 통일이 되었을 수도 있었다. 그런데 이 선을 넘어 진격함으로써 중국군이 개입하게 되었다. 중국군의 개입 이후 맥아더는 핵전쟁도 불사하겠다고 발표했고, 영국 정부는 이러한 핵무기 사용에 완강하게 반대했다. 하지만 맥아더는 트루먼 대통령에 의해 해임되었다. 제2차 세계대전이 끝난 직후에 또 다른 핵전쟁을 방지해야 한다는 명분 때문에 정전협정의 체결과 함께 한반도는 전쟁 전의 상태(status quo ante bellum)로 회귀해 버렸다. 이승만은 한국이 자체적으로 통일을 추진할 수 있도록 정전협정에 서명하지 않았다. 평화협정이 아직 체결되지 않았기 때문에 한반도는 여전히 정전체제로 남아 있는 것이다.

이승만은 통일이라는 목표를 달성하기 위해 미국의 힘을 이용했다. 미국으로서는 이승만이 성가신 존재였다. 미국은 정전협정을 체결하여 전쟁 전의 상태로 되돌려 놓을 것을 주장했지만 이승만은 여기에 완강히 반대했던 것이다. 이승만은 한국전쟁 후 행한 미국 의회 연설에서 통일의 기회를 빼앗겼다고 미국을 비판했다. 전쟁 기간 중 미국은 이승만 정권을 타도하고자 계획했고, 이승만은 이에 완강히 저항했다. 전시 중 미국의 이러한 계획에 저항하는 과정에서 부산정치파동이 일어났다.

'위기 정부' 속의 국가발전과 시민사회의 성숙

대한민국 70년의 역사는 매 순간순간 위기를 경험해왔다. 대한민국은 위기정부 체제에 있다고 해도 과언이 아니다. 이러한 위기 상황 때문에 대한민국에서는 민주주의가 정상적으로 작동할 수 없는 상황이 생겨났다. 특히 전쟁 중 부산으로 피난하여 임시 수도를 설치했을 때는 상황이 더욱 어려웠다. 미국의 경우를 보더라도 남북전쟁 당시의 링컨 정부와 제2차 세계대전 당시의 루스벨트 정부 시기는 민주주의가 완벽하게 작동하지 못했다. 당시에는 위기정부에서의 '헌정독재(constitutional dictatorship)'가 실시되었다. 제2차 세계대전 당시 미국은 일본계 미국인(Japanese-American)들을 집단수용소에 감금시킬 정도였다. 유럽에서는 이것을 입헌적 국가이성(constitutional reason of state)이라고 한다.

한국은 국가의 기초를 다지기도 전에 전쟁이 발발했기 때문에 민주주의가 제대로 작동할 수 있는 여건이 조성되지 못했다. 전쟁 직전 미국은 한국에 제대로 된 군사적 지원을 해주지 않았지만 소련은 북한에게 많은 군사지원을 했다. 2차 세계대전 당시 스탈린은 "노동자들은 조국을 위해 목숨을 바쳐라"라고 말했다. 이것은 국제공산주의 노선에 배치되는 발언이었다. 이는 스탈린의 제국주의적 야욕을 여실히 보여주는 발언 사례이다. 스탈린은 공산국제주의를 명분으로 제국주의적 야욕을 충족시키려 했다.

중국도 소련과 마찬가지로 공산혁명 성공 이후 처음에는 국제공산주의를 추종했다. 그러다가 세력이 커지면서 중국과 소련은 국제공산주의의 종주국이 누구인지를 둘러싸고 대립하게 된다. 1991년 소련이 붕괴될 때까지 양국은 이러한 갈등 관계에 있었다. 그러나 고르바초프의 개혁으로 소련 공산주의와 소련 연방은 붕괴하게 되었고, 중국은 덩사오핑(鄧小平)의 등장과 함께 시장경제체제로 전환하게 된다. 중국의 체제 전환과 소련의 붕괴로 인하여 북한은 사회주의 형제 국가들을 잃어버리고 매우 애매한 위치에 놓이게 되었다.

한국은 분단으로 인하여 아직 근대국민국가의 완성을 이루지 못하고 있다. 이렇게 보면 한국은 대한민국의 건국과 함께 통일을 통한 근대국가의 완성이라고 하는 목표를 달성하기 위한 혁명의 과정에 있다고 봐야 할 것이다. 일부 사람들이 한국의 현대사를 실패한 역사라고 말하고 있다. 그러나 그것은 명백히 잘못되었다. 제2차 세계대전 이후 독립한 신생 국가 중에서 처음부터 자유민주주의를 채택하고 발전시킨 나라는 대한민국뿐이다. 한국은 해방과 건국 이후 지금까지 분단과 전쟁 등 끊임없는 위기에 직면해온 국가다. 이러한 위기 상황 때문에 학교에서 배우는 자유민주주의와 정치적 현실 사이에 괴리가 있었던 것도 사실이다. 그러나 대한민국은 자유민주주의를 정치이념으로 선택하고 많은 정치적 위기와 우여곡절이 있었지만 이런 것들을 잘 극복하고 전진해 왔다.

1987년 6·29선언은 한국 정치발전에 커다란 획을 긋는 사건이었다. 이 선언으로 한국은 명예롭게 민주화를 달성할 수 있었다. 그 점에서 6·29선언은 한국전쟁 당시 이승만 대통령이 단행한 반공포로 석방에 맞먹는 정치적 결단이라고 할 수 있다. 6·29선언 이후 한국 사회에는 커다란 구조적 변화가 일어났다. 한국의 산업화로 인하여 형성된 중산층을 대변하는 넥타이 부대가 민주화 운동에 나섰다는 사실이다. 이것은 한국 사회에 시민사회가 본격적으로 형성되기 시작했다는 것을 의미한다. 시민사회의 형성은 정부가 더 이상 개입할 수 없는 영역이 생겨났다는 것을 의미한다. 한국의 경제개발을 정부가 주도했다고 하는 것은 맞는 말이다. 그러나 이 방식은 공산주의국가와 전체주의국가들의 경제에 대한 통제 방식과는 다른 것이다. 산업화의 결과로 경제활동의 영역이 확대되고 육체노동을 하지 않는 화이트컬러 계층과 같은 새로운 사회계층이 시민사회를 주도하게 되었다. 현재 한국 사회에서 시민사회의 목소리가 큰 이유는 이러한 사회적 구조의 변화에 의한 것이다.

과거 한국의 권위주의 정권을 전체주의국가로 오해하는 경우가 있었다. 미국도 한국과의 이해관계 충돌이 발생할 때는 이런 잘못된 용어를 사용하기도 했다. 그렇지만 한국은 북한과 같은 전체주의국가와는 완전히 다르다는 점을 인식하는 것이 중요하다. 박정희 정부 시절에 유럽의 저명한 언론사 사장이 한국을 방문했을 때 롯데호텔에 묵으면서 혼자 서울의 길거리를 걸어 다녀도 되느냐고 묻기도 했다는 유명한 일화가 있다. 당시 문화공보처 직원이 이 사장을 안내하기 위해 수행했는데 한국의 정보기관원이 자신을 따라다니며 통제하고 있다고 잘못 생각했다고 말했다. 그런데 공보처 직원이 그 사장에게 자유롭게 다니라고 말하자 매우 의아스럽게 생각했다고 한 적이 있었다. 권위주의 정권 시절에 적잖은 외국인들이 한국을 전체주의 국가로 오해하곤 했다.

'통일혁명', 근대국민국가의 완성

냉전 종식과 함께 북한은 체제전환을 할 기회가 있었다. 만약 북한이 소련의 위성국가였다고 한다면 북한은 변했을 것이다. 그러나 북한은 동유럽 국가들과 같은 소련의 위성국가가 아니었다. 북한은 소련과 중국이라는 두 개의 태양을 업고 있었다. 냉전의 종식과 함께 동유럽 국가들은 체제전환에 돌입했고 동독은 무너져 독일은 통일되었다. 소련 외무장관 세바르드나제(Eduard Shevardnadze)는 평양을 방문하여 과거와 같이 소련이 북한을 지원할 수 없다는 점을 분명히 하고 체제 전환을 권고했다. 이와 함께 북한에서는 민족주의가 부상하고 국제공산주의가 부정되었다. 이 과정에서 앞서 살펴본 낭만주의에 기초한 민족정책이 본격 추진된다. 서양에 물들지 않은 조선의 순수한 문화, 민중으로부터 파생된 영웅, 중세적인 순수한 왕조의 모습이 김일성 체제의 특징으로 나타났다.

북한의 헌법에는 "모두는 하나를 위해서, 하나는 모두를 위해서(All

for one, one for all)"라는 문구가 명문화되면서 자코뱅적인 정신이 재현되었다. 민중을 위한 주권자의 자리에 김일성이 영구히 앉게 된 것이다. 북한 체제의 정당성 명분의 하나인 남조선 혁명은 그대로 남게 되고, 한반도의 모든 사람을 대표하는 것이 북한이라는 주장이 등장하게 되었다. 북한은 대대적인 단군릉 건설에서 보는 것처럼 단군을 계승한 국가라는 선전이 등장했다. 독일에서 공부한 안호상이 단군릉에 참배하는 일까지 벌어지게 되는 것을 감안하면 낭만주의에 기반을 둔 시대착오적인 북한 이데올로기의 영향력을 실감하게 된다.

북한 체제는 반서양, 반제국주의, 반자본주의, 반부르주아 사상에 근거를 두고 있다. 북한은 남한을 제국주의적 영향으로부터 해방되어야 할 지역으로 인식하고 있다. 그리고 핵 개발은 북한의 "독자적으로 우뚝 서 보겠다"는 의식에서 파생된 현상으로 이해할 수 있다. 핵은 그 보유 사실만으로도 강력한 억제력을 갖는다. 김일성의 생일이 태양절이라고 불리는 것은 북한이 그 태양이 되고자 하는 열망을 반영한 것이다. 동시에 이것은 북한이 독립적인 지위에 서고자 하는 열망을 반영하는 것이다.

현재 북한의 핵 개발과 함께 한국이 직면하고 있는 상황을 제대로 인식하는 것이 중요하다. 냉전 시기와 달리 지금은 전 세계가 북한을 부정적으로 인식하고 있다. 냉전 시대에는 핵이 공포의 균형을 통해서 불안정한 평화를 유지시켜 주었다. 하지만 9·11 테러 이후에는 핵이 갖는 그 의미가 달라졌다. 테러 집단이 핵을 보유하게 될 경우 생겨나는 우려 때문에 핵무기에 대한 인식의 전환이 이루어진 것이다. 이러한 이유로 유엔이 북한에 강한 제재를 가하고 있다.

솔제니친은 독일과 프랑스의 많은 공산주의자들을 자유주의자로 전향시키는 데 기여했다. 유럽의 공산주의자들은 소련을 낙원으로 인식하고 있었지만 솔제니친은 소련을 지옥이라고 불렀다. 1975년 헬싱키협정의 체결과 함께 헬싱키프로세스가 진행되면서 소련의 인권문제가 본격적으로 제기되고 서방 세계의 압박으로 인하여 소련체제에 균열이 생기기 시작했다. 지금 북한의 인권문제는 매우 심각하다. 미국 정부는 김정은을 인권 침해의 책임을 물어 제재 대상에 포함했다. 북한을 변화시키기 위해서는 인권문제를 제기하여 압박을 가해야 한다. 인권문제는 소프트웨어적 무기이다. 한국은 21세기 '극단적 전체주의(ultra-totalitarianism)'에 대항하는 최후의 보루이자, 척후의 전사이다.

유럽에서는 냉전이 종식되었다. 그러나 한반도와 한국 사회는 여전히 냉전적 갈등과 투쟁이 계속 중이다. 이런 상황에서 북한에 또다시 유화정책을 펼쳐서는 안 된다. 북핵 위기는 그 자체로는 엄청난 안보적 위협이자 위기의 요인이지만 우리에게는 6·25 전쟁에 이어서 두 번째 통일의 기회를 제공하고 있다. 유엔의 제재를 지속하여 북한의 변화를 유도해야 한다. 그러나 한국의 정치권과 대다수 국민들은 이런 기회가 열리고 있다는 것을 깨닫지 못하고 있다. 현재 북핵 위기는 우리에게 다른 측면에서 통일의 기회를 제공하고 있다는 인식으로 적극적으로 대응해나가야 한다.

북한과 같은 진짜 전체주의 국가에서 벌어지는 일들은 매우 끔찍하고 우리의 상상을 초월한다. 북한을 탈출한 정치범 수용소의 전직 직원이 영국 언론과의 인터뷰에서 수용소에서 자행된 생체실험에 관해 증언한 것은 북한 전체주의의 실상을 잘 보여준다. 그의 증언에 따르면 유리 상자 안에 한 가족을 가두고 화학 약품을 투척하여 실험을 하는데 모두가 정신을 잃고 허우적거리는 가운데 아이가 허우적대자 어머니가 아이의 입에 공기를 불어넣으며 숨을 쉬게 하려고 애쓰는 장면이 나온다.

영국 기자가 그에게 당시 느낌이 어떠했느냐 하고 질문하자 그 탈북자는 부모의 자식 사랑이 이런 것이구나, 불쌍하구나 하는 느낌은 전혀 갖지 않았다고 했다. 그는 이들이 생체실험실에서 단순히 처리되어야 할 반동분자 정도로 생각했을 뿐이었다고 말했다. 이것이 북한과 같은 전체주의 국가의 실상을 그대로 보여주는 것이다. 대한민국은 북한이라는 전체주의 국가와 싸우고 있는 마지막 전초기지라는 점을 인식하고 이 점을 미국뿐만 아니라 전 세계에 주지시키려는 노력이 필요하다. 한국의 학계에서는 전체주의 연구를 본격적으로 해야 한다. 한국의 언론도 북한 전체주의의 특징에 대해서 국민에게 제대로 알릴 필요가 있다.

북한으로부터 탈북자가 꾸준히 증가하고 있는 것은 의식주와 같은 북한 주민들의 생존 욕구가 충족되지 못하기 때문이다. 북한 주민들은 어릴 때부터 정권으로부터 세뇌 교육을 받았기 때문에 남한 사람들과는 같은 종족이라고 할 수 없을 정도로 상당히 다르다. 북한은 낭만주의적 사고에 물들어 있는 사회다. 이런 사고에 따르면 김정은 정권은 민주주의 정권이라고 착각을 하게 된다. 이렇게 보면 북한 사람들은 남한 사람들과는 완전히 다른 의식구조에 있다고 보아야 할 것이다.

통일과 관련하여 중요한 것은 생족 욕구가 충족되지 않아서 탈북하는 사람들과 사상이 달라서 탈출하는 것을 구분하는 것이다. 탈북자 중에 사상이 달라서 탈출하는 사람들이 얼마나 많은가 하는 점을 살펴볼 필요가 있다. 북한은 주민에 대한 사상 통제를 하기 위해서 외부로부터의 정보가 유입되는 것을 철저하게 차단하고 있다. 북한에는 실질적으로 사생활과 독립적인 삶이 없다. 사상적인 이유 때문에 탈출하는 사람들은 한국에 도착해서도 적응하기가 매우 힘이 든다고 한다. 그 이유는 그들이 철저하게 세뇌 교육을 받았기 때문이다. 이러한 남북한 사람들의 사고방식의 차이가 통일 과정에서 극복될 수 있도록 세심한 노력을 기울여야 할 것이다. 대한민국의 탄생과 함께 시작된 한국의 혁명은 남북한의 통일을 통해서 근대국민국가가 완성될 때 비로소 마무리될 것이라는 점을 인식하는 것이 중요하다.

5. 21세기 미중 패권경쟁과 한국의 국가전략

김영호

패권경쟁 소용돌이 속의 대한민국

한국인은 국제정치 때문에 나라를 잃었고, 국제정치의 도움으로 나라를 되찾았다. 구한말 이후 지금에 이르기까지 한국사를 되돌아보면 국제정치가 한국인의 운명을 결정하는 데 얼마나 커다란 영향을 미쳤는지 쉽게 알 수 있다.

그럼에도 불구하고 한국인은 국제정치를 빼놓고 국내정치의 좁은 틀에 갇혀서 생각하는 정치의식을 갖고 있다. 이런 정치의식은 초강대국과 한국과 같은 중견국은 국제법적으로 모두 평등하기 때문에 별 차이가 없다는 식의 무모한 생각으로 연결된다. 세계화의 네트워크에 연결되어 수출을 통해서 국부의 대부분을 창출하면서도 세계화를 맹렬히 비난하는 한국 좌파의 자기모순적 자세는 모두 국제정치에 대한 인식의 부족에서 생겨나는 것이다. 우리의 좁은 들창으로만 세상을 보지 말고 시야를 국제정치를 향해서 넓게 틔우면서 동시에 현실주의적 시각을 갖고 국제정치를 바라보아야 한다.

구한말에서 21세기 지금까지 한반도를 둘러싼 국제정치사는 수많은 전쟁과 위기의 연속이라는 것을 알 수 있다. 한반도는 세계의 강대국들에 의해 둘러싸여 있기 때문에 그 전쟁이 단순한 전쟁이 아니라 지역적 패권 혹은 세계적 패권을 차지하기 위한 과정에서 일어난 '패권전쟁'이었다는 것을 알 수 있다. 한국의 정치사와 외교사가 세계사와 밀접하게 연동되어 움직이는 이유가 여기에 있다.

중국은 2010년 경제력에서 일본을 앞지르고 군사력과 경제력에서 미국 다음으로 강력한 국가로 떠올랐다. 21세기 미국과 중국 사이에 냉전과는 전혀 성격을 달리하는 미중 패권경쟁이 이미 시작되었다. 북한의 핵과 미사일 위협에 대응하기 위해 배치된 사드에 대해서 정작 북핵 문제 해결에는 미온적인 중국이 거세게 반발하는 것을 보면 미중 패권경쟁의 거친 파도가 한반도로 밀려들어오고 있다는 것을 알 수 있다.

한국은 또 다시 패권경쟁이 벌어지고 있는 국제정세에 뚜렷한 국가전략을 갖고 대처하지 못할 경우 국가의 생존과 번영을 유지하기가 어렵다. 국제정치는 국내정치와 '정치양식(political mode)'이 완전히 다르다는 점을 노재봉 교수는 강조한 바 있다. 국가가 정당한 폭력의 행사를 공권력의 형태로 독점하는 국내정치와 달리 국제정치는 폭력의 행사가 국익을 위해서 정당화되는 영역이다. 이런 '양식의 차이'에 대한 현실주의적 인식을 바탕으로 패권경쟁 시대에 국가전략을 모색해나가야 한다.

왕도적 패권국가와 패도적 패권국가

패권국가는 단순히 국력이 강한 국가가 아니다. 힘이 아무리 강하다고 하더라도 고립주의 노선을 채택하여 국제정치에 영향을 미치려는 의지가 없으면 패권국가가 될 수 없다. 군사와 경제 등의 영역에서 새로운 질서를 만들고 그 질서를 자국의 군사력과 영향권 형성을 통해서 유지하려는 국가가 패권국가(hegemon)이다. 패권질서는 그 미치는 영향의 범위에 따라서 지역적 차원과 세계적 차원으로 나누어볼 수 있다. 지역적 패권국가를 거쳐 국제정치체제 전체에 영향력을 행사하는 세계적 패권국가로 부상하는 것이 일반적이다. 미국은 1823년 먼로독트린을 발표하여 서반구 전체를 영향권으로 만드는 지역적 패권국가로 등장한 이후 세계적 패권국가로 도약할 수 있는 발판을 마련했다.

패권질서는 패권국가의 정치체제가 자유민주주의체제인지 전체주의체제인지 그 성격의 차이에 따라서 커다란 영향을 받는다. 정치체제의 차이를 사상(捨象)해버리는 신현실주의(neorealism)와 같은 최근 국제정치이론과 달리 아롱(Raymond Aron)이 체제의 '동질성'과 '이질성'이 국제정치의 성격에 미치는 영향을 강조한 이유도 여기에 있다. 제2차 세계대전에서 히틀러가 승리하여 패권국가가 되었다고 한다면 패권질서의 성격이 미국이 승리했을 때와는 완전히 달라졌을 것이다.

패권국가는 국제정치질서의 '생산자'이고, 한국과 같은 중견국과 여타 약소국은 그 질서의 '소비자'이다. 항상 패권경쟁의 직접적 영향을 받고 있는 한국은 자신의 국익에 도움이 되는 패권국가를 선택할 수 있는 분별력(prudence)을 갖는 것이 매우 중요하다. 이런 분별력이 군사력과 같은 '하드 파워'의 열세를 극복할 수 있는 전략적 '소프트 파워'이다. 이승만 대통령이 한미동맹을 통하여 패권국가 미국을 친구로 선택한 것은 올바른 전략적 선택이었다.

'패권(覇權)'이라는 개념은 일본에서 영어 hegemony를 번역한 것이다. 번역 과정에서 그 뉘앙스가 변했다. 동양의 고전 '맹자'에는 정치를 '왕도 정치(王道 政治)'와 '패도 정치(覇道 政治)'로 구분 짓고 있다. 왕도 정치는 지도자가 유교 원리에 따라 덕치를 베푸는 것을 말하고, 패도 정치는 물리력을 동원하여 강압적으로 다스리는 것을 말한다.

원래 그리스어에 그 어원을 갖는 헤게모니는 아테네와 같은 강한 국가가 주변 페르시아의 침략에 대항하여 그리스 도시국가와 헬레니즘 문화를 지키기 위해 희생하고 지도력을 발휘하고 오늘날 표현으로 공공재를 제공하는 외교정책을 지칭했다. 그리스어 헤게모니 개념은 원래 '패도'보다는 '왕도'에 가까운 뉘앙스를 갖고 있다는 사실을 알 수 있다.

이것이 일본에서 '패도'로 번역되는 과정에서 왕도적 의미를 갖는 패권의 뉘앙스가 제대로 드러나지 않게 되었다. 이런 뉘앙스를 다시 살리기 위해서는 패권을 '왕도적 패권'과 '패도적 패권'으로 구분할 필요가 있다. 패권국가는 영토 점령과 침략과 강압적 방식을 취하는 '패도적 패권국가'와 영토적 야심이 없고 상호협력과 합의를 중시하는 '왕도적 패권국가'로 나눌 수 있다.

구한말 명성왕후를 일본 사무라이들을 동원하여 궁정에서 살해하고 조선을 무력으로 식민지화한 일본은 '패도적 패권국가'이다. 임오군란 직후 수천 명 군대를 파견하여 국왕의 아버지 대원군을 납치해 간 중국은 '패도적 패권국가'의 모습을 적나라하게 보여준다. 이들과 달리 제2차 세계대전 이후 미국은 자유무역을 통해서 공동의 번영을 추구하고 동맹국들과의 타협과 합의를 중시하는 '왕도적 패권국가'를 대표하고 있다.

북한의 핵과 미사일 위협이 증가하면서 미국은 한국과 협의하여 사드를 배치했다. 중국은 사드 배치의 근본 원인을 제공한 북핵 문제 해결에는 적극적으로 나서지 않으면서 한국에게 사드 철수를 강압적으로 요구하고 중국에 진출한 한국 기업들에 대해서 다양한 형태의 압력과 불이익을 주었다. 급기야 중국은 문재인 정부를 협박하여 '3불(不) 합의'를 받아냈다. 이 합의는 한국의 미국 미사일방어체제(MD) 불참, 사드 추가 배치 불가, 한미일 군사동맹 불가 등의 내용을 담고 있다. 이것은 중국의 내정간섭이고 안보주권에 대한 심각한 침해이며 한미동맹을 무력화시키려는 시도이다. 이런 중국의 행태는 '패도적 패권국가'의 전형적 모습을 보여준다.

문재인 정부는 '균형외교'라는 이름 하에 대(對)중국 경사정책(傾斜政策)을 추진하면서도 중국으로부터 외교적 굴욕을 당했다. 문재인 정부 외교 실패로 인하여 '3불(不) 합의'가 발표된 2017년 10월 31일은 '한국 외교의 국치일'로 역사에 기록될 것이다. 이런 외교 파탄은 앞서 지적한대로 문재인 정부가 '왕도적 패권'과 '패도적 패권'을 국익의 관점에서 분명하게 구분하고 대응할 수 있는 분별력과 국가전략을 갖고 있지 못하기 때문에 생겨난 것이다. 21세기 미중 패권경쟁이 심화되고 북핵 위기가 전쟁 일보 직전으로 가고 있는 상황에서 한국은 왕도적 패권국가 미국과 함께 현재의 안보위기를 극복해나가야 한다. 한국은 지금까지 미국의 패권질서 하에서 정치발전과 경제적 번영을 이룩해 왔다. 이런 역사적 경험을 무시하고 '3불 합의'에서 보는 것처럼 한미동맹을 약화시키고 중국으로 기울어지는 것은 매우 위험한 국가안보전략이라고 하지 않을 수 없다.

세 번의 패권경쟁과 한반도

한반도를 둘러싼 패권경쟁의 역사를 되돌아보면 21세기 미중 패권경쟁의 양상이 매우 위험하다는 것을 알 수 있다. 세계적 차원에서 전개된 패권경쟁은 세 번이다. 19세기말 패권국가였던 대영제국에 러시아와 독일이 도전하면서 전개된 것이 첫 번째 패권경쟁이다. 이때 영국은 국력이 급격히 약화되었기 때문에 동북아지역에서 러시아의 남하를 저지하기 위해 1902년 영일동맹을 체결하여 일본을 전략적 파트너로 삼았다.

이미 일본은 1894년 청일전쟁을 일으켜 중국 중심의 조공적 패권질서에 도전하여 지역적 패권국가로 나서고 있었다. 청일전쟁에 이긴 후 일본은 영일동맹을 발판으로 1904년 시작된 러일전쟁에서 승리하여 동북아시아의 지역적 패권국가로 등장했다. 첫 번째 패권경쟁 시기에 조선왕조는 내부 개혁에 실패하고 영토적 야심이 없는 미국과 같은 패권국가와 동맹을 맺거나 전략적 지원을 받지 못함으로써 일본의 식민지로 전락하고 말았다. 이것은 패권경쟁에 대한 대응방식에 따라서 국가의 운명이 결정된다는 것을 보여준다.

한국이 식민지에서 해방되자마자 미국과 소련 사이의 냉전이라고 하는 두 번째 패권경쟁이 시작되었다. 그 경쟁의 쓰나미는 어김없이 한반도로 밀어닥쳤다. 이 시기에 한국은 분단되었고 동족상잔의 6·25전쟁을 겪고 그 후유증은 탈냉전 시기에도 계속되고 있다. 여전히 분단이 지속되는 상황에서 북한이 핵과 미사일 개발에 성공하고 세 번째 미중 패권경쟁이 본격화됨으로써 한국은 이전의 패권경쟁 시기보다 더욱 심각한 안보위기에 직면하고 있다. 그 이유는 이번에는 지역적 패권경쟁과 세계적 차원의 패권경쟁이 맞물려서 돌아가고 있기 때문이다.

앞서 지적한 바와 같이 세계적 패권국가가 되기 위해서는 우선 지역적 패권국가가 되지 않으면 안 된다. 중국은 유라시아 대륙으로 뻗어나가고 남중국해와 동중국해로 영향력을 확대해나가는 '일대일로(一帶一路)' 전략을 구사하고 있다. 중국 전략은 한반도를 중심으로 보자면 한반도 전체를 '중화패권질서'의 영향 하에 넣기 위해서 '중국판 역(逆) 애치슨라인'을 그으려는 시도로 이해될 수 있다.

애치슨라인은 1950년 1월 12일 당시 애치슨(Dean Acheson) 미국 무장관이 발표한 한국을 제외하고 일본-필리핀-호주를 잇는 미국 방어선을 말한다. 중국은 역으로 애치슨라인을 그어 한반도 전체를 영향권 하에 넣고 지역적 패권국가의 지위를 차지하려고 시도하고 있다. 한국이 중국 중심의 패권질서 하로 들어갈 경우 한미동맹은 파기될 뿐만 아니라 일본의 대중국 위협 인식도 크게 증가하게 될 것이다.

이런 상황에 대비하여 일본은 미일동맹을 더욱 강화할 뿐만 아니라 평화헌법을 재해석하여 일련의 안보법안들을 통과시켜 군사력을 대대적으로 증강하고 전쟁할 수 있는 '보통국가'로 거듭나고 있다. 미국은 미일동맹과 한미동맹을 강화시켜 중국의 패권 추구를 막기 위해 동북아지역 세력균형의 조정자(balancer)로서 노력하고 있다. 2017년 11월 한국을 방문한 트럼프 대통령은 중국의 '일대일로'전략에 대응하기 위하여 미국의 새로운 아시아전략으로서 '인도-태평양전략'을 제시했다. 여기서 '인도'는 인도양을 말한다.

오바마 행정부는 중국의 팽창과 패권 추구에 대응하기 위해 미국 안보전략의 중심축을 아시아지역으로 옮기는 '재균형전략(rebalancing strategy)'을 추구했다. 트럼프의 새로운 아시아전략은 오바마 전략의 연장선상에 있다. 일본은 재균형전략뿐만 아니라 '인도-태평양전략'에 대해서 적극적 지지를 표명했다. 사실 '인도-태평양전략'은 일본이 인디아와 함께 합의하여 공동으로 추진하고 있는 전략으로서 미국이 이를 수용하여 트럼프 행정부의 새로운 아시아전략으로 내놓은 것이다. 트럼프 대통령은 미일동맹과 한미동맹이 새로운 아시아전략의 중심축이라는 점을 분명히 했다.

그럼에도 불구하고 문재인 정부는 이 전략에 대해서 협의한 바 없다는 입장을 보임으로써 한미 공조관계가 제대로 작동하지 않고 있다는 우려를 자아내고 있다. 동맹국 미국이 새로운 아시아전략을 제시했음에도 불구하고 그것에 대해서 들어보지도 못하고 협의한 바가 없다고 한다면 이것은 한미동맹에 심각한 균열이 있다고 할 수밖에 없다. 이 틈을 비집고 중국이 '3불 합의'와 같은 패도적 요구를 한국에게 해오고 있는 것이다. 만약 한국이 확고한 한미공조체제를 구축하고 한미동맹을 강화시켜 중국에게 빈틈을 보이지 않았다고 한다면 중국이 한미동맹을 약화시킬 수 있는 '3불 요구'를 할 수 없었을 것이다.

동북아 지역 균형자로서의 미국

동북아지역의 안보 구조는 한미동맹과 미일동맹처럼 미국을 중심으로 양자동맹 구조인 '허브 앤 스포크 시스템(hub and spoke system)'을 갖고 있다. 이것은 유럽의 나토와 같은 다자적 안보 구조와 완전히 다르다. 미국은 이 시스템에서 지역의 균형자(balancer)로서의 역할을 하고 있다. 자전거 바퀴처럼 그 살대의 중심에 미국이 놓여 있기 때문에 미국이 빠지면 바퀴가 무너지듯이 동북아 안보구조에도 급격한 변화가 일어날 수밖에 없다.

균형자가 빠져버린 동북아지역은 과거처럼 중국과 일본이 직접

충돌하거나 한반도가 또 다시 주변 열강의 전쟁터로 변화는 사태가 일어날 가능성이 매우 높다. 이렇게 되면 동북아지역은 구한말처럼 '전쟁의 시대'로 회귀할 것이다. 청일전쟁, 러일전쟁, 만주사변, 중일전쟁, 태평양전쟁, 6·25전쟁 등과 같은 대규모 전쟁이 19세기 말부터 20세기 전반기에 연쇄적으로 일어나면서 동북아지역은 '전쟁의 시대'로 빠져들었다. 6·25전쟁 이후 미국 중심의 '허브 앤 스포크 시스템'이 구축됨으로써 동북아지역은 60년이 넘는 '평화의 시대'로 바뀌면서 북한을 제외한 지역의 모든 국가들이 경제적 번영을 누릴 수 있게 되었다.

동북아 역내 국가들의 갈등을 해소하기 위한 방안의 하나로서 '문명론(文明論)'이 제시되고 있다. 아시아의 경우 '서양' 제국주의에 대항하기 위해 '동양'이 뭉쳐야 한다는 문명의 논리가 서세동점의 구한말 일본에 의해 제시되었다. 이러한 문명의 논리는 결국 '대동아공영권'이라는 일본 제국주의를 옹호해주는 이데올로기로 발전하였다. 이것은 문명의 국제정치학이 패권 추구 국가에 의해 역이용될 수 있다는 것을 보여준다.

미중 패권 경쟁이 진행되고 있는 21세기에도 '문명론'이 동북아지역의 평화를 진작시킬 수 있는 근거가 될 수 있다는 주장이 제기되고 있다. 아시아는 모두 유교적 전통을 강하게 갖고 있기 때문에 이 유교문명을 중심으로 국가 간 갈등을 해소하는 방안을 찾아야 한다는 발상이다. 결국 유교문명의 중심국가는 중국이기 때문에 이러한 주장은 21세기 동북아 질서를 중국 중심의 패권질서로 재편하자는 주장으로 연결된다. 이런 주장은 동북아지역의 '허브 앤 스포크 시스템'이라는 기존의 안보 구조의 급격한 변화를 가져올 것이다.

　중국은 공산정권이 들어선 이후 유교사상을 스스로 비판하고 버렸다. 그런 가치가 동북아 역내 국가들 간의 갈등을 해소할 수 있는 근거가 될 수 있을 것으로 기대하기는 어려울 것이다. 더욱 근본적으로 토인비와 헌팅턴이 문명을 단위로 하여 국제정치현실을 설명하려고 시도했지만 여기에는 뚜렷한 한계가 있다는 사실이다. 유럽처럼 같은 기독교 문명권 내에서도 베스트팔렌체제 성립 이후 수없이 많은 비극적 전쟁들이 일어났다. 이것은 문명이 근대국가들 사이의 전쟁과 평화의 문제를 해결해 줄 수 있는 근거가 될 수 없다는 것을 의미한다. 중국은 제2차 세계대전 이후 미국의 자유무역질서 중심의 패권질서에 얹혀서 혜택을 누리고 있을 뿐 새로운 가치를 대변하는 국제정치질서를 내놓지 못하고 있는 실정이다.

　북핵 문제가 해결되지 않은 상황에서 한미동맹이 약화되고 중국의 영향력이 점진적으로 한반도 전체로 확대될 경우 일본은 과거처럼 중국의 지역적 패권 추구를 견제하고 필요할 경우 대규모로 군사력을 증강시켜 '군사국가'로 나아갈 가능성이 매우 높다. 미중 패권경쟁과 일본의 군사 대국화의 와중에서 한국의 전략적 선택의 폭은 더욱 좁아질 수밖에 없다. 한국은 한미동맹을 더욱 강화시켜 미국이 동북아지역 안정을 위해서 '균형자' 역할을 강화할 수 있도록 하는 것이 국익에 부합된다는 것을 알 수 있다. 한국의 국가전략은 국력의 한계를 명확하게 인식하는 데서 출발해야 한다. 그렇지 않고 마치 무한대의 전략적 선택 가능성이 있는 것처럼 착각하여 국제정치현실의 작동원리에 역행하는 국가전략을 펼칠 경우 국가의 생존마저 위협받는 상황이 발생할 수 있다는 점을 잊어서는 안 된다.

국제정치현실의 개념적 이해

이 글은 국제정치이론에 대한 논의로부터 시작하지 않았다. 그 대신 현재 한국이 처한 가장 중요한 국제정치현실이라고 생각되는 패권경쟁을 바로 분석해 들어갔다. 국제정치학을 강의할 경우 국제정치이론과 개념들을 먼저 이해하고 나서 이런 이론과 개념의 도움을 받아서 국제정치현실을 설명하는 것이 일반적인 순서이다. 물론 이 접근방식은 그 나름대로 유용성을 갖고 있다.

이와 달리 이 글처럼 우리가 직면하고 있는 패권경쟁과 같은 국제정치 문제를 바로 제기하고 이 문제를 이론적으로 설명하고 개념적으로 이해하려는 방법이 때로는 더욱 도움이 될 경우가 많다. 현실에 가까이 밀착해서 긴장감을 갖고 현실을 개념적으로 이해하려는 지적 노력은 국제정치학 뿐만 아니라 정치학과 여타 학문에서도 매우 중요하다. 미중 간에 존재하는 갈등을 언론에 보도되는 사건으로만 흘려보내지 말고, '패권경쟁'의 관점에서 개념적으로 이해하고 그 경쟁을 과거 역사적 경험에 비추어 비교, 분석하여 그 차별성을 분명히 설명하려는 것이 '국제정치학적 이해'라고 할 수 있다.

국제정치현실은 국가를 그 구성단위로 해서 생각해보는 것이 가장 현실적이다. 이런 사고는 '현실주의 국제정치이론'이라고 부른다. 베버(Max Weber)의 정의를 빌리면 여기서 '국가'는 일정 영토 내의 주민에 대해서 정당한 폭력의 행사를 독점하는 실체이다. 이 국가를 다른 말로 '근대국민국가'라고 부른다. 중세 봉건사회와 달리 중앙집권적 국가권력에 의해서 신분제가 타파되고 자유롭고 평등한 개인, 즉 국민을 단위로 하여 만들어졌다고 해서 왕조국가와 구분 짓기 위해서 '근대국민국가'라고 부른다. 근대국가는 주권국가이고 영토국가이면서 동시에 국민주권론을 바탕으로 하는 국민국가인 것이다.

이 지구상에는 이런 국가들이 현재 193개가 존재한다. 이들 국가들을 지배하는 세계정부 혹은 제국은 존재하지 않는다. 달리 말하자면 이들 국가들은 중앙정부가 없는 일종의 '무정부상태(anarchy)'를 구성하고 있다. 국가들 사이에 영토, 자원, 종교와 같은 이념을 둘러싼 분쟁을 조정해줄 수 있는 중앙정부가 없는 무정부상태이기 때문에 국제정치에서는 전쟁의 가능성이 상존하고 있다.

국제정치의 무정부상태를 일종의 '전쟁상태'로 설명하는 이유가 여기에 있다. 여기서 '전쟁상태'는 국가들이 하루도 쉬지 않고 매일매일 전쟁을 한다는 것이 아니라 전쟁의 가능성을 막을 수 있는 제도적 장치가 존재하지 않는다는 것을 의미한다. 유엔과 같은 국제기구도 국가들 사이의 조약도 전쟁을 막지 못한다. 국제정치에서 전쟁을 뺀 시기가 평화이고, 국가들은 항상 전쟁의 그림자 속에서 살아간다.

국가가 성립되기 이전의 자연상태를 '만인의 만인에 대한 투쟁상태,' 즉 전쟁상태로 설명한 사상가는 홉스(Thomas Hobbes)이다. 그는 자연상태 하에서 분쟁의 원인으로서 영토와 가축 같은 것을 서로 뺏기 위한 경쟁을 들고 있다. 다음으로 자신의 명예와 위신을 건드릴 경우에도 인간들 사이에는 분쟁이 일어난다. 마지막으로 그가 제시하는 분쟁의 원인은 '상호불신(diffidence)'이다.

한 인간이 자신을 방어하기 위해서 말을 타고 갑옷을 입고 창을 들고 먼 길을 나선다고 할 경우 다른 사람은 그의 무장한 모습을 보고 방어적으로 생각하지 않고 언제든지 그 창으로서 자신을 공격할 수 있다고 불신한다. 이런 상호불신이 또 다른 분쟁의 원인이 된다. 이런 분쟁의 원인들로 인하여 자연상태는 전쟁상태로 발전한다. 이런 전쟁상태 하에서 인간들은 도저히 견딜 수 없기 때문에 자연상태를 벗어나기 위해 사회계약을 체결하여 강력한 권력을 가진 국가를 만든다. 이 국가가 정당한 폭력의 행사를 독점하여 질서를 유지하고 인간이 평화롭게 살 수 있도록 해준다는 것이 홉스의 설명이다.

홉스의 설명에서 국제정치와 관련하여 중요한 것은 사회계약을 통해서 자연상태를 극복하여 만들어지는 국가는 하나가 아니라는 사실이다. 지구상에 국가가 우후죽순(雨後竹筍)처럼 많이 생겨나 있다. 이들 국가들 사이의 관계는 또 다른 자연상태를 구성하게 된다. 여기서 우리는 자연상태의 개념을 두 가지로 차별화하는 것이 가능하다는 것을 알 수 있다. 자유롭고 평등한 개인들이 국가를 만들기 이전에 서로 갈등하고 대립하는 상태를 '대내적 자연상태'라고 개념화할 수 있다. 사회계약을 통해서 대내적 자연상태를 극복한 후 수많은 국가들 사이에 생겨난 또 다른 상태를 '대외적 자연상태'라고 부를 수 있다. 국가들 간의 대외적 자연상태를 극복하기 위해서는 국가들 사이에 세계정부를 구성하기 위한 또 다른 사회계약이 체결되어야 한다.

그러나 국가들은 자신들의 독립성을 중시하기 때문에 이런 계약 체결에는 소극적이어서 국가들 관계는 여전히 '대외적 자연상태'로 남아 있다. 이 상태가 국제정치현실로서 중앙정부가 없는 무정부상 태인 것이다. 국제정치현실은 홉스가 말하는 사회계약 체결 이전의 자연상태, 즉 무정부상태와 매우 유사한 특징을 갖고 있다는 것을 알 수 있다.

대내적 자연상태에서 분쟁의 원인이 되는 상호불신은 국제정치의 무정부적 현실에서 '안보딜레마(security dilemma)'를 낳는다. 안보딜 레마는 군비경쟁을 생각해보면 쉽게 이해할 수 있다. 한 나라가 자신 의 안보를 강화시키기 위해서 군비 증강을 시도할 경우 이것은 다른 나라를 자극하여 이 나라의 군비 증강을 촉진시킨다. 이런 악순환이 계속되면 처음 군비를 증강시킨 국가는 오히려 자신의 안보가 더 위 협을 받는 딜레마적 상황에 처하게 된다. 이런 상황을 안보딜레마라 고 부른다.

국제정치에서 안보딜레마가 작동하고 있기 때문에 국가들은 항상 상대 국가의 '의도'가 아니라 군사력과 같은 '능력'을 기준으로 대응 책을 마련해야 한다. 상대 국가의 '선의(善意)'를 믿었다가는 국가의 생존이 위태로워질 수 있다. 쉬운 예를 하나 들어보면, 옆집 아저씨 가 우리 집을 향해서 담 너머에 대포와 기관총을 다수 갖다 놓는다.

내가 그 아저씨에게 왜 자꾸 무기들을 갖다 놓느냐고 물었을 때 아저씨의 답변이 우리 집을 공격할 '의도'가 전혀 없다고 한다. 이 말을 믿고 저녁에 편하게 잠을 자는 사람은 현실감각이 전혀 없는 사람이고, 그런 사람은 절대로 국가 지도자가 되어서는 안 된다.

문재인 대통령은 2017년 12월 13일 중국 방문전 관영 CCTV와 가진 인터뷰에서 사드는 북한의 핵과 미사일에 대응하기 위해 도입한 것이고, "중국의 안보적 이익을 해치려는 의도가 전혀 없다"고 밝혔다. 한국에 배치된 사드의 군사적 '능력'보다는 '의도'에 초점을 맞추려는 문 대통령의 주장이 중국에게 얼마나 설득력이 있을지는 의문이다. 국제정치에서는 안보딜레마가 작동하기 때문에 국가들은 상대 국가의 의도에 대해서 100센트 확신을 갖기가 어렵다. 한국은 중국에게 의도를 강조하기보다는 중국이 적극 나서서 북핵 문제가 완전히 해결된다면 사드 배치와 같은 군비 증강은 필요 없을 것이라는 점을 강조해야 한다.

만약 북한의 핵과 미사일 문제가 해결되지 않는다면 '3불 합의'가 아니라 더 많은 사드를 배치할 수밖에 없다는 점도 한국은 중국에게 분명히 해야 한다. 사드를 배치한 동맹국 미국의 의도에 대해서 한국이 선입견을 갖고 미국의 패권경쟁 상대국인 중국에게 이러쿵저러쿵 하는 것도 외교적 관례에 어긋나는 것이다. 문재인 대통령의 발언은 안보딜레마가 상존하는 국제정치현실에서 '능력'과 '의도'에 대한 구분의 중요성을 제대로 인식하지 못한 데서 나온 것으로 볼 수밖에 없다.

문재인 대통령의 국제정치에 대한 안이한 인식은 북핵 위기에 직면하여 국가이성적 차원에서 제대로 된 대응 방안을 내놓을 수 있을지 커다란 의문을 갖게 한다. 상대방의 '의도'보다는 '능력'을 보고 밤낮으로 대응책을 마련하는 것이 국가안보를 확보하는 길이다. 최근 더욱 심각해지고 있는 북한 핵과 미사일 위기와 관련해서도 북한 정권이 같은 민족인 남한을 공격하려는 '의도'를 갖고 있지 않을 것이라고 아전인수식으로 해석하는 것은 국가안보 위기를 초래하고 한국을 북한의 핵 노예국가로 전락시킬 수 있다. 북한 정권의 의도보다는 북한이 갖고 있는 군사적 능력에 대응하여 억지력을 확보하는 것이 국가안보에 필요하다는 점을 잊어서는 안 된다.

용미론(用美論)의 관점에서 본 한미동맹

무정부상태 하에서 국가는 자신의 생존을 우선시할 수밖에 없다. 생존을 위해 국가는 몇 가지 선택지가 있는데, 그 중 하나가 고립주의이다. 이것은 다른 나라와 접촉을 피하고 숨는 것으로서 구한말 대원군이 취한 쇄국정책이 여기에 해당된다. 척화비(斥和碑)를 전국 방방곡곡에 세우고 추진한 쇄국정책은 완전히 실패로 돌아갔다. 과학과 기술의 발달로 군사력이 발전하면서 국가들 사이의 전략적 상호작용과 상호의존은 심화되기 때문에 쇄국정책을 지속적으로 추진하는 것은 더 이상 불가능해졌다.

숨는 것이 불가능하다고 한다면 무정부적 국제정치현실에서 자력으로 생존을 지켜야 한다. 경제력이 뒷받침되지 않으면 강력한 군사력을 가질 수 없기 때문에 국가들이 '부국강병'을 추구하는 것이다. 국력은 군사력과 경제력과 같은 '하드 파워(hard power)' 뿐만 아니라 국가전략과 국민의 결속력 등과 같은 '소프트 파워(soft power)'를 동시에 포함한다. 무정부적 현실은 한 나라가 자력으로 감당하기에는 너무나 넓고 거친 바다와 같다. 그래서 공통의 국가이익을 갖고 있거나 적에 대해서 위협 인식을 공유할 경우 국가들은 동맹을 맺어서 국가안보를 추구해 나간다. 미국과 같은 초강대국도 자력으로 위협에 대응하는 것은 불가능하다는 것을 인식하고 동맹을 국가안보정책의 중요한 수단으로 삼고 있다.

'동맹'은 두 개 혹은 그 이상의 국가들이 안보를 위해서 맺는 협력관계를 말한다. 동맹은 자국의 생존을 위협하는 국가에 대항해서 국가들이 형성하는 '세력균형(balance of power)'의 가장 중요한 방식이다. 자신을 위협하는 국가에 편승(bandwagon)하는 동맹 방식을 생각해 볼 수 있다. 이런 편승형은 약소국의 안전을 궁극적으로 위협할 것이기 때문에 국제정치에서 흔히 볼 수 없다. 패권 추구 혹은 전쟁을 통해서 다른 나라의 독립성을 위협하는 국가에 대항하는 '세력균형 방식의 동맹'이 보편적이다. 한미동맹은 6·25전쟁 직후 북한의 위협과 또 다른 남침에 대응하기 위해 체결되었다. 60년이 넘는 한미동맹은 한반도에서 또 다른 전쟁을 막는 데 기여했을 뿐만 아니라 동북아지역의 평화와 번영에도 크게 도움이 되었다.

세력균형은 국가들 사이에 힘의 균형을 유지하는 '균형자(balancer)'

가 있을 경우 더욱 효율적으로 작동할 수 있다. 6·25전쟁 이후 미국이 한미동맹과 미일동맹을 통하여 균형자의 역할을 떠맡음으로써 동북아지역에 '장기간 평화'가 유지되고 있다. 균형자가 되기 위해서는 미국처럼 강력한 힘을 가져야 한다. 문재인 정부는 '균형자 외교'를 펼친다든지 미중 사이에서 '균형 외교'를 추구하겠다는 생각을 버려야 한다. 한반도 주변 제국적 위상을 갖는 강대국들에 둘러싸인 국가들 사이에서 균형자 외교는 허장성세(虛張聲勢)에 불과하다. 한미동맹이 한국의 안보와 번영에 기여한 역사적 사실을 중시하면서 한미연합방위체제와 한미일 안보협력을 강화시켜 북핵 문제와 21세기 미중 패권경쟁에 능동적으로 대처해나가야 한다.

이런 중차대한 시점에 문재인 정부는 한미연합사의 전시작전권을 환수해야 한다는 주장을 펼치고 있다. 이것은 문재인 대통령이 후보 시절에 제시한 공약 사항이기도 하다. 우리 사회의 좌파세력은 전시작전권 문제를 군사주권 문제로 비화시켜 반미(反美)와 주한미군 철수를 위한 선전에 활용하고 있다. 한미 양국 대통령의 합의에 의해서 한미연합사의 전시작전권을 행사할 수 있도록 되어 있기 때문에 우리의 군사주권이 전혀 훼손된 것이 없다. 한미연합사는 주권국가로서 한국이 자신의 안보를 위해서 미국과 협의하여 만든 연합방위체제이다.

이것은 힘이 약한 한국이 힘이 강한 미국을 이용하여 국가안보를 더욱 공고히 하려는 '용미론(用美論)'의 관점에서 이루어진 것이다. '용미론'은 한국의 국력 한계를 명확히 인식한 바탕 위에서 나온 현실주의적 국가전략이다. 미국으로서도 미중 패권경쟁에 직면하여 한국이 미국에게 힘을 보태주는 것에 적극 찬성할 것이다. 앞서 지적한 바와 같이 트럼프행정부의 새로운 아시아전략인 '인도-태평양전략'에 한국이 나서서 적극적으로 공조하는 것이 국익에 부합되는 것이다.

1956년 이스라엘, 영국, 프랑스가 함께 나세르를 제거하고 수에즈운하를 다시 장악하기 위해 이집트를 침공하면서 수에즈위기가 발생했다. 이 군사작전은 세 나라가 미국에게 사전통보도 하지 않았다. 당시 미국의 아이젠하워 대통령이 영국과 프랑스에게 즉시 철수할 것을 요구했다. 두 나라는 미국의 요구를 따를 수밖에 없었다.

수에즈위기는 영국을 비롯한 서방국가들이 독자적으로 군사력을 사용한 마지막 사례로 봐야 할 것이다. 그 이후 서방국가들은 미국과 전시작전계획을 함께 짜고 군사주권을 공유하게 되었다. 나토(NATO)는 그 대표적인 예이다. 나토에 속한 국가들의 국민들이 자국이 나토라는 다자안보조약을 통해서 미국과 군사주권을 공유하고 있다고 해서 아무도 자신의 주권이 침해받았다고 얘기하지 않는다. 일본과 호주도 미국과 군사공조체제를 유지하고 있다. 이들 국가들은 미국 중심의 헤게모니 질서 하에서 미국과 군사주권을 공유하는 것이 국익에 부합된다고 판단하고 있는 것이다.

한국 안보문화의 문제점

모든 나라가 독자적으로 군사주권을 행사해야 한다는 주장은 시대에 뒤떨어진 19세기식 사고라는 것을 알 수 있다. 앞서 지적한 바와 같이 미국은 영토적 야심이 없을 뿐만 아니라 동맹국과의 합의를 중시하는 '왕도적 패권국가'이다. 유럽의 국가들과 일본과 호주가 미국 패권의 왕도적 성격 때문에 냉전 종식 이후에도 미국과의 군사동맹을 더욱 강화시키고 있는 것이다. 한국에서 전시작전권 문제를 용미론적 관점에서 봐야 함에도 불구하고 19세기식 주권 인식에 서서 전작권 환수를 주장하는 이유는 이 책의 다른 장들에서 심도 깊게 논의되고 있는 것처럼 우리의 안보문화(security culture)가 '낭만적 민족주의'에 의해서 부정적 영향을 받고 있기 때문이다. 이런 부정적 안보문화는 하루 빨리 극복되어야 한다.

아롱(Raymond Aron)은 《평화와 전쟁》이라는 책에서 평화의 형태를 몇 가지로 분류하고 있다. 이 분류 중 우리의 관심을 끄는 것은 1)세력균형에 의한 평화, 2)패권에 의한 평화, 3)제국에 의한 평화 등 세 가지이다. 한국은 제국적 위상을 가진 국가들에 의해서 둘러싸여 있기 때문에 독자적으로 세력균형의 주도 국가가 되기에는 국력이 부족하다. 한국은 한미동맹을 통해서 미국에 힘을 보태면서 미국과 함께 세력균형의 한 축을 형성하고 있는 것이다. 트럼프 대통령이 최근 미 의회에서 연설하면서 한국은 미국의 '인도-태평양전략'의 핵심축이라고 했을 때 그 의미하는 바는 이것을 말하는 것이다.

역사적으로 보면 한반도는 '제국에 의한 평화'와 '패권에 의한 평화'에 훨씬 더 익숙하다. 중국 중심의 조공질서는 그 지역적 범위를 아시아에 국한시켜 볼 때 제국적 평화였고, 조선왕조는 이 질서 하에 있었다. 일본 제국주의에 의해서 식민지가 됨으로써 한반도는 또 다시 일본 제국의 질서 하로 들어갔다. 해방과 함께 한국은 분단되면서 미국 중심의 패권질서로 편입되었다. 이런 한국의 역사적 경험은 국제정세에 커다란 변화가 생겼을 때 독자적 국가전략을 갖고 능동적으로 대처하지 못하는 의존적 안보문화의 문제점을 낳고 있다.

그동안 패권적 평화에 익숙했던 한국의 '안보문화'가 북핵 위기와 같은 안보위기의 대응방식에 부정적 영향을 끼치고 있다는 것을 알 수 있다. 안보정책이 밖으로 바다 밑 빙하의 드러난 일부라고 한다면 안보문화는 그것을 떠받치는 바다 밑의 거대한 빙하라고 할 수 있다. 한국의 국가전략은 이런 수동적 안보문화의 문제점을 인식하고 더욱 능동적이고 적극적 방향으로 국가안보위기에 대응할 수 있는 독자적 국가전략을 모색해나가야 할 것이다.

한국은 한미동맹을 중시하면서 미국과의 국력 차이에서 오는 비대칭성을 인정하고 군사적, 외교적 측면에서 한국의 국력에 맞는 전략을 발전시켜 미국과 공조체제를 구축해나가야 한다. 이런 방향으로 국가전략을 구상하기는커녕 중국에게 '3불 합의'를 해준 것은 을사늑약에 버금가는 치욕적 외교라고 하지 않을 수 없다. 한국의 미온적 태도는 1998년 북한의 대포동 미사일 발사 직후 '미사일방어체제(MD)'에 참여하여 공동 연구와 이를 바탕으로 일본 전역에 방어체제를 구축해나가고 있는 일본과 좋은 대조를 이룬다.

21세기 미중 패권경쟁 시기 한국의 국가전략

앞서 지적한 바와 같이 한반도 주변을 둘러싸고 있는 국가들은 모두 제국적 위상을 갖고 있다. 달리 표현하면 한반도는 힘 있는 '어깨들'에 둘러싸여 있어서 '동네'가 좋지 않은 것이다. 한국은 국제정치에서 일종의 '우범지대'에 놓여있다. 이런 '어깨 국가'들은 어깨로만 남아 있지 않았다는 데 문제가 있다. 구한말 임오군란이 일어났을 때 중국은 위안스카이(袁世凱)를 보내 조선에 일종의 군정 통치를 실시했다. 일본은 조선을 침략하여 식민지로 삼았다. 이들 국가들은 '패도적 패권국가'로 돌변했던 것이다.

한국은 패도적 패권국가들에 의해서 과거 속담처럼 고래들 싸움에 등터진 적이 여러 번 있음에도 불구하고 여전히 국가의 평등성을 강조하는 법리주의적 안보문화가 강하게 자리 잡고 있다. 이런 비현실적 안보문화에서 하루빨리 벗어나서 '국제정치의 불평등성'을 인정하는 국가이성적 사고에 바탕을 둔 현실주의적 국가전략을 모색하는 것이 시급하다.

30년 전쟁을 끝내고 근대국제정치체제 성립의 출발을 알린 베스트팔렌조약은 국가들 사이의 평등성을 강조했다. 그러나 이것은 어디까지나 법적 개념일 뿐 현실정치에서는 국력의 차이에 따라서 국가들은 강대국과 약소국으로 나누어지고 위계성을 띨 수밖에 없다. 앞에서 홉스를 논의할 때 살펴본 것처럼 국가를 만들기 이전 단계인 '자연상태' 하의 개인은 평등하다는 전제 위에서 사회계약을 통한 국가의 성립이 논의된다. 이러한 '국내정치적 비유(domestic analogy)'는 국제정치에는 그대로 적용될 수 없다. 그 이유는 개인과 달리 국가들 사이의 정치, 경제, 과학과 기술 발전의 불균등 성장으로 인하여 국력의 성장 속도에 차이가 생겨나기 때문이다. 그 결과 국제정치는 힘의 관계에서 불평등하고 위계적 질서로 재편되는 것이다. 이런 현실을 무시하고 모든 국가들이 평등하다는 '법리주의적 관념'에 사로잡혀 있어서는 현실주의적 국가전략이 입안되고 추진될 수 없다.

이런 불평등성의 국제정치적 관점에서 보면 구한말 이후 지금까지 한반도가 다양한 성격을 갖는 패권질서에 놓여 있었고 지배받았다는 것을 쉽게 알 수 있다. 한반도는 구한말 중국 중심의 조공적 패권질서, 일본의 제국주의적 패권질서, 미국과 소련의 냉전적 패권질서, 미국 유일의 패권질서를 거쳐서 21세기에는 미중 패권경쟁 하에 놓여 있다. 이런 패권질서의 성격을 제대로 인식하고 국가전략을 수립했는지 여부에 따라서 한반도 상에 성립된 국가의 존망이 결정되었다.

동북아지역에서 벌어진 패권경쟁의 여파는 어김없이 한반도에 밀어닥쳤다. 기존 패권국가와 도전국가 사이에 국력의 격차가 좁혀지거나 역전(crossover)되는 시점을 전후하여 패권전쟁의 위험성이 가장 높아진다. 메이지유신에 성공한 일본과 같은 도전국가의 국력이 급격히 상승하여 중국 중심의 패권질서인 조공체제에 대해서 불만을 갖고 있었을 때 패권전쟁이 일어났고 그 전쟁터는 한반도가 되었다.

이런 상황은 21세기에도 되풀이되고 있다. 2010년을 기점으로 중국은 경제력의 측면에서 일본을 제치고 급격하게 국력이 상승하고 있다. 이런 경제력을 바탕으로 중국은 꾸준히 군사력을 키워나가고 있다. 이것은 미중 패권경쟁이 조만간 미중 사이에 국력의 격차가 좁혀지는 시점을 향해가고 있다는 것을 의미한다. 미중 패권경쟁이 심화되면서 중국은 북핵문제 해결에는 미온적이다. 이것은 중국이 미중 패권경쟁에서 북한을 지정학적 완충지역으로서 매우 중시하고 있다는 것을 보여준다. 중국은 북한의 붕괴가 국익에 부합되지 않는다고 본다.

중국의 이런 인식은 동북아지역에서 새로운 '블록화 현상'을 만들어내고 있다. 블록화 현상의 심화와 함께 중국은 '3불 합의'에 그치지 않고 한국의 내정과 안보정책에 더 심한 압력을 가해올 것으로 예상할 수 있다. 한국은 '낭만적 민족주의'에 바탕을 둔 북한과의 민족공조가 아니라 한미연합방위체제와 한미일 안보협력을 더욱 강화시켜 북핵 위기와 21세기 미중 패권경쟁에 대처해 나가야 한다. 한국인은 국제정치 때문에 나라를 잃어버린 적이 있다는 뼈저린 교훈을 되새기고 현실주의적 국제정치 인식을 갖고 급변하는 국제정세에 능동적으로 대응해나가야 한다.

제5장

한국 자유민주주의의 적들

1. '종족적 민족주의'와 '정치적 낭만주의' 비판

서명구

예비적 개념 고찰

오늘날 한국인의 정치사상 혹은 정치적 사고방식에서 가장 두드러지게 나타나는 특징을 꼽으라면, 무엇보다 종족적 민족주의와 정치적 낭만주의를 들지 않을 수 없다. 이것이야말로 오늘날 한국 민주주의가 파행을 겪고 위기에 처하게 된 가장 큰 요인이라고 해도 과언이 아니다. 그러나 이러한 주제를 논하는 것은 만만한 작업이 아니다. 우선 용어를 이해하는 것부터가 쉬운 일이 아니다. 또한 이러한 특성들이 한국 정치사를 통해 어떻게 발현되었는가를 살펴보아야 하고, 현실 속에서 작동하는 관념들의 갈래도 구분해내야 한다. 특히 아무도 말해주지 않는 '불편한 진실'을 직시할 수 있는 용기가 필요하다. 그러나 우리가 오늘의 혼란을 극복하기 위해서는 무엇보다 먼저 현실을 직시하고 적확하게 이를 규명해 내는 작업이 불가피하다. 이는 결코 우회하거나 생략할 수 있는 과제가 아니다.

우리는 남북한이 서로 대결하는 시대를 살고 있다. 같은 종족적, 문화적 공통성을 최소 천년 이상 유지해온 민족이 근대국민국가 시대에 갈라져, 실존적 투쟁을 벌이고 있는 것이 오늘의 현실이다. 근 30년 전에 동구와 소련 공산권이 붕괴되었다. 세계적 차원에서는 냉전이 종식되었고 독일은 통일되었다. 그러나 한반도에서는 여전히 분단과 적대적 냉전이 지속되고 있다. 무엇보다 북한이 가장 큰 요인이지만, 이에 못지않게 우리가 갖고 있는 정치적 관념과 사고방식도 크게 작용하고 있다는 것도 부인할 수 없는 사실이다. 그런 점에서 종족적 민족주의와 정치적 낭만주의의 실체를 정확히 파악하는 것이 무엇보다 시급하다고 하지 않을 수 없다.

먼저 낭만주의(Romanticism)는 프랑스혁명과 산업혁명 등 근대성에 대한 안티테제로서 19세기에 등장한 사상, 사조다. 그것은 문명에 의해 오염되지 않은 순수한 것, 특히 중세적인 것을 찬양한다. 다시 말해 개인주의, 합리주의, 과학주의, 계몽주의, 세속화 등 근대성과 그 보편화에 반발하여, 전근대적인 종족 공동체와 더불어 정신적, 종교적, 목가적 가치라는 특수성을 추구하는 것이다. 특히 피와 전통에 근거한 종족으로서의 민족을 중시하면서, 민족의 언어, 민중 설화 발굴에 주력하였다. 또한 낭만주의는 이러한 특성과 함께 근대의 부정적 현실을 초월하려는 욕망과 정념(passion)을 통제하지 않고 그대로 표출, 밀고 나가는 태도를 지칭하기도 한다.

그런 점에서 정치적 낭만주의(Political Romanticism)란 후기 근대국가 즉 국민국가(nation-state)의 정치체제인 자유민주주의 원리에 대한 안티테제라도 할 수 있다. 산업혁명으로 전근대적 공동체가 파괴되어 가는 현실을 비판하면서 정치체제의 원리로서 개인이 아닌 공동체를 중시하는 것이다. 다시 말해 전근대의 공동체적 사회를 동경하여 유기체적 공동체로서의 민족을 토대로 정치체제를 구축하려는 유토피아적 태도로 나타나기도 하였던 것이다.

한 가지 덧붙일 것은 정치적 낭만주의에는 또 한 가지의 흐름이 있다고 볼 수 있다. 그것은 낭만주의와는 대척적인 합리주의에 기반을 두고 있으면서도, 유토피아적 이상세계를 추구하려는 유형이다. 마르크시즘(Marxism)의 '국가소멸론' 같은 것도 이러한 범주에 속하거니와, '보이지 않는 손'을 강조하는 시장 자유주의 혹은 자유지상주의 같은 것이 바로 여기에 속하는 것이라고 할 수 있다.

민족이라는 개념도 이해하기 쉽지 않은 개념이다. 먼저 짚어 두어야 할 것이 있다. 전근대 동아시아 세계에서는 오늘날 우리가 사용하는 의미의 민족이라는 단어는 존재하지 않았다는 사실이다. 그것은 서양의 nation의 번역어인 것이다. 라틴어 natio는 원래 인종, 종족과 같은 혈연집단을 의미하였다. 그러던 것이 근대에 들어와 특히 프랑스혁명을 거치면서 nation은 자유·평등·박애의 정치 이념을 같이하는 사람들의 합의에 의한 '정치 공동체'라는 새로운 의미를 갖게 되었다. 한편 folk(Volk)라는 단어는 주로 하층민을 지칭하는 어휘였는데 18세기말부터는 '문화공동체' 즉 근대 이전의 nation과 같은 의미로 사용되기 시작하였다.

오늘날 우리가 사용하는 민족이라는 용어는 일본과 중국이 이러한 nation을 번역하는 과정에서 최종적으로 살아남은 단어라고 할 수 있다. 일본 지식인 사회에서는 nation이 주로 국민으로 번역된 반면, Volk가 민족으로 번역되었다. 한편 근대국민국가 자체가 형성되기 이전 단계 특히 반만흥한(反滿興漢)이 강조되던 중국에서는 nation이 민족으로 번역되면서 주로 혈연적, 문화적 공동체인 Volk의 의미로 이해되었다. 우리의 경우, 조선시대에는 근대 시민적, 정치적 개념인 국민 혹은 민족에 해당되는 개념은 존재하지 않았고, 혈연적, 문화적 공동체 의식도 강하지 않았지만 이 경우 족류(族類), 동포(同胞)라는 단어를 사용하였다. 그러던 것이 대한제국 시기에 겨레라는 말이 병행 사용된 가운데, 중국식으로 이해된 즉 의미상으로는 Volk에 해당되는 민족이라는 단어가 nation의 번역어로 받아들여졌던 것이다.

이러한 예비적 검토를 토대로 볼 때, 민족과 민족주의에는 앞에서 설명한 대로 두 가지 서로 다른 유형이 있다고 볼 수 있다. 첫째는 서구형 민족 즉 정치적 민족과 이를 토대로 한 시민적 민족주의 유형이다. 그것은 개인의 권리에 기초한 국민들과 이를 보장하는 국민국가 그리고 정치체제로서의 자유민주주의를 의미한다. 이 경우의 민족은 종족적, 문화적 단일성과는 직접 관련이 없으며, 오히려 국민이라는 개념으로 이해되는 것이 옳다고 볼 수 있다. 주로 영국과 미국 그리고 다소 변형된 경우이지만 프랑스가 여기에 속한다고 할 수 있다.

두 번째는 비서구형 민족 즉 문화적 민족을 의미하는데, 주로 후발국의 국민국가 형성과 관련되어 나타나는 유형이다. 이는 외세침략 등 국가 위기 속에서 '정치적 개인'보다는 '문화적 집단성'을 우선시하면서, 내부를 결집시키는 집단주의를 토대로 외부적 위험에 대응하는 저항 민족주의로 나타나는 것이다. 이 경우의 민족이란 혈연, 언어, 문화 공동체 또는 그 전통에 기반을 둔 유기체적 존재이다. 그것은 단일민족, 민족적 순수성, 집단적 열광 등 거역할 수 없는 낭만적 신화를 바탕으로 개인의 권리 나아가 국가와 정치체제를 초월하는 것이다. 근대국민국가 정치체제 중 전체주의(totalitarianism)와 친연성을 갖고 있다고 볼 수 있다. 독일, 러시아, 일본 등이 이러한 유형에 속한다고 할 수 있다.

한국의 역사적 경험

19세기 중후반 흔히 서세동점(西勢東漸)이라고 불리는 '근대의 도전'을 맞아 한중일에서는 비슷한 대응유형이 나타났다. 첫째는 전통적 가치를 수호하자는 것으로서 우리의 경우 위정척사(衛正斥邪)가 이에 해당된다. 둘째는 기존의 가치체계를 수호하되, 이를 전제로 서구 문명의 문물을 받아들이자는 것으로서, 동도서기(東道西器)가 이에 해당된다. 셋째는 서양의 문물과 더불어 가치체계 나아가 정치체제까지 적극 받아들이자는 것으로서, 이는 기존 체제가 붕괴되기까지는 노골적으로 제기되지 못한 위험한 사상으로 간주되었다. 그러나 결국 세 나라 모두 전통수호파가 현실적으로는 패배하였고, 한국과 중국은 전통적인 국가 자체가 붕괴되어 식민지, 반(半)식민지가 되고 마는 비극을 겪게 되었다.

한국과 중국의 경우 일차적으로는 외세를 물리치고 독립을 하는 것이 급선무가 되었지만, 전근대적 왕조체제로 복귀하는 것은 불가능한 상황이 되었다. 그런 점에서 새로운 근대성을 어떻게 확보할 것인가, 어떤 체제의 어떤 국가를 지향해야 할 것인가 하는 것이 초미의 관심사가 되었던 것이다. 일찍이 명치유신을 통해 근대국가의 기틀을 잡은 일본은 탈아입구(脫亞入歐) 즉 과감히 서구문명을 수용, 특히 민권론보다 국권론을 앞세워 강국으로 떠오르기 시작하였다. 이와 함께 대외적으로는 백인종의 아시아 침략에 공동 대응해야 한다는 동양주의(東洋主義)를 앞세워 새로운 제국주의 세력으로 부상하였다. 한편 중국에서는 변법자강파(變法自强派)의 사상이 커다란 영향을 미쳤다. 사회적 다위니즘(진화론)에 입각한 자강불식(自强不息)이 강조된 한편, 종족 민족주의가 대두되었고 신해혁명(1911년)을 전후하여 반만(反滿) 민족주의, 다시 말해 한족 중심의 종족 민족주의가 대두되었다.

우리의 경우 대내적으로는 급진 개화파의 실패, 온건 개화파의 부진 속에 대외적으로 일본이 점차 주적으로 부상함에 따라서 종족으로서의 민족 개념이 크게 부상되었다. 한때 일본의 동양주의론이 크게 위세를 떨치기도 하였으나, 을미사변, 을사조약, 한일합방이라는 현실 속에서 동양주의는 일제에 대한 투항과 타협주의적 성격을 띠게 되었다. 이렇게 근대적 국민이 부재하는 가운데 국가마저 없어지는 상황에서 자연스럽게 민족주의가 강조되었고, 이는 특히 '종족 민족주의', '문화적 민족주의'로 귀결되면서 주종족(主種族) 찾기와 단군 신앙으로 나타났다. 물론 미국 선교사의 영향과 대한제국 시기 독립협회 활동 등을 통해 개인의 가치를 중시하는 국민으로서의 민족개념을 토대로 근대국가와 자유민주적 정치체제를 수립하려는 운동이 없었던 것은 아니다. 그러나 이러한 흐름은 일제의 병합 속에서 대안적 힘을 잃게 되었던 것이다.

한일합방 이후 9년의 침묵기간 이후 발생한 3·1운동은 한국 민족과 민족주의에서 새로운 이정표가 되었다. 그것은 일차적으로는 조선의 마지막 군주인 고종의 장례식에 맞추어 일제의 식민통치를 거부하는 봉기였다. 그러나 더욱 중요한 것은 이제 더 이상 왕조의 백성이 아니라, 최초로 '자주민', '자유민'으로서의 권리와 자유를 표방하는 '민족(국민)'이 한국사에 등장하게 되었다는 사실이다. 그리고 바로 이러한 만세운동의 주체를 '주권적 국민'으로 해석, 이를 기반으로 '대한민국임시정부'가 출범할 수 있었던 것이다.

그러나 3·1운동 이후 국내외 상황은 그렇게 만만하지 않았다. 일제 식민지라는 국가 부재의 특수한 시기로서, 국내에서는 정치라는 영역 자체가 원천적으로 봉쇄된 상황이었다. 일제가 무단통치에서 문화통치로 바꾸었다고 하나 그 자체가 정치 배제를 더욱 뚜렷이 말해주는 것에 다름 아니었다. 게다가 일본은 국력이 욱일승천하는 절정기를 맞은 가운데 다이쇼(大正)데모크라시라는 민주시대로 진입하고 있었다. 따라서 독립운동 특히 정치 자체는 오로지 망명지인 해외에서 가능한 일이었다. 그러나 이 경우의 정치는 국민적 선택이 불가능하다는 점에서 결정적 한계를 안고 있었다. 거기에다가 망명지로서의 중국은 청조 멸망 이후 실질적 무정부 상태 속에서 지식인 사회를 중심으로 무정부주의와 공산주의가 대두되어, 우리 독립 운동가들에게도 커다란 영향을 미쳤다. 여기에는 러시아혁명과 소련의 등장 그리고 '제2 인터내셔널'의 움직임도 지대한 영향을 미쳤다.

이렇게 국민과 국가 자체가 없는 당시 상황에서 우리가 추구할 수 있던 민족, 민족주의는 기본적으로 종족, 문화적 민족의 정체성, 일체성, 우수성을 바탕으로 외적인 일본에 대항하여 싸운다는 의미를 가질 수밖에 없었다. 그런 점에서 한국의 민족주의는 첫째, 종족적 민족, 문화적 민족을 바탕으로 하는 낭만적 민족주의의 특징을 갖게 되었다. 대한제국 시기 이래 특히 한일합방 이후에는 종족 민족주의 이외에는 대안이 부재하였던 것이다. 일본의 만세일계(萬世一系), 대화혼(大和魂)에 대항하려는 의식을 깔고, 국가라는 형(形)은 없어졌지만 그 혼(魂)은 유지해야 한다는 '국혼론(國魂論)'에 따라 조선의 뿌리를 찾으려는 본국사(本國史) 연구 및 '조선의 얼'을 찾으려는 '문화적 민족주의'가 그것이었다. 이렇게 조선 민족과 그 문화의 독자성을 강조하면서 '조선만의 것'을 추구한 대표적 사례로는 육당(六堂) 최남선(崔南善)의 '불함문화론(不咸文化論)'을 꼽을 수 있다. 한편 내면적 자율성과 정신문화를 강조하는 독일식 문화적 민족주의가 일본을 거쳐 수

용되기도 하였다. 춘원(春園) 이광수(李光洙)의 '민족개조론'이 대표적
사례라고 할 수 있다.

둘째는 저항 민족주의라는 특징이다. 일제의 강점을 타파, 구축해
야 한다는 것은 절대적 명제로 떠오르게 되었고, 이러한 명제에 위
배되는 모든 것은 타협주의, 기회주의로 배척되고 심지어 적으로까
지 규정되기도 하였다. 나아가 무장투쟁뿐 아니라, 암살, 폭동 등 모
든 비정규적 폭력투쟁까지 인정을 받게 되었다. 이렇게 일본 제국주
의와의 투쟁에 초점을 맞추는 것은 당시로서는 불가피한 것이었다고
할 수 있다. 문제는 모든 형태의 외국, 혹은 외래의 것을 거부하고 심
지어 근대성 자체를 서양의 것이라는 점에서 거부하고 부정하는 데
있었다. 대표적인 경우가 중국에서 독립운동을 한 신채호(申采浩)를
들 수 있다. 그의 경우에는 극단적으로는 무정부주의의 입장에서 모
든 권위, 심지어 국가 자체를 부정하기도 하였다.

셋째는 민중 민족주의 혹은 혁명적 민족주의라는 특징이다. 그것
은 민족의 기저를 이루는 공동체성을 강조하는 것으로서, 사회경제
적 관점을 토대로 하고 있다. 적자생존을 핵심으로 하는 '사회적 진
화론'이 국권상실 이후 적실성을 상실하자, '상호부조론'에 입각하여
공동체(Gemeinschaft) 속에서의 유기체적, 반(反)엘리트적 민중을 제
시한 것이다. 특히 종족 중심의 전통사회의 모습을 대입시킨 대동사
상(大同思想)의 영향을 받았다. 이러한 민족(종족) 공동체로서의 대동세
계에서는 '하나=전체'라는 믿음을 토대로 유기체적 민중 속에서 자
연발생적 영웅이 등장하였다. 홍명희의 '임꺽정'이 대표적 사례라고

할 수 있다.

　이러한 민중은 현실 정치사상 속에서는 두 가지 다른 뿌리를 두고 작동되었다. 그 하나는 소련의 반제국주의 노선 표방과 인터내셔널 공작에 따른 반제반봉건 사회주의 운동 즉 공산주의운동이다. 이들은 기본적으로는 계급과 인민이라는 개념과 용어를 사용, 계급혁명을 추구하면서 독립운동을 위한 통일전선 차원에서 민족과 민중을 강조하는 등 혁명적 민족주의를 제창하였다. 러시아혁명과 소련의 하수인으로서의 인터내셔널의 영향으로 한때 공산당이 창당되고 사상적으로도 프로문학이니 경향파니 해서 공산주의가 한때 관심을 집중시키기도 하였다. 그러나 일제의 강력한 반공정책으로 조직이 와해되고 많은 인사들이 전향하거나 지하로 잠적함에 따라 현실적 영향은 크게 축소되었다. 반면에 일본의 다이쇼 데모크라시 시기의 영향을 받은 바이마르 공화국식 사회민주주의는 지식인 사회에서 크게 풍미하여, 사회민주주의라는 간판 밑에서 민중 민족주의 혹은 혁명적 민족주의가 변형된 형태로 이어져 오기도 하였다.

　다른 하나의 뿌리는 무정부주의에 뿌리를 둔 민중 개념이다. 이는 현실적 공산주의도 역시 또 하나의 지배형태에 불과하다고 배척하면서 모든 국가와 정치 자체를 거부, 폭력투쟁으로 나아가는 민중 혁명을 의미하는 것이었다. 다만 이것은 일제하에서 민족주의 투쟁과 연결될 수밖에 없었고, 따라서 민중 민족주의, 혁명적 민족주의로 나타났던 것이다.

해방 이후 한국 민족주의의 전개와 그 특징

해방 이후 민족주의는 크게 보아 두 개의 상반적 흐름으로 나타났다. 하나는 자유와 권리의 주체로서 자유민주주의적 국민(nation) 형성에 초점을 맞추고 특히 미국과 기독교에 바탕을 둔 보편주의적 근대성을 추구하는 정치사상이었다. 건국을 전후해서는 이승만 대통령이 이를 대표하였다. 이후에는 근대국민국가의 물질적 기반과 시민계급을 육성하는 데 역점을 두는 모습으로 나타났으며, 박정희 대통령이 이를 대표하였다.

또 다른 하나의 흐름은 반외세 민중 지향의 민중 민족주의의 정치사상이었다. 이는 일찍이 일본을 통해 들어온 독일의 유기체적 국가론의 영향을 받은 것으로서, 한때 무정부주의까지 연결되었던 민중적 민족주의 흐름과 연결된 것이었다. 해방 공간에서는 반외세의 종족적, 문화적 민족주의를 추구한 백범 김구가 이 노선을 대표하였다. 그러나 이 흐름은 박헌영을 비롯한 공산당이 통일전선 차원에서 제시한 반외세 및 계급론을 기본으로 한 혁명적 민족주의 노선과 뒤섞여 오해를 불러일으키기도 하였다.

이러한 두 가지 민족 개념과 민족주의는 건국 이후 현재까지도 시대에 따라 상반되는 부침을 보이면서도 상호 대립해오고 있다. 전자는 개인주의, 합리주의를 바탕으로 자유와 권리를 확보한 주체로서의 민족(국민)을 지향하는 '전진적 민족주의'이며, 후자는 자유와 권리의 주체 이전 단계인 민족(종족)에 고착된 '낭만적 민주주의' 내지는

'저항적 민족주의'라고 할 수 있다. 후자의 민족주의는 국민국가와 자유민주주의 정치체제라는 근대성(modernity)의 실현이라는 세계사적 과제 수행 단계에서 오히려 미소의 분할점령으로 한민족이라는 전근대적 민족 공동체의 분열 현상이 야기된 현실에서 나타났다는 점에서 나름대로 이해될 수 있는 부분이 없지는 않다. 문제는 우리가 추구해야 하는 과제는 근대성 즉 근대국가와 자유민주 정치체제인데, 이를 단순한 종족적 민족 혹은 문화적 민족의 문제로 환치시키는데 있는 것이다.

이러한 종족적, 저항적 민족주의는 다음과 같은 특성을 나타내 보였다. 첫째, 고대로부터 민족이 존재해 왔다는 반만년 단일민족의 신화이다. 근대국가 및 근대 체제는 우리에게는 없었던 것이며 외부로부터 수입된 것으로서 이를 통해 근대적 민족(국민)을 만드는 것이다. 그런데 종족적 민족주의는 오직 종족적, 문화적 민족에 근거해서 정치 공동체, 정치질서를 수립, 가동시킬 수 있다고 보고 있는 것이다. 나아가 근대적인 것, 근대국민국가와 자유민주 정치체제, 자본주의 경제체제 등 모든 근대적인 것을 '외래적인 것', '서양적인 것'으로 배척, 부정하는 것이다. 분단의 안타까운 현실 앞에서 민족(종족)적 단일성을 강조하려는 의도는 충분히 이해되지만, '영원한 혈통의 바다'만이 지고의 진리이자 정치적 정당성의 근거여야 한다는 것은 정치신화에 불과한 것이라고 하지 않을 수 없다.

둘째, 반제국주의론 특히 반미론(反美論)을 수반하고 있다는 점이다. 단일민족인 한민족을 분할 점령, 국토와 민족을 분단시킨 '원흉'

으로서의 외세를 비난하고 있는 것이다. 그런데 문제는 제일 먼저 자신의 체제를 이식, 실질적으로 분단을 주도한 세력 즉 소련에 대해서는 면죄부를 주고 있다는 것이다. 나아가 공산주의의 국제주의(internationalism)를 앞세운 소련의 제국주의 측면에 대해서 눈을 감고 있는 것도 문제다.

이 논리의 비판은 유독 미국으로만 향해지는데, 특히 북한에는 외세가 없는데 반해 한국에는 미군이 주둔함으로써 식민 상태에 있다고 보면서 미국을 제국주의(미제)로 규정, 비판하고 있는 것이다. 또한 초기 근대국가의 주권 개념을 기계적으로 적용, 반미 정서를 부추기는 것도 이러한 맥락으로 이해된다. 지금도 그치지 않고 있는 주한미군과 관련된 끊임없는 논란과 '전시 작전권 환수론' 나아가 유독 한미 FTA에 대한 반대 분위기 등은 모두 이러한 차원에서 제기되는 것이다.

그러나 이러한 인식은 제국주의의 역사적 성격과 유형 구분에 대한 몰이해에서 비롯된 것이다. 또한 제2차 대전 이후 국제정치 질서의 성격을 이해하지 못한 채, 특히 초강대국 미국의 패권국(hegemonic power)으로서의 현실정치적 위상과 역할을 제대로 인식하지 못한 유토피아적 사고의 발로라고 하지 않을 수 없다.

셋째는 자폐적 자주성을 토대로 '외삽적 정부론'을 비판하고 있다는 것이다. 전통적인 한민족은 일본의 패망 이후 바로 근대적 사회, 국가로 발전할 수 있었는데, '미제'의 개입과 극소수 '주구'들인 '매판적 괴뢰'에 의해 자생적이 아닌 국가와 체제가 외삽 되었다는 시각이다. 따라서 대한민국은 민족적 정통성을 확보하지 못했다고 비판한다. 반면 북한의 경우에는 소련에 의해 이식된 체제로 출발하였음에도 불구하고, 소련군 장교 김일성의 태생적 비밀을 애써 감춘 채, 독립운동사의 한 에피소드에 불과한 항일 빨치산 활동을 미화하고 이를 '건국신화'로 까지 옹호하는 것이다.

여기에 한국은 세계자본주의 체제의 주변부로서, 중심에 종속되어 끊임없이 수탈되는 신식민지 상태에 있다는 종속이론도 더해졌다. 자본주의 체제의 '비인간성'을 끊임없이 강조하는 마르크시즘의 주장이 일찍부터 있어왔지만, 이러한 요소들이 모두 함께 작용하여 시대착오적인 폐쇄적 자주가 민족주의의 주 내용을 이루게 되었다.

넷째는 민중론이다. 이는 일제 식민지 시대의 낭만적인 농민을 중심으로 제기된 소박한 민중론에서 출발하여, 외세와 지배층을 제외한 전 계급, 계층을 포괄하는 '절대 선'의 존재로 제기된 것이다. 초기 민중론이 농민적 문화(peasant culture)로부터 명분을 확보하는 낭만주의에 바탕을 두었다면, 신채호의 영향을 받은 급진적 민중론은 반외세, 직접참여를 표방하는 급진주의적 성격을 강하게 보여주었다. 또한 권위주의 정권에 대항하는 과정에서 '바리게이트 민주주의론', 민주화 이후에는 '민중 포퓰리즘'과 연결되면서 정치 엘리트의 존재와 역할을 철저히 불신·거부하고 민중의 직접 참여를 주장하기에 이르렀던 것이다. 이렇게 민중론은 근대국가 정치체제의 요체인 대의정치를 부정하고 있는 것이다.

이러한 종족적, 낭만적, 저항적 민족주의는 민중에 기반을 둔 앙심 즉 르상티망(ressentiment)을 자극, 특히 자유민주체제의 국민국가를 폄훼하면서 이를 주도한 이승만, 박정희 대통령과 이른바 보수 정치세력에 대한 혐오와 분노를 자극, 증폭시키는 작업에 나서고 있다. 한마디로 대한민국을 체계적이고 근본적으로 부정하는 작업을 펼치고 있는 것이다. 그리하여 '대한민국은 태어나서는 안 될 국가'이며, 70년 역사는 '적폐 덩어리'라는 의식이 저변에 확산되는 사태를 맞고 있는 것이다.

여기에서 한 가지 짚고 넘어가야 할 것은 북한의 민족주의이다. 저들이야말로 종족적, 낭만적, 혁명적 민족주의의 흐름을 극단화시켜 실행하고 있기 때문이다. 북한은 애당초 소비에트 체제를 이식할 때부터 '민족은 하나, 민족의 이해도 하나'라는 지향을 보여주었다. 특히 식민지 시대의 분위기를 답습하여 개인은 철저하게 배제된 가운데 유기체적 집단으로서의 민족과 국가를 강조해 왔다. 나아가 저들은 '전체는 하나를 위하여, 하나는 전체를 위하여(all for one, one for all)'(북한 헌법)라는 데서 나타나듯이 민족의 이해 역시 하나로 표출되어야 한다고 강조해왔다. 게다가 민중 속에서 자발적으로 나타나는 '낭만적 영웅론'으로서의 '수령'을 설정하고, 이를 이론화하는 '수령론'까지 등장시켰던 것이다. 여기서 수령은 인민, 민중, 민족을 구현하는 뇌수적 존재로서, 이제 이러한 민족은 더 이상 한민족, 조선민족이 아니라 '김일성민족'으로까지 호명되었다.

이러한 민중 민족주의를 통해 북한 체제의 '혁명적 민족주의' 성격은 더욱 강화되었다. 북한이야말로 남북 조선의 모든 민족(민중)을 대표하는 존재로서, 외세의 침략으로 식민지하에서 신음하는 남한 인민을 제국주의 지배로부터 해방시켜야 하는 성스러운 의무를 지고 있다는 것이다. 그런 점에서 북한에 있어서 '남조선 해방'은 선택의 문제가 아니라, 종족적, 낭만적, 혁명적, 저항적 민족주의를 표방하는 저들 정치체제의 성격에서 발현되는 존재이유(raison d'être)에 해당된다고 할 수 있다.

북한은 공산권 붕괴 이전부터 중소분쟁의 틈바구니 속에서 종족적, 저항적 민족주의를 모색해 왔다. 그러던 것이 공산권이 붕괴되고 냉전이 종식된 이후에는 체제적 정당성의 위기에 국제적 고립과 경제적 위기가 더해져 이른바 '고난의 행군'의 시기를 맞기도 하였다. 바로 이러한 난국을 극복하기 위해 북한은 순수한 종족적 민족주의를 보다 강화하기 시작하였다. 서양에 물들지 않은 순수한 조선 문화, 민중으로부터 파생된 영웅, 순수한 혈통적 왕조 수립에 박차를 가하였다. '단군릉' 건립, 왕조적 세습성 원리로서의 '백두혈통'의 강조 등이 바로 여기에 해당되는 것이다. 대남전략에서도 커다란 변화가 있었다. 무엇보다 종족, 문화적 차원의 '우리 민족끼리'를 전면에 내세워 한국으로부터의 각종 지원을 얻어내는 한편, 한국 국민의 체제의식을 마비시키고 대북 경계심을 이완시키는 작업에 박차를 가하고 있다. 핵개발을 집요하게 추진하면서도 한편으로 이를 '민족 핵'으로 둔갑시키고 있는 것이 바로 그것이다.

문제는 이러한 북한의 '종족적, 낭만적 민족주의'를 앞세운 공세에 대한 우리의 대응 자세에 있다. 특히 북한의 체제적 위기는 한국의 민주화 시기와 맞물려, 반공 자체가 과거 권위주의 정권의 산물인 것처럼 치부되는 분위기 속에서 민주화를 계기로 북한을 한 민족으로 보아야한다는 신화가 확산되었다. 고립되고 위기에 처한 북한의 '민족 동질성론', '민족해방론'의 환상에 빨려 들어가고 있는 것이다.

이러한 배경에서 김영삼 대통령은 취임사에서 '어느 동맹국도 민족보다 나을 수는 없다'고 말하였다. 대한민국이라는 국가와 그 헌정체제를 수호해야 하는 최고 책임자가 종족적, 낭만적 민족의 환상에 빠져 자신의 임무를 전면 부정하는 사태가 벌어진 것이다. 역사적 근거도 취약한 '단군릉'에 한국사회의 이른바 '민족진영' 인사들이 다투어 참배하는 것은 차라리 하나의 희극이라고 치부할 수 있을지 모른다. '북한은 핵개발을 할 의사도 능력도 없다'는 북한의 논리에 적극 맞장구치면서 핵개발 사실 자체를 부정하다가, 이제 북한의 핵이 실질적 완성단계에 들어가자 '평화의 사도'가 된 양, 같은 민족에 대한 전쟁은 무슨 일이 있어도 막아야 한다는 이른바 유화정책(appeasement policy)을 줄기차게 떠들고 실제로 추구하고 있는 것이다.

결국 우리 사회에 이어져온 종족적 민족주의, 정치적 낭만주의는 북한의 '민족 공세'에 말려 내부적 갈등, 이른바 '남남갈등'을 초래하였다. 문제는 이것이 대화와 타협으로 극복할 수 있는 단순한 정책상의 갈등이 아니라는 데 있다. 그것은 개인의 생명과 자유 그리고 존엄성을 어떻게 보장할 것인가 하는 정치공동체로서의 국가와 그 체제를 놓고 벌이는 철학과 세계관의 대립인 것이다.

종족적 민족관에서 벗어나야

우리는 오래된 같은 종족, 같은 문화를 가졌다는 의미에서 한 민족이다. 아무도 이를 무시하거나 경시할 수 없다. 문제는 세계문명의 현주소는 아직까지는 근대성에 있다는 것이다. 정치적으로는 근대 국민국가, 체제로서는 자유민주주의체제가 현재로서 유일한 대안이다. 물론 포스트 모던적 흐름이 일각에서 나타나고 있고 이러한 흐름을 보완적으로 흡수할 필요가 있는 것도 사실이지만, 오늘의 현실은 어디까지나 근대를 넘어서지 못하고 있다는 것이다.

안타까운 것은 우리는 국민국가 형성 단계에서 과거의 종족적, 문화적 민족에서 분열이 발생했다는 것이다. 그렇다고 종족적, 문화적 민족에 매달려서는 오늘날 세계에서 발전은커녕 살아남을 수도 없다는 것은 주지의 사실이다. 이러한 하나의 민족에 함몰되었다가는 대한민국이라는 국가가 희생될 수밖에 없다. 우리가 피땀 흘려 쌓아올린 자유와 권리 그리고 모든 물질적 기반마저 붕괴되어 세계사의 변방을 맴돌게 될 뿐이다. 민족은 우리의 경우 무시할 수 없는 조건이지만, 충분조건은 아니다. 근대성 즉 국민국가와 자유민주 정치체제가 더해져야 필요충분조건이 될 수 있는 것이다.

2. 신채호 역사관 비판

서명구

단재 사관의 역사적 의의

단재 신채호는 근현대 한국사학에서 피해갈 수 없는 봉우리이다. 그의 역사관과 사상은 한마디로 민족주의로 요약될 수 있다. 한일합방 전에는 계몽적 애국애족의 민족주의, 합방 이후에는 조국광복을 향한 독립운동으로서 저항 민족주의를 제창한 대표적인 인물이라고 하겠다. 특히 그의 사상은 지행합일(知行合一)의 실천 이데올로기라는 점에서 여느 역사관과도 뚜렷이 구별된다. 이렇듯 그가 한국 민족주의에서 갖는 의의와 공헌은 아무도 부인할 수 없을 것이다.

그러나 단재를 올바로 이해하는 것은 쉬운 일이 아니다. 우선 그의 역사관과 사상 자체가 시기에 따라 커다란 변화를 보여주고 있다. 초기에는 자강주의적 국가사상이 강하게 나타난 반면, 생애 마지막에는 무정부주의자의 모습까지 보여주었다. 그를 평가하는 일은 더욱 지난한 일이 아닐 수 없다. 그의 역사관과 사상이 한국사회에 기여한 공헌 못지않게, 부정적 그늘과 폐해 또한 지대하기 때문이다. 문제는 여기에 그치지 않는다. 단재 사후 그리고 해방과 독립 이후 그의 역사관은 그가 활동했던 역사적 맥락을 떠나 많은 이에 의해서 교조적으로 이해되고 또 현실에 적용되어온 것이다.

여기에서는 단재 신채호의 역사관과 사상의 전모를 규명하는 것을 목적으로 하지 않는다. 우리에게 중요한 것은 그의 역사관과 사상이 우리 사회에 기여한 공은 공대로, 그늘은 그늘대로 정확히 인식하는 것이다. 다만 단재가 우리 역사학과 한국 사상에 미친 공로는 널리 알려져 있고 또 상찬을 받고 있는 만큼 이 부분은 핵심적 내용만 짚어볼 것이다. 여기에서는 무엇보다 그의 사상과 역사관이 갖고 있는 문제점과 모순 그리고 시대적 한계를 중점적으로 살펴보고, 나아가 해방 이후 한국사회에서 그의 사상이 이해되어온 방식이 갖고 있는 문제점들을 지적하고자 한다.

단재 역사관의 중요성은 한국민족주의 특히 저항적 민족주의의 초석을 놓았다는 데 있다. 한일합방 전에는 무엇보다 전제정체라는 대한제국의 국제 즉 정치체제를 지키기 위해 국가의 통치철학과 방향을 제시하려 노력했다고 볼 수 있다. 그것은 독립이 위태로운 상황에서 주권체로서의 대한제국이라는 국가를 수호, 강화하려는 국가론, 자강론으로 나타났다. 식산(殖産)과 교육 그리고 중화적 사대질서를 거부하는 맥락에서 본국사(本國史)를 강조한 것도 당시의 역사적 상황에서 긍정적으로 평가될 수 있을 것이다.

합방 이후에는 해외 망명을 통해 독립운동의 가능성을 모색하면서 저항적 민족주의의 방향을 확고하게 정립, 제시하는 데 주력하였다고 할 수 있다. 역사관으로서의 '아(我)와 비아(非我)의 투쟁'이라는 명제는, 확고한 중심과 주변이 있는 것이 아니라 그것이 끊임없이 바뀔 수 있다는 일종의 무중심설(無中心說)로서 이는 사대주의 화이질서관(華夷秩序觀)을 극복하기 위한 것으로 평가될 수 있을 것이다. 또한 생애 후기에는 아나키즘의 수용을 통해, 점차 약화, 쇠퇴해가는 대일 항전에서 폭력 사용까지도 인정하는 등 독립투쟁사의 새로운 지평을 열었다는 점은 그 자체로 높이 평가 받을 수 있을 것이다.

전기 단재 사관: 종족적 민족주의의 문제점

단재의 역사관 및 사상은 이러한 의의와 중요성 못지않게 많은 문제점과 한계를 안고 있다. 핵심은 그가 말한 민족, 민족주의란 과연 무엇인가 하는 점이다. 이를 위해서는 먼저 민족주의 자체를 잠시 살펴볼 필요가 있다. 우리가 말하는 민족 혹은 민족주의는 nation, nationalism의 번역어로서, 전통 시대에는 동아시아 3국 어디에서도 존재하지 않았던 단어다. 그것은 서구에서 근대국가 형성과 관련되어 형성된 개념으로서, 역사 속에서 두 가지 유형으로 나타났다. 하나는 서구형 민족주의 혹은 정치적 민족주의라고도 하는 것으로서, 주권이 더 이상 국왕이 아니라 국민에게서 유래한다는 사고를 바탕으로 하는 것이다. 여기에서 국민은 자유로운 시민이며, 바로 이들의 자유로운 결합에 의해 국민의 기본적 권리가 보장되는 헌정국가 다시 말해 국민국가(nation-state)가 등장하는 것이다.

또 다른 민족주의의 유형은 비서구형 혹은 문화적 민족주의라고 도 하는 것이다. 이것은 독일에서 전형적으로서 나타난 것으로서, 주 권의 소재지로서의 국민의 기반이 되는 시민계층 자체가 제대로 형 성되지 못했을 뿐 아니라 근대국가 자체가 성립되지 못한 경우에 해 당된다. 여기에서는 피와 문화를 토대로 한 동질적인 1차 집단으로 서의 민족(folk)에 호소하여 근대국가를 수립하자는 주장이 핵심이다. 산업혁명 이후 해체, 상실되어가는 전근대적인 공동체적 전통사회를 동경하는 낭만주의적 요소가 가세한 것이다

단재 사학의 사상적 기반은 바로 후자의 비서구형 민족주의, 다시 말해 종족으로서의 민족에 있다. 일본이라는 외적의 제국주의 침탈 위기에 대응하려는 목적 자체는 숭고한 것이지만, 그 논리적 근거를 종족으로서의 민족에 두는 것은 또 다른 문제다. 이는 같은 대한제국 시기에 활동한 장지연(張志淵)이 계약설에 의한 단체적 결합으로서의 국가, 그리고 종족이 아닌 국민으로서의 민족에 중점을 두었던 것과 뚜렷이 대비된다. 신채호는 박은식(朴殷植)과 더불어 아득한 상고시대 로부터 면면히 이어오는 종족으로서의 민족에 대한 동경을 품은 낭 만적 민족주의의 모습을 보여주었던 것이다.

원래 근대국가 체제에서는 국가(state)가 먼저 수립되고, 그 국가 가 이미 존재하고 있는 "종족으로서의 민족"이라는 신민들을 국민 (nation)으로 만드는 것이다. 반면에 국가부재의 상태에서는 "종족으

로서의 민족"을 그대로 둔 채 그 위에 바로 국가라는 모자를 씌우려는 것이 낭만적 민족주의인 것이다. 단재 민족주의의 특성은 바로 여기에 있다.

단재가 수용한 낭만적 민족주의는 바로 그러한 비서구형 민족주의가 갖고 있는 문제점을 그대로 보여주고 있다. 무엇보다 자유를 중심으로 그리고 시민을 기반으로 자유민주주의를 실현하는 국민국가를 지향하는 것이 아니라, 혈연적 색채가 강한 자연적 집단 즉 겨레로서의 민족을 토대로 유기체적인 국가를 지향하고 있는 것이다. 여기에서는 개인의 존엄성과 권리보다는 집단이 우선되고 나아가 국가야말로 지고의 가치로 설정되었다. 개인은 국가를 형성하는 부품으로서의 의미만을 부여받게 된 것이다. 그 결과 자유시민의 '내나라 의식'을 가꾸는데 초점을 맞추기보다는, 피의 순결 그리고 겨레의 터전인 고토(故土) 회복을 강조하였던 것이다. 일제하 독립의식 고취의 절박성과 불가피성은 충분히 이해될 수 있지만, 그 종착점은 국권론적 전체주의라고 하지 않을 수 없다.

이러한 단재의 초기 사상은 자강론을 중심으로 하고 있거니와, 그 근거가 되는 사회적 진화론(다위니즘)이 갖고 있는 약점 또한 여실히 보여주고 있다. 천택(天擇, 자연선택)과 물경(物競, 적자생존)의 법칙에 따라 자유경쟁을 수용하여 봉건적 신분 차등을 타파하는 한편, 대외적으로는 중화에 대한 사대가 아니라 주권국가로서 자강의 길로 나아가자고 역설하고 있는 것은 높이 평가될 수 있다. 그러나 이러한 이론의 이면에는 승자의 강자지권(强者之權)을 수용할 수밖에 없다는 논리적 귀결이 함축되어 있는 것이다. 나아가 이는 역사를 투쟁의 과정으로만 인식할 뿐, 이를 넘어서는 보편의 지평을 열지 못한다는 문제점을 안고 있다. 헤겔의 경우, 민족을 강조하지만 이는 세계정신을 구현하는 세계사적 민족을 의미한다. 반면 이 시기 단재에게는 민족의 자강 이외 더 높은 근원적 목표 즉 이성주의, 세계사적 보편성, 인류에 대한 관심이 결여되어 있다. 특히 끊임없는 전쟁상태에 대한 강조는 한편으로는 역사 니힐리즘(nihilism), 정치적 니힐리즘을 조장하고 있는 것이다.

또한 이러한 사관은 외적과 싸우는 투사적 영웅 즉 군사적 지도자상을 강조하게 된다. 문제는 대외적 독립 수호와 자강을 위한 전쟁의 승리에만 그것도 영웅의 역할만을 강조함에 따라, 대내적으로는 민주사회 내부의 근대성 형성을 경시하는 취약성을 드러내게 되는 것이다. 그 결과 역사적 니힐리즘 속에서 민족에게 피해의식을 선동하는 카리스마적 지도자의 등장, 그리고 이러한 지도자 혹은 지도그룹이 대내적 문제들을 대외적 저항으로 대응하는 악순환의 길을 열어주게 될 우려가 농후해지게 되는 것이다.

종족적 민족주의는 역사학적으로도 상당히 많은 문제점을 안고 있다. 단재에 의하면 한국사는 사대주의 질서에 편입되기 이전과 이후로 구분된다. 그런데 사대질서 이전의 고대에 대해서는 이를 상찬하고 동경하는 낭만주의적 성향을 띄는 한편, 사대질서 이후의 한국사에 대해서는 접근 자체가 거의 불가능하게 된다. 패배한 역사이기 때문이다. 따라서 그의 연구는 한민족의 주종족(主種族) 찾기와 같은 종족적 근원 혹은 종족의 강역(疆域)에 초점을 맞추는가 하면, 을지문덕, 최영, 이순신 같은 군사적 영웅에 국한되는 한계를 보였던 것이다. 한마디로 단재의 민족주의 사학은 근대적 개념인 민족이라는 가치를 근대 이전의 모든 역사에 투영, 그 기준으로 모든 것을 재단하고 있다는 점에서 커다란 문제점을 안고 있다고 하겠다.

후기 단재 사관: 혁명적 민족주의의 문제점

3·1운동 이후 단재의 역사관과 사상에는 결정적 변화가 있었다. 전체적으로 보아 저항적 민족주의의 기조는 그대 유지되었지만, 기존의 자강론적 영웅사관이 혁명적 사회사관으로 변화한 것이다. 주관심사도 국가에서 민중으로 옮겨졌다. 여기에는 3·1운동의 충격과 그 실패의 교훈이 크게 작용하였고, 아울러 당시 망명지 중국에서 크게 유행하였던 무정부사상도 지대한 영향을 미쳤다. 단재는 3·1운동에서 새로운 민중의 가능성을 발견한 바 있거니와, 운동의 실패 요인을 분석하면서 특히 이후 타협주의가 득세하고 있는 상황에 주목하였다. 바로 이러한 현실 진단을 토대로 민중과 폭력투쟁으로서의 혁명을 결합, 민중을 주체로 하는 혁명적 민족주의 이념을 선포하였던 것이다.

단재 사상에서 가장 논란이 되고 있는 부분은 바로 무정부주의 문제이다. 독립을 통해서 민족의 자유 독립과 이를 보장할 국가를 세우려는 독립운동은 모든 권위와 국가마저 부정하면서 절대 자유를 추구하는 무정부주의와는 상당한 거리가 있고 심지어 모순되는 것으로도 볼 수 있다. 그런 면에서 그는 무정부주의의 몇몇 주장과 특히 폭력투쟁의 방법론을 원용하였을 뿐이라는 해석도 있다. 또한 그가 공산주의적 요소를 철저하게 배제한 결과 당시 의지할 이론적 틀로는 무정부주의가 유일한 것이었다는 분석도 있다.

여하튼 결과만 놓고 볼 때 단재가 생애 말기에 확실한 무정부주의자가 된 것은 부인할 수 없는 사실이다. 그리고 그는 영어의 몸이 되어 더 이상 자신의 사상을 발전시킬 수 없었다. 따라서 여기에서는 그의 사상 전모를 어떻게 해석할 것과는 별도로, 무정부주의가 그의 사상과 민족운동 과정에서 어떻게 기능하였는가를 살펴보되 특히 그것이 가져온 문제점에 초점을 맞추고자 한다.

이러한 단재의 폭력혁명적 민족주의 사상이 가장 단적으로 드러난 기념비적 문건이 '조선혁명선언'이다. 그 형식은 망명지 중국에서 결성된 지하 투쟁단체인 의열단의 선언이었지만, 내용 면에서는 이들의 주장을 수용한 단재 자신의 사상이라고 할 수 있다. 선언의 내용을 간추리면 무엇보다 '강도 일본'을 적으로 설정하되, 그에 대한 비판의 논리는 민족보다는 사회경제적 관점을 취하고 있다. 이어 자치운동, 문화운동, 외교론, 준비론 등 당시 국내외의 독립투쟁 노선을 비판한 다음, 민중의 직접 혁명 특히 폭력 혁명을 강조하고 있다. 그리고 독립한국의 미래상으로 고유 조선, 자유 조선, 민중 경제·사회·문화를 제시하였다.

우선 적의 설정문제를 검토해보자. 그는 일제를 '절대적 적'으로 설정하였다. 당시 상황으로 보아 이는 저항적 민족주의와 이에 입각한 독립운동의 지속과 발전의 명분을 마련하기 위한 것이라는 점에서 역사적 평가를 받을 수 있다. 그러나 일제의 침략과 식민통치를 비판하고 이를 '현실적 적'으로 설정하는 것을 넘어, 일제를 자국 무산계급의 혈액까지 착취하는 '자본주의 강도국'이라고 보면서 '절대적 적'으로 규정하는 것은 또 다른 문제이다. 심지어 국내 식민 통치하에서 살아가는 사람들 중 소수 특권계급과 일각의 타협주의를 경계, 비판하는 것까지는 몰라도, 그들 모두를 일괄적으로 '민족의 적'으로 규정하는 것은 절대화된 사고방식의 위험성을 여실히 보여주는 것이라고 하지 않을 수 없다.

단재는 3·1운동에서 민중을 발견하였다. 그러나 이는 아나키즘의 반(反)엘리트적, 반관적(反官的)인 민중이었다. 더 이상 춘원의 '흙'과 같은 소설 속에서 나타난 센티멘털한 '농민'이 아니라, 절대적인 적에 대한 절대적인 부정이라는 관점에서 모든 폭력이 정당화되는 가치관을 토대로 등장하는 폭력혁명의 주체로서의 민중이다. 여기에서는 민중이 직접 폭력을 통해 혁명을 일으킨다는 점에서 중간 엘리트의 존재는 부정된다. 현존하는 일본 제국주의와 그 식민통치를 부정하는 것을 넘어, 모든 권위를 부정하고 '절대적 자유'를 추구한다는 점에서 정치 자체가 부정되는 상황에 이르게 되는 것이다.

이렇게 이족 통치라는 절대 적을 파괴하기 위해 무정부주의 폭력사상을 수용한 결과 그의 사상은 민족에서 민중으로, 국가에서 절대적 자유로 그 중심이 이동하였다. 단재가 미래상을 제시한 것은 사실이다. 그러나 그는 항상 파괴를 강조하고 이에 대해서는 구체적인 방법을 제시한데 반해, 미래상과 같은 건설적 측면은 추상적, 원론적 주장에 그쳤을 뿐이다. 물론 단재가 오래 살아 해방 이후를 보았다면 미래상이 보다 구체화되고 또한 아나키즘을 넘어 현실적인 대안을 발전시킬 수도 있었겠지만, 그는 그 전에 생애를 마감하고 말았다. 우리가 현재 알고 있는 것은 그가 일제말기 가장 엄중한 시기에 독립운동을 끝까지 밀고 가다가 결국 정치와 국가 자체마저 부정하는 무정부주의 단계에서 그의 역할을 마감하였다는 것이다.

단재의 민족 민중사상이 남긴 후유증

아나키즘을 수용한 그의 민족주의 사관은 이후 한국 민족주의와 사상에 어떤 의미를 갖게 되었을까? 무엇보다 일제 식민통치하에 맞선 독립운동의 의지가 약화되어가는 특수상황 하에서 혁명적 폭력의 정당성을 제시하여 항일운동에 새로운 활력을 불어넣었다는 점에서 지대한 의미를 갖고 있다. 또한 단재는 사회적 다위니즘의 약육강식 논리의 취약점을 무정부주의자 크로프트킨(Kropotkin)의 상호부조론을 통해 극복, 독립운동의 목표를 민족에서부터 인류애와 국제적 연대성이라는 보다 높은 차원으로 옮겨놓을 수 있었다.

반면에 단재의 사상은 해방과 대한민국 건국 이후 또한 제국주의가 더 이상 적실성을 상실한 상황에서도 여전히 절대적 적을 향한 극한투쟁의 관점을 지속적으로 자극해 왔다는 사실도 부인하기 어렵다. 우선 그의 종족중심의 민족관은 여전히 대외 저항적인 배타적 민족주의를 끊임없이 추동해오고 있다. 또한 그의 절대 적의 개념은 권위 자체를 부정하고 또한 정치의 영역 자체를 인정하지 않음으로써 건전한 자유민주주의적 원리가 뿌리를 내리는 데 장애가 되었고 원리주의적인 혁명세력을 추동해온 사실도 부인할 수 없다. 아울러 권위 자체를 부정하는 등 사회와 경제가 저절로 모든 것을 해결해줄 것이라는 신화를 통해 국가 자체가 무력화, 파괴되는 흐름을 확산시키는 데 일조하였다. 이러한 사고방식은 남북한 간 실존적 대결을 벌이고 있는 남북관계에서 대한민국을 자발적으로 무장 해제시키는 결과를 가져오고 있다고 볼 수 있는 것이다.

오늘날 신채호의 세계관과 역사관으로 무장한 채, '민주 대 반(反)민주', '민족 대 (反)민족'의 도식을 들고 이른바 민족진영, 민주세력을 자처해온 세력들이 대한민국의 국가적 결정의 중심에 서 있다. 문제는 신채호의 사상과 역사관은 제국주의 시대의 국권이 풍전등화와 같은 상황 그리고 일제 식민지 치하라는 특수한 조건 하에서 나온 예외적인 것이라는 점이다. 상황적 맥락을 떠나 그의 사상을 절대시하면서 이를 오늘에 그대로 적용하려는 것이 과연 단재 자신이 진정 원했던 것이었는지 의문이 아닐 수 없다.

3. 한국 좌파의 사상적 뿌리에 대한 비판적 고찰

서명구

좌파가 득세하는 한국사회

흔히 '기울어진 운동장'이라고 표현되고 있지만, 현재 한국 사회에서 좌파들이 득세하고 있는 것은 엄연한 사실이다. 그러나 이러한 현상 자체는 사실 크게 문제될 것이 없다. 정작 중요한 것은 왜 한국의 좌파는 구미세계의 좌파와 같이 자유민주주의 헌정의 틀 속에서 움직이지 않고 있는가 하는 데 있는 것이다.

우리가 권위주의 체제를 극복하고 민주체제로 전환된 지도 벌써 30년이 넘었다. 그런데도 이 땅의 좌파 인사들은 여전히 '민주세력'를 자처하면서 아직도 구태의연히 '민주화'를 소리 높여 외치고 있다. 유럽 국가들과는 달리 아직도 이 땅에서는 의회민주주의 틀 속에서 자신의 이상을 실현하려는 사회민주주의마저 제대로 발도 붙이지 못하고 있다. 한때 마르크스레닌주의 심지어 주체사상까지 공공연히 외쳤던 인사들이 국가의 요직에 앉아 있는 지금까지도 확실하게 전향의 뜻을 공개적으로 밝히지 않고 있는 것도 모두가 아는 사실이다. 참으로 풀기 어려운 수수께끼 같은 일들이 벌어지고 있는 것이다.

여기에는 여러 요인들이 복합적으로 작용하고 있을 것이다. 무엇보다 우리 사회에 강력하게 영향력을 미치려는 북한의 선전선동을 필두로 각종 작용이 있어왔다는 것은 주지의 사실이다. 이 부분에 관해서는 이 책 제5장 '한국 사회의 전복세력과 전복전략'을 참고하도록 하고, 여기에서는 그러한 외부 작용과 영향력이 쉽게 먹혀들어갈 수 있었던 우리 사회 내부의 문제점, 특히 좌파의 사상적 연원과 특징에 초점을 맞추고자 한다.

한국 좌파의 개념 규정

현재 한국 사회에서는 통례적으로 좌파 보다는 '진보'라는 용어가 주로 사용되고 있다. 그러나 기실 이는 좌파의 끈질긴 용어투쟁이 만들어낸 결과 나타난 현상으로서, 그들의 객관적 실체 파악을 어렵게 하기 위한 정략이 가득찬 매우 부정확한 개념이 아닐 수 없다. 진보, 보수란 용어는 국어사전적 의미나 어감 면에서 지향하는 이념의 내용보다는 이것을 추구하는 태도 혹은 변화의 속도와 관련성이 크기 때문이다. 가장 극적으로 변화를 추구하는 변혁 혹은 급진에서부터, 이보다는 다소 속도가 낮은 진보, 그리고 비교적 조심스럽게 변화를 추구하는 개혁, 대체로 현실을 유지하려는 보수, 그리고 일체의 변화없이 오로지 현상 유지만을 표방하는 수구는 그런 의미에서 하나의 일직선상에 놓여있는 개념으로 볼 수 있다. 특히 주목할 것은 언어 사용의 관습상, 진보는 좋은 것이라는 선악 혹은 가치판단의 뉘앙스가 담겨 있다는 것이다.

한편 좌파, 우파는 흔히 평등 우선인가 자유 우선인가, 그리고 집단 우선인가 개인 우선인가 하는 이념의 방향성 또는 내용을 지칭한다. 나아가 좌우의 개념은 이러한 이념과 가치가 요구하는 정치체제의 성격을 가리키는 것이기도 하다. 문제는 한국 좌파들의 경우, 자신의 이념적 정체성을 드러내지 않기 위해서 의도적으로 진보라는 용어를 선점, 독점적으로 사용하고 있다는 것이다.

여기서 핵심은 한국 좌파가 진정 좌파로 규정될 수 있는가 하는 점이다. 먼저 이들이 자유보다 평등을 우선시 하며, 노동자, 농민 혹은 민중과 같은 집단적 가치를 중시하고 있다는 점에서는 분명히 좌파에 해당된다고 할 수 있다. 그러나 여기에 함정이 있다. 자유민주주의 헌정질서를 수락한 위에 그 테두리 내에서 우파와 경쟁하는 서구 좌파와의 차별성이 가려지면서 모두 같은 좌파로 혼동될 위험이 크다는 것이다. 만일 이들이 자유 민주주의 기본질서 속에서 자신의 지향하는 바를 명확히 밝히고 이를 대한민국 헌정의 테두리 내에서 실현하기 위해 노력한다면, 분명히 좌파라고 할 수 있을 것이다. 이 경우 좌파는 "새는 날기 위해 두 날개가 필요하다"는 의미에서 좌익의 의미를 가질 수도 있다.

문제는 오늘날 한국의 좌파는 대한민국과 그 헌정질서라는 "몸통"

에 붙어 있어야 한다는 것을 거부하고 있다는 것이다. 특히 이들은 대북정책상의 전술적 필요성 등 온갖 이유를 들어가며 북한 인권문제에 대해서는 애써 외면하고 있다. 그런 점에서 오늘날 한국의 좌파들은 혁명적 좌파, 급진 좌파, 혹은 반(反)자유민주파, 혹은 반(反)체제파 나아가 반(反)대한민국파라고 불려야 마땅할 것이다. 나아가 진보, 보수의 기준에서 볼 때에는 가장 퇴영적인 정치체제를 옹호하고 있다는 점에서 오히려 수구라는 지탄을 받지 않을 수 없다.

좌파의 사상적 뿌리와 그 특징

이러한 한국 좌파가 그 사상의 뿌리를 근대 유럽에 두고 있으며 특히 19세기 후반 이후 형성된 마르크시즘의 영향을 크게 받았다는 것은 익히 알려진 사실로서, 이에 대해서는 새삼 설명하지 않을 것이다. 여기에서는 이를 전제로, 마르크스주의까지 포함된 한국 좌파의 보다 광범위하고 심층적인 연원과 그 특징들을 살펴보고자 한다. 이들은 우선 역사적으로는 프랑스혁명 나아가 서구의 근대 초기에 나타난 각종 유토피아적 사고까지 연원이 닿아있다고 할 수 있다. 뿐만 아니라 동아시아 유교적 전통 즉 요순우탕 문무주공(堯舜禹湯文武周公)을 이상적 모델로 설정하는 유학의 복고적 유토피아적 특징, 특히 조선조의 주자학적 전통과 이에 입각한 정치체제의 특성에도 적지 않은 영향을 받은 것으로 볼 수 있다.

한국 좌파의 사상적 뿌리와 특징으로 짚어야 할 것은, 첫째 유토피아적 사고방식과 태도이다. 주지하다시피 근대는 르네상스 인문정신과 종교개혁을 기반으로 개인, 자유, 합리주의라는 가치에 입각하여 형성되었다. 문제는 역설적이게도 근대 여명기에서부터 현실적 여건을 뛰어넘어 이러한 새로운 합리적 세계를 동경, 추구하고자 하는 유토피아니즘이 대두되었다는 것이다. 특히 근대성의 극적인 정치적 표출이라고 할 프랑스혁명에서도 이러한 측면은 크게 나타났다. 아울러 근대 합리주의와 산업혁명에 대한 반동으로 19세기에 대두된 낭만주의적 사조 또한 마르크시즘 자체에까지 적지 않은 영향을 미쳤다는 것을 염두에 둘 필요가 있다. 이상적 공산사회를 현실 속에서 즉각적으로 건설할 수 있다는 유토피아니즘이 바로 그것이다. 이렇게 아무리 합리적이고 이상적인 세계를 지향한다고 하더라도 역사적, 현실적 조건을 고려하지 않은 채 지상에서 이것을 바로 건설하려는 것이 바로 정치적 낭만주의의 주요 특성의 하나라고 할 수 있는 것이다.

한국 좌파도 이러한 좌파의 유토피아적 특성을 그대로 갖고 있는 것은 물론이다. 그들은 무엇보다 '프롤레타리아트의 승리'와 같이 서구의 유토피아적 역사철학을 맹목적으로 수용하고 있다. 여기에 후발국의 특징인 '민족의 승리', '민중의 승리'라는 도식이 가세하여 유토피아적인 직선적 사관을 철저하게 신봉하고 있는 것이다.

특히 우리 전통에서는 존재하지 않았던 근대성의 요소들을 외부로부터 수용하는 과정에서 이러한 특징은 더욱 강화되었다. 다시 말해 역사적 침전물로서 현실 속에서 작동하고 있는 자유민주주의 정치체제를 단순히 구미에서 형성된 과거완료형의 완성품으로 대하는 자세가 두드러지게 나타났던 것이다. '계약론'만 하더라도 그 이론이 갖고 있는 가상적(fictional) 전제를 올바로 이해하지 못한 채 이를 현실태 다시 말해 역사적 사실로서 합의와 계약 행위가 반드시 존재해야 하는 것으로 오해하는 경향이 강하게 나타나고 있는 것이다.

한국에서 유토피아니즘은 후발국의 특징을 갖고 있다. 서구에서도 독일은 영미 그리고 프랑스와 달리 근대국가가 늦게 형성된 후발국으로서, 아직 국민이 부재한 상태에서 종족적, 문화적 민족을 중시하는 문제점을 보여준바 있다. 한국 역시 제국주의 침략을 받고 일제 식민지로 전락하는 역사적 과정에서 이러한 특성을 수반하였다. 전통 시대에 '목가적 상태에 있었다고 가정되는 종족으로서의 민족'을 근대 민족으로 호명해 낸 것이다. '반만년 역사의 한민족'은 면면히 이어져왔고 또한 대동(大同)의 세계 속에서 평화롭게 살고 있었다는 종족적 혹은 문화적 민족주의를 추동하였던 것이다. 여기에는 조선조 후기의 소중화(小中華) 사상이 폐쇄적이고 자족적 세계를 합리화, 미화한 전통도 연결되었다고 볼 수 있다. 그리하여 '한국적인 것', '한국 고유한 것'을 최고가치로 여기고 이를 즉각적으로 현실에 구현해야 한다는 유토피아니즘이 식민지 시기뿐만 아니라 해방과 독립 이후에도 격동의 역사를 거치면서 강력하게 자리 잡게 되었던 것이다.

이러한 유토피아니즘은 국제관계에 대한 태도에서도 뚜렷이 나타난다. 여기에서는 무엇보다 침략과 전쟁이 그 본성을 이루는 자본주의 국가들이 폐지되면 국제평화가 올 것이라는 레닌식 제국주의적 관점도 적지 않은 영향을 미치고 있다. 또한 제1차 세계대전 이후 구미 세계에서 전형적으로 나타난 유토피아적 평화 사조들도 상당한 영향을 미친 것으로 보인다. 국제법이 확대 적용되며, 국제기구가 수립되고 국가 간의 교류협력이 진전되면 당연히 국제평화가 따라올 것이라는 사고방식이다.

한국 좌파의 국제정치관 및 대북관 역시 이러한 유토피아적 특성에 침윤되어 있다. 특히 실존적 투쟁관계에 있는 북한에 대하여 교류와 경제를 비롯한 각종 협력을 통해서, 그리고 남북 정상회담과 같은 이벤트와 그 상설화, 그리고 각종 합의와 평화협정 같은 법적 관계를 통해서 평화가 확보될 수 있다는 사고방식이 두드러지게 나타나고 있는 것이다.

둘째는 이러한 유토피아니즘과 관련되어 나타나는 것이지만, 현실적 맥락을 완전히 무시한 추상성과 관념주의라는 연원이다. 지극히 복잡다단한 현실을 추상적 관념과 지극히 간단한 도식으로 추상화하여, 여기에 일반적 법칙을 적용하는 것이다. 유럽사회의 발전모델인 헤겔 혹은 마르크시즘의 역사철학에 입각한 발전법칙을 도식화하여 다른 문명권에 속한 지역의 역사에 무차별적으로 적용하려는 문제점에 대해서는 여기에서 새삼 설명할 필요도 없지만, 한국 좌파의 경우 역시 이러한 특성을 전형적으로 보여주고 있다. 여기에는 조선조의 주자학 즉 성리학의 고도로 추상화, 형식화된 이념 지향적 측면도 적지 않은 영향을 미친 것으로 보인다.

민주주의에 대한 이해만 하더라도, 그것은 이미 헌법과 법률을 비롯한 각종 제도 속에 선험적으로 존재하고 있다는 사고방식이다. 국가를 운영하는 정치체제와 그 원리는 특수하고 예외적 현실 속에서 항상 재해석, 적용되는 것이라는 점을 완전히 무시하고 있는 것이다. 최근 대통령 탄핵사건만 하더라도 과연 헌법재판소가 헌법 조항을 기계적으로 잘 적용했는지는 몰라도, 헌정주의, 3권 분립 정신 등 자유 민주주의 헌정 원리를 얼마나 깊이 있게 성찰하고 이를 현실 속에서 구현해 내려고 노력했는지 상당히 회의적이다.

평등 특히 경제적 평등 문제에 대해서도 마찬가지다. 시장경제의 복잡한 기제를 과감히 생략해버린 채, 결과적 현실 그것도 부정적 측면만을 전체적 특성으로 부각시키고 일반화하여 비판하고 있다. 구미세계를 비롯한 세계 모든 곳에서 예외 없이 나타난 자본축적 과정상의 일반적인 문제점을 유독 한국에서만 있는 것, 심각한 것처럼 비판하고 있는 것이다. 경제발전에 대한 인식도 마찬가지다. 식민지 경험 때문이겠지만 도식적이고 관념적인 차원에서만 '자주성'을 이해한 나머지, 대부분 선진국들의 경제발전 경로를 무시한 채 오로지 내포적 발전만이 유일한 길이라고 주장하고 있는 것이다.

이러한 맥락 없는 추상화, 관념적 도식화는 국제정치를 보는 시각에도 강하게 배어있다. 미국을 자본주의의 최고단계로서의 제국주의라는 레닌의 시각으로 보거나, 아니면 19세기 제국주의 열강과 같은 유형으로 인식, 규정하고 있는 것이다. 특히 제2차 세계대전 이후 초강대국 특히 냉전 종식이후 유일 초강대국으로서의 국제질서를 규정하고 주도하는 현실적 기능과 역할은 철저하게 무시한 채 한 세기 전

낡은 제국주의 도식에만 매달려 있는 것이다. 심지어 제국주의를 배척한다는 구실로 구미 세계를 통해 발현된 긍정적 측면 즉 보편적 가치(universal value)마저 배척하고 있다.

한반도 현실에 대한 인식도 마찬가지다. 이른바 분단체제론이라는 것도 민족, 민중에 바탕을 두고 분단을 극복해야 한다는 당위적이고 단순한 도식과 구호의 수준을 넘지 못하고 있는 것이다. 명칭은 거창하지만 분단 이후 모든 병폐를 분단으로 돌리는 환원주의에 다름 아니다. 종속이론의 경우도, 복잡하고 역동적인 국제관계는 무시한 채, 현실의 한 측면만을 부각시키고 이를 도식화, 일반화하여, 구미 선진국 특히 미국에 대한 원한과 분노만을 자극하는 데 급급하였던 것이다.

탈냉전이라고 하지만 이는 어디까지나 세계적 차원에서 나타난 현상이며, 한국의 좌파는 한반도에서는 여전히 냉전의 그늘이 걷히지 않고 있는 상황을 철저히 외면한 채, 관념적인 평화론만을 기계적으로 적용하려는 모습을 보이고 있다. 특히 북핵 개발로 엄중해진 한반도 정세와 새로운 블록간 패권경쟁이 가속화되는 동북아 지역의 국제정치 현실에는 눈을 감은 채, 미국을 19세기적 의미의 제국주의 세력으로 비난하는가 하면 주한미군을 폐쇄적 자주성의 관점에서 맹렬히 비판하고 있다.

셋째는 앞서 언급한 유토피아니즘, 그리고 추상성과 관념주의와도 연계되는 것이지만, 특히 흑백논리에 의한 선악의 관념을 무차별적으로 적용, 정치현실을 도덕론적으로 그것도 '절대 선'과 '절대 악'

의 세계로 양단하는 태도이다. 이는 무엇보다 마르크시즘까지를 포함한 서구 역사철학과 정치사상이 갖고 있는 기독교적 구원사관이라는 기원 및 그 특성과 관련이 있는 것으로 보인다. 또한 우리의 경우, 정통과 이단을 가르는 당쟁 속에서 조금만 다른 이설이 등장해도 이를 사문난적(斯文亂賊)으로 매도하는 조선왕조의 주자학 전통으로부터도 적지 않은 영향을 받은 것으로 보인다.

한국 지식인과 정치가 이렇게 선악 이분법적 세계에 빠져들게 된 것은 한일합방과 식민지하 국내에서 활동한 지주계급과 인텔리겐치아가 갖고 있던 원죄의식 내지는 부채의식과 무관하다고 할 수 없다. 여기에 일제라는 '절대 적'은 물론 국내에서 활동한 거의 모든 세력까지를 타협주의로 매도하고 나아가 국외에서도 외교론 등을 주장하는 세력을 미몽(迷夢)으로 규탄한 단재 신채호(丹齋 申采浩)의 아나코 코뮤니즘의 영향도 적지 않게 받은 것으로 보인다. 물론 현실 순응적 혹은 타협주의적 태도에 대해 죄책감과 부채의식을 갖는 것이 잘못이라는 것은 아니다. 문제는 그것이 독립 이후, 더욱 강화된 선악 이분법적 논리로 나타난 데 있는 것이다.

무엇보다 민족과 민중을 '절대 선'의 존재를 설정하고 이와 대척적인 모든 존재와 제도를 '절대 악'으로 설정하고 있다. 이런 차원에서 역대 정권은 물론 나아가 정치와 국가 자체가 '절대 악'으로 규탄되는 것이다. 이러한 선악 이분법의 도식적 논리는 권위주의 정부 하에서 일부 지식인들에 의한 민족 민중론을 통해 더욱 증폭되었다. 여기에는 1980년 광주에서의 체험이 결정적인 계기가 되었다. 이렇게 미국과 국내의 군부권위주의 세력을 국내외의 '절대 악'으로 규정하고 이에 맞서 투쟁하는 과정을 통해 도덕적인 이분법적 세계관은 '역사적 진실'로 정착되었던 것이다.

마지막으로 이러한 제반 특성들과 관련된 것이지만 결국 근대국가로서의 대한민국 나아가 정치 자체에 대해 부정적, 회의적인 사고방식이다. 여기에는 지금까지 분석한 제반 사상적 측면과 더불어, 현실적 차원에서 볼 때 그동안의 근대화 과정에서 소외되고 좌절한 사람들 다시 말해 에릭 호퍼(Eric Hoffer)가 그 특성을 통찰력 있게 분석한 맹신자(the true believer)들의 심리적 기제도 중요한 요인이 되었다는 점을 지적해 두고자 한다.

먼저 주목해야 할 것은 마르크시즘에서 극적으로 나타나는 국가소멸론, 그리고 그 이론적 토대로서의 경제결정론의 영향이다. 이것들은 불평등한 현실을 비판하면서 노동이 해방되면 모든 모순과 병폐가 없어질 것이라는 사고방식, 나아가 정치 자체를 극복되어야 할 것으로 단죄하면서 경제와 사회가 정치를 대체할 수 있다는 사고방식이다.

한국 좌파 역시 이러한 마르크시즘과 경제결정론의 영향을 받고 있으며, 특히 대한민국을 철저하게 비판, 심지어 절대적으로 부정하는 특징을 갖고 있다. 대한민국은 반만년 역사를 자랑하는 고유한 민족의 단일성을 파괴한 분단국가라는 것이다. 특히 민족 구성원들의 자주적인 의사를 무시한 채 외세에 의하여 외부로부터 삽입되는 형태로 국가가 만들어졌다고 비판한다. 해방정국에서 '자생적'인 건준

(건국준비위원회), 인공(인민공화국)을 무시한 채 미군정에 의해 친미적, 외세 의존적, 매판적 정부가 들어섰다는 것이다. 한마디로 대한민국은 태어나서는 안 될 국가라는 것이다.

뿐만 아니라 근현대사 전체를 외세에 의한 억압과 굴종의 역사로 규정하고, 특히 대한민국을 노동을 착취하고 탄압해온 반(反)민중적 정권, '파쇼국가'로 규정하고 있다. 나아가 정치 자체가 민중을 억압하는 기제이며, 따라서 민중이 주인이 되는 세상이 와야 모든 문제가 해결된다는 사고의 정형을 보여주고 있는 것이다.

한국 좌파는 일상적 전체주의 세력

이러한 역사적 체험과 사상을 바탕으로 한국 좌파는 해방 정국에 이어 약 40년 만에 한국 사회에서 본격적으로 재등장하기 시작하였다. 특히 1987년 민주화 이후에도 여전히 스스로를 '민주세력'으로 자처하면서, 집권층을 '반(反)민족세력', '파쇼세력'이라고 비난하는 등 도덕적 양분법을 사용해 오고 있다. 최근 한국의 좌파들은 김대중, 노무현 정권 이후 근 10년 만에 다시 권력을 장악하면서 과거 집권경험을 거울삼아 용의주도하게 움직이고 있다.

이러한 좌파세력들의 사상적 특징들에 대해 국민 대다수는 정확한 실체를 이해하지 못한 채 단순히 '다소 급진적인 진보세력'으로 간주하면서, 그들 역시 시행착오를 거쳐 조만간 현실을 깨닫게 될 것이라는 낙관적 시각이 널리 퍼져있는 것도 사실이다. 구미 선진국들과 같이 산업화와 민주화가 순차적으로 이루어지지 못한 채, 압축적·모방적 근대화를 추진해온 우리의 역사 속에서 건너뛴(skipped) 단계를 뒤늦게나마 되새김질하는 과정이라는 것이다. 또한 이 모든 것들은 식민지로 전락한 체험을 통해 겪은 커다란 트라우마 즉 정신적 외상으로 인한 병리적 현상으로서, 시간이 가면 자연 치유될 것으로 보는 관점도 적지 않다.

그러나 현재 한국의 좌파들은 단순한 좌파가 아니며 더구나 진보와는 아무런 상관없는, 아니 오히려 수구집단에 해당된다. 이들은 대한민국이 자유민주주의 정치체제라는 유일한 근대적 가치를 이 땅에 도입하고 이를 외부 위협으로부터 지켜내는 한편 그 내용을 충실하게 채워가는 과정이었다는 점을 철저하게 외면한 채, 자유민주주의 제도가 지향하는 이상형이 현실에 바로 작동되지 못해 왔다는 점만을 맹렬히 비난하는 것이다.

최근 이들은 개헌안을 발표하면서 자유민주에서 자꾸 '자유'를 지워, 자유 없는 민주주의를 내심 바라고 있다는 것을 노골적으로 보여주고 있다. 민족과 민중이야말로 절대 선이며, 이들이 주인 되는 세상이라는 '환상의 공화국'을 지향하고 있는 것이다. 그리고 대한민국이라는 국가와 그 자유민주주의 정치체제, 그리고 시장주의 경제를 철저히 부정, 이를 자신들이 생각하는 관념적 유토피아로 대체하려고 치밀하게 움직이고 있다.

이들이 현재 가장 역점을 두고 있는 것은 '적폐청산'으로서, 이는 지난 탄핵과정에서 단적으로 드러났듯이 바로 도덕적 분노와 양심

(ressentiment) 다시 말해 '증오심'을 자극, 증폭시키는 작업이다. 이를 바탕으로 기존의 대한민국 역사 자체를 도덕적으로 단죄하고, 4·3사건을 비롯한 이른바 민중·민족 사관을 중심으로 70년 대한민국 역사를 완전히 재구성하려고 시도하고 있다.

이렇게 아직도 시대착오적인 세계관을 교조적, 원리적으로 추구하는 이들 좌파 세력이야말로 오늘날 한국사회와 정치를 표류하게 만드는 최대 요인이자 '적폐'가 아닐 수 없다. 이들의 유토피아적인 정치적 낭만주의, 종족적·문화적 민족주의 그리고 혁명적 민족주의 세계관은 그 자체로도 매우 위험한 요소들이다. 한국 좌파의 이러한 속성은 본격적인 공산주의 북한체제를 용인하고 이들과의 연대와 합작으로 나아가는 통로가 되기 때문이다. 그런 점에서 한국 좌파들이야말로 의식적, 무의식적으로 전체주의를 지향하는 일상적 전체주의 세력이라는 비판을 면치 못할 것이다.

4. 직접민주주의는 부드럽게 표현된 전체주의(全體主義)[9]

유광호

북한 핵실험에 대한 문재인 정부의 반응

북한이 2017년 9월 30일 제6차 핵실험을 했다. 이에 대응하여 소집된 국가안보회의에서 문재인 대통령은 "북한은 실로 어처구니없는 전략적 실수를 자행했다"고 말했다. 이날의 문재인 대통령 발언 수위는 이제껏 중 가장 강경한 것이었다고 한다.

문재인 대통령이 "어처구니없다"고 말하는 것을 보고 필자는 소름이 끼쳤다. 우리는 보통 어이없으면 실소(失笑)를 짓게 된다. 김정은이 세습 집권한 후 벌써 네 번째고, 수소탄 실험을 했다는데 "한반도 긴장을 고조시키는"이라고 남의 일을 평하듯 하는 표현이나 "대화의 길로 나와야"나 "한반도에서의 항구적인 평화체제 구축 노력을 일관되게 추진해 나갈 것"이라는 등의 한가한 듯한 소리는 깊은 뜻이 있을

9) 이 글은 〈월간조선〉 2017년 10월호에 게재된 것을 수정한 것이다.

것을 바라면서 논외로 치자. 그렇더라도 "전략적 실수"라는 얘기는 또 무슨 뜻일까?

전략·전술적 차원을 따지는 경우의 전략적 차원을 가리키는 것일까? 좌익의 혁명전략전술론에서 항상 쓰는 개념이기도 하다. 그런데 이럴 때 '전략적'이라는 말을 쓸 필요가 있었을까? 전략적 차원과 전술적 차원을 구분하여 북한의 행위를 분석하고 대응한다는 차원이라면, 즉 대륙간탄도미사일(ICBM) 완성을 문 대통령이 언급했던 레드라인으로 본다면 이번 6차 핵실험이 그 레드라인을 넘은, 즉 전략적 차원의 문제에 해당한다는 뜻인가? 그러나 청와대는 정작 아직 레드라인을 넘어선 것은 아니라고 밝혔다고 보도됐다. 도대체 뭐란 말인가?

그렇지 않고 일상생활에서 쓰는 '전략적'이라는 말의 뜻으로 썼다면 심각한 문제가 있다. 그 경우 영리하지 못하게 목적에 부합하지 않은 행위를 했다는 의미가 되기 때문이다. 대화의 길로 나와서 항구적인 한반도 평화체제 구축으로 가야 되는 것이 북한의 전략적 이익인데 이번에 '실수'를 했다는 말이 된다. 그것도 "어처구니없이". 김정은이 김정일처럼 노련하지도 못하고 영리하지 못해서 그랬으니 실소나 한 번 날려 주면서 용서하자는 말 같기도 하다. 그러나 문재인 정부가 바라는 한반도 평화체제가 한미동맹을 해체하지 않고 북한이 핵을 포기하는 것이라면 북한 정권이 살아남을 길은 없을 것이다.

북한이 요구하는 '평화체제'는 미군이 철수하는 한반도 평화체제다. 그것을 위해서 북한은 핵게임을 해 왔다. 핵으로 미국을 직접 위협할 수 있는 능력을 완비한 상태에서 미국과 담판을 지어 사실상의 핵보유국으로 인정받고 미국의 개입을 차단한 후, 한반도에서 남한을 정치·군사적으로 압도하고, 그 여세를 몰아 북한 주도의 통일을 실현하겠다는 것이 김정은 정권의 핵전략이 추구하는 목표다.

결국 핵은 북한의 세습정권에게 있어서 남한 적화통일을 실현할 수 있는 '절대무기'인 것이다. 그 점에서 북한 정권은 소름 끼칠 정도로 목적 합리적이다. 이런 변하지 않는 사실을 문 정부는 정말 모른단 말인가? 그럴 리는 없다. 일찍이 권부 요직에 근무하면서 북한의 전략에 관한 정보를 접하지 않았을 리는 없을 것이기 때문이다.

이제 "어처구니없는"이라는 표현을 생각해 보자. 그것은 '어이없다'는 말이다. 즉 '일이 너무 엄청나거나 뜻밖이어서 기가 막히다'는 뜻이다. 이런 말이 냉정한 전략·전술 구분 차원의 분석에서 사용될 수 있는 말은 아닌 것 같다. 아무리 이해해주려 해도 "어처구니없는"이란 수식 표현에는 분노가 담겨 있지 않은 것 같다.

너무 기가 막혀서 분노할 수도 없었다고 할지도 모르겠다. 그렇다고 망나니짓을 나무라는 힐난의 뜻을 담고 있는가? 오히려 그 말은 상대를 어느 정도 포용하는 경우에 쓰는 것이 보통 언어감각이다. 한자어를 쓰지 않고 순우리말을 골라서 엄중한 상황에서 사용하면 그 단어의 원 뜻에 비해 그 뜻이 부드러워지기 마련이다. 말하자면 일종의 동반자 같은 관계에 있는 경우 왜 그런 엉터리 짓을 해서 일을 그르치느냐고 책망 내지 실망할 때 쓸 수 있을 것이다.

대화와 타협

그렇다면 문재인 정부와 그 지지세력에게는 북한이 동반자라도 된다는 것인가? 어쩌면 그렇다고 할 수 있을지도 모른다. 그들에게는 적어도 6·15 남북공동선언과 10·4 남북합의서가 있다. 그것이 함께 일궈나가야 할 중간 목표일 것이다. 그들에게 그것들은 유효하고 감격스러운 성과이며 남겨진 과업일 것이다. 그것은 김대중·노무현·문재인 정부로 이어지는 자칭 이른바 '민주정부'의 정체성(正體性)의 한 면을 표현해 준다고 볼 수 있다. 그것들에 북한 정권의 전략과의 접점이 있다.

그렇다면 문재인 정부와 그 지지세력을 단순히 유화주의자들이라고 보는 것은 피상적일 것이다. 문재인 대통령이 노무현 정부 때 청와대 비서실의 중책을 맡고 있을 때부터 최근까지 줄곧 국가보안법 폐지, NLL 해체, 북한의 천안함 폭침 사실에 대한 의심, 연방제 주장 등등 북한이 원하는 사항들을 주장해 왔기 때문에 더욱 그렇다. 그러면 이 정부는 북한의 일련의 도발적 행위에 대하여 정말 절망하고 있었을까? 북한의 수소탄 실험 다음 날인데도 여당 대표는 국회 대표연설에서 북한과의 대화를 줄기차게 주장하고 있다.

북한과의 대화는 북한의 핵개발을 위한 자금과 시간을 제공했을 뿐이다. 자유민주주의 정치질서는 사회 내의 갈등상태를 전제로 하기 때문에 대화와 타협을 중시한다. 그러나 인간생활에는 타협이 어울리지 않거나 타협을 하지 말아야 하는 측면도 있다. 예를 들어 전투 중에는 적과 타협할 수 없다. 북한 전체주의 체제와 대한민국 자유민주주의 체제는 융합될 수 없는 관계임이 진실이다. 때문에 한국은 자유 우방과 손잡고 북한의 침략을 억제하고 자유의 바람을 갖은 방식으로 북한 동포들에게 불어넣어 북한 야만정권이 고사하도록 하는 길 외에 다른 방법이 없다. 이것이 이승만·박정희 대통령과 애국파의 방법이었다.

인민공화국 대 민주공화국

다른 방법은 '남북합작'론이라고 할 수 있는 것이다. 이 입장은 북한이 김일성과 빨치산파의 항일무장투쟁에 기반을 두고 수립된 정당성 있는 국가라는 거짓을 인정하는 데서 출발한다. 그러나 역사적 사실을 보면 북한이 처음부터 '사기(詐欺)의 왕국'이었음은 더 말할 필요도 없다. 남북합작을 몽상하는 세력은 해방공간에서의 인민공화국 노선이 옳았다고 보는 것이다. 인공(人共)은 레닌이 공산주의의 통일전선전술로 내세운 '인민민주주의' 노선에 따른 것이었다. 그들은 대한민국이라는 민주공화국은 제국주의 미국과 한편이라고 보았다. 그래서 그들은 반공주의자, 즉 반(反)전체주의자들을 배제하고 공산주의자들과 합작하여 통일을 이루자는 것이다.

그들이 지금 '대한민국은 민주공화국'이라는 헌법 제1조를 전가(傳家)의 보도(寶刀)처럼 내걸고 '직접민주주의'의 상당한 도입을 주장하고 있다. 그러나 직접민주주의란 부드럽게 표현된 전체주의에 다름 아니다. 그들은 '민주공화국'에서의 '민주'를 자유민주주의, 즉 대의민주주의에 한정되는 것은 아니라고 생각하는 것 같다. '민주공화국'이라는 표현은 1948년 헌법 제정 시 '인민공화국' 개념에 반대되는 것으로 채택된 것이다.

이런 사상을 가진 그룹은 그들이 '반민족·반민주 독재'세력이라고 규정한 이승만과 박정희의 노선을 따르는 대한민국 애국세력을 제압하여 이른바 '민주화'를 이룬 다음 미국을 배제하고 우리 민족끼리 남북한이 자주적으로 통일하자는 것이다. 이것은 북한이 변함없이 공작해 오고 있는 '남조선혁명'노선과 궤를 같이하는 것이다. 그렇기 때문에 김대중과 노무현은 평양에 가서 연방제 추구 등등에 합의를 하는 것이 전혀 부자연스럽지 않았던 것이리라.

반(反) 제국주의론 공유

이런 그룹들의 지도자로 옹립된 사람이 북한정권에 대하여 강력한 투쟁을 하기는 쉽지 않을 것이다. 이런 북한 및 좌파의 노선과 대한민국파의 노선 사이에 중간노선이 있을 수 없음은 이제는 증명되었다. 북한과 한국 내 좌파는 적어도 반 제국주의론을 공유한다. 또 반(反) 반공주의를 공유하고 있다. 그러므로 문 정부를 지지하는 세력들이 볼 때는 지금까지 '남북공조'가 잘되고 있었던 것일 수 있다.

그들은 북한이 미사일을 연이어 발사했던 것에 대해 내심 박수를 보내고 있었을지 모른다. 다만 드러날 편향성을 의식해서 손을 봤기 때문에 문 대통령의 연설문들에서 적지 않은 모순들이 노정됐다고 봐야 할 것이다. 참모들이 무식해서 전체 체계가 정연하게 잡히지 않은 것은 아닐 것이다. 그렇게 이들은 확정돼 있던 사드 배치를 중지시키면서 벌였던 옹색한 쇼를 비롯하여 각종 쇼를 해왔다.

미국과 공조하면 '제국주의의 주구(走狗)'로 몰릴까 두려웠을까? 어째서 미국이 대한민국에게 제국주의인가? 압도적으로 세계 최강인 미국은 한국과 상호방위조약과 연합군 체제를 가진 동맹국으로 많은 자유 국민국가들이 양국 관계를 부러워하는 우리의 역량의 거대한 확장인 것이 진실이다. 이 진실을 거부하고 증오하는 것이 한국의 좌파와 북한이고 중국이다. 그런 중국에 너무 저자세를 취한 것이 문제였다.

문 정부의 이런 여러 의심스러운 전력과 행보 아래에는 민주주의라는 것에 대한 정치사상적 입장이 또한 깔려 있다. 대통령 탄핵 운동 때 등장했던 국민주권론은 매우 무지하고 왜곡된 것이다. 주권자의 직접민주주의를 들고 나왔는데 이는 광장민주주의를 가리키는 것이다. 그런데 거기에 누가 참여하겠나? 생업에 종사하는 바쁜 국민들이 거기에 몇이나 참여할 수 있겠는가? 지난 촛불시위 때마다 드러난 것 같이 직업적 좌파운동가들과 그 조직원들이 주도하는 것이 현실이다.

그러므로 직접민주주의를 하겠다는 것은 그들과 한몸이 되어 광장을 점령하면서 영구집권하겠다는 속셈 외에 다른 것이 아니다. 김대중도 2008년 광우병 거짓 선전선동에 따른 촛불시위를 "직접 민주주의의 진수를 보여준다"고 부추긴 바 있다. 그러나 우리 헌법 제1조 2항에 명시된 '국민주권론'은 정치적 정통성의 근거를 제시하기 위한 상징적 준거 기준이다. 그럼에도 불구하고 마치 그 '국민'이 '집단적 개체'로서 실제로 존재하는 것처럼 잘못 이해되곤 한다. 이 틈을 타서 좌파가 국민들을 공략하고 있다.

영어에서 nation(국민)은 추상적이고 불가산 명사이기 때문에 그 개개 국민을 가리킬 때는 citizen이라는 단어를 쓴다. 이와 같이 국민(nation)은 현실에 존재해서 행위할 수 있는 존재가 아님을 알 수 있다. 국민주권론이 정치체제의 정통성에 근거를 제시하기 위한 상징적 준거 기준이라는 점은 왕정에서 민주주의로 전환되는 과정을 보면 쉽게 이해할 수 있다.

서양 중세 정치사상 연구자인 칸토로위츠(Ernst Kantorowicz)에 의하면, 왕정에서 국왕은 '생물학적 존재로서의 왕(body natural)'과 '정치적 상징으로서의 왕(body politic)'이라는 측면을 동시에 갖고 있었다. 국왕은 인간으로서 그의 신체는 죽음과 함께 소멸된다. 그러나 왕위의 계승과 왕조의 지속성을 유지하기 위해서는 국왕이 육체적으로 죽더라도 정치적 상징으로서의 왕은 유지되지 않으면 안 되었다. 왕정에서는 눈에 보이는 생물학적 국왕과 눈에 보이지 않는 국왕의 정치적 상징성이 합쳐져서 왕정의 이념적 정통성을 구성하고 있었다.

그런데 프랑스의 정치사상 연구자 르포르(Claude Lefort)가 지적하듯이, 왕정에서 민주주의로 전환되는 과정에서 생물학적·상징적 국왕의 존재가 사라지고 '빈자리(le lieu vide)'가 생겨나게 됐다. 이것은 왕정이 끝나면서 주권자의 자리가 공백이 되고 말았다는 것을 의미한다. 국왕이 떠나 버린 이 빈자리를 메우게 되는 상징적 존재가 바로 '국민'이다. 이 국민을 정통성의 원리로 내세운 것이 근대적 의미에서 '국민주권론'이다.

국민주권론과 인민주권론

근대 주권론에는 두 가지 계통이 나타났다. 프랑스혁명 당시 시에예스(Sieyès)가 주장한 '국민주권론(national sovereignty)'과 로베스피에르 등 자코뱅이 기치로 내세운 '인민주권론(popular sovereignty)'이 그것인데 양자는 상극이었다.

시에예스의 '국민주권론'에서의 '국민'은 프랑스인 모두를 동등하게 포함하는 개념이었다. 자코뱅의 '인민주권론'에서의 '인민(people)'은 국민 전체가 포함되는 것이 아니라 민중과 그 계급의 적을 배제한 집단만을 포함했다. 그러면서 자코뱅은 직접민주주의를 시도했다. 그 결과 피비린내 나는 살육이 벌어졌던 것이다. '국민주권론'은 자유민주주의 정치질서에서, '인민주권론'은 공산주의 정치질서에서 수용되었다.

국민주권론에서 '국민'은 국왕과 같이 눈에 보이는 실체를 갖고 있는 것이 아니라 추상적 개념으로서 정치체제의 '정통성'의 원천을 의미한다. 그럼에도 불구하고 우리 사회의 정치인들과 운동가들이 국민주권론의 '국민'이 마치 실재하는 것으로 오해하는 잘못을 범하고 있다. 국민주권론이 명시된 헌법 제1조 2항을 들먹이는 부류는 '국민'이 마치 정치적 대중집회에 모인 실재하는 사람들인 것처럼 잘못 이해하거나 왜곡한다.

국민주권 사상에서 말하는 추상적 실체인 '국민'을 실제로 존재하는 인간 집단으로 볼 경우 그 국민은 '집단적 개체'로 전락하고 그 집단 속의 개인은 전체를 위해 존재하는 부속물에 불과하게 된다. 북한 헌법 제63조에 나오는 '하나는 전체를 위하여, 전체는 하나를 위하여'라는 조항은 바로 이러한 전체주의적 집단적 개체의식을 정당화시키고 개인의 자유를 말살하고 독재와 폭력을 정당화시켜 주는 결과를 가져온다.

그런데 국가·국민(nation)보다 혈연적인 민족(ethnie; Volk)을 상위에 놓는 한국 사람들의 관념 때문에 전체주의적 민족주의에 끌리기 쉬운 성향이 한국인에게 있다. 북한과 종북좌파가 이 틈을 보고 '우리 민족끼리' 내지 '민족 공조'를 선전선동해 오고 있는 것이다.

대의제

국왕이 떠나 버린 '빈자리'에 누가 국왕을 대신해 주권자의 자리에 앉을 것인가 하는 문제가 생겨났다. 그 하나의 방안이 '대의제'라고 하는 것이다. '대의제'라는 것은 국민 모두가 그 '빈자리'에 앉을 수 없기 때문에 대표를 뽑아서 국가를 통치하게 하는 제도다. 우리의 경우 전국구 대표인 대통령과 지역구를 대표하는 국회의원들이 국민의 대표들로서 국민을 통치한다.

여기서 놓쳐서 안 되는 점은 대의제가 국가의 영토가 너무 크고 인구가 많아서 직접민주주의가 불가능하기 때문에 채택된 것이 아니라는 사실이다. 또한 일반 국민보다는 대표들이 더 전문성이 많아서 국정 운영의 편의를 위해서 대의제가 채택된 것도 아니라는 점이다. 대의제 민주주의의 발전은 왕정에서 민주주의로 정치체제가 전환되는 과정에서 국왕을 대신하여 '국민'을 국가주권의 추상적·상징적 준거기준으로 하여 개인의 자유를 제도적으로 보장하고 정치적 경쟁을 제도화시키기 위해 이루어졌다는 사실을 인식하는 것이 중요하다.

우리 헌법에는 명시돼 있지 않지만, 프랑스를 비롯한 선진국들에서는 국민은 주권을 선거와 국민투표에서의 투표를 통해서 행사해야 한다고 명시하는 곳이 많다. 이것이 바로 자유민주주의 체제라는 것이다. 그리고 이 대의제 자유민주주의를 대체할 어떤 민주주의 방식도 아직 세계에서 실행되고 있지 않다.

자유민주주의에 대한 도전

그런데 '촛불의 명령'을 받았다고 자처하는 문재인 정부는 7월 19일 발표한 《문재인 정부, 국정운영 5개년 계획》에서 볼 수 있듯이 우발적인 촛불 군중, 아니 고도로 사전에 계획되고 조직화된 촛불 대중을 놓고 '새로운 국민'으로 호명하고 있다. 그러나 그 주도세력들이 불순, 불만세력일 가능성이 높다는 것은 새삼 지적할 필요도 없다.

나아가 '주권자 민주주의'를 실현하겠다고 나서는 것은 위에서 살핀 대로 자유민주주의 정치질서를 위협하는 중대한 사태가 아닐 수 없다. 문 정권은 '혁명'을 실제로 하고 있다. 한국에서 혁명은 자유민주주의 체제에서 다른 체제로 바꾸는 것을 의미한다.

그러나 김정은의 수소탄 실험을 맞이한 지금이라도 문 대통령은 자신의 '운명'을 바꾸었으면 한다. 문 대통령은 반제국주의 성향의 남북합작파 부하들과 지지자들을 물리치고 대한민국에 충성해야 한다. 그리하여 박정희 대통령이 말한 '자유의 파도'가 되어 북의 반민주·반민족적 반란집단인 김가 세습왕조 정권을 물리치고 북녘의 2000만 우리 국민들을 해방시키는 일에 나서기를 바란다. 그러려면 역시 올바른 역사인식을 가져야만 한다.

5. 헌법에서 '자유' 지우는 것은 '대한민국 청산' 의미[10]

유광호

국가의 요건

문재인 대통령은 2018년 신년 벽두에 국립현충원을 참배하면서 방명록에 "건국 100년을 준비하겠습니다"라고 적었다. 이 '건국 백년'은 1919년 상해임시정부 수립으로부터 100년이 되는 해인 내년 2019년을 가리키는 것으로 보인다. 이는 현 집권 세력이 엄연한 역사적 사실들을 수없이 뒤집어엎어 온 지금까지의 행위들의 일환으로 '역사 청산'을 하겠다는 것이고 '대한민국 청산'을 하겠다는 것에 다름 아니다.

1919년 4월에 이루어진 상해임시정부 수립이 대한민국의 건국이라고 주장하는 사람들은 건국헌법, 즉 제헌헌법의 전문(前文) 구절이나 이승만 박사의 '민국(民國)' 연호 사용을 근거로 내세운다. 그들에

___
10) 이 글은 〈월간조선〉 2018년 2월호에 게재된 것을 수정한 것이다.

따르면, 대한민국 건국헌법 전문의 "… 기미 삼일운동으로 대한민국을 건립하여 세계에 선포한 위대한 독립정신을 계승하여 이제 민주독립국가를 재건함에 있어서…"는 1919년 대한민국이 건국되었고 1948년에 대한민국이 새로 건국되지 않고 이미 존재해 온 대한민국 임시정부가 재건되었다는 것이다.

이 구절은 초대 대통령 이승만 박사의 주도로 삽입된 것이다. 오히려 김구 등 대한민국에 비판적인 인사들은 대한민국과 임정은 연관이 없다고 주장했다. 이승만이 1948년 8월 건국을 전후하여 한 건국 관련 발언들의 의미는 다음과 같이 요약된다.

• 1948년 8월 15일 이전에는 우리 민족의 국가가 없었다.

• 대한민국은 정치적·법률적으로 1948년 8월 15일에 새로 건국되었다.

• 대한민국의 건국은 이념 및 염원의 면에서는 3·1운동에서 선포했으나 임시정부만 수립하고 실패했던 대한민국 건립의 부활이다.

1945년 8월 15일 해방 이후 임정 주석 김구를 포함하여 좌우를 막론하고 모든 정치인은 '건국' 사업을 하고 있다고 명백하게 인식하고 정치활동을 했다. 게다가 제헌국회에서 국호도 여러 안을 놓고 표결로 '대한민국'으로 결정되었다. 1948년의 대한민국 건국이 1919년 건국의 재건이라면 어떻게 이런 과정이 가능했겠는가?

국가 구성의 필수 요소 또는 국제사회에서 국가로 대우받기 위해 갖추어야 할 조건을 설명하는 유용한 준거로 '국가들의 권리와 의무에 관한 몬테비데오 협약' 제1조의 내용이 보편적으로 이용된다. 몬

테비데오 협약 제1조는 "국제법의 인격체로서의 국가는 다음의 자격 요건을 갖추어야 한다. 1)상주하는 인구, 2)명확한 영토, 3)정부, 4)다른 국가들과 관계를 맺을 수 있는 능력"이라고 규정하고 있다.

여기서 '정부'란 '영토에 거주하는 인구에 대해 실효적 통제를 할 수 있는, 혹은 영토에 거주하는 인구가 준수할 법률을 제정하고 집행할 수 있는 정부'를 뜻한다. '다른 국가들과 관계를 맺을 수 있는 능력'이란 대외적 독립성과 자주외교권, 즉 주권을 뜻한다.

따라서 건국, 즉 국가의 건립이란 이런 네 가지 필수 요소를 갖춘 정치결사가 출현하는 것을 뜻한다. 식민지 시기인 1919년에 수립된 대한민국 임시정부는 위의 어떤 요소도 갖추지 못했다. 따라서 그 어떤 다른 국가로부터도 국가의 정부로 승인받지 못했다.

그 '임시정부'는 우리의 독립운동가들, 즉 건국운동가들이 독립, 즉 건국을 준비하기 위해 만든 정치결사였다. 이런 준비 단체의 설립을 건국이라고 하겠다는 것은 국제사회의 비웃음만 초래할 뿐이다.

좌익에게 이용당하는 김구

현 집권 세력 나아가 좌익 세력은 이런 반(反)사실적, 반과학적 전복 행위들을 예사로 해왔다. 그리고 결국 그런 행위들을 통해서 오늘날 국가권력을 위시해 각 분야의 권력을 잡게 되었다. 따라서 이와 같은 불합리한 행위를 하는 데는 다 그만한 이유가 있는 것으로 보인다. 그것은 70년 가까이 전개해 온 여러 종류의 대한민국 반대투쟁이다. 그 뿌리 깊은 사정을 살펴보자.

6·25 전란기에 한 언론매체의 오보로 인해 광복절이 독립기념일을 의미하던 것에서 광복이 해방을 뜻하는 것으로 변질되는 혼선은 있었지만, 언론기관들은 1998년 건국 50주년까지는 건국 관련 특집보도를 하는 관행을 유지해 왔다. 또한 정부와 국민들도 대한민국이 1948년에 독립=건국되었다는 점을 논란의 여지없는 사실로 수용해 왔다. 이처럼 정부와 시민사회와 모든 국민이 인지했던 대한민국 독립=건국일(1948년 8월 15일)이 일차적으로는 좌익혁명 세력의 반대한민국적 선전투쟁 때문에, 이차적으로는 김구를 추종·숭배하는 단체와 그 주변에 기생하는 한국사 연구자들의 왜곡된 민족주의 감정에서 비롯된 궤변 때문에 압도적 다수 국민의 뇌리에서 사라지고 말았다.

이 과정에서 아쉬운 점은 상해임정의 주석이자 한국독립당(한독당)의 당수인 김구의 말년 행보가 남북한의 좌익혁명 세력의 반(反)대한민국적 선전투쟁에 중요한 재료를 제공했다는 점이다. 미국에 의해 해방이 되고나서 환국한 김구와 상해임시정부의 위상은 대중 속에서 갑자기 높아졌다. 그렇기 때문에 그의 잘못된 정치적 선택은 그 후 지금까지 다수 국민을 오도하게 되었다. 이제는 그런 김구를 정치인은 물론 국민 다수가 가장 존경하는 인물로 꼽는다. 이것은 국민들 다수가 감상적 민족주의에 물들어 있다는 얘기다. 따라서 그것은 언제든지 좌익혁명 세력의 선전선동에 홀릴 수 있음을 뜻한다.

1946년 2월 북한에서 소련의 지휘하에 북조선임시인민위원회를 수립하고 토지개혁을 하고 군대를 창설하는 등 사실상의 정부를 구성하였다. 그러자 이승만 박사는 그것에 대응하는 정부를 세울 것을 동포들에게 제기했다. 그것이 당시 한반도 전체의 공산화를 막는 유일한 방법이었다. 김구도 1947년 12월 중순까지는 대한민국의 건국에 반대하지 않았다. 김구 주석은 1947년 12월 4일 성명을 발표하여 "나와 이승만 박사는 조국의 자주독립을 즉시 실현하자는 목적에 완전 합의를 보았다. 나도 이 박사를 존경하는 한 사람이므로 양인 간에는 본래 다른 것이 없는 것이다"라고 말했을 정도다.

김구의 건국노선 이탈

이처럼 이승만의 대한민국 건국 노력을 지지했던 김구는 12월 하순 갑자기 입장을 바꾸어 "우리는 여하한 경우에든지 단독정부는 절대 반대할 것"이라고 선언했다. 이는 당시 미군정의 여당 역할을 하던 한민당과의 불편한 관계 속에서 북한의 거물 간첩 성시백의 포섭 공작에 넘어가서 그런 폭탄선언을 한 것으로 보인다.

김구의 이 결정은 그가 이끄는 한독당에서 공식적 논의도 거치지 않은 채 취해진 것이었다. 그래서 당수인 김구가 이승만 박사의 대한민국 건국노선에 대한 결별선언을 한 후 한독당은 이승만의 대한민국 건국노선에 협조적인 입장을 천명했다. 그러나 김구는 그 다음날 "미·소 양군이 철퇴하지 않고 있는 남북의 현재 상태로서는 자유로운 분위기를 가질 수 없으므로 양군이 철퇴한 후 남북요인회담을 하여 선거 준비를 한 후에 총선거를 하여 통일정부를 수립해야 할 것"이라고 선언했다.

김구가 이날 말한 것은 소련이 한국 문제의 유엔총회 상정을 거부하기 위해 1947년 9월부터 반복해 왔던 제안인 동시에, 김구 자신이 그동안 반복하여 비판해 왔던 제안이다. 남북협상, 즉 남북 제 정당 사회단체 대표회의는 김일성이 이미 1947년 10월부터 제안해 놓고 남한의 김구 주석과 김규식 박사를 끌어들이기 위해 공작을 전개하고 있었던 것인데, 마침내 김구가 이 통일전선전술에 걸려든 것이다.

이에 이승만은 건국노선에서 이탈한 김구를 달래기 위해 간곡하게 호소했다. 그럼에도 불구하고 김구는 오히려 1948년 2월 10일 '삼천만 동포에게 읍고(泣告)함'이라는 제목의 장문의 감상적 성명서를 발표하여 대한민국 건국 세력을 비난했다. 성명은 대한민국 정부를 수립하려는 인사들을 "국가민족의 이익을 염두에 두지 않고 박테리아가 태양을 싫어하듯이 통일정부 수립을 두려워하는 인간들"이라고 매도했다. 또 "나는 통일된 조국을 건설하려다가 38선을 베고 쓰러질지언정 일신의 구차한 안일을 취하여 단독정부를 세우는 데는 협력하지 아니하겠다"고 선언했다.

이 독설과 저주는 대한민국에 크나큰 상처를 남겼다. 이 성명이 비판하고 있는 남한 정부 수립은 당시 상황에서는 한반도의 공산화 통일을 저지하는 유일한 방법이었다. 북한에서는 1947년 2월 인민위원회라는 정식 정부로 전환하여 공산화 추진 작업을 한 단계 더 강화했다. 북한 지역의 공산화를 안정시킨 북한 주둔 소련군과 북한 공산

정권은 1947년 가을부터 북한을 기지로 삼아 남한 지역 공산화를 위한 정치공작을 강화했다.

이런 때에 김구의 성명에 내포된 감상적 민족주의 및 통일지상주의는 이러한 한반도 상황에서는 자칫하면 '민족 통일이라면 공산화 통일이라도 좋다'는 관념으로 연결될 수 있는 위험한 것이다. 그런 점에서 김구의 성명 내용은 매우 부적절한 것이었으며, 대한민국 건국에 부정적인 영향을 미쳤고 오늘날까지도 대한민국에 매우 부정적인 영향을 미치고 있다.

내용에 더하여 그것이 발표된 시기도 매우 부적절했다. 김구가 그 성명서를 발표한 1948년 2월 10일은 좌익 세력이 남한 선거 반대를 위해 이른바 '2·7구국투쟁'을 시작한 지 4일째 되는 날이었다. 시기적으로 볼 때, 김구의 감상적 성명서는 한창 진행 중인 좌익 세력의 남한 선거 반대를 위한 폭력투쟁, 즉 대한민국 건국 반대투쟁을 성원하는 효과를 나타낸 것이다. 이 '2·7구국투쟁'은 좌익들의 무장 빨치산 투쟁으로 연결되었고, 그런 현상이 가장 큰 규모로 나타난 것이 제주도에서 발생한 4·3폭동이다.

1948년 3월부터 5월까지 이승만 박사를 중심으로 한 대한민국 건국 세력은 좌익 세력과 격렬하게 싸우면서 대한민국 건국을 위한 남한에서의 선거를 준비하는 데 전력을 기울이고 있었다. 바로 그 시기에 김구는 좌익과 공동보조를 취하여 남한 선거를 저지하는 투쟁을 전개하고 남북협상을 실현하기 위해 전력투구했다. 예나 지금이나 통일지상주의를 표방하는 감상적 민족주의자들은 공산당의 통일전선전술에 걸려들면 본의와는 상관없이 공산화 통일을 도와주는 협력자로 이용당하게 마련이다.

김구는 이처럼 대한민국 건국에 필요한 5·10선거를 저지하기 위해 남한 좌익 세력 및 북한 공산 정권과 연대하여 투쟁하는 과오를 범한 것에 그치지 않고, 대한민국이 건국된 후에도 대한민국을 부정하는 활동을 전개했다. 그러나 임시정부 요인 중 80%가 넘는 인사들은 제헌선거에 참여하거나 그 후 대한민국에 대한 충성을 표명했다. 이는 김구와 극소수를 제외한 임정 출신 인사들이 대한민국 건국을 찬성하고 참여했다는 증거다.

'민주화운동'의 실체

김구의 이러한 반대한민국 활동은 좌익혁명 세력이 대한민국의 정당성을 허무는 공작에 이용하는 좋은 재료가 되었다. 김구가 상해에서 벌인 항일투쟁이 대중에게 가진 명성을 이용해 대한민국을 통일을 반대한 단독정부라고 매도하는 것은 좌익혁명 세력이 자신들의 정체를 드러내지 않고 대한민국을 전복하기 위한 투쟁을 하는 데 안성맞춤이었다.

이런 메커니즘 때문에 학생들도 김구를 통해서 사회주의와 주체사상에 입문하는 경우가 오래전부터 적지 않았다. 북한에서 민족주의가 사회주의나 공산주의 사상과 갈등을 빚지 않은 것과 마찬가지로, 남한 사회에서 사회주의 비전을 가진 이들 역시 민족주의적 열망과 사회주의 사이에서 갈등하지 않았다. 한국 사회에서 '민중민족주의'의 오랜 흐름은 자유민주주의와 자본주의로 대표되는 근대성에 대한 일대 낭만적 반동으로 몰아치게 된 것이다.

이런 좌익 민족주의의 대상은 미국이다. 한반도·한민족에 대한 '미국의 죄'를 묻겠다는 것이다. 그들의 투쟁은 '반미자주화 반파쇼 민주화투쟁'으로 정식화되었다. 이것은 문구 자체부터 북한 당국이 선전 선동해 온 대남투쟁노선과 일치했다. 1985년에 혁명운동권에 널리 유포되었던 '반제 민중 민주화운동의 횃불을 들고 민족해방의 기수로 부활하자'라는 소책자는 다음과 같이 선언했다.

"한국 민중에 대한 파쇼 통치의 핵심 수행자는 미국 제국주의다. 한국에서 보수 관료층, 독점자본주의 세력, 군부는 모두 미국의 하수인일 따름이다. … 우리 투쟁의 주요 적은 미국이 되어야 한다. 모든 여타 적대 세력은 그들이 미국으로부터 명령을 받기에 우리의 적일 뿐이다."

이런 것이 바로 남한의 이른바 '민주화운동'의 실체였다. 이들이 다시 정권을 잡은 것이다. 이들은 해방 이후 누적된 적폐청산을 통해 진정한 의미에서의 민주국가로 거듭나야 한다고 선동하고 있다. 그러나 사실 대한민국의 건국은 혁명이었다. 수천 년을 왕조국가의 신민으로 살아온 한국 사람들이 자유민주주의 국민국가의 국민이 된 초유의 혁명이었다. 미국 건국이 혁명이었던 것과 같은 것이다.

'대한민국 청산'으로 가나?

1948년 건국된 대한민국을 수호·보수(保守)한 것은 세계사적 의의를 지니는 것이기도 하다. 대한민국이 그 체제 덕분에 '기적'을 이뤄냈고, 그로 해서 세계 공산주의 진영은 붕괴했다고 볼 수도 있다. 대한민국 건국, 수호, 발전 세력이 세계사의 가장 중대한 문제를 결정지었던 것이다. 그 자유민주주의체제 선택과 발전국가 리더십과 기업가정신이 보편적이고 문명적이었기 때문이다.

지금 자유민주주의 혁명으로 건국된 대한민국에서 그 정부가 헌법과 역사교과서에서 '자유'를 지우겠다고 한다. 여기에 1948년 대한민국 건국이라는 객관적 사실마저 변조하려는 것은 '역사 청산'이요 '대한민국 청산'이다. 즉 '역사 전복'이요 '대한민국 전복'인 것이다.

6. 한국 사회의 전복세력과 전복전략

김영호

전복전략의 정의

해방 직후부터 한국 사회는 소련과 국제공산주의운동과 연계된 전복세력의 활동 무대가 되어왔다. 1948년 대한민국이 건국되었지만 국내에는 여전히 큰 산들을 중심으로 북한과 연계된 게릴라 세력이 활동하고 있었다. 이런 국내 전복세력의 활동은 북한의 남침이라는 재래식전쟁의 형태를 띤 '전복전쟁'이 일어났을 때 극점에 도달했다. 6·25전쟁은 남한 내에서 게릴라전쟁 형태의 전복전략이 완전히 소멸되는 계기가 되었다. 그러나 전쟁 이후부터 지금까지 북한은 게릴라전쟁과는 다른 형태의 전복전략을 지속적으로 추구하면서 한국의 자유민주주의체제를 타도하려고 시도하고 있다.

최근 북한의 핵 보유가 기정사실화되면서 한반도는 '핵전쟁'의 위협에 직면하고 있다. 한국은 '전복전쟁,' '재래식전쟁,' '핵전쟁'이라는 근대국가 성립 이후 인류가 경험한 모든 형태의 전쟁 위협에 동시 다발적으로 직면하고 있다. 이런 사실은 대한민국이 건국 직후부터 '위기국가(crisis state)'의 모습을 띠고 있었다는 것을 깨우쳐준다. 최근 한국 사회에는 광우병 시위, 촛불 시위와 같은 대규모 시위에 직면하여 커다란 정치적 위기가 발생하고 있다. 심지어 촛불 시위의 결과 대통령이 탄핵당하는 전대미문의 사건마저 발생하고 있다. 이런 정치위기는 다양한 이론적 각도에서 분석하는 것이 가능할 것이다. 여기서는 최근 한국 사회가 겪고 있는 정치적 혼란과 위기를 '전복전략'의 관점에서 검토해보고자 한다.

'전복전략(subversion strategy)'은 기존 국가와 정치체제를 무너뜨리려는 활동이다. 어떤 국가나 체제가 전복되는 것을 쉽게 이해하기 위해서는 한 사람이 카펫 위에 서 있는데 이것을 누군가가 잡아당겼을 때 그 사람이 완전히 거꾸로 뒤집어지는 것을 이미지로 상상해보면 될 것이다. 기존 국가와 정치체제를 타도하려는 시도는 다양한 방식으로 이루어진다.

여기서 말하는 '전복전략'은 군사력과 무력을 사용하지 않고 체제를 타도하려는 시도를 말한다. 물론 모든 체제가 전복전략만으로 무너지는 것은 아니다. 베트남 공산화에서 보는 것처럼 남베트남에 있는 베트콩의 전복전략이 상당한 성과를 거두었을 때 북베트남 군대가 직접 남침을 감행함으로써 남북 베트남이 공산화되고 말았다. 이것은 특정 정치체제의 타도는 전복전략과 군사전략을 동시적으로 활용하여 이루어진다는 것을 알 수 있다.

1950년 북한은 6·25전쟁을 일으켜 직접 군사력을 동원하여 대한민국을 공산화시키려고 시도하면서 동시에 북한의 남침과 함께 남한 내에서 남로당의 전복활동을 기대하였다. 이런 사실들은 비밀해제된 6·25전쟁 관련 소련문서들에서 구체적으로 드러나고 있다. 김일성과 박헌영은 모스크바를 방문하여 스탈린에게 남침을 지원해 줄 것을 요구하면서 북한이 남침할 경우 남한 내에 있는 남로당 세력에 의해서 봉기가 일어나서 남한의 적화는 빠른 시일 내에 마무리될 것이라고 호언하였다.

그렇지만 전쟁의 전개 과정이 보여주듯이 김일성과 박헌영이 기대한대로 남로당의 봉기는 일어나지 않았다. 이미 전쟁 이전에 국군과 경찰에 의해서 남한 내에 존재하던 남로당 세력들은 거의 소탕되고 말았던 것이다. 북한의 남침 사례에서 강조하고자 하는 것은 전복전략만으로는 특정 정치체제가 무너지는 경우는 드물다는 것이다. 또한 전복전략을 통하여 기존 정치질서가 혼란에 빠졌을 때 체제 타도의 쐐기를 박는 것은 직접적인 군사력의 동원이라는 것을 알 수 있다.

전복전략과 침략전쟁에 의해 정치체제를 타도하려는 노력이 갖고 있는 이러한 상호연관성에도 불구하고 전복전략을 이해하기 위해서는 분석의 차원에서 '전복전략'을 전쟁처럼 직접적 군사적 수단을 사용하지 않고 특정 정치체제를 타도하려는 모든 활동을 말한다고 정의할 수 있다. 이렇게 보면 '전복전략'은 전쟁이 아닌 또 다른 수단에 의해 특정 정치체제를 타도하려는 활동으로 정의될 수 있다.

'테러'는 특정 집단이 자신들의 목적 달성을 위해서 무차별적으로 행사하는 폭력을 의미한다. 랜드 연구소(Rand Coorporation)의 전복전략 전문가 윌리엄 로즈나우(William Rosenau)의 저서 《전복과 반란(Subversion and Insurgency)》에 따르면 테러는 전복활동과 달리 많은 인력을 필요로 하지 않는다. 전복전략을 수행하기 위해서는 이탈리아 네오마르크시즘 사상가 안토니오 그람시(Antonio Gramsci)가 말하는 것처럼 타도 대상 국가와 사회 곳곳에 침투하여 활동하는 '진지전'이 필요하다.

그람시는 《옥중수고》에서 타도의 대상이 되는 자본주의국가는 폭력으로 지배하는 '정치사회'와 동시에 동의를 통해서 지배하는 '시민사회'로 구성되어 있다고 주장한다. 그가 말하는 '시민사회'는 시민들의 자발적 결사체인 종교단체와 사교클럽 등과 같은 것이 아니다. 그람시는 자본주의국가의 지배계급인 부르주아계급의 이념들과 가치들이 만들어지고 언론, 대학, 종교단체 등을 통해서 재생산되는 영역으로서 '시민사회'를 정의한다. 시민사회를 통해서 지배계급은 노동자계급에게 자신들의 지배 이데올로기를 주입시키고, 그들을 그 이념에 세뇌시켜서 부르주아 계급지배를 문화적으로 정당화시켜주는 '헤게모니'를 행사한다.

이런 '문화적 헤게모니'에 지배당하는 노동자계급은 자본주의체제 타도를 위한 혁명운동에 나서지 못하고 그들의 노동여건과 임금인상에만 만족하는 '노동조합적 의식'에 머물게 된다. 이런 상황에서 그람시는 지배계급의 이데올로기를 대체할 수 있는 새로운 이념과 가치에 바탕을 둔 '새로운 헤게모니'를 만들어내기 위한 '진지전'의 필요성을 역설한다. 우리 사회에서 진행되고 있는 '문화 투쟁'과 '역사 전쟁'은 전복세력의 헤게모니 장악을 위한 활동의 일환으로 볼 수 있다. '진지전'을 통한 문화적 헤게모니를 장악하지 않고서는 체제 타도라는 전복전략의 목적을 달성할 수 없다.

전복세력에게는 시민사회가 체제를 타도하고 국가권력을 장악하기 위해 반드시 먼저 장악해야 하는 영역이다. 우리는 한국 사회에서 '문화 권력'은 이미 좌파세력에게 넘어갔다는 말을 흔히 듣는다. 이것은 한국 자유민주주의체제를 지키기 위한 자유민주세력이 체제 전복세력에게 빼앗긴 시민사회를 '재탈환'하는 것이 중요하다는 것을 의미한다.

시민사회의 헤게모니를 장악하려는 전복전략과 직접 폭력을 행사하는 테러는 그 목표와 실행 방식에서도 커다란 차이점을 보여준다. 물론 테러로 인하여 정치체제가 무너지지는 않지만 사회 전체에 공포와 불안감을 조성함으로써 전복전략에 간접적으로 기여하는 것이 사실이다. 테러와 관련하여 한 가지 지적해 두고 싶은 것은 전복전략 세력이 국가전복을 위한 목표가 더 이상 달성되기 어렵다고 판단되었을 때 과격 테러집단으로 변모한다는 사실이다. 이런 사례는 일본 적군파에서 볼 수 있다. 전복세력의 테러집단화는 혁명에 대한 좌절감의 표현으로 볼 수 있을 것이다. 이것은 어떤 사회에서 전복세력이 강하게 존재하면서도 테러집단화하지 않는 것은 아직도 전복전략을 통한 정치체제의 타도가 가능하다는 강력한 믿음이 존재하고 있다는 것을 의미한다.

한국 내의 전복세력은 북한의 지령을 직접 받거나 연관성을 갖고 있다는 사실이 공안사건 수사 결과를 통해서 밝혀지고 있다. 이런 세력이 전복전략에 의하여 남한 체제의 타도가 불가능하다고 판단될 경우 일본처럼 과격테러집단으로 변화될 가능성을 배제할 수 없다. 민주국가에서 테러는 여론을 악화시킴으로써 전복세력에 대한 대대적인 소탕 작전을 정당화시켜 줄 수 있다. 이런 여론에 힘입어 민주국가는 위기 시에는 강력한 지도력을 요구하고 테러집단과 전복세력을 뿌리 뽑기 위해서 더욱 강력한 조치를 취하기 때문이다. 9·11테러 직후 미국 정부의 조치는 그 대표적인 예이다.

이상에서 살펴본 바와 같이 전복전략은 직접적 군사전략을 동원하여 특정의 정치체제를 타도하는 것보다는 비용이 더 적게들 뿐만 아니라 전략의 노출 위험 부담이 덜하다. 북한은 이미 남침을 통하여 한국 자유민주주의체제를 타도하려는 시도를 했지만 한국과 미국과 유엔의 단합된 군사적 대응에 의하여 실패했다. 그 이후 한미동맹에 기초하여 확고한 대북한 억지력이 구축됨으로써 북한은 군사침략이 어려워지면서 전복전략에 집중하게 되었다.

그렇지만 전복전략의 경우 전쟁보다는 시간이 많이 걸릴 뿐만 아니라 조직 요원들도 더욱 많이 필요한 것이 사실이다. 그럼에도 불구하고 타도 대상 국가가 강력한 동맹에 의해서 뒷받침되고 있을 경우 전쟁을 통한 체제의 타도는 매우 어려워진다. 이 경우에는 시간과 비용이 많이 든다고 하더라도 전복전략에 의존할 수밖에 없는 상황이 생겨나는 것이다.

전복전략은 국가 내부세력에 의해서 자생적으로 생겨나는 경우가 대부분이다. 그렇지만 특정 국가의 국내정치적 상황과 그 국가가 처한 국제정치질서에 따라서 전복전략은 외부 국가로부터 도움을 받는 경우가 발생한다. 냉전 시기에 두 초강대국이 다른 블록 내에 속한 국가들을 약화시키고 전복하려는 내부의 전복세력을 비밀리에 지원한 것은 널리 알려진 사실이다.

남북한처럼 분단국가의 경우에는 북한이 끊임없이 남한에 대하여 전복활동을 해오고 있다. 북한의 전복활동은 외부 세력이 국내 세력과 연대관계를 형성하여 벌이는 전복전의 대표적인 사례의 하나로 볼 수 있다. 또한 미국과 중국 사이에 패권경쟁이 벌어지는 21세기에는 냉전 시기와 유사한 방식으로 외부적 전복의 힘이 작동할 수 있다. 특히 한국처럼 개방적이고 열린사회는 북한과 같은 폐쇄적 국가보다는 더욱 다양한 방식으로 외부 강대국의 전복활동에 영향을 받을 수밖에 없다. 2016년 촛불 시위에 중국과 일본에서 일부 세력이 국내 촛불 집회에 참여했다는 것은 공공연한 사실이다. 이것은 전복전략을 이해하기 위해서는 대내외적 전복활동을 동시적으로 국제정치구조와의 관계 하에서 논의하려는 노력이 필요하다는 것을 보여준다.

전복활동의 구체적 형태

로즈나우(William Rosenau)의 연구에 따르면 전복전략의 형태는 크게 세 가지로 나누어질 수 있다. 물론 타도 대상 국가의 정치체제의 성격과 사회적 여건에 따라서 여러 가지 형태의 전략이 있을 수 있을 것이다. 그러나 여기서는 일단 로즈나우의 분류법에 기초하여 그 형태를 분류해보고 특정 정치체제의 특성을 고려하여 추가적인 카테고리를 발전시켜나갈 수 있을 것이다. 그는 전위그룹의 결성, 침투, 시위와 데모를 통한 사회혼란 유발 활동 등 세 가지로 그 유형을 분류하고 있다.

가. 전위그룹의 형성

전복활동의 핵심은 체제 타도의 핵심 조직인 '전위그룹'을 만들어내는 것이다. 이렇게 조직화된 전위그룹을 중심으로 하여 대중의 지지를 확보하고 전복활동가들을 충원하고 이에 필요한 경비를 확보할 수 있다. 외부 전복세력과 연결되어 있을 경우에는 자금을 외부로부터 다양한 방식을 통해서 확보하는 것이 가능할 것이다. 그렇지 않을 경우에는 기존 시민단체를 장악하거나 아니면 새로운 시민단체를 만들어서 핵심 활동가들을 충원하고 자금을 확보하는 것이 가능할 것이다.

전위그룹의 형성 과정을 더욱 자세하게 살펴보면 기존에 존재하는 조직들을 활용할 경우 정당, 노동조합, 시민단체 등이 전복활동가들의 중요한 장악 대상이 될 수 있다. 이러한 기존 조직들에 들어 감으로써 그 조직을 전복활동을 위한 발판으로 삼을 수 있는 것이다. 앞서 지적한 바와 같이 기존 조직들을 장악하는 데에는 상당한 시간이 걸리는 것이 사실이다. 그렇기 때문에 그람시가 말하는 '진지전(war of position)'을 장기간에 걸쳐 추구할 수밖에 없을 것이다. 이런 진지전을 통하여 조직을 완전히 장악하고 전복활동가들이 추구하는 바대로 그 조직을 움직일 수 있다고 판단될 때 '진지전'에서 탈피하여 '기동전(war of maneuver)'로 전환하여 체제 타도에 본격적으로 나서는 것이다.

한국의 경우 과거부터 학생운동권과 그 출신들을 중심으로 전복활동을 위한 전위그룹이 대학뿐만 아니라 사회에서도 다양하게 형성된다는 것을 알 수 있다. 최근에는 한국 사회의 민주화와 함께 학생운동권은 의미 있는 운동세력으로서 그 힘을 상실한지 오래이다. 그렇지만 과거 학생운동 경력을 가진 인물들이 정당, 노동단체, 시민사회 등에서 다양하게 활동하고 있는 것을 알 수 있다.

나. 침투 활동

성공적인 전복활동을 수행하기 위해서는 정부 기관, 입법부, 사법부, 경찰 조직, 군 조직, 정보기관 등에 전복활동가들이 침투하여 활동해야 한다. 로즈나우가 지적하듯이 우선 침투 활동은 국가의 능력과 의지와 약점에 관한 정보를 얻는 데 도움이 된다. 이런 정보 수집 활동은 일종의 스파이 활동이다. 한국의 경우 군대에 침투하여 중요한 비밀군사정보를 수집하여 북한에 보내는 경우 이런 활동은 국가 안보를 크게 약화시킬 수 있다.

전복활동가들의 침투 활동이 더욱 문제가 되는 것은 사회의 다양한 분야에 진출하여 정부의 정책을 오도하거나 사법부의 독립이라는 명분 하에 체제의 특성에 정면으로 반대되는 사법적 판결을 내리는 경우를 들 수 있다. 이러한 침투 활동은 매우 포착하기도 어렵고 설령 포착했다고 하더라도 민주사회에서는 그 책임을 묻기가 쉽지 않다. 나아가 정부 기관의 침투 활동이 더욱 문제가 되는 것은 활동 자금을 합법적으로 정부의 예산으로부터 빼내서 사용할 수 있다는 것이다. 전복활동을 위한 이런 예산 확보는 입법부에 이에 동조하는 세력이 일부 들어가 있을 때 더욱 용이하게 이루어질 수 있다. 또한 지방자치제를 운영하고 있는 나라의 경우 지자체가 활동 자금을 확보할 수 있는 중요한 통로가 되기도 한다. 지자체의 정책과 새로운 프로그램들을 전복활동가들이나 전복적 성향을 가진 사람들에게 유리한 방향으로 조정하고 만들어낼 수 있을 경우 침투 활동의 효과는 더욱 커질 수 있는 것이다.

다. 대규모 정치집회와 소요 사태 조장

대규모 파업과 반정부 집회를 조직하는 것은 중요한 또 다른 전복활동이다. 대규모 파업이 일어나서 장기화될 경우 국가경제에 매우 부정적 영향을 미칠 것이다. 또한 파업의 장기화는 모든 분야에서 국민적 불편을 야기한다. 그 결과 국민의 정부에 대한 신뢰와 지지도가 현저하게 떨어지면서 정부의 권위가 심각하게 약화된다. 나아가 파업을 진압하는 과정에서 공권력에 의해서 노동자가 사망하는 경우에는 파업이 폭동으로 전환되면서 국가전복의 중요한 계기가 생겨나는 것이다.

파업뿐만 아니라 대규모 정치집회도 전복활동의 일환으로 자주 동원된다. 특히 민주국가에서는 국가의 대내외적 정책들을 두고 극심한 논란이 일어나는 경우가 많다. 이런 기회를 이용하여 전복세력들이 대규모 정치적 대중집회를 조직하여 사회적 혼란을 야기시키는 것이다. 대중집회는 자발적으로 조직되는 경우는 드물다. 노조와 시민단체가 연대하여 사회적 이슈가 생겨나면 거짓 선동을 통하여 부풀려서 대규모 정치집회를 조직하여 정부 타도 투쟁으로 전환시켜 나간다. 대규모 대중집회를 조직하기 위해서는 막대한 자금이 소요된다. 이때 사용되는 자금은 노동조합의 기금이거나 여러 시민단체가 확보하고 있던 기금이 될 수 있다.

한국 사회 전복활동의 특징

한국 사회 전복활동의 특징은 해방 이후 대한민국이 건국된 직후까지 활발하게 계속되어 오다가 6·25전쟁을 계기로 하여 남한 내에서 약화되었다는 점이다. 그러나 그 이후에도 북한이 지하당들을 조직하거나 학생운동가들을 포섭하여 지하 전복활동세력을 구축하려는 노력은 꾸준히 계속되어 왔다. 최근에도 북한은 남한 내의 전복활동세력을 지원하고 이들과 연대하여 대한민국을 교란시키려는 노력을 계속하고 있는 것으로 보인다. 헌법재판소에 의하여 해산 판결을 받은 통진당 사태는 그 대표적인 하나의 예이다.

1980년대 후반 한국의 학생운동권은 본격적으로 북한의 주체사상을 받아들이고 이에 따라서 대한민국의 전복활동에 적극적으로 나서기 시작했다. 이들 중 많은 사람들은 생각을 바로 잡고 정상적인 생활인이 되었지만 아직도 많은 사람들이 생각을 바꾸지 않은 채 우리 사회의 여러 분야에서 활동하고 있는 것으로 추정된다. 이들이 구체적으로 어떤 전복활동에 나서고 있는지는 정보기관의 자료가 공개되지 않고 있기 때문에 실증적으로 파악하기는 어렵다. 그렇다고 한다면 민간 차원에서라도 이들의 활동에 관한 자료를 수집하고 그것을 시민들에게 공개하여 경각심을 불러일으킬 필요가 있다.

한국의 경우 정부 정책에 대한 비판을 명분으로 하여 체제 전복에 나서는 경우가 많다는 점이다. 광우병 촛불 시위의 경우만 하더라도 미국산 소고기 수입이라고 하는 정책적 이슈를 광우병 소라고 하는 거짓 선동을 통하여 이명박 정부를 타도하려는 시도로 나아갔다. 이것은 대통령 선거에서 진 야당이 그 결과에 승복하지 않으려는 것으로 비판받았다. 그리고 광우병 소라고 하는 선동은 너무나 말도 안되는 거짓이었기 때문에 광우병 촛불 시위는 소기의 성과를 거두지 못했다. 그러나 만약 그때 이명박 정부가 광우병 촛불 시위에 의해서 물러났다고 한다면 한국 사회는 걷잡을 수 없는 혼란에 빠지고 말았을 것이다. 이런 혼란의 와중에서 정권 타도는 자유민주주의체제의 위기로 나아가고 말았을 것이다.

2016년 또 다시 최순실의 국정농단을 계기로 하여 대규모 촛불 집회가 조직되었다. 이번에도 과거와 같이 야당의 대선주자들과 국회의원들이 국회를 버리고 촛불 집회에 참여하였다. 그 결과 이런 촛불 시위에 상당수 여당 의원들마저 겁박을 당하고 굴복함으로써 야당이 제의한 박근혜 대통령 탄핵 소추안은 국회를 통과했다. 이 탄핵안은 헌법재판소에서 인용되어 박근혜 대통령은 탄핵당하고 말았다. 이로써 박근혜 대통령은 한국 헌정사에서 탄핵된 최초의 대통령으로 기록되었다.

토크빌(Alexis de Tocqueville)은 《미국의 민주주의》라는 책에서 미국 정치체제의 안정성 여부를 평가할 수 있는 기준의 하나로서 의회에 의해서 대통령이 얼마나 자주 탄핵당하는 지를 들고 있다. 초대 조지 워싱턴 대통령으로부터 제45대 트럼프 대통령까지 모두 45명의 대통령을 배출하고 200년이 넘는 헌정사를 갖고 있는 미국에서 의회에 의해서 탄핵 소추된 대통령은 2명이지만 이들 중 탄핵안이 가결된 경우는 한 사람도 없다. 닉슨은 탄핵에 의해서 물러난 것이 아니라 탄핵 소추 이전에 스스로 사임했다.

미국과 달리 한국은 불과 70년의 헌정사에서 국회에 의해서 탄핵 소추된 대통령이 2명이고, 그 중에서 1명은 최근 헌법재판소에 의해서 탄핵당했다. 대통령 중심제 정부에서 대통령 탄핵을 정치체제 안정의 기준으로 보는 토크빌의 견해에 따를 경우 한국 정치체제는 매우 불안정한 것으로 볼 수 있고 대통령 탄핵은 자유민주주의체제의 탄핵으로 연결될 수 있는 위험성을 항상 안고 있다. 한국 정치체제는 북한에 의한 직접적 전복전략과 북한과 연계된 국내 세력의 전복세력이 한국 정치의 위기를 체제 전복의 기회로 활용할 경우 향후에도 더욱 커다란 위기에 직면할 가능성을 배제할 수 없다.

해방 직후부터 건국 이후 지금까지 한국 사회는 게릴라전쟁 형태의 전복전쟁, 북한의 남침에 의한 재래식전쟁, 최근 북한의 핵보유와 함께 핵전쟁의 위협을 겪어왔다. 6·25전쟁 이후부터 지금까지 북한은 한국 자유민주주의체제를 타도하기 위하여 '전복전략'을 다양한 형태로 추구해오고 있다. 이런 전복전략은 북한이 직접적으로 추구하거나 북한과 연계된 국내 세력이 주도하는 사례들로 나누어 볼 수 있을 것이다. 국내에 대규모 정치집회에 참석하는 선량한 시민들의 경우도 자신의 의사와는 상관없이 부지불식간에 북한 혹은 북한과 연계된 국내 세력이 주도하는 전복전략에 역이용당할 수 있는 위험성이 상존하고 있다는 점을 잊어서는 안 될 것이다. 북한 전체주의체제는 남한의 타도와 적화통일이라는 목표를 갖고 있는 혁명정권이다. 이런 정권은 그 자체가 소멸될 때까지 남한에 대한 다양한 형태의 전복전략을 추진할 수밖에 없다. 한국 자유민주주의체제를 수호하기 위해 북한의 전복전략에 대한 시민들의 분명한 인식과 대응이 그 어느 때보다도 중요하다고 할 수 있다.

7. 민족주의의 두 얼굴과 반미친중(反美親中) 노선[11]

유광호

시민적 민족주의와 종족적 민족주의

2017년 11월 6일 도널드 트럼프 미국 대통령의 방한을 하루 앞두고 서울 종로구 주한 미국대사관 앞에서는 평화협정행동연대 회원들이 반미 시위를 벌였다. 한편 지난 10월 31일 한중(韓中) 양국 정부는 이른바 '사드 합의문'을 발표했다. 이 합의문은 합의에 참여한 양국 교섭대표의 급에서부터 전혀 격이 맞지 않았다. 사드 배치에 대한 중국의 무도한 보복조치로 인한 우리 측의 어마어마한 피해에 대한 중국 측의 사과나 대책도 없었다. 다만 향후 관계 개선과 한중 정상회담의 가능성을 열어 두었을 뿐이다. 대중(對中) 굴종외교의 극치였다.

게다가 한국의 외교부 장관은 국회에서 '사드 추가배치·한미일 군사동맹·미국의 미사일방어체계 참여 불가'라는 이른바 '3불(不)' 방침

11) 이 글은 〈월간조선〉 2017년 12월호에 게재된 것을 수정한 것이다.

을 공언했다. 중국에 대해서는 국가주권의 핵심인 안보주권을 포기한 모양새다. 반면에 트럼프 미국 대통령의 방한을 전후해서는 대규모 반대 시위가 열렸다.

왜 문재인 정권은 미국에 대해서는 뻣뻣하면서 중국 앞에만 서면 이렇게 작아지는가? 탄핵 촛불시위를 이끌었던 그 막강한 좌파운동 세력은 반미(反美)운동에는 그렇게 극성이면서 중국의 무도함에는 왜 일언반구도 없는 것일까? 민생문제를 둘러싼 정책을 두고는 입장과 세력이 갈려도 국격에 관련된 문제나 국가안보 문제를 두고는 대개 단결하는 것이 보통인데 어째서 이 사회는 이렇게 극명하게 갈리는가?

사실 이 나라에는 두 개의 국민이 존재하고 있다고밖에 달리 말할 수 없는 지경이다. 반미친중(反美親中)하는 극렬한 국민들과, 억눌린 심정으로 중국을 규탄하고 미국을 가까이 하려는 국민들이 있다. 이들은 각각 다른 종류의 민족주의를 표현하고 있는 것이다.

왜 이런 현상이 나타나는 것일까? 우선 한국인들이 사대주의 근성이 있어서 그렇다는 주장이 있다. 대국(大國)을 섬긴다면 막강한 미국에 대하여 숙여야지 미국 알기는 우습게 하면서 왜 중국에 대해 그렇게 알아서 먼저 기는가? 중국 로비스트로 불리는 키신저 전 미국 국무장관이 미국과 중국을 가리켜 만들어 낸 G2라는 말이 유독 한국에서만 유행하고 있지만, 국력에 있어서 중국은 미국에 게임이 되지 않는다.

그렇다면 조선시대 중국 왕조에 사대한 전력(前歷)이 있어서 중국

앞에만 서면 작아지는 것일까? 조선시대의 대중 사대주의는 현대 한국인들에게는 전해질 기회가 없었다. 현대 이후 중국은 6·25전쟁 때 중공군의 인해전술 얘기로만 전해올 뿐 오랫동안 가난한 나라로 알려져 있었다. 이승만 대통령이 청나라를 싫어해서 중국 화교들도 한국에서는 숨죽이고 살아야 했다. 우리가 오늘날에도 중국에 사대할 역사적 이유는 희박하다는 얘기다. 따라서 우리는 이제 국민을 싸잡아서 어떻다고 얘기하는 습관을 버려야 한다. 오늘날 중국에 고개 숙이는 것은 분명히 특정 정파와 세력이 그러는 것이고, 거기에는 그럴 만한 이유가 있을 것이다.

'자주(自主)'하고 싶은 욕구는 떨쳐 버릴 수 없는 민족주의의 한 면이다. 북한과 남한의 '반미' 세력은 이 점을 파고든다. 하지만 스탈린의 괴뢰로 시작한 북한이 자주를 말할 자격이나 있는가? 자주국방이라는 미명 아래 전시작전권 환수로 한미연합사령부를 해체하고 한미동맹을 파기하겠다는 것 아닌가? 서구 선진국인 독일·영국·이탈리아 등은 자존심이 없어서 북대서양조약기구(NATO)에서 미군 사령관을 받아들이고 있는 것인가?

미국과 동맹을 성사시켜 한국의 안보를 반석 위에 올려놓은 이승만 대통령이 진정 자유주의적 민족주의자였다. 우리가 미국에 예속돼 있는가? 오히려 우리가 미국을 70년간 활용했고 미국이 한국에 잡혀 있다는 것이 진실에 가까울 것이다. 미국과 중국은 한국의 운명과 크게 관련되어 온 강대국이다. 때문에 '민족주의'라는 측면에서 살필 필요가 있을 것이다. '민족'과 '민족주의'는 우리가 일상적으로 사용하는 개념이지만 난제 중의 난제다.

무릇 문화의 변동은 '전파(傳播)'에 의해서 일어난다. 생명체가 돌연변이에 의해 진화하는 것과 같다. 인간생활에 필요한 교환이나 거래는 원시시대부터 존재해 왔지만 근대 자본주의가 발생한 것은 영국과 그 주변이었다. 그것이 전 세계로 퍼져 나갔다. 이런 인식은 '서구중심주의'라고 비판받기도 한다. 그러나 역사적 사실은 사실인 것이다.

'민족(民族)'이란 개념도 마찬가지였다. 영국에서 16세기에 성립되기 시작해서 18세기에 프랑스에 도입되었다. 그 영향을 받아 독일 등지로 퍼져 나가면서 각각의 토착적 처지에 맞게 변용되면서 전 세계로 전파되었다. 우리의 경우는 19세기 말에 일본을 통해 '민족'이란 개념을 접하게 되면서 우리의 '민족주의'도 형성되기 시작했다. 이 '민족'이란 조어는 종족적 의미가 강하게 들어간 말이었다.

이처럼 문화는 전파되면서 변용되어 정착되는 것이다. 때문에 어떤 문화 현상의 원형(原型)을 아는 것은 우리 자신의 그것을 이해하는 데 긴요하다. 역사사회학자 그린펠드(Liah Greenfeld)에 따르면, '내셔널리즘(nationalism)'의 원형은 영국의 잉글랜드에서 형성되었다. '내셔널리즘'은 계층·지역적 차이를 넘어선 '인민'으로서의 '네이션(nation)'-민족이나 국민 중 어느 하나로만 옮길 수 없는 의미를 가지고 있다-에 대한 귀속의식이다. 그 '인민'은 '주권'을 보유하는 것으로 간주된다. 이러한 의미에서 '내셔널리즘'은 근대 현상이다.

로마시대에 '네이션'이라는 말은 '외부인(foreigner)'을 의미했다.

'네이션'은 중세 유럽의 대학에서 학생의 출신지별 집단, 나아가 기독교 공회의에서는 각지를 대표하는 기독교인의 집단을 의미하게 된다. 그 후 16세기 잉글랜드에서는 그때까지 멸시받아 온 하층민을 가리키는 말인 '인민(people)'이 당시까지 '엘리트'층에 한정되어 있었던 '네이션' 개념과 동일한 것으로 간주되었고, 더 나아가 그것이 '주권자'로 간주되기에 이르렀다.

잉글랜드에서 근대적 네이션의 담당자가 된 것은 지성과 교양을 갖춘 신(新)귀족과 중간층에 속한 사람들이었다. 그들은 종래의 봉건적 세습귀족에 대항하여 스스로를 '인민', '네이션' 혹은 '잉글랜드인'이라는 개념으로 칭하고 지위상승을 정당화했다. 이런 사회적 맥락 속에서 왕권과 '인민(네이션)'의 대립이 잠복과 출현을 반복했다. 이와 같은 '개념 혁명'을 거쳐 '네이션' 개념은 17세기 영국의 시민혁명 과정에서 민주화에 큰 역할을 수행했다.

이러한 민주적인 '네이션' 개념이 각지로 전파·확산돼 가면서 점차 '네이션'을 문화·역사적으로 '독특한' 집단으로 해석하는 종족(ethnic)의 '네이션' 개념이 나타나게 되었다. 그래서 민족주의는 '시민적(civic)'과 '종족적(ethnic)'이라는 두 가지의 대극적(對極的) 관념을 기본 원리로 하여 구성되게 되었다. 영국·미국·프랑스가 전자에 해당하고 독일·러시아·일본·한국 등 후발국들이 대개 후자에 해당한다. 물론 위의 구분은 어디까지나 이상형(理想型)이다. 실제 각 '네이션'의 '내셔널리즘'은 비율의 차이가 있지만 두 가지 측면을 다 갖고 있다.

번역어 선택이 입장을 나타내는 경우가 많다. '네이션'에 대한 번역이 대표적이다. 이것을 '민족'으로 번역하느냐, '국민'으로 번역하느냐는 정말 어려운 문제다. 일본은 19세기 서구 문화 수용기에 우여곡절 끝에 '민족'으로 번역했고 그것이 조선에 도입되었다.

'네이션'에는 종족·문화·역사적 의미를 강하게 가지고 있다고 느껴지는 '민족'의 의미와 근대국가의 주권을 가진 집합체로서의 '국민'이라는 의미가 함께 들어 있다. 또 구성하고 있는 주민들이라는 측면에 초점을 두는 '국가'라는 말이 될 때도 있다. 국제연합의 원어인 'United Nations'에서 'nation'이 그런 경우다.

종교를 대신한 민족주의

이와 같이 근대주의 관점과 정치적 측면으로 끝나지 않는 민족과 민족주의이기 때문에 그것들은 애매모호하고 복잡한 현상을 유발한다. 민족주의가 가진 그런 문화적이고 종족적인 마력(魔力)이 대중들에게 저항하기 어려운 강력한 지배력을 행사해 왔다. 민족주의 연구로 유명한 사회학자 스미스(Anthony Smith)는 "민족주의는 과거에 전통과 종교가 해오던 일-구원-을 근대사회에서 하는 대행자로서, 하나의 정치적 이데올로기를 훨씬 넘어선 것"이라고 말한다. 그래서 민족이라는 이름 아래 인화성 높은 여러 운동이 일어난다.

우리의 경우 '민족'이라는 이름 아래 우리를 딜레마에 빠트리는 여러 문제에 직면해 왔다. 민족과 민족주의가 갖고 있는 낭만성과 그것에 대한 한국인들의 충성심을 틈새로 이용하여 북한 정권과 남한 좌파는 대한민국이라는 국가를 폄훼하고 전복(顚覆)하기 위한 갖은 공작과 운동을 벌여 오고 있다.

민족은 무엇보다도 '기억의 공동체'요 역사 공동체이다. 그런데 반미친중 세력이 갖고 있는 기억과 역사인식은 대한민국이 공인해 온 그것과 달라도 너무 달라서 전복적이다. 대한민국 건국의 정당성과 그 혁명적 의의, 북한 정권의 부당성과 남한 적화노선, 권위주의 정부의 업적, 한국에 있어서의 미국의 의미 등을 모두 부정한다. 그들은 대한민국을 미국 제국주의에 침탈되고 있는 예속국으로 봐왔다.

민족주의와 공산주의

일찍이 독일의 민족주의자이자 사회학자인 베버(Max Weber)는 "한 국민을 정의하는 것은 언어도, 종족성(ethnicity)도, 지리도 아니고, 민족적 신심(信心)을 결정하는 것은 정치사, 좀 더 구체적으로는 정치적 기억"이라고 했다. 반미 세력의 정치적 기억을 볼 때 남한 내에만 하더라도 두 개의 국민 내지 민족이 대치하면서 존재하고 있다고 말할 수 있을 지경이다. 스미스는 "민족주의는 국가의 이데올로기가 아니라 민족의 이데올로기"라고 한다. 국가에 충성하는 교의는 애국주의(patriotism)다.

민족주의는 민족을 관심의 중심에 놓는다고 한다. 그래서 그런지 반미친중 세력은 국가를 넘어 민족이라는 이름 아래 북한 정권과 그 노선에 대한 호응을 예사로 해 왔다. 이들 반미친중 세력의 민족주의는 어떤 민족주의일까?

　미국은 과거에 중국의 마오쩌둥(毛澤東)과 북베트남의 호치민(胡志明)을 '공산주의의 옷을 입은 민족주의자'라고 판단했다. 그래서 미국은 중·소분쟁으로 소련과 대립하는 마오를 보고 1970년대 초 중국과 관계개선에 나서 공산권을 분열시켰다. 미국은 호치민의 북베트남이 중국에 복속하지 않는다는 것을 파악하고 남베트남 철수를 결심할 수 있었다.

　레닌과 스탈린은 자본주의 세계와의 투쟁에 식민지 및 반(半)식민지 민족을 동참시키는 전술을 채택했다. 탈(脫)식민지·탈제국주의의 과정 때문에 우리 민족을 포함하여 후진사회 내에서 공산주의와 민족주의라는 두 이데올로기가 융합되었다. 바로 '공산주의적 민족주의' 내지 '민족주의적 공산주의'다. 중국의 마오쩌둥이 그것의 원조다.

　민족주의와 공산주의 두 이데올로기는 세계와 사회를 양극화 구조로 보고 투쟁의 필연성을 요구하는 동일한 형식구조를 가지고 있다. 선민(選民)과 그들의 압제자 사이에 중간적 계층, 수동적 관객이나 협력자를 위한 공간은 없다. 이상적인 새로운 사회에 관한 공산주의자와 민족주의자의 비전 차이는 엄청나게 큰 것처럼 보인다. 하지만 그들의 태도와 이미지에는 상당한 중첩과 상보성(相補性)이 있다.

　좌파 민족주의는 여기에 공산주의로부터 당 조직과 '민주집중제'라는 강철 같은 규율을 도입, 더욱 강력해졌다. 민족주의의 단순성과 융통성은 대중의 충성심 획득경쟁에서 가장 강력한 무기가 되었다.

민족주의는 마르크스주의보다 더 큰 생명력과 지구력을 가짐으로써 '개발도상의 사회들에서 옳고 어쩔 수 없는 힘이 민족주의'라는 것을 보여주었다.

'친중(親中)'의 사상적 커넥션

이는 민족이 분단돼 있는 우리 상황에도 그대로 적용된다. 이를 아는 북한은 민족주의를 전면에 내걸고 체제 내부 결속은 물론 남한 와해 공작을 해 온 지 오래다. 더욱이 중국과 반미친중 세력 사이에는 공유하는 역사가 있다. 일제시대에 조선의 무장투쟁 세력은 중국공산당에 소속되어 만주를 필두로 연합항일 투쟁을 벌였다는 것이다. 이 이른바 '민족해방 무장투쟁'을 반미친중 세력은 최고의 민족적 정당성으로 친다.

그 전사(戰士) 중의 하나였던 김일성에게 북한 정권이 맡겨졌다. 중국은 소련과 함께 김일성의 6·25 남침을 승인했다. 중국은 미군과 한국군이 중심인 유엔(UN)군이 반격하여 북한 수복 통일을 눈앞에 두었을 때, '항미원조(抗美援朝)'라는 이름 아래 대군을 투입하여 북한의 소멸을 저지했다. 그리고 중국은 북한과 군사동맹을 맺고 있는 사이다.

좌파 민족주의 세력은 대한민국의 동맹국인 미국에 반대하고 북한의 동맹인 중국에 굴종하는 것이다. 세계관, 즉 사상이 동류(同類)이기 때문이다. 또한 그들은 일본에 대한 '르상티망(ressentiment)' 즉 앙심·원한·복수심을 공유한다. '적의 적은 친구'라는 철칙이 있기 때문에 '반미'는 '친중'으로 흐르기 쉽다. '친중'의 사상적인 커넥션이 이와 같기 때문에 좌파 민족주의 세력의 '반미친중' 신념은 상상 이상으로 강하다.

반미 민족주의 세력이 해온 운동들이나 북한의 남한혁명 전략이자 남한의 NL주사파(主思派)의 혁명론인 '민족해방민중민주주의혁명'은 민족이란 개념이 가진 낭만적 호소력을 이용한 철저한 정치 프로그램이다. 북한의 이른바 '민족대단결'도 남한에서 공산주의 활동을 합법화하여 대한민국을 전복하는 투쟁을 자유롭게 하라는 것이다. 남한에서의 '통일운동'도 모두 이치에 맞지 않는 것으로서 친북운동이고 대한민국 전복운동의 일환이었다.

미국이 떠난 후인 1975년 남베트남은 106만 명의 보트피플이라는 세기적 비극을 남기고 역사에서 사라졌다. 주(駐) 남베트남 마지막 공사였던 이대용은 이렇게 말한다.

"월남은 힘에 의해 망한 것이 아니다. 시민단체와 종교단체는 물론 정부 구석구석까지 침투해 국가의 온 신경망을 장악한 간첩들에 의해 망했다. 그 간첩들과 공산주의자들은 하나같이 민족주의자, 평화주의자, 인도주의자로 위장해 민족공조를 내세워 반미를 외치고 선량한 국민을 선동해 극성맞은 데모를 주도하며 대중 기반을 넓혀나간 그 선동주의자들에 의해 망했다."

문재인 대통령은 대선을 앞두고 낸 책에서 "당시 대학생으로 남베트남 패망 소식을 듣고 희열에 몸을 떨었다"고 고백했다. 그런 얘기를 스스럼없이 하는 것은 그로부터 40년이 흘렀어도 그 생각에 변함이 없다는 얘기일지도 모른다.

민족과 민족주의는 앤더슨(Benedict Anderson)이 말하는 '상상의 공동체'와 같은 단지 사회적 구성물이 아니다. 그것들은 인간이 버리려 해도 버릴 수 없는 실체성을 가진 것이다. 정치철학자 타미르(Yael Tamir)의 말대로 자유주의자가 목표로 하는 이상적인 사회도 민족적(national) 감정을 토대로 하지 않으면 성립하지 않는다. 위에서 본 바와 같이 민족주의가 사람에게 '어쩔 수 없는 힘(compelling force)'이라면, 민족주의에서 후퇴하는 것은 대중의 정서와 감정에서 멀어지는 것이 된다. 그런 전술은 정치적으로도 명분을 잃게 될 수 있다.

이승만 대통령은 구한말부터 가장 순수한 유형의 시민적 민족주의인 미국 내셔널리즘을 받아들였다. 그는 자유민주주의적 '국민 만들기(nation-building)'를 추구했고, 결국 그것을 바탕으로 대한민국을 건국하였다.

실제로 대한민국의 자유민주 국민들은 북한의 같은 민족이 겪는 참상에 상심하고, 폭압 전체주의 권력에 분노해 왔다. 따라서 종족적 민족주의에 토대를 둔 좌파·반미 민족주의에 맞서 대한민국 헌법이 명령하는 바와 같이 시민적·자유주의적 민족주의를 가지고 공세적으로 반격해야 한다. 북한 주민들의 인권을 앞장서 주장해야 한다. 갖가지 방략으로 북한 권력 해체 공작에 국가 역량을 총동원해야 한다. 반인륜·반문명·반민족적인 북한 독재권력 제거에 헌신하는 것이 한국의 자유주의적 민족주의며 대한민국의 세계사적 사명이다.

8. 북한 전체주의의 정치사상적 기원과 특징

김영호

연구방법

북한의 정치체제의 성격을 규명하는 학문적 노력은 북한의 대내외적 정책과 이에 대한 대응방안을 마련하기 위해 반드시 선행되어야 할 작업이다. 이와 관련된 이론적 작업들은 국내에서 충분히 이루어지지 못하고 있다. 북한이 한국 자유민주주의체제에 대한 '실존적 위협'이라고 한다면 북한 체제의 성격 규명이 선행되어야 그 위협의 본질에 대한 이해를 바탕으로 대북정책과 통일방안들이 모색될 수 있을 것이다.

이 문제와 관련하여 다음과 같은 접근방법론을 생각해볼 수 있다. 북한 체제 성격과 관련된 의문이 제기되고 문제 설정이 이루어지고 나면 북한과 유사한 정치체제를 서양에서는 경험한 적이 없는지 살펴볼 필요가 있다. 이런 서양 정치사상의 예를 놓고 북한의 사례와 비교해보면 양자 사이의 '편차(variation)'를 발견할 수 있을 것이다. 이 편차를 북한 체제의 특징이라고 볼 수 있을 것이고 그런 편차가 생겨나게 된 원인들을 다양한 각도에서 추적해 들어간다면 북한 정치체제 규명에서 일정한 이론적 성과를 거둘 수 있을 것으로 기대해 볼 수 있다.

이런 접근방식과 달리 서양 사례의 특징을 교과서 식으로 나열하면서 그 틀을 북한 사례에 억지춘향 식으로 덮어씌우는 경우 서양 이론 그 자체의 검증에는 도움이 될지 모르지만 북한 체제의 특징을 이해하는 데에는 분명한 한계가 있을 수밖에 없다. 이와 달리 북한 체제가 그 나름대로 독특한(*sui generis*) 성격을 갖고 있다는 주장을 생각해 볼 수 있다. 이런 주장은 유엔 북한인권특별보고관을 역임한 출라롱곤대학 문타본(Vitit Muntarbhorn)교수가 쓴 유엔 북한인권보고서에서 발견된다. 그는 북한 체제를 그 자체로서 전례가 없는 독특한 체제라고 지적하고 있다.

그러나 그는 그 체제의 특징이 무엇인지 정치학적으로 규명하는 수준까지 나아가지 않고 있다. 물론 유엔보고서라는 한계 때문에 더 깊은 학문적 논의가 어려웠을 것이라는 점은 이해할 수 있다. 그의 한계점은 앞서 지적한 바와 같이 '편차'를 찾는 접근방식을 채택한다면 극복될 수 있을 것으로 보인다.

다음으로 북한 체제의 독특성을 인정하고 수용해야 한다는 주장은 '내재적 접근론'으로 포장되어 제시되는 경우도 있다. 이런 접근방식은 북한 체제가 안고 있는 모순점들과 부정적 측면들을 드러내기보다는 그 체제를 옹호하고 정당화시켜주는 결과를 가져온다. 이런 내재적 접근방식에 따라 북한 체제를 옹호하는 사람들은 한국 정치와 사회에 대해서는 매우 비판적 입장을 취하는 경우를 많이 본다. 이들은 북한에 대해서는 내재적 접근방식을 취하고 한국에 대해서는 왜 똑 같은 방법으로 접근하지 않는가 하는 문제 제기에 대해서는 제대로 된 답을 내놓을 수 없을 것이다. 내재적 접근론은 북한 체제를 긍정적으로 옹호할 위험성을 안고 있다는 점에서 문제가 매우 크다. 이와 같은 문제점들은 북한 연구가 내재적 접근방식이 아니라 이데올로기 비판의 관점에서 이루어져야 한다는 것을 보여준다.

전체주의체제의 특징

서구에서는 히틀러의 독일과 스탈린의 소련을 기존의 독재정치체제와는 완전히 다른 그 자체로서 독특한 전체주의체제로 분류한다. 레이몽 아롱(Raymond Aron)은 《민주주의와 전체주의(Democracy and Totalitarianism)》에서 전체주의의 다섯 가지 특징을 제시하고 있다: 1)국가 권력을 독점하는 정당의 존재, 2)국가 공식 이데올로기의 존재, 3)공식 이데올로기를 사회 전체에 강요하기 위한 폭력과 선전 수단의 국가와 당에 의한 독점, 4)체제에 대한 도전은 물론이고 개인적 범죄는 이념적으로 해석되어 테러의 대상이 되고 이런 테러를 통한 공포정치, 5)국가에 의한 통제경제체제 운용.

아롱의 정의에 비추어보면 북한 체제는 전체주의로 규정될 수 있다. 북한은 권력을 독점하고 있는 조선노동당에 의해서 지배되고 있다. 냉전 종식으로 사회주의권이 붕괴하고 대규모 기아를 겪은 후 북한은 군이 앞서서 지배하는 '선군정치'를 펴고 있다. 우리 식으로 말하자면 이것은 비상상황을 타개하기 위해서 일시적으로 군이 전면에 나선 계엄상황이라고 할 수 있다.

북한은 주체사상이라고 하는 공식 이데올로기를 갖고 있고, 이를 어릴 때부터 모든 주민에게 주입하고 있다. 북한은 주체사상으로 주민들을 세뇌시키기 위하여 모든 선전 수단을 장악하고 있고 이에 도전하는 반체제 세력을 교화시키고, 가두고, 처단할 수 있는 폭력 수단을 장악하고 있다. 10만 명 이상을 수용하고 있다고 알려진 북한 정치범 수용소는 북한 전체주의체제의 특징을 잘 보여준다.

마지막으로 북한 경제를 사회주의 계획경제체제라고 하지만 경제학자들의 지적처럼 지금 북한의 경제 현실을 보면 경제가 국가의 계획대로 전혀 움직이지 않고 파탄상태로 이르고 있다. 이런 계획경제의 실패에도 불구하고 북한은 국가가 경제를 완전히 장악한 통제경제체제를 유지하고 있다. 이런 경제체제는 선군정치라는 미명 하에 핵과 미사일 개발을 위해서 민간경제를 희생하고 국가 자원을 군사비 지출에 집중해야 하는 사정에서 비롯되고 있다.

아롱의 정의에 따라서 서구와 북한의 전체주의체제를 비교해보면 많은 유사점을 갖고 있다는 것을 알 수 있다. 이와 관련하여 한 가지 덧붙이고 싶은 것은 서구 전체주의도 산업사회를 배경으로 해서 등장했다는 사실이다. 산업사회는 과학·기술의 발전에 의해서 생산성이 증대되고 이에 상응하여 사회제도와 생산방식과 생활양식이 변화해가는 사회를 일컫는다. 이 과정에서 경제의 변화뿐만 아니라 국가의 군사력의 증강과 전쟁 양태의 변화도 수반된다. 이와 함께 국가권력의 중앙집권화가 가속화되고 국가 지배기구는 확대·강화되어 나간다.

이런 산업사회를 기반으로 등장한 국가체제가 내부적 견제와 균형의 장치가 없게 될 경우 국가는 개인과 시민사회를 압도하는 전체주의체제로 타락해 간다. 북한은 서구의 전체주의체제와 마찬가지로 산업사회를 배경으로 등장했다는 점에서 양자는 유사점을 갖고 있다는 것을 알 수 있다. 나아가 국가가 완전히 시민사회를 압살하고 있다는 점도 북한과 서구 전체주의가 공통적으로 갖고 있는 점이다.

이렇게 보면 북한 체제 특징의 하나인 부자세습에 초점을 맞추어 북한을 '봉건왕조체제'라고 부르는 것은 그 체제가 갖고 있는 산업사회적 특징을 간과한 것으로 볼 수 있다. 한 일본 학자는 북한 정권 수립 후 북한 지도부가 과거 유격대원들로 구성되었다는 점에 주목하여 '유격대 국가'라고 부른다. 또한 북한 체제가 김일성이라는 수령을 중심으로 하는 체제라는 점에서 '수령제 국가'라고 부르기도 한다. 그러나 이런 설명은 지나치게 북한 체제의 특징을 서술적으로 묘사하여 그 전체주의적 특징이 명확하게 드러나지 않는 문제점을 안고 있다.

낭만적 민족주의와 북한 전체주의의 정치사상적 기원

이런 유사점들에도 불구하고 북한은 서구 전체주의체제와는 여러 가지 측면들에서 '편차'를 보여준다. 이 중 가장 두드러지는 것은 북한 지배 이데올로기의 기원을 '낭만적 민족주의'에서 찾을 수 있다는 점이다. 구한말 이후 한국인은 근대성과 근대국가를 추구해 나가는 과정에서 이를 위한 개혁의 노력이 좌절됨으로써 식민지로 전락했다. 그 결과 한국인이 수용한 민족주의는 자유와 평등을 원리로 하여 '민족'을 '국민'으로 승화시켜 그것을 단위로 하여 '시민민족주의(civic nationalism)'에 기초하여 근대국가를 만들어나간 프랑스모델이 아니었다. 국가를 상실한 한국인이 수용한 민족주의는 독일의 '정치적 낭만주의' 영향을 크게 받은 '낭만적 민족주의' 혹은 '종족적 민족주의'였다.

근대성 추구 과정에서 유럽의 다른 국가들에 뒤쳐져서 후진국에 머물고 있던 독일은 프랑스 계몽주의와 합리주의에 반대하여 독일 특유의 언어와 문화와 역사와 혈연을 강조하는 정감(情感)에 호소하는 정치적 낭만주의를 추구했다. 1808년 피히테가 독일이 나폴레옹의 점령 하에 들어간 후 행한 '독일 국민에게 고함'이라는 연설은 이런 독일식 정치적 낭만주의의 정수를 보여준다. 이런 독일식 순결한 전통에 기반을 둔 독일인은 유기체적 존재 혹은 집단적 개체로서 일치단결하여 프랑스의 침략에 저항해야 한다는 것이 피히테의 주장이었다.

이런 그의 주장은 '문화적 민족주의'라고도 불리지만 정치적 낭만주의의 강한 영향을 받았다는 점에서 '낭만적 민족주의'로 부르는 것이 북한의 지배 이데올로기 발전 과정을 이해하는 데 도움이 될 것이다. 독일의 낭만적 민족주의는 자유와 평등과 같은 이념보다는 집단으로서 전통을 공유하는 혈연으로서의 민족을 강조함으로써 자유민주주의가 아니라 전체주의와 같은 체제와도 연결될 수 있는 위험성은 내재하고 있었다.

특히 독일의 민족주의는 독일을 구원할 영웅과 신화와 전설을 내세움으로써 향후 히틀러와 같이 이를 이용한 선동가적 독재자가 등장할 수 있는 정치문화적 배경을 제공했다. 이런 영웅은 민중 속에서 나와야 하며 민중과 한 치의 간격도 허용될 수 없는 '낭만적 영웅'으로 미화된다. 신채호가 과거 한국사에서 등장한 영웅을 민족의 어려움을 극복한 영웅으로 묘사하고 홍명희가 소설 '임꺽정'에서 영웅의 전형을 제시한 것도 일본을 거쳐 독일식 낭만주의를 수용한 결과라고 할 수 있다.

국권을 상실한 한국인은 독립운동을 추구하는 과정에서 프랑스와 같은 선진형 '시민적 민족주의'가 아니라 독일과 같은 후진형 '낭만적 민족주의'를 일본을 거쳐 받아들이게 되었다. 개인의 자유와 평등 원리에 기초한 '시민적 민족주의'를 채택하여 새로운 '국민'을 단위로 하여 성립된 근대국가는 자유민주주의체제를 국가 운영 원리로 채택할 수 있다. 그러나 식민 제국과 싸워서 독립을 쟁취하는 과정에서는 개인의 자유와 권리는 보류되고 혈연적, 문화적 민족이라는 '집단적 개체'의 결집과 독립이 우선 순위로 두어지는 '저항적 민족주의'로 발전한다. 이런 저항적 민족주의가 안고 있던 정치적 낭만주의가 식민지에서 해방된 북한 지배 이데올로기 형성에 커다란 영향을 미쳤다. 오늘날에도 북한 전체주의는 이러한 낭만적 민족주의를 바탕으로 하여 주체사상을 만들고 북한 주민을 세뇌하여 한국사뿐만 아니라 인류 역사상 그 전례가 없는 독특한 억압체제를 유지하고 있다.

북한 전체주의체제 하에서 김일성은 낭만적 민족주의의 인간형인 '낭만적 민족'을 대표는 인물로 상징 조작된다. 나아가 김일성은 정치적 낭만주의에서 보듯이 민중 속에서 나온 지도자로서 지배자와 피지배자 사이에 한 치의 간극도 없는 진정한 의미의 '낭만적 영웅'의 지위를 차지하게 된다. 주체사상에서 이런 영웅은 급기야 '수령'으로 추앙되고, '집단적 개체'로 인식되는 혈연적 민족을 대표하는 인물로 부상한다.

이런 수령은 어떤 과오도 범하지 않는 완전무결한 인간으로 묘사될 뿐만 아니라 진리를 독점한 인물로 등장한다. '낭만적 민족'은 낭만적 영웅과 수령에게 절대 복종해야 한다. 혈연적이고 낭만적 민족주의에 바탕을 둔 이런 영웅 숭배 사상은 김일성 3대의 족보 조작뿐만 아니라 단군과 김일성 족보를 연결시키는 역사적 왜곡과 조작으로 나아간다. 이 과정은 독일의 정치적 낭만주의의 영향을 받은 '낭만적 민족주의'가 한반도형 '저항적 민족주의'를 거쳐 북한 전체주의 체제의 지배 이데올로기인 주체사상의 정치사상적 근거를 제공하고 있다는 것을 보여준다.

한국 사회와 낭만적 민족주의의 부정적 영향

북한에서와 달리 해방 이후 남한에서는 '저항적 민족주의'가 '전진적 민족주의'로 나아갔다. 여기서 '전진적'이라고 하는 것은 낭만적 민족주의가 내세운 '집단적 개체' 의식에 여전히 머물면서 전체주의 체제로 빠지지 않고 자유롭고 평등한 개인들로 구성된 '국민'을 단위로 하여 근대국가를 세우고 그 국가 이념으로서 자유민주주의를 채택하는 방향으로 나아갔다는 것이다. 이것은 낭만적 민족주의를 극복하지 못한 북한과 달리 한국은 저항적 민족주의에서 시민적 민족주의로 나아갔다는 것을 의미한다.

분단과 함께 남북한에 등장한 두 국가를 '분단국가'라고 하지만 이런 용어는 한국의 자유민주주의체제와 북한의 전체주의체제의 구분을 모호하게 만들고 있다는 점에서 서술적 용어는 될 수 있을지언정 정치학적 개념의 수준으로 나아간 것으로 보기는 어렵다. 해방 이후 남북한에서는 전혀 다른 민족주의 개념에 입각하여 이질적 체제가 등장하였다. 이러한 이질적 체제를 자유민주주의에 기반을 둔 동질적 체제로 만들어나가는 것이 통일문제의 핵심이다. 분단 이후 한국 민족주의는 시민적 민족주의에 기초하여 근대국민국가를 완성해야 한다는 통일의 과제를 남겨두게 되었다.

여기서 한 가지 지적해두어야 할 것은 제2차 세계대전 이후 식민지에서 해방된 거의 모든 지도자들이 사회주의를 지향했다는 점이다. 그들과 달리 이승만은 자유민주주의체제를 이념으로 하는 근대

국민국가를 세워야 한다는 확고한 신념을 갖고 있었다. 그가 옥중에서 쓴 《독립정신》을 보면 정치체제를 '전제정치,' '입헌정치,' '민주정치' 세 가지로 분류하고 미국과 같이 국민주권론에 기반을 둔 '민주정치'가 최상의 정치체제라는 점을 강조하고 있다. 이런 그의 생각은 출소 이후 미국의 워싱턴 대학, 하버드 대학, 프린스턴 대학에서 각각 학사, 석사, 박사 학위를 마치면서 더욱 심화되어나갔다.

그가 지적으로 성숙한 시기인 1941년 8월에 쓴 《일본내막기》를 보면 '전체주의'라는 용어를 직접 구사하면서 일본 제국주의와 공산주의체제를 통렬하게 비판하고 있다. 이처럼 확고한 신념과 뛰어난 지식과 전략을 가진 이승만은 저항적 민주주의의 전통이 그토록 강했던 해방 이후 한국 사회에서 자유민주주의체제에 기반을 둔 대한민국을 건국할 수 있었다. 이처럼 대한민국의 건국은 왕조체제에서 자유민주주의체제로 완전히 새로운 전환을 의미한다는 점에서 한국사에서 하나의 커다란 '정치체제 혁명'이었고, 그 혁명의 주역은 이승만이었다.

해방 이후 남한에서 '시민적 민족주의'에 바탕을 둔 자유민주주의체제가 성립되었지만 낭만적 민족주의에서 생겨나는 문제점들은 완전히 극복되지 못했다. 여기에는 여러 가지 이유들이 있겠지만 그 하나는 북한의 남한에 대한 끊임없는 선전 활동이다. 북한은 '민족공조론'이라든지 '우리 민족끼리'라든지 하는 낭만적 민족주의적 정서를 자극하여 정치체제보다는 민족이라는 프리즘을 통해서 남북관계 뿐만 아니라 통일문제를 보도록 하는 선전 활동을 지속적으로 해오고 있다.

낭만적 민족주의의 논리를 앞세운 북한의 선전에 일반인은 말할 것도 없고, 정치인, 지식인, 언론인, 종교인, 교사들까지도 휘말려 들어가서 민족을 체제보다도 신성한 것으로 여기고 마치 민족을 국가와 체제보다도 상위에 있는 실체로 오해한다. 이런 오해는 민족의 이름으로 혹은 민족을 위해서라면 반체제적 행동도 정당화될 수 있다는 착각을 불러일으킨다. 북한의 낭만적 민족주의에 바탕을 둔 선전이 젖은 스펀지에 붉은 물이 퍼지듯이 우리 사회의 많은 사람들의 머릿속에 스며들어와 있기 때문에 민족의 이름으로 행해지는 어떤 사람의 행위가 반체제적이고 북한을 이롭게 한다고 할지라도 지탄의 대상이 되지 않고 용인되는 분위기가 조성되어 있는 것이다.

이런 문제의 심각성은 1991년 12월 체결된 남북기본합의서를 보면 분명하게 드러난다. 이 합의서는 남북관계가 국가 대 국가의 관계가 아니라 통일을 지향해 나가는 과정에서 잠정적으로 형성된 '특수관계'라고 규정하고 있다. 여기서 '특수관계'라고 하는 것은 북한이 말하는 낭만적 민족주의를 염두에 두고 삽입된 문구라는 것을 알 수 있다. 북한과 정식으로 협상을 벌이는 한국 정부의 관리들마저 낭만적 민족주의적 의식에 젖어 있기 때문에 이런 문구가 아무렇지도 않게 들어가게 된 것이다. 그 이후 우리 학계에서도 이와 관련된 문제제기가 없었다는 것은 한국 사회에 저항적 민족주의에 뿌리를 둔 낭만적 민족주의적 의식이 얼마나 뿌리 깊게 박혀 있는지를 보여준다.

여기서 한 가지 지적해두고 싶은 것은 근대국가의 단위가 되는 자유롭고 평등한 개인들로 구성된 시민적 민족주의의 주체인 '국민'은 종족적 민족을 근거로 해서 형성된다는 것을 지금까지의 논의가 결코 부정하지 않는다는 사실이다. 프랑스의 경우 루이 14세와 같은 절대군주들이 중세의 봉건제를 타파하고 중앙집권화와 함께 프랑스 민족의 기층(基層)을 만들었다.

우리의 경우는 고려 시대 이후부터 종족적 의미의 민족이 본격적으로 형성되기 시작한 것으로 봐야 할 것이다. 이런 종족적 전근대적 의미의 민족이 외세의 침략을 받으면서 '나'와 '남'에 대한 구분이 더욱 분명해지면서, 3·1운동을 기점으로 하여 근대적 의미의 민족주의적 의식이 싹트게 되었던 것이다. 이런 의식을 바탕으로 형성된 민족이 대한민국 건국을 계기로 하여 국민주권론에 의해 통치의 인적 명분체로 등장함으로서 비로소 '국민'으로 탄생하게 되었던 것이다. 여기서 강조하고자 하는 것은 건국 이후에도 남한에서 낭만적, 종족적 민족과 근대국가적 의미의 국민을 혼동하는 데서 오는 문제점이 '낭만적 민족 이데올로기'에 대한 비판의 관점에서 정치사상적으로 파헤쳐지고 극복되어야 한다는 점이다.

이런 북한 체제 선전과 유지의 이데올로기로 변한 낭만적 민족주의는 한국 사회 내에서 국민주권론에 대한 심각한 오해를 불러일으키고 있다. 국민주권론은 주권의 소유와 행사를 분리하고 있다. 국가주권의 상징적 존재로서 '국민'은 투표권을 행사해서 대표들을 선출해서 일정 기간 국가 운영을 맡긴다. 우리의 경우 전국구 대표인 대통령과 지역구 대표인 국회의원이 이러한 대표들이다. 한국 자유민주주의를 대의제 민주주의라고 하는 이유도 여기에 있다. 한국 대의제 민주주의를 책임지는 대표들은 일정 기간 통치권을 민주적 선거를 통해서 위임받기 때문에 북한 체제와 달리 독재자들은 아니다. 한국은 복수정당제를 통한 자유로운 경쟁이 보장되기 때문에 일당독재 체제인 북한과도 다르다.

그럼에도 불구하고 앞서 지적한 바와 같이 낭만적 민족주의는 그 속성상 대중과 대중의 대표자 사이에 한 치의 간격도 없어야 한다고 주장한다. 그러나 대의제 민주주의의 운영 실태를 보면 여당과 야당 사이의 갈등으로 인하여 정치가 교착상태에 빠지기도 하고 국민적 요구가 완벽하게 수용되지 못하는 상황이 자주 발생한다. 이런 상황이 발생할 경우 낭만적 민족주의적 의식이 강하게 영향을 미치는 사회에서는 대의제 민주주의를 정면으로 부정하거나 자신들의 손으로 투표를 통해서 선출된 대표들마저도 인정하지 못하겠다는 사고방식이 지배하게 된다. 이런 상황에서 대통령 혹은 정치인들이 연루된 정치 스캔들이 발생하고 선동적 정치인들과 언론들이 대중을 부추기고 대중 집회가 조직화될 때 대의제 자체가 흔들리고 정치체제의 위기가 발생할 수 있다. 박근혜대통령 탄핵의 시발점이 된 촛불 시위와 한국 대의제의 위기는 낭만적 민족주의에 침윤되어 생겨난 한국 정치문화와 밀접하게 연관되어 있다고 볼 수 있다.

낭만적 민족주의는 '나'와 '남'에 대한 구분이 시민적 민족주의보다 더욱 선명하다. 자유와 평등과 같은 이념을 중심으로 사고하는 시민적 민족주의는 혈연과 언어와 전통을 중시하는 낭만적 민족주의보다는 더욱 개방적이다. 한국의 경우 정치적 낭만주의에 바탕을 둔 저항적 민족주의는 일본 제국주의에 대한 저항에 그치지 않고 서양과 외래적인 것에 대한 반발을 그 속에 내포하고 있다. 북한 민족공조론의 선전의 영향을 받았거나 국수적 관점에서 한국사에 대한 이해를 통하여 낭만적 민족주의에 물든 한국 사회의 일부 지식인들과 세력은 반미적 성향을 갖게 된다. 일본 제국주의의 연장선상에서 미국을 바라보게 되고 민중이 추구하는 진정한 의미의 민족해방을 방해하는 세력으로 한국 내의 엘리트 세력을 지목하게 된다. 이런 반미적 성향에 설 경우 '괴뢰 매판적 지배층'과 그들을 지원하고 지탱해주는 미국에게로 남북문제를 포함하여 한국 사회가 안고 있는 모든 문제점들의 원인이 돌려지게 된다.

이런 잘못된 인식에 설 경우 주한미군은 남한을 점령하고 있는 외국군대로서 한국은 일본의 식민지 상태에서 벗어났지만 또 다시 우리의 주권을 침해당한 미국의 강점상태에 있다는 북한의 주장에 동조하는 결과를 낳는다. 북대서양조약기구(NATO)를 통하여 미국과 동맹을 맺고 유럽의 많은 나라들이 미군의 주둔을 허용하고 있다. 그럼에도 불구하고 유럽의 어떤 나라들도 이로 인하여 자신들의 주권이 침해되었다고 생각하지 않는다. 실제로 한미연합사와 나토의 구조를 보면 전쟁과 같은 중요한 결정은 미국이 한국이나 유럽 동맹국의 대통령들과 반드시 사전에 합의하여 결정하도록 하고 있다. 이런 사실을 보면 낭만적 민족주의의 관점에서 바라보는 한미동맹과 주한미군에 대한 입장이 얼마나 잘못된 것인지 알 수 있다.

국제정치와 6·25전쟁이 북한 전체주의 형성에 끼친 영향

북한 전체주의체제 형성에 영향을 미친 것은 국제정치였다. 근대 국제정치질서 형성 이후 국내정치체제 형성 과정에서 정도의 차이는 있지만 모든 나라들이 국제정치의 영향을 받았다. 해방 직후 북한 지역에서는 소련의 군사점령 하에 들어가면서 소련 군정이 실시되었다. 공개된 구소련 문서를 보면 김일성은 스탈린과 면접한 후 북한의 지도자로 낙점되었다는 것을 알 수 있다. 북한 정권이 선포한 헌법은 소련 군정의 관리들이 작성하여 모스크바에 있던 스탈린의 수정과 재가를 받아서 만들어진 것이라는 사실이 소련 점령군 사령관을 역임하고 후에 평양 주재 소련대사로 임명되는 스티코프의 일기에 의해서 드러나고 있다. 이것은 북한 정권은 국제공산주의의 아시아의 한 지부(支部, chapter)로서 세워졌다는 것을 알 수 있다. 이것은 북한 전체주의체제 성립 과정 초기에 소련의 영향력이 매우 컸다는 것을 보여준다.

오늘날 북한 전체주의체제 성립에 커다란 영향을 미친 또 다른 요인은 6·25전쟁이었다. 남침을 준비하는 과정에서 북한 정권은 북한 사회 전체에 대한 동원체제를 갖추면서 전체주의를 향한 사회적 기반을 다져갔다. 6·25전쟁 이후 북한은 국가를 재건해나가는 과정에서 국가 권력과 그 기관들은 더욱 중앙집권화되면서 강력해졌다. 이 과정에서 북한 정권 수립 과정에서 북한 내에 존재했던 박헌영 중심의 국내공산주의세력, 연안파, 갑산파 등 김일성에게 도전할 수 있었고 실제로 도전했던 모든 세력들은 차례로 숙청당했다. 북한의 사례는 찰스 틸리(Charles Tilly)의 말처럼 전쟁이 국가를 만든 것이 아니라 전체주의국가를 만드는 데 결정적 기여를 했다는 점이 서구 전체주의체제와 다른 '편차'라고 할 수 있다.

북한 정권 수립과 6·25전쟁 직후까지 마르크스-레닌주의를 국가이념으로 삼고 있다가 1950년대 중반부터 낭만적 민족주의에 바탕을 둔 주체사상을 발전시켜 1970년 11월 조선노동당 제5차 당대회에서는 주체사상을 당이념으로 노동당 규약에 명문화하고 북한 전체주의체제의 지배 이데올로기로 공식적으로 채택했다. 여기서 정치학적으로 중요한 문제점이 발견된다. 원래 공산주의는 '계급'을 중심으로 혁명을 추구하는 사상이다. "전세계의 노동자들이 단결하라"고 하는 공산당선언의 문구가 보여주듯이 계급에는 국경선이 없다. 제1차 세계대전이 일어났을 때 유럽 각국의 노동자들은 계급보다는 자신의 '조국'을 위해서 전쟁에 참전했다. 이것은 공산주의의 계급 논리가 현실 국제정치에서는 제대로 작동하지 않는다는 것을 보여준다. 스탈린조차도 제2차 세계대전 당시 히틀러의 침공을 받았을 때 계급이 아니라 '조국'을 지키자는 명분을 내세워 소련 국민을 총동원했다.

북한은 정권 초기에는 마르크스-레닌주의를 내세우다가 김일성의 권력 유지와 권력 세습을 위해서 북한 헌법에 명시되어 있는 "전체는 하나를 위해서, 하나는 전체를 위해서"라는 문구에서 보듯이 낭만적 민족주의에 기초한 '집단적 개체'를 강조하는 주체사상으로 이념을 변경하고 전체주의체제를 더욱 공고히 해 나갔다. 이로써 북한 주민은 전통사회에서 식민지 시대를 거쳐 한국처럼 자유민주주의 하에서 '자유 속의 평등'을 경험해 보지도 못하고 바로 전체주의체제 지배 하로 들어가고 말았다. 북한 전체주의의 특징인 수령의 세습적 일인 지배는 수령 이외의 모든 주민은 평등하다는 점을 강조하지만 그것은 '노예 속의 평등'에 불과할 뿐이다.

북한 전체주의의 또 다른 특징은 한반도 분단으로 인하여 남한의 적화 통일을 주요한 이념적 명분으로 삼고 있는 '혁명적 전체주의'라는 점이다. 소련 전체주의는 볼셰비키혁명 이후 세계공산주의 혁명의 청사진을 목표로 내걸었다. 그러나 영구혁명론을 내세운 트로츠키는 멕시코에서 스탈린이 보낸 자객에 의해서 도끼로 암살당하고 만다. 트로츠키의 비극적 죽음에서 보듯이 소련은 세계혁명을 유보하고 스탈린이 내세운 '일국사회주의론'을 채택한다. 이것은 소련에서의 사회주의혁명 성과를 지키고 전후 점령한 동구권 위성국가들을 그 후 브레즈네프 독트린에서 보듯이 소련 제국 내에 묶어두는 현상유지정책으로 연결된다.

그러나 낭만적 민족주의에 바탕을 전체주의체제인 북한은 소련처럼 현상유지정책을 추구할 수 없고 북한 주도의 한반도 통일이라는 현상타파적 혁명적 명분을 결코 포기할 수 없다. 그 이유는 통일의 포기는 북한 전체주의 이념을 그 근저로부터 무너뜨리는 결과를 가져올 것이기 때문이다. 낭만적 민족주의는 반외세의 논리를 내포하고 있다는 점은 이미 지적한 바 있다. 북한의 경우 이것은 극단적인 반미주의(反美主義)로 나타나고 있다.

1994년 10월 제1차 북핵 위기를 해결하기 위해 체결된 제네바협정에는 북미 외교관계 정상화가 포함되어 있다. 만약 북한이 실제로 북미관계를 정상화할 것이라고 믿었다고 한다면 그것은 북한 전체주의체제의 특징인 반미주의를 제대로 이해하지 못한 때문이라고 할수밖에 없다. 소련은 외부의 위협을 강조함으로써 내부를 결집하고 소련체제의 문제점을 은폐하기 위해서 '미국의 대소련 적대시정책'을 냉전 초기부터 몰락할 때까지 강조했다. 이런 선전적 문구는 오늘날 북한 정권에 의해서도 되풀이되고 있다. 북한은 핵과 미사일 개발뿐만 아니라 주민을 기아선상으로 내몰아간 경제정책의 실패를 '미국의 대북한 적대시정책' 때문이라는 이유를 내세워 외부의 탓으로 돌리고 내부를 결집시키려고 노력하고 있다.

나아가 북한은 민족공조론과 우리 민족끼리라는 선전을 지속적으로 발신하여 낭만적 민족주의 의식에 젖어 있는 남한 내의 일반인들은 말할 것도 없고 정치인, 언론인, 지식인, 종교인, 노동자 등을 반미전선에 동원하여 남한 내부의 결속을 흐트러뜨리고 북한 주도의 적화통일을 달성하기 위해 노력하고 있다. 이 모든 것들이 북한 전체주의가 갖고 있는 혁명적 성격을 잘 보여주고 있고, 이것이 서구에서 등장한 기존의 전체주의체제와의 중요한 '편차'의 하나라고 할 수 있다.

북한 전체주의는 서구 전체주의처럼 외부의 위협에 대응하기 위해 북한 주민을 일상적인 동원체제로 내몰고 있다. 북한과 서구의 전체주의가 공포와 테러에 의해서 대중동원체체를 유지하고 있다는 점에서는 유사점을 갖고 있다. 전체주의체제는 주민에 대한 감시체제를 구축하고 반체제적 성향을 가진 주민들을 수용하기 위한 대규모 정치범수용소를 갖고 있다는 점에서 북한과 서구의 전체주의에는 커다란 차이점이 없다. 이것은 전체주의체제가 '내적 전쟁상태'에 처해 있다는 것을 보여준다. 이런 체제의 특징은 자유롭고 평화로운 삶을 추구하는 인간 본성에 어긋난다는 점에서 전체주의체제는 만성적 불안정상태에 있다고 볼 수 있다. 그 결과 전체주의는 자기 파괴의 씨앗을 그 내부에 이미 잉태하고 있다고 볼 수 있다.

이런 유사점들에도 불구하고 북한 전체주의체제는 남조선 혁명과 반미주의의 결합에 의하여 전쟁을 위한 상시적 대중동원상태에 놓여 있다. 이 점이 북한이 갖고 있는 서구 전체주의체제와의 '편차'이다. 미국의 대북한 적대시정책이라는 자기기만(自己欺瞞)적 인식은 미국에 대해서 절대적이고 완벽한 안보를 추구하는 방향으로 나아간다. 김일성 때부터 시작된 북한의 핵과 미사일 개발은 이런 사고의 논리적 연장선상에 있다.

그러나 혁명과 반미주의를 위한 절대적 안보의 추구는 국제정치 현실에서 근본적인 모순점을 유발시킨다. 북한의 핵과 미사일 개발은 미국과 일본과 한국을 포함하여 주변과 세계의 모든 국가들에게 일종의 안보딜레마를 만들어낸다. 여기서 '안보딜레마'라고 하는 것은 북한이 추구하는 절대적 안보는 여타 국가들에게 위협 요인이 되어 이들을 자극하여 군비경쟁에 나서게 하거나 북한 핵과 미사일 개발을 저지시키기 위한 강력한 제재 조치를 유발함으로써 북한의 본래 의도는 실현되지 못하고 일종의 딜레마에 처하게 된다는 것이다.

이미 미국과 유엔 등 모든 국제사회가 북한의 핵과 미사일 개발을 막기 위해서 일치단결하여 강력한 다자적 및 독자적 제재 조치들을 취하고 있다. 이런 제재에 직면하여 북한의 안보는 더욱 불안정해지고 국가 권력의 약화로 인하여 북한 전체주의체제는 붕괴의 위험에 처하게 되는 것이다. 히틀러의 독일과 스탈린의 소련과 같은 전체주의국가는 스스로 붕괴의 길을 걷지 않았다는 점을 인식하는 것이 중요하다. 이들 두 전체주의국가는 그들과 마찬가지로 산업사회를 근거로 하여 핵무기뿐만 아니라 첨단의 재래식 무기로 무장한 미국과 서방진영의 확고한 억지체제의 구축과 봉쇄정책에 의하여 몰락의 길을 걸었다.

마찬가지로 혁명과 반미주의를 내세운 북한 전체주의의 핵과 미사일 개발을 통한 군사적 위협은 한미동맹과 한미일 군사협력을 통해서 억지될 수 있다는 점을 인식해야 한다. 북한 전체주의는 공포와 테러 정치로 인하여 북한 주민과 '내적 전쟁상태', 그리고 혁명과 반미주의를 위해 '외적 전쟁상태'에 처해 있다. 이처럼 만성적인 '이중적 전쟁상태'에 처해 있는 북한은 한미동맹과 주한미군에 의해서 강력하게 봉쇄되고 억지될 때 내부로부터 변화하고 궁극적으로 붕괴의 길을 걷게 될 것이다.

북한이 변화하거나 붕괴하여 통일의 가능성이 열리게 될 때 한국인에게 지속적으로 영향을 미치고 있는 '낭만적 민족주의'가 통일의 걸림돌로 작용할 가능성을 배제할 수 없다. 다시 한 번 저적해 두고 싶은 것은 통일은 남북한 사이에 각각 존재하는 자유민주주의체제와 전체주의체제라는 서로 '이질적 체제'를 자유민주주의체제라는 하나의 '동질적 체제'로 통합하는 것을 의미한다. 한국인의 의식에 뿌리 깊게 박혀 있는 낭만적 민족주의는 민족과 체제의 구분을 모호하게 하거나 심지어 민족을 체제의 상위에 두려는 경향마저 낳고 있다.

이런 민족 우위의 사고가 우세한 분위기가 지속된다고 한다면 북한 유사 상황 발생 시 북한 주민이 자결권을 행사하고 자유민주주의체제를 선택하여 진행될 통일 프로세스가 순탄하게 진행되지 못할 가능성을 배제할 수 없다. 장래의 통일 상황에 대비해서라도 1991년 남북합의서에서 주장하는 것처럼 남북관계를 민족 간에 잠정적으로 형성된 특수관계로 볼 것이 아니라 국가 대 국가의 관계로 바라보는 코페르니쿠스적 사고의 전환이 필요하다. 남북관계를 국가 대 국가로 보는 입장에 선 통일전략은 '분리를 통한 통일전략(unification through separation)'으로 부를 수 있을 것이다.

이 새로운 전략은 이미 《정치학적 대화》 제1권에서 제시된 바 있고, 그 중요성 때문에 이 책의 제3장에서 다시 한 번 논의되고 있으므로 더 자세한 논의는 생략하기로 한다. 다만 여기서는 이 새로운 통일전략은 북한 전체주의체제의 정치사상적 기원과 특징에 대한 논의와 한국 내에 널리 퍼져 있는 낭만적 민족주의의 부정적 영향을 충분히 인식한 현실적인 관점에서 제시되었다는 점을 밝혀두고자 한다.

이용희의 한국민족주의 연구와 노재봉의 낭만적 민족주의 비판

이상의 논의를 마무리하면서 마지막으로 한 가지 지적해두고자하는 것은 노재봉 교수의 '낭만적 민족주의'에 대한 논의는 그 분의은사(恩師)이신 동주(東洲) 이용희 교수의 한국민족주의를 한 차원 높게 발전시키고 있다는 점이다. 노재봉 교수는 1977년 이용희 교수가민족주의와 관련하여 쓴 글과 기조 발제문과 대담들을 모아서《한국민족주의》라는 책을 편찬한 바 있다. 이 책에서 이용희 교수는 프랑스혁명을 기점으로 하여 성립되는 근대국가적 민족주의에 대하여 심도 깊은 정치학적 논의를 하면서 한국민족주의의 출발을 서구의 모델과 다른 '저항적 민족주의'로 규정했다. 그는 저항적 민족주의의긍정적 측면을 인정하면서 동시에 부정적 측면을 극복하고 한국민족주의가 '전진적 민족주의'로 나아가야 한다는 점을 역설했다.

이상에서 논의한 노재봉 교수의 낭만적 민족주의와 북한 전체주의 성격과 통일 방안에 관한 논의는 이용희 교수의 한국민족주의 논의의 연장선상에서 이루어지고 있다는 것을 알 수 있다. 이와 동시에노재봉 교수는 한국의 저항적 민족주의가 대한민국 건국과 함께 '시민적 민족주의'로 발전했다는 점에 주목하고 한국사에서 건국을 하나의 '정치체제 혁명'으로 규정하고 있다. 노재봉 교수의 주장이 이용희 교수의 주장과 맥이 닿아 있으면서도 더욱 진전된 것은 건국 이후 남북한에 부정적 영향을 미치고 있는 '낭만적 민족주의'가 독일에서 일본을 거쳐 식민지 시대에 한국에 전파되고 수용되는 과정을 이용희 교수의 '전파이론'에 기초하여 분석하고 있다는 점이다.

이와 관련된 노재봉 교수의 주장은 《정치학적 대화》 제1권 제4장 '민족 이데올로기에 대한 정치학적 비판'에서 더욱 소상하게 다루어지고 있다. 노재봉 교수에 따르면 마키아벨리가 쓴 《군주론》은 새롭게 권력을 획득한 군주의 국가이성의 문제를 다루는 제6장에서 제9장까지가 그 책의 백미(白眉)라고 한다. 필자는 《정치학적 대화》 제1권의 백미는 제4장이라고 생각한다. 여기서 필자가 정리한 주제의 이해를 돕고 북한 전체주의의 정치사상적 기원과 한국민족주의의 특징과 새로운 통일전략과 관련한 노재봉 교수의 정치사상을 더 이해하기를 원하는 이 책의 독자들에게 《정치학적 대화》 제1권을 이 책과 함께 읽어볼 것을 권유하고 싶다.

제6장

한국정치에 관한 정치학적 성찰

1. 대중시위 촛불의 고향은 어디인가[12]

노재봉

우리는 지금 어디 서 있으며 어디로 가고 있는가. 대전환기거나 혼란기에 모든 사상가들이 물었던 질문이다. 대한민국은 어디에 있으며 어디로 가고 있는가. 새해의 물음으로 모든 사람들의 마음에 자리 잡고 있는 의문이다. 70년의 대한민국 역사는 혁명사였다. 세계사의 연관에서 대한민국 건국이라는 정치적 혁명이 첫 단계였다. (여기서 일단 북한을 제외한다) 왕조체제를 떠나 자유민주주의를 표방하여 신민을 국민으로 만든 것은 근대국민국가라는 목표를 향한 혁명의 첫걸음이었다. 농지개혁을 통해 새로운 사회경제 구조와 새로운 정치기반을 만들어가던 시점에 무력 혁명을 통해 전체주의 체제로 통일

---

12) 이 글은 월간 〈대한언론〉 2017년 1월호에 게재되었다.

하려던 6·25전쟁이 터졌다. 헌정은 '입헌적 국가이성(constitutional reason of state)'이라는 상황에 놓이게 되었고, 그 여파는 지금까지 강도를 달리하면서 계속되어왔다. 이를 두고 근대국가가 이미 완성되었던 것처럼 과거완료형의 사고로 정치를 비판하는 것은 현실적 판단은 아니다.

그런 조건에서 제2의 혁명이 뒤따랐다. 이른바 근대화라는 경제 발전 단계를 말하는 것인데, 이것은 세계사적 비교 시각에서 본다면 지각한 한국의 산업혁명이었다. 이로 말미암아 모든 사람의 사회적 신분과 지위가 달라졌다. 각자의 정체성이 혼미에 빠지는 태풍을 수반했다. 구조적으로는 산업사회의 특성상 사회 기능이 분화되고 그것을 바탕으로 "시민사회"가 처음으로 등장했다. 그 시민사회는 처음으로 정치권력이 무엇인가를 체험적으로 경험하게 되었으며, 권력과 시민사회의 갈등도 만만찮게 전개되었다. 여기로부터 지식인의 영향이 본격적으로 대두되고, 민족주의의 열풍도 일어나게 되었다. 이 민족주의는 한민족의 역사적 과제인 통일문제로 연결되었으며 국민국가의 완성이라는 마지막 혁명적 과제를 두고 치열한 논쟁과 운동이 전개되기 시작했다. 현재의 정치 상황은 이런 움직임의 연장선상에 있다고 봐야할 것이다.

정치혁명과 산업혁명을 지나서, 그 뒤를 이은 대통령들은 모두 이 마지막 3차 혁명에 명운을 걸었다고 해도 과언이 아니다. 이를 아우른 강력한 한쪽의 구호가 민중을 주체로 하는 혁명적 통일 이념이었다. 이를 위해 자유민주주의 체제의 자유와 권리는 그 혁명을 위한 수단에 불과했다. 이렇게 형성된 사고방식은 몇 십 년 동안 정치적 사고의 방정식으로 침전되어 왔다. 그런 사고의 소유자들은 어디라고 할 것 없이 자리를 잡았고 이런 저런 문제들을 다루는 곳에서 여지없이 노출되고 있다. 행세깨나 하려면, 민중·주체·사회구성체 등의 용어는 알아야 하고 굿마당·개량 한복· 꽹과리·장구 정도는 치고 입을 줄 알아야 민족주의자임을 자처하기에 이르렀다. 그런 세대가 지금 정치판을 장악하고 있다. 구보수니 신보수니, 진보야당이니 국민야당이니 이름이야 다양하지만 언술의 내용을 보면 모두가 아무런 차이 없는 초록동색이다. 진보 대통령이니 보수 대통령이니 하는 것도 언론의 말장난이지 아무런 차이가 없다.

국민국가의 건설로 근대성을 확보하려 시작된 혁명은 마지막 역사적 과제에서 이제 혼돈에 이르렀고, 그것을 상징하는 것이 조직화된 대중시위(mass demonstration)의 촛불로 표현되고, 참여자들은 도덕적으로 만신창이가 된 대통령을 살리자는 것인지, 나라를 살리자는 것인지, 혼자 생각하면 갈피를 못 잡는 자신을 발견하는 상태에 이르렀다. 이 의식의 혼돈을 정리해 보기로 하는 것도 의미가 없으리라고 여겨지지는 않는다. 우선 "민족"이라는 근대성의 주제어가 어떻게 한국에서 전개 되었는가를 음미해보자. 민족이라는 단어는 일본에서 독일 문화가 들어오면서 Volk라는 단어를 번역하는 고민에서 족민(族民)으로 시작해서 여러 가지로 표현을 시도하다가 마지막에 민족으로 번역되었고 이것이 우리 식민지 지식인들에 의해 한국에도 전파되었다. 이 개념은 영국·프랑스·미국과 달리 종족적(ethnic) 의미로 수용되었다.

이의 근원은 독일의 정치적 낭만주의(political romanticism)이었다. 그에 앞서 문화적 낭만주의가 당시 일본을 위시하여 동양에 퍼지기 시작했고, 식민지 조선의 신문화인들은 소외와 울분의 정신 상태에 젖어들었다. 후진 독일의 그 사상은 후진 일본의 모델이 되었던 것이다. 이것은 식민지 조선에도 절대적이었다. 당시 사정으로 현해탄에 몸을 던져 자살한 윤심덕의 '사의 찬미'는 단순히 연애사건의 비극적 결말이 아니라 피와 죽음을 미학화한 낭만주의 문화의 절정이었고, 이것이 정치로 연결되었을 때, 이른바 민족은 '운명 공동체'로서 '하나'로 정의되어 혁명의 주인공으로 규정되었던 것이다.

신채호가 "아(我)와 비아(非我)의 투쟁"으로 역사를 규정한 것은 그 표현이었다. 사회진화론을 합한 이 성명은 독일 민족주의의 바이블이라고 일컬어지는 피히테(Fichte)의 "독일민족에게 고함"의 조선판이었다. 피히테의 그 바이블 한 장은 해방 후 한국 국어 교과서의 백미로 읽혔고, 그 향도는 독일 유학생 출신 안호상 문교부장관이었다. 독일발 종족적 민족주의는 신채호·최남선에서 절정을 이루었지만, 그 연장선상의 안호상 박사는 종족적 민족주의를 답습해 온 북한의 조작적 단군릉을 냉전 후 몸소 참배하기까지에 이르렀다. 젊은 사람들의 열정을 불러일으키기에 충분했던 피히테의 민족주의 철학에는 개인의 존재나 권리는 인정되지 않는다. 동시대 사상가로 낭만주의라는 개념을 만든 슐레겔(F. Schlegel)이 언급한 "민족(Volk) 개념은 모든 사회 성원이 하나의 개체를 이룬다"는 것이 통념화되어 당연시 되었다. (북한헌법 제63조 참고) 이는 미국·영국·프랑스의 얼빠지고 타락한 사상과는 다른 전 인류적 사명을 걸머진 게르만의 신학적 사명으로 규정되었던 것이다. 마르크스의 세계혁명론은 이 연장선상에 선 것이었다. 그것이 그를 낭만주의의 사회철학적 천재로 치부되게 하는 소이이다.

이 모든 요소들이 조선에서 가장 잘 용해되어 나타난 것이 신채호의 '조선혁명선언서'이다. 처음으로 '민중'이라는 개념이 이 선언서에 등장한다. 카라일의 영웅주의에 젖었던 엘리트 중심의 사상에서 벗어나 이제는 민중과 민중의 영웅에 호소한다. '임꺽정'과 '장길산'은 그것의 문학적 표현이고, 이는 올라가서 자코뱅에서 출발한 러시아의 '브나로드' 운동과 맥을 같이 하게 되고 그것이 이광수의 '흙'이나 심훈의 '상록수'로 표현되며 급기야 이중섭의 '소', 이상범의 풍경화에 허리 굽은 농꾼으로 나타난다. 그런 민중의·민중으로부터의·민중을 위한·민중의 영웅이 없을 수 없다. 그것이 김일성이라는 상징으로 나타났다. 이것이 북한의 국가적 정통성의 근거를 이룬다. 얼마나 매력적이고 얼마나 '민족적'이고 얼마나 '민중적'이냐. 이 매력에 먼저 빠지는 사람들은 젊은 천재들일 수밖에 없다. 그 천재들은 천재라서 바보들과 일맥상통하는 것이다. 셰익스피어의 말을 빌리자. "삶이란, 아무 의미도 없이 소리와 분노로 가득 찬, 천치들이 말하는 얘기일 뿐." '나'라는 개체와 그것의 자유를 말살하기 위한 자유! 그래서 자유는 노예화의 대명사가 되었다.

이에 감염된 한국의 이른바 진보는 한 번도 북한의 정체성을 지성적으로 따져 본 일이 없다. 민족은 깎지 않은 다이아몬드 원석과 같은 것이다. 그 민족에 어떤 정치 또는 통치 형태를 부여할 것인가. 통치 형태가 없는 국가는 국가가 아니지 않은가. 원석의 다이아몬드를 깎아 만든 통치 형태는 어떤 것인가. 동서를 막론하고 북한의 통치체제를 규정할 수 있는 전통적 개념은 존재하지 않는다. 사실로서는 자코뱅주의에서 시작된 새로운 근대적 체제의 하나이다. 나치즘, 파시즘, 공산주의 체제가 그 예들이다. 이것을 일컬어 전체주의(全體主義)라고 명명되었다.

한국에서 전체주의라는 개념은 냉전과 함께 사라진 개념이다. 그런데 그것이 지금에 와서 뒤늦게 서유럽에서 천착되는 것은 무슨 이유 때문인가. 왜 그토록 사회주의 핵무기는 인도주의적 무기이고 자본주의적 핵무기는 억압 수단이라고 규정했던 초마르크스주의자들이 전체주의 규탄을 뒤늦게 들고 나왔는가. 솔제니친의 '수용소 군도'의 한방에 관념적 좌익들은 여지없이 붕괴되고 말았다. 이전의 그 좌익들이 새롭게 발견한 것이 전체주의라는 것이다. 우리에게 이것이 바로 북한 전체주의 체제이며 그 동조자들이 남한의 진보 세력이라는 것이다.

언론이 말하는 보수라는 것은 그 아류에 불과하다. 보수-진보로 정치 세력을 구분 짓는 언론의 상식이 사상적으로 정당성을 가지려면, 정치적 정통성에 대한 사상적 일치가 전제되어야 한다. 그 토대 위에 설정되는 것이 여(與)고 야(野)인 것이다. 지금 한국 정치는 여야가 동일하다. 색깔이 아무 것도 다른 바가 없다. 그만큼 사상이나 상식이 '통일'된 형편이다. 전체주의의 매력은 이제 촛불로 상징되기에 이르렀고, 그 촛불이 핵(核)불이 된 것은 아무도 의식하지 못하는, 정말 죽음의 찬가이다.

그런데 한편 재미있는 현상은, 자유민주주의라고 하는 것이 이율배반적으로 일상생활에 있어서는 체화되어 있다는 사실이다. 이 모순의 고통은 모두의 DNA가 되었다. 자유민주주의가 통일의 근본이 된다는 것은 아무도 의식하지 못하는 상태에 이르렀다. 이제 대한민국의 투쟁은 "자유민주 세력과 전체주의 세력의 대결"이라는 것을 인식해야한다. 자유민주주의는 프랑스혁명으로부터 영·미국에 자리잡은 정통성 이념이다. 그것을 배워가는 이 혁명 과정은 아직도 먼 길을 앞두고 있다. 정치적 낭만주의가 끝나는 날, 우리도 각자의 존재감을 가지게 된다. 북한 인권 문제가 세계적 문제로 대두된 지금, 대한민국만이 북한 인권재단 이사회의 구성조차 난감해하는 웃음꺼리 문제로 남아 있다. 이런데도 관용(tolerance)을 앞세워 전체주의에 알게 모르게 동조하는 것이 자유를 위한 주장인지를 물어야 한다. 종족적이 아닌 공민적 국민 국가를 만드는 혁명의 길에 우리는 밀알의 역할을 담당하지 않을 수 없는 업보를 진 현재의 인생이다.

2. 프랑스혁명 선언문과 근대국민국가 대한민국의 특징

김영호

프랑스혁명 선언문은 흔히 '인권선언문'으로 불린다. 그러나 이렇게 부르는 것은 인간의 권리와 근대국가의 성격에 관해서 많은 오해를 불러올 수 있다. 그 선언문의 원래 제목은 '인간과 시민의 권리선언(Declaration of the Rights of the Man and of the Citizen)'이다. 이 제목에서 보는 것처럼 '인간의 권리'는 인간이 국가의 시민이 됨으로써 국가에 의해서 그 권리가 보호된다는 의미를 담고 있다. 이 선언문은 인간은 자유롭고 평등하게 태어났다는 점을 강조하고 모든 정치결사체, 즉 국가의 목적은 인간의 양도할 수 없는 타고난 권리들을 보호하는 데 있다고 천명하고 있다. 이런 권리들에는 자유, 재산권, 생명, 저항권 등이 포함된다고 명시하고 있다. 여기서 보는 것처럼 '인간'은 우리말로 단순히 '사람'이 아니라 권리를 가진 개인이고 그 개인은 국가 속에서 그 존재를 인정받고 보호받는다는 것을 알 수 있다.

이 선언문은 프랑스혁명 이후 등장한 근대국가(nation-state)는 '인권국가'라는 중요한 사실을 보여주고 있다. 미국을 비롯한 유럽 국가들은 열악한 북한 인권 문제를 자신들의 문제처럼 지대한 관심을 갖고 이를 해결하기 위해 유엔결의안을 채택하는 등 많은 노력을 기울이고 있다. 이런 노력은 이들 국가들이 단순히 남의 어려움에 대해서 인도주의적 관점에서 어려움을 당한 사람에게 동정심(compassion)을 표현하는 차원에서 바라보아서는 제대로 이해될 수 없다. 이들의 사고 속에는 미국독립 선언서와 프랑스혁명 선언문에 나타나 있는 것처럼 근대국가는 바로 인권국가라는 생각이 분명하게 자리 잡고 있기 때문이다. 과거 노무현 정부는 유엔의 북한인권결의안 채택에 기권한 바 있다. 그 이유로 내세운 것이 북한 인권 문제를 제기할 경우 북한을 자극하여 남북관계 개선에 도움이 되지 않는다는 주장이었다. 북한 인권 문제에 눈감는 노무현 정부의 대북정책은 인권국가의 특징을 갖는 근대국가 대한민국의 국가정체성을 송두리째 부정하는 잘못을 범한 것이다.

선언문은 인간과 시민을 구분하고 있는데, 이때 '시민'은 권력 행사 과정에 참여할 수 있는 사람의 의미를 갖고 있다. 시민은 국민의 대표를 뽑을 때 투표권을 행사하거나 직접 대표자가 될 수 있다는 것을 의미한다. 나아가 선언문은 인간으로서 갖고 있는 양도할 수 없는 천부인권을 강조함으로써 인간이 시민으로 행동하는 경우에도 인간이 침해받을 수 없는 권리를 갖고 있고 인간의 사적 영역이 보장된다는 점을 강조하고 있다. 여기에는 두 가지 중요한 의미가 있다. 시민으로 행동하더라도 이런 권리를 갖고 있어야 선언문이 명시하고 있는 것처럼 국가의 폭정에 대항할 수 있는 저항권이 보장될 것이다. 이런 사적 영역의 보장을 통해서 시민사회가 형성될 수 있고 그 국가는 전체주의로 나아가는 것을 막을 수 있다.

　최근 국회 헌법개정 특별위원회 자문회의 자료를 보면 일부 위원들이 우리 헌법에 명시되어 있는 '국민'을 '사람'으로 바꾸어야 한다고 주장하고 있다. 이들 중 한 위원은 중앙 일간지에 이런 취지의 칼럼을 기고하여 이런 주장을 공론화하고 있다. 이런 주장은 프랑스혁명 선언문과 근대국가의 특징을 전혀 이해하지 못한 데서 비롯된 것으로 볼 수밖에 없다. 프랑스혁명 정신을 이어받아 세워진 대한민국은 근대국가로서 국민주권론을 그 정당성의 원리로 채택하고 있다. 그런데 '국민' 대신에 '사람'을 헌법에 쓰자고 하는 것은 사람 개개인을 주권자의 지위로 되돌려 놓자는 것이다. 이렇게 될 경우 국민을 통치의 명분체로 이미 성립된 국가는 해체되어 사람들은 국가가 성립되기 이전 상태인 '자연상태'로 되돌아가게 될 것이다. 이런 자연상태는 홉스가 주장하듯이 사람들 사이의 분쟁을 조정해 줄 있는 국가가 없기 때문에 '만인의 만인에 대한 투쟁상태'인 '전쟁상태'가 되든지, 아니면 로크가 주장하듯이 인간의 삶은 매우 심각한 '곤경 (predicament)'에 빠지고 말 것이다.

　그렇다고 한다면 '사람'으로 변경을 주장하는 사람들은 새로운 자연상태 하에서 새롭게 만들어야 할 국가 형태와 그 이념에 대해서 자신들의 입장을 분명하게 제시해야 할 것이다. 그러나 이들에게서 그런 주장과 비전은 찾아볼 수 없다. 이것은 이들의 주장이 대한민국

자유민주주의체제에 대한 비판을 넘어서서 체제 부정으로 나아갈 수 있는 위험성을 안고 있다는 것을 보여준다. 프랑스혁명 선언문에서 보는 것처럼 '인간' 혹은 '사람'은 국가의 보호를 받는 시민이 됨으로써 국민으로 거듭나고 사람으로서의 권리를 보호받을 수 있는 것이다. 국민을 주체로 하는 근대국가는 영토국가이다. 이것은 국민은 일정 영토 내에 있는 사람으로서 국가의 보호를 받는 사람이다.

이런 의미의 '국민'을 '사람'으로 대체하여 만들어질 수 있는 국가로서 영토적 한계가 없는 '코스모폴리탄적 국가'를 상정해볼 수 있지만 이것은 현실적으로 실현되기 어려운 유토피아에 불과하다. 세계화가 진행되고 있지만 한국 사람은 대한민국의 국민으로서 존재하면서 대한민국을 통해서 국제사회와 교류하면서 활동하고 있는 것이다. 세계화 속에 살고 있다고 해서 대한민국 국민의 지위를 버리고 세계시민으로 살아가는 것은 아니라는 점을 이해하는 것이 중요하다.

정치학적 논의의 차원에서 이 문제를 조금 더 깊이 들어가서 논의해 볼 필요가 있다. '국민'을 '사람'으로 되돌려 놓고 '자연상태'로 되돌아간 상태에서 국가를 구성하는 방식에는 현재 대한민국 헌법에서 보는 것처럼 국민 개개인의 자유와 평등을 보장하면서 투표권을 행사하여 대표를 뽑아 국정을 운영하게 하는 대의제 민주주의가 있다. 이것은 자유민주주의국가이다.

이와 달리 자연상태로 되돌아간 사람 개개인을 하나의 단일한 집단으로 묶어서 '하나는 전체를 위해서, 전체는 하나를 위해서'라는 식으로 개인의 자유를 무시하고 집단주의적 방식으로 새로운 국가를 구성할 경우 그것은 개인의 자유가 말살당하는 '노예적 평등'이 실현되는 전체주의국가로 나아갈 수밖에 없다. '국민'을 '사람'으로 대체한 새로운 자연상태에서 새롭게 구성될 수 있는 국가 형태는 실현가능성이 없는 '코스모폴리탄적 국가'이든지 개인의 자유가 압살당하는 '전체주의국가'가 될 수밖에 없다는 것을 보여준다. 이런 주장들은 프랑스혁명 선언문과 그 정신을 이어받아 성립된 근대국민국가 대한민국에 대한 충분한 이해를 바탕으로 하고 있지 않다는 것을 보여준다. 나아가 '국민'이 추상적이고 상징적 의미를 갖고 있어서 '사람'으로 대체하여 사람 개개인이 주권자가 되어야 한다는 주장은 문학적, 정서적 표현이고 주장일 뿐이고 정치학적 논의의 차원에서 받아들이기는 어렵다는 것을 보여준다.

이와 관련하여 여기서 정치학적 차원에서 다시 한 번 지적해두고자 하는 것은 아직도 우리 학계와 사회에서 많은 논란을 불러일으키고 있는 '민족' 혹은 '국민'으로 번역되는 영어 nation이다. 프랑스혁명 선언문은 주권은 nation에게 있다고 선언하고 있다. 이때 nation은 민족, 국민, 국가 등으로 다양하게 번역될 수 있다. 국제정치학의 고전으로 한스 모겐소(Hans J. Morgenthau)가 쓴 책 제목은 Politics among Nations이다. 이때 nation은 '국가'라는 의미이다.

구한말 nation은 일본에서 '민족(民族)'으로 번역되어 우리 사회로 전파되었다. 이 번역에는 혈연과 종족이라는 의미가 내포되어 프랑스혁명 이후 등장한 nation의 개념을 이해하는 데 적지 않은 혼란을 야기하고 있다. nation이 민족으로 번역되는 데서 보는 것처럼

nation은 혈연적, 종족적, 문화적, 역사적 의미를 갖고 있는 것이 사실이다. 혈연, 언어, 문화, 역사를 바탕으로 하는 민족 개념에 기초하여 근대국가를 건설하려는 운동을 '종족적 민족주의' 혹은 '낭만적 민족주의'라고 부른다. 여기서 낭만주의는 서구의 합리주의를 배척하고 민족 고유의 순수성을 찾으려는 생각을 말한다.

서부 유럽에 비하여 후진상태에 머물렀던 독일은 피히테의 '독일 국민에게 고함'이라는 글에서 보듯이 낭만적 민족주의에 기반을 둔 근대국가 건설로 나아가고 있다. 독일의 경우는 프랑스혁명과 달리 '민족'이 혈연과 언어와 역사를 공유하는 인간 집단으로 이해되어 자유로운 개인의 의식이 들어설 여지가 없어지게 된다. 개인은 자신의 자유와 권리를 주장하기보다는 낭만적 민족이라고 하는 독일 민족의 집단적 의사에 복종해야 하는 유기체의 부속물로 전락하고 만다. 개인적 자유가 결여된 낭만적 민족주의는 자유민주주의체제와는 전혀 다른 전체주의체제로 발전해나갈 가능성이 매우 높다.

nation을 혈연적, 문화적으로 이해하는 낭만적 민족주의와 달리 프랑스혁명 선언문의 nation은 '국민'으로 번역될 때 그 의미가 가장 정확하게 전달될 수 있다. 프랑스혁명을 통해서 등장한 '국민'은 신분제를 폐지하고 프랑스 영토 내에 사는 사람들은 모두 자유롭고 평등하다는 것을 전제로 하여 근대국가 건설의 인적 요소와 근대국가 통치의 명분체로 승화시켜나가는 과정에서 발전된 개념이다. 바로 국민이 주권자가 되는 나라가 프랑스혁명을 통해서 성립된 '근대국민국가(modern nation-state)'이고, 우리의 독립운동에서 보는 것처럼 근대국민국가를 형성하려는 운동이 '근대국가형 민족주의'이다. 이런 민족주의를 '종족적 민족주의(ethnic nationalism)'와 구분하여 '시민민족주의(civic nationalism)'라고 부르기도 한다.

프랑스혁명에서 등장한 nation, 즉 '국민'은 자유와 평등을 그 자체 내에 이미 내포하고 있다는 것을 알 수 있다. 이런 '국민'을 단위 혹은 인적 구성요소로 하여 등장한 국가형태가 '근대국민국가'이다. 근대국민국가 내부의 체제 '정당성 원리(legitimacy principle)'로서 작동하는 것이 자유민주주의체제이다. 대한민국은 자유롭고 평등한 국민을 단위로 하여 세워진 근대국민국가이고 그 국가이념으로서 자유민주주의체제를 채택한 것이다. 대한민국 건국 과정에서 21세 이상의 성인 남녀들에게 모두 일시에 투표권을 부여한 것은 대한민국이 자유와 평등을 그 이념으로 성립되었기 때문이다. 이승만 대통령이 실시한 농지개혁을 흔히 지주-소작제도를 해소하여 산업화를 앞당겼다는 식으로 경제적으로 해석하는 경우를 본다. 이런 경제적 해석은 그 자체로서 의미가 전혀 없는 것은 아니다. 그렇지만 정치학적 관점에서 볼 때 농지개혁은 지주와 소작인의 존재라고 하는 전근대적 신분제의 잔재라는 점에서 자유와 평등을 원리로 하는 근대국가의 성격과 일치하지 않았기 때문에 철폐되어야 했던 것이다. 대한민국의 건국은 그동안 권리 없는 백성으로 존재하던 한국인을 근대국가의 주권자로 승화시켜 '국민'이라는 완전히 새로운 '인간형'을 탄생시켰다는 점에서 한국사에서 프랑스혁명과 마찬가지의 의미를 갖는 하나의 커다란 혁명이었던 것이다.

3. 조국을 위해 죽는다는 것(*pro patria mori*)

김영호

6월은 조국을 위해 목숨을 바친 애국선열을 추모하고 기리는 현충일이 있는 호국보훈의 달이다. 현충일이 갖는 정치학적 의미는 '시민종교(civil religion)'라는 개념과 연결되어 있다. 루소가 《사회계약론》에서 근대국가의 통합과 단결을 도모하기 위해서 필요한 정신적, 도덕적 근거로서 이 개념을 처음으로 제시했다. 우리에게 익숙하지 않은 '시민종교'라는 개념은 정치공동체를 유지하고 발전시켜 나가는 데 필요불가결한 상징(symbol)이라는 문제의 중요성을 설명하기 위해 발전되었다. '시민종교'는 근대국가에서 종교가 개인적 영역으로 들어갔기 때문에 국가 차원의 공적 영역에서 공동체 유지를 위한 상징을 만들어내는 노력의 중요성을 강조하고 있는 것이다. 이러한 상징물들에는 태극기, 애국가, 현충일, 독립기념관, 대한민국역사박물관, 전쟁기념관 등과 같은 유형의 것들과 독립운동정신과 대한민국 건국과 호국의 사상 등과 같은 무형의 것들이 모두 포함된다.

우리는 이런 상징들의 의미에 관해서 심정적으로는 젖어있으면서도 그것들의 중요성을 개념적으로 이해하지 못하는 경우가 많다. '시민종교'라는 개념은 근대국가에서 개인을 초월한 국가공동체의 유지와 발전을 위한 준거 기준을 여러 가지 상징의 형태로 국가지도자와 지식인들이 강조하고 만들어내려는 노력과 관련되어 있다. 한국의 경우 이러한 노력이 더욱 더 중요한 이유는 최근 대한민국이라는 국가의 유지와 발전에 필요한 상징을 파괴하려는 반국가적 행위가 우리 사회 일각에서 집요하게 진행되고 있기 때문이다.

우리나라의 정치지도자들은 개인적, 국가적으로 중요한 일이 있을 경우 모두 서울의 국립묘지를 방문한다. 그런데 흥미로운 것은 특정 정치인의 경우 그 정치적 성향으로 판단할 때 독립기념관을 방문할 것으로 보이지만 거의 모든 정치인들이 서울에 있는 국립현충원을 방문한다는 사실이다. 물론 독립기념관은 서울로부터 거리가 멀어서 시간상의 제약도 있겠지만 국립현충원만 편중되게 방문하는 것은 결코 바람직하다고 볼 수 없다. 이런 문제에도 불구하고 여기서 강조하고자 하는 것은 정치지도자들이 그들이 방문하는 국가기념 시설들이 갖고 있는 시민종교 차원의 상징적 의미가 무엇인지를 분명하게 이해하고 국민들에게 설명하려는 지속적 노력이 필요하다는 점이다.

광화문 광장에 가서 보면 세종대왕과 이순신 장군의 동상이 서 있다. 이것들은 대한민국의 뿌리가 어디에 있는지를 보여준다는 점에서 시민종교적 차원의 상징물로서 그 자체로서 충분한 가치가 있다.

그렇지만 광화문 광장에 대한민국을 상징하는 조형물을 전혀 찾아볼 수 없다는 것은 커다란 문제라고 하지 않을 수 없다. 건국대통령 이승만 박사의 동상은 부서진 채 내버려져 있고 대한민국을 지키는 데 커다란 무공을 세운 맥아더 장군의 동상을 끌어내려야 한다는 일각의 주장을 보면 이번 현충일과 호국보훈의 달을 맞이하여 시민종교 차원의 상징물들이 갖는 의미와 그 중요성을 정치학적으로 되새겨보지 않을 수 없다.

루소 이후 '시민종교'라는 개념은 미국의 사회학자 벨라(Robert Bellah)에 의해서 '미국의 시민종교(American civil religion)'라는 개념으로 현대적으로 재해석되고 발전되었다. 벨라는 미국인들이 독립기념일과 현충일 등을 기념하면서 미국 시민으로서 자신들이 갖고 있는 공통의 가치와 신념을 확인하고 나라 사랑하는 마음을 다져나간다고 주장한다. 특히 현충일은 국가를 위해 목숨을 바친 선열들과 군인들을 '순교자'와 같은 종교적 반열에 올려놓고 추모함으로써 국민통합과 국가체제의 정당성을 확보하는 데 기여하는 마치 종교와 같은 기능을 한다는 점에서 '시민종교'를 함양하기 위한 국경일이라고 할 수 있다. 미국의 알링턴 국립묘지에는 "조국을 위해 죽는다는 것(pro patria mori)은 자랑스럽고 영광스러운 일이다"라는 문구가 선명하게 새겨져 있다.

종교가 지배하던 서양 중세에서는 국가를 위해 목숨을 바칠 경우 인간은 천당에서 영생을 누릴 수 있다고 믿었다. 현대 사회에서는 정교분리가 이루어짐으로써 종교를 대신하여 '시민종교'가 국가를 위해 목숨을 바친 사람들의 뜻을 기리고 국민적 통합을 도모하기 위해 세속화된 형태로 등장했다. 한국을 비롯하여 대부분의 근대국가들이 현충일과 같은 국경일을 시민종교의 함양을 위한 중요한 계기로 기념하고 있는 것은 그 때문이다.

한국과 같이 사회적 평등이 실현되고 개인의 자유와 권리의 보장을 이념으로 하는 자유민주주의 국가에서 개인주의가 국가적 결속을 해치지 않도록 하기 위해서는 시민종교적 차원에서 현충일과 같은 국경일을 기념하는 것이 매우 중요하다. 미국의 경우 재향군인의 날에는 미국의 전 지역에서 훈장이 달린 군복을 차려입은 퇴역군인들이 지역 주민의 박수와 환호 속에서 자랑스럽게 시가행진을 하는 것을 볼 수 있다. 이것은 바로 이러한 국가적 행사를 통하여 공화주의적 전통을 만들어나가는 시민종교적 차원의 노력이라고 할 수 있다. 미국과 달리 한국의 경우 국가기념일에는 그날의 상징적 의미를 되새기는 '공적 축제(public festival)'는 모두 사라지고 흥미위주의 '놀이축제(entertainment festival)'만 난무하고 있는 실정이다. 이러한 문제점은 정부와 지자체들에 의해 하루빨리 개선될 필요가 있다.

특히 오늘날 한국의 젊은 세대들은 개인주의적이고 계약적 성향이 매우 강하기 때문에 이들이 국가에 대한 공화주의적 귀속감을 갖고 자유와 평등을 누릴 수 있도록 하는 것은 매우 중요하고 이에 대한 기성세대의 역할은 매우 크다고 할 수 있다. 또한 세계화가 진행되고 있지만 국가를 통해서만이 개인의 자유와 인권을 보장받을 수 있다는 점을 인식하는 것이 중요하다. 자유의 보금자리인 대한민국의 존속과 발전을 위해서는 자라나는 젊은 세대들에게 현충일과 같은 국경일이 단순히 하루 쉬는 날이 아니라 '한국적 시민종교'의 함양을 위한 중요한 계기라는 사실을 깨우쳐주는 시민교육이 이루어져야 할 것이다.

전국 각지의 국립현충원에 있는 애국선열들의 묘역들뿐만 아니라 국립서울현충원의 '학도의용군무명용사탑'은 한국적 시민종교 함양을 위한 또 다른 하나의 좋은 예이다. 특히 무명용사탑의 경우 조국을 지키기 위해 전장에서 이름도 없이 사라져간 무명용사들의 개인적 정체성은 비록 알려져 있지 않다고 하더라도 그들이 '대한민국'이라는 국가에 소속된 영광스러운 인물들이며 국가와 국민 모두가 국가가 존속하는 한 그들의 애국심을 기억하고 기린다는 것이다. 그들에 대한 영광스러운 기억은 대한민국에서 과거, 현재, 미래 세대를 통틀어 지속적으로 계속되는 종교적 영속성을 갖고 있다는 것을 의미하는 한국적 시민종교의 표현이다.

마키아벨리가 말했던 것처럼 대한민국을 위해 목숨을 바친 애국선열들과 군인들과 '천안함 46용사'는 "자신의 영혼보다 조국을 더욱 더 사랑"한 사람들이었다. 그들은 개인의 순간적인 영달보다는 국가를 생각하고 나라사랑하는 마음을 행동으로 옮긴 사람들이었다. 현충일과 호국보훈의 달이 애국선열들과 국가를 지키기 위해 희생한 군인들과 '천안함 46용사'를 기리고 국가의 통합과 발전을 위해 '한국적 시민종교' 함양의 중요성을 정치학적으로 생각해보는 계기가 되어야 할 것이다.

4. 자유민주주의적 국민주권론 대 전체주의적 국민주권론

김영호

 한국은 미국과 함께 대통령제를 채택하고 있는 세계에서 몇 안 되는 국가의 하나이다. 토크빌은 《미국의 민주주의》라는 책에서 미국 정치체제의 안정성은 의회가 대통령을 얼마나 자주 탄핵하는가를 하나의 기준으로 판단할 수 있다고 했다. 미국은 대통령을 탄핵 소추할 수 있는 권한을 하원에 부여하고 있다. 통상적으로 특별 검사가 임명되어 대통령에 대한 대면 조사와 서면 조사를 마치고 나면 그 보고서를 바탕으로 하원이 대통령의 소추 여부를 결정한다. 하원에 의해 소추가 결정되고 나면 그 사건은 대법원장을 재판장으로 하는 상원으로 넘겨져서 탄핵 여부를 결정하는 재판이 이루어진다. 미국의 경우 한국의 헌법재판소가 하는 일을 상원이 맡아서 하고 있는 것이다. 미국은 트럼프까지 모두 45명의 대통령을 배출했다. 200년이 넘는 미국의 헌정사에서 하원에 의해서 탄핵 소추된 대통령은 앤드류 잭슨과 빌 클린턴 두 사람 뿐이다. 이들 모두 상원 재판 과정에서 탄핵이 기각되었다. 워트게이트 사건을 주도한 닉슨의 경우는 하원으로 사건이 넘겨지기 전에 자진해서 사퇴했다. 앞서 말한 토크빌의 기준에 비추어보면 의회에 의한 대통령 탄핵권이 남용되지 않은 미국은 정치체제가 매우 안정되어 있다고 할 수 있다. 워싱턴 정치는 공화당과 민주당 양당 사이에 심각한 갈등의 양상을 보여주는 것이 사실이다. 그렇지만 미국은 결과만이 아니라 민주적 절차와 과정을 중시하고 모든 사회적 이슈와 갈등을 대의제의 중심 기관인 의회로 흡수하여 논의하고 해결함으로써 정치가 안정적으로 운영되고 있다.

미국과 달리 한국의 정치체제는 매우 불안정하다는 것을 알 수 있다. 노무현과 박근혜 대통령이 국회에 의해서 탄핵 소추되었다. 헌법재판소에 의해서 노무현 대통령의 탄핵은 인용되지 않았고, 박근혜 대통령은 현재 그 재판이 진행 중이다. 우선 최근 들어 한 대통령 건너 뛰어 국회에 의해서 탄핵이 이루어진다는 광경을 토크빌이 서울에 와서 목격했다고 한다면 한국의 정치체제는 매우 불안정하다고 지적했을 것이다. 최근 한국 사회의 국론분열 상황과 정파 간의 극한적 대결 상황에 비추어보면 앞으로 국회에 의한 대통령의 탄핵은 더욱 빈번해질 것으로 보인다. 이러한 '탄핵의 일상화'는 한국 정치체제를 매우 불안정한 상황으로 몰고 갈 것이다. 한국이 북한 전체주의 위협의 최전선에 서 있는 국가라는 점을 고려할 때 '탄핵의 일상화'는 한국 정치와 사회를 더욱 불안정하게 만들 것이다.

특히 박근혜 대통령의 탄핵은 최순실 국정농단 사건에서 촉발된 시민의 도덕적 분노를 야당과 좌파세력이 촛불 시위를 통해서 선동하고 여당의 일부마저 이에 동조함으로써 촉발되었다는 점에서 더욱 심각하다. 앞서 미국의 사례에서 지적한 바와 같이 대의제의 핵심은 사회의 모든 갈등과 이슈를 의사당 내로 갖고 가서 토론과 타협을 통해서 해결해나가는 것이다. 그런데 한국의 경우 야당의 유력한 대권 주자들과 국회의원들은 모두 촛불 시위를 선동하고 이에 동참함으로써 스스로 대표로서의 기능을 포기했다. 이번 헌정위기는 '대표성의 위기'라고 부르는 이유가 여기에 있다.

특히 2017년 촛불 시위는 '국민주권론'을 내세워 대중을 선동하면서 대통령 탄핵과 퇴진 운동을 전개하였다. 이것은 국민주권론이라는 위장적 선전구호가 최순실의 국정농단에 대한 일반 시민의 도덕적 분노를 반정부와 반체제 운동을 위해 활용하는 데 전술적으로 도움이 된다고 판단했기 때문일 것이다. 촛불 시위에 등장한 국민주권론은 '자유민주주의적 국민주권론'이 아니라 '전체주의적 국민주권론'이다. 우리 헌법 제2조 1항은 "대한민국의 주권은 국민에게 있고, 모든 권력은 국민으로부터 나온다"는 국민주권론을 규정하고 있다. 이 조항에서 말하는 '국민'은 추상적 존재이다. 여기서 말하는 '국민'은 야당과 좌파 정치세력이 선동하듯이 광화문 광장의 촛불 집회에 참여한 대중이 아니다.

다시 말하자면 국민주권론의 '국민'은 자유민주주의체제의 정당성의 근거를 제공하는 상징적 존재이다. 이러한 추상적이고 상징적 존재인 국민을 마치 실제로 존재하는 것으로 선동하고 그것을 현실화시키려고 할 경우 자유민주주의체제는 그 체제의 정통성을 상실하고 전체주의체제로 타락할 수밖에 없다. 우리 모두는 국민주권론을 알고 있지만 그 '국민'이 추상적 존재가 아니라 실제로 존재하는 사람들의 집단이라는 식으로 오해하고 있기 때문에 촛불 집회에서 보는 것처럼 정치인들의 선동이 언론과 대중들에게 먹혀들어가고 있는 것이다.

2017년 촛불 시위는 한국 사회에서 '국민주권론'이 선동에 의해서 본래의 의미로부터 변질되어 오염되었다는 것을 보여준다. 이러한 사상적 오염을 제거하고 더욱 분명하고 새로운 '상징적 개념화'를 추구하는 것이 정치사상가의 중요한 역할이라고 20세기 위대한 사상가 중 한 사람인 에릭 보글린(Eric Voegelin)은 역설했다. 이제 이번 촛불 시위 이후 한국 사회에서 '국민주권론'은 이전처럼 하나가 아니라 두 개로 구분되어야 한다. '자유민주주의적 국민주권론'과 '전체주의적 국민주권론'이 그것이다. 광화문 촛불 광장에 등장한 국민주권론은 촛불을 든 대중을 마치 '국민'으로 선전함으로써 '전체주의적 국민주권론'으로 변질되었다.

왕조체제에서 자유민주주의체제로 정치체제가 바뀌면서 '왕조주권'이 '국민주권'으로 바뀌게 되었다. 중세사상 연구자 칸토르비츠(Ernst Kantorwitz)에 따르면 국왕은 보통 사람과 같은 '인간의 신체(body natural)'와 '정치적 신체(body politic)'을 갖고 있다. 후자의 정치적 신체가 왕조체제의 주권을 상징하고 왕조 세습의 정당성을 부여하는 정치적 근거를 이룬다. 그런데 왕조체제로부터 민주체제로 체제 전환 과정에서 '왕'이라는 눈에 보이는 존재가 사라져버렸다. 왕이 떠나버린 그 '빈 자리'를 왕 대신에 국가권력의 정당성의 상징적 존재로서 메우기 위해서 프랑스혁명 이후 등장한 개념이 바로 '국민'이다. 이때 국민은 왕조체제의 '정치적 신체(body politic)'처럼 눈에 보이지 않는 상징적 존재이다. 그렇기 때문에 민주체제에서 그 '빈 자리'는 왕을 대신하여 대통령과 국회의원이 일정 기간 동안 '국민'을 대표하여 권력을 위임받아서 국정을 운영하는 것이다. 그 '빈 자리'는 자유민주주의체제가 유지되는 한 영원히 비워져 있어야 한다. 이렇게 보면 촛불 시위에서 말하는 것처럼 그 '국민'이 광화문 광장에 촛불을 들고 나온 사람들이라고 하는 것은 그야말로 선동에 불과하다는 것을 쉽게 알 수 있다. 그 '빈 자리'를 인민의 이름으로 수령과 그를 세습한 독재자가 영구히 차지하고 있는 것이 북한이라는 전체주의체제이다. 이러한 '전체주의적 국민주권론'을 내세운 촛불 시위와 그 선동에 의해서 한국 사회는 헌정위기와 대표성의 위기를 맞이하고 급기야 대통령의 탄핵 소추라는 전대미문의 정치적 위기를 맞이하게 되었다. 이번 헌정위기를 시사적 차원에서 뿐만 아니라 정치사상적 차원에서 분석하고 그 문제점을 극복하려는 노력은 그 어느 때보다도 중요하다고 할 수 있다.

5. 일상적 전체주의와 일상적 저항

김영호

우리 사회에는 '전체주의적 사고의 일상화'라고 하는 매우 위험한 현상이 나타나고 있다. 광우병 촛불 시위와 최순실 사태 이후 촛불 시위에는 "대한민국의 주권은 국민에게 있고, 모든 권력은 국민으로부터 나온다"는 헌법 조항이 대중을 선동하기 위해서 어김없이 등장한다. 그러나 헌법이 말하는 '국민'은 추상적 존재일 뿐 광화문 광장에 촛불을 들고 나와 있는 대중들을 말하는 것이 아니다.

그럼에도 불구하고 정치인들과 언론들이 마치 촛불을 든 사람들이 특정의 정치적 목적을 위해 조직적으로 동원된 대중이 아니라 전체 국민인 것처럼 호도하고 있다. 물론 이들 중에는 최순실의 국정농단과 대통령의 국정 운영에 대한 실망과 분노 때문에 집회에 참여한 사람들도 적지 않을 것이다. 정치인들은 이들의 도덕적 분노를 '국민'의 분노라는 식으로 호도하여 자신들의 정치적 목적을 달성하고자 했다. 실제로 특검의 수사 결과도 나오기 전에 국회가 대통령을

한국 자유민주주의와 그 적들

탄핵함으로써 이들은 소기의 목적을 이루었다. 현재 탄핵 인용 여부를 기다리는 상황이지만 처음부터 탄핵에 이르는 과정이 자유민주주의적 '국민주권론'을 전체주의적으로 해석하여 국민을 선동한 결과였기 때문에 그 후폭풍이 만만치 않을 것이라는 것은 명약관화하다.

광화문 촛불 집회에 나와서 대중들과 촛불을 들고 그들을 선동하는 국회의원들의 행태는 광장의 정치, 운동권 정치, 정치 파업 등으로 비판받고 있지만 자유민주주의체제 원리의 관점에서 보면 그런 일반적 용어로는 충분히 설명될 수 없다. 왕조체제에서 민주체제로 정치체제가 바뀌면서 왕이 떠난 그 빈자리를 왕을 대신해서 정치적 정통성을 부여하기 위해 등장한 정치체제 정당화의 논리가 '국민주권론'이다. 이때 국민은 추상적 존재이다. 이를 정치적 명분으로 하여 투표를 통해서 국회의원이라는 대표들을 선출하여 그 빈자리에 4년간 앉아서 국태민안과 국리민복을 위해서 국가를 통치해달라고 위임한 것이다.

그런데 그 국회의원들이 광화문 촛불 시위에 나와서 촛불을 들고 '모든 권력은 국민으로부터 나온다'라는 말을 하면서 선동을 일삼는 것은 그들이 국민의 대표로서 제 기능을 제대로 못하고 있다는 것을 스스로 인정하는 꼴이 될 뿐이다. 나아가 더욱 심각한 것은 촛불 든 국회의원들의 행위는 의식적이든 무의식적이든 간에 대한민국의 자유민주주의체제를 파괴하고 전체주의에 동조하는 결과를 가져온다는 사실이다. 추상적 국민으로 상징되는 그 '빈 자리'를 그대로 내버려두지 않고 광화문에 촛불을 들고 나온 대중들이 그 자리의 실제 주인이 된 것처럼 선동하여 대중을 일시적으로 만족시키면서 자신의 숨겨진 정치적 목적을 달성하려는 정치인의 행위는 마땅히 전체주의적 행태로 비판받아야 한다. 마키아벨리는 정치인의 행위는 동기가 아니라 그 결과에 의해서 평가받아야 한다고 했다. 이렇게 보면 광화문 광장에서 촛불을 들고 국민을 선동하는 국회의원들은 국민의 의식을 마비시키고 우리 사회에 전체주의적 사고가 일상화되는 데 기여하고 있다.

한국 사회에 만연화되고 있는 일상적 전체주의는 북한 사회에서 보이는 '일상적 저항'을 생각해 볼 때 더욱 큰 문제라고 하지 않을 수 없다. 제임스 스캇(James Scott)은 동남아 사회의 농민들을 연구하면서 그들이 지배체제에 대항하여 일상생활 속에서 저항의 방법을 찾는다는 점을 발견했다. 북한 주민들이 북한 정권이 금지하는 남한 방송을 남몰래 듣고 드라마를 보고 한국의 물건을 사용하는 것들이 모두 '일상적 형태의 저항'에 해당된다고 할 수 있다. 이것은 '정치적 저항'과는 다르지만 궁극적으로 체제 저항의 물꼬를 트는 자유를 향한 북한 주민의 중요한 저항의 형태이다. 이처럼 북한 전체주의체제에 대한 저항을 돕고 진작시켜야 할 대한민국이 오히려 '전체주의의 일상화'라는 늪에 빠져 있다는 것은 커다란 문제라고 하지 않을 수 없다. 한국자유회의에 참여하는 지성인들이 모든 힘을 모아서 한국 사회에 퍼지고 있는 '전체주의의 일상화'에 대항하고 북한 해방을 위해서 북한 주민의 '일상적 저항'을 도와 나가야 할 것이다.

6. 국회선진화법 비판

조성환

    헌법재판소는 2016년 5월 26일 국회운영의 절차를 규정한 '국회선진화법'의 위헌 여부와 관련된 판결에서 그 청구를 각하하는 결정을 내렸다. 국회선진화법은 그 이름과 달리 후진적인 한국정치를 더욱 더 후진적으로 만드는 법으로서 국민적 비판의 대상이 되어왔고 국리민복을 위해 반드시 개정되어야 할 법으로 지목되어왔다. 이번 헌재 결정으로 한국정치는 어떤 통치기관도 국정 운영과 관련하여 책임을 지려고 하지 않는 '권력의 중립화(neutralization of power)' 현상이 생겨나면서 일종의 '무정부상태(anarchy)'로 빠져들고 있다.

    제19대 국회에서 목격한대로 이 법 때문에 국회는 무쟁점법안들만 처리할 수 있을 뿐 국가발전과 경제위기 해소를 위해 이해당사자들의 희생과 양보를 필요로 하는 쟁점 법안들을 통과시키지 못하는 식물상태가 지속되었다. 이 법이 존재하는 한 새로 개원될 제20대 국회에서도 국민이 기대하는 변화를 보기는 어려울 것이다. 한편 정부는 국회선진화법에 막혀서 추진하고자 하는 국가 정책들의 법적 근거를 마련하지 못함으로써 책임을 지려고 해도 질 수 없는 상황에 빠지고 있다. 이번 헌재의 결정에서 보듯이 민주적 헌정 질서 유지를 위한 최후의 보루인 헌재마저 그 책임을 회피하고 그 공을 국회를 되돌려 보내버림으로써 헌재의 존재 이유(raison d'être)에 대해서 커다란 국민적 회의감을 불러오고 말았다. 이번 결정을 두고 일각에서는 헌재가 헌법 수호기관으로서의 권한과 기능을 포기한 일종의 '소극적 정치파업(negative political strike)'으로 비판하고 있는데 헌재는 이런 비판을 받아도 할 말이 없게 되고 말았다.

헌재는 단순히 법을 적용하고 해석하는 것이 아니라 대한민국의 국가체제를 옹호하고 유지하는 책임을 떠맡고 있는 통치기관이다. 국회선진화법은 명목상으로는 절차법이지만 권력구조와 정치체제의 기본적인 작동 원리에 관한 법이다. 그런데 헌재가 이번에 문제가 된 국회선진화법을 절차법이라고 하는 형식논리를 내세워 그 청구를 기각하고 다시 국회로 돌려보낸 것은 헌재가 헌정 수호를 위해 부여된 책임을 방기한 것으로 볼 수밖에 없다.

헌재는 법률의 위헌 여부와 관련하여 중립적 권력을 갖고 있는 통치기관으로서 국회가 스스로 해결할 수 없기 때문에 이 문제를 헌재에 판단을 요청한 것인데 이것을 그대로 다시 국회로 떠넘긴다는 것은 문제라고 하지 않을 수 없다. 헌재는 문제가 된 법률이 헌정의 기본 원리와 충돌하지 않는다고 보고 있지만 그 결과 대한민국의 국정이 마비되는 사태는 어떻게 할 것인가 하는 의문이 생기지 않을 수 없다. 이 점에서 헌재가 이번 사안에 대한 분명한 의견도 제시하지 않고 각하 형식을 빌려서 국회로 재환송한 것은 납득하기 어렵다.

이제 한국정치는 국회, 정부, 헌재 등 한국의 가장 중요한 통치기관들이 자신들에게 주어진 정치적 기능을 제대로 수행하지 못하거나 수행하기를 스스로 거부하는 '체제 타락(regime corruption)' 현상이 극도로 심화되면서 '무정부상태'로 빠져들고 있다. 국회선진화법이 존재하는 한 제20대 국회가 새롭게 개원된다고 하더라고 시간이 흐르면서 이러한 무정부상태는 더욱 더 심화될 것이 분명해 보인다. 이렇게 될 경우 현재 미국의 '트럼프 현상'에서 보는 것처럼 우리 국민의 기성정치권에 대한 불만은 더욱 더 깊어질 것이고 그 불만이 어떤 형태로 폭발할지는 아무도 예측할 수 없는 지경에 이르고 있다.

국회 본회의와 상임위 모두에서 의원 60% 이상의 찬성이 없으면 어떤 법률안도 통과되지 못하도록 하는 내용을 담고 있는 국회선진화법은 만약 미래의 선거에서 특정 정당이 60% 이상의 의석을 획득할 경우 심각한 문제를 야기할 수 있다. 이렇게 될 경우 다수당에 의해서 모든 법안 처리가 가능하게 될 것이, 소수당의 의견은 철저히 무시될 가능성이 매우 높다. 이것은 바로 '국회독재(elective despotism)' 현상을 낳게 될 것이고 그것은 체제 위기로 연결될 가능성이 높다. 영국 의회에서 보는 것처럼 상대방에 대한 인신공격, 품위 손상, 욕설, 물건 투척 행위 등은 의회 내부의 윤리위원회를 통해서 다루는 법을 따로 만들어서 처리하고 있다. 이와 달리 한국에서는 '동물국회'를 막는다는 명분으로 만든 절차법이 국회의 기능 자체를 마비시키는 결과를 가져왔다는 것은 문제라고 하지 않을 수 없다. 헌재는 동물국회를 막는 절차법과 권력 구조의 기본적 작동을 저해하는 법률에 대한 뚜렷한 구분을 하고 이번 사안을 처리하는 것이 올바른 방향이었다.

미국의 경우 대법원이 갖고 있는 '위헌법률심사권(judicial review)'은 마셜(John Marshall) 대법원장에 의해 정립되었다. 미국 대법원은 삼권분립의 정신 하에 어느 국가기관이 압도적으로 우세하지 못하도록 견제와 균형을 유지하는 기능을 떠맡고 있을 뿐만 아니라 국가 기관들이 주어진 기능을 제대로 하면서 국가가 움직여 나갈 수 있도록 하는 데 관심을 쏟고 있다. 미국의 헌법을 자세히 살펴보면 권력 구조와 관련된 헌법 조문들은 국가 기관들이 충돌 없이 원만하게 움직여나가기가 매우 어렵게 되어 있는 구조를 갖고 있다. 미국 대법원의 경우 이런 구조에 숨통을 틔워주면서 국가가 잘 운영될 수 있도록 '위헌심사권'을 적극적으로 행사하고 있는데 그 전통은 마셜 법관에 의해 정착되었던 것이다. 미국의 경우에서 보는 것처럼 한국의 헌재도 국회선진화법에 의해서 국정이 마비되지 않고 국가가 움직여 나갈 수 있는 방향으로 결정을 내려야 함에도 불구하고 이번 결정은 그 정반대의 방향으로 가고 말았다.

또한 의원 60% 이상의 찬성이 필요하다는 내용을 담고 있는 국회선진화법은 제19대 국회 4년의 국회 운영 과정을 지켜보면 '만장일치제'에 가깝다는 것을 쉽게 알 수 있다. 이것은 대한민국 헌법이 규정하는 대의제 민주주의의 다수결원칙을 훼손하는 것이기 때문에 헌법 개정에 준하는 법으로 봐야 할 것이다. 그렇기 때문에 헌재는 아무리 국회법이 절차법이라고 하더라도 그것이 헌법의 정신에 부합되는지 여부를 가려할 의무를 갖고 있다. 그럼에도 불구하고 헌재는 그 책임을 회피함으로써 그 독립성과 존재 이유에 대한 심각한 국민적 회의감을 불러오고 말았다.

정치학적으로 '만장일치제'라고 하면 우리가 떠올리게 되는 것은 프랑스혁명 당시 급진과격파인 자코뱅의 지도자 로베스피에르 식의 테러를 동반한 독재이다. 이것은 반대파를 길로틴에 보내서 제거하고 폭력과 테러를 통해서 '만장일치제'를 강요하는 형태이다. 그러나 자유민주주의체제를 표방하고 있는 대한민국의 대의제 민주주의 하에서 국회선진화법이 갖고 있는 만장일치제적 성격은 자코뱅식의 제도와는 분명히 다르다고 할 수 있다. 그렇기 때문에 한국의 국회선진화법은 아무 것도 제대로 할 수 없게 막는 제도라는 점에서 '혁명적 만장일치제'가 아니라 책임 소재를 불분명하게 하는 허울만 좋은 '사보타지형 만장일치제'라고 할 수밖에 없다.

이번 헌재의 결정이 한국 정치와 사회에 가져올 더욱 더 심각한 문제점은 '만장일치제'에 준하는 성격을 갖고 있는 국회선진화법 때문에 앞으로 대통령이 중요한 정책을 추진하고자 할 경우 헌법 제76조가 규정하고 있는 '대통령의 긴급권' 발동을 고려할 수밖에 없는 상황에 직면할 수 있다는 사실이다. 그러나 여소야대로 짜여진 정치지형에서 긴급권 발동은 쉽지 않을 뿐만 아니라 야당의 반대로 인하여 극심한 정쟁을 불러올 가능성을 배제할 수 없다. 이번 헌재 결정을 둘러싼 여러 가지 문제점들에 대한 비판적 분석은 통치기관들의 책임성 회복과 한국 정치 개혁을 위한 정치학적 성찰이 얼마나 중요한 것인지를 보여주고 있다.

7. '상시(常時)청문회법' 거부권 행사에 대한 정치학적 이해

조성환

박근혜 대통령이 2016년 5월 국회 상임위 차원의 청문회를 더욱 쉽게 실시할 수 있는 내용을 골자로 하는 '상시청문회법'이 '국회독재(elective despotism)'를 낳을 수 있다는 우려 때문에 거부권(veto)을 행사한 이후 이 문제를 둘러싸고 정부, 여당, 야당 사이에 치열한 논쟁이 벌어지고 있다. 이 논쟁을 바라보면 우리 사회는 정치와 민주주의를 아직도 배워나가고 있는 과정이라는 인상을 지울 수 없다.

대통령은 국회에서 의결된 법안이 정부로 이송된 후 15일 이내에 거부권 행사 여부를 결정해야 한다. 우선 박근혜 대통령은 15일이라는 기간 안에 거부권을 행사했기 때문에 이 부분은 문제가 될 것이 없다. 그런데 이 법안이 국회로 재의를 위해 되돌려보내지는 것과 때를 같이 하여 제19대 국회의원의 임기가 만료되면서 국회는 이 문제를 재검토할 기회를 갖지 못하는 아주 특이한 상황이 발생했다. 헌법 제51조는 국회의원의 임기가 만료될 경우 법률안은 폐기된다고 규정하고 있기 때문에 이 법안은 자동 폐기된 것으로 보는 것이 맞다. 이런 정부와 여당의 주장에 대해서 야당은 새로 구성되는 제20대 국회에서 이 법안을 재의하는 것이 가능하다고 주장함으로써 논란이 확대되고 있다. 그러나 이런 야당의 주장은 타당하지 않다. 또한 대통령의 헌법적 권한인 비토권 행사를 마치 도덕적으로 잘못된 것으로 몰고 가는 야당의 주장은 한국의 정치발전을 위해서 바람직하지 못하다.

인류사에서 전대미문의 대통령제를 최초를 도입하고 대통령에게 비토권을 부여한 나라는 미국이다. 한국과 달리 미국은 행정부로 이송된 법안에 대해서 대통령이 거부권을 행사할지 여부를 결정하는 기간을 일요일을 제외하고 10일로 정해놓고 있다. 그런데 만약 대통령이 이 법안을 의회로 돌려보내려고 하는 10일 이내에 의회가 임기 만료되거나 휴회하게 되어서 이 법안을 돌려보낼 수 없게 되면 이 법안은 자동적으로 폐기된 것으로 본다. 미국에서는 이것을 '포켓 비토(pocket veto)'라고 부른다. 대통령이 이 법안에 대해서 반대 의사를 갖고 있거나 아니면 다른 이유들 때문에 호주머니에 넣고 있다가 의회로 되돌려보낼 수 없게 되면 이 법안은 자동적으로 폐기된 것으로 보는 것이다. 비토권의 원조에 해당하는 미국의 예에서 보는 것처럼 이번 박근혜 대통령의 비토권 행사는 정상적으로 이루어진 것으로 봐야하기 때문에 제20대 국회는 제19대의 기존 법안을 재의결할 수 없고 필요할 경우 새 국회에서 새로운 법안을 만들어야 한다.

그럼에도 불구하고 대통령의 비토권 행사를 도덕적 언사를 동원해서 '입법권 침해'라고 비난하는 것은 견제와 균형을 위해 만들어진 3권분립의 원칙을 제대로 이해하지 못한 데서 나온 것으로 볼 수밖에 없다. 대통령은 비토권을 통해서 국회의 입법 과정에 영향력을 행사할 수 있고 입법 과정의 일원으로 이미 참여하고 있다고 봐야하는 것이다. 이것이 3권분립 원리의 보이지 않는 특징이고 묘미이다. 그럼에도 불구하고 박근혜 대통령의 비토권 행사를 '입법권 침해'라고 하는 것은 잘못된 것이다. 국회도 대통령이 외국과 조약을 체결한 후 이 조약을 비준할 수 있는 권한을 갖고 있다. 아무도 이러한 국회의 권한을 '행정권 침해'라고 하지 않는다. 대통령은 외국과 조약을 협상할 때 국회의 비준동의권을 항상 염두에 두지 않을 수 없기 때문에 국회는 조약 협상 과정의 일원으로 영향력을 행사하고 있다고 봐야 하는 것이다. 마찬가지로 국회도 대통령의 거부권 때문에 법안을 만들 때 대통령의 정책과 생각을 항상 고려하지 않을 수 없는 것이다. 이처럼 3권분립의 원리에 따라서 대통령과 국회가 서로 견제와 균형을 맞추기 위해 각각 비토권과 비준동의권을 갖고 법안 논의와 조약 체결 과정에서 상호 영향력을 행사하고 있는 것이다.

그동안 한국의 대통령들은 미국에 비해서 비토권을 그렇게 많이 행사한 적이 없다. 그러나 여소야대의 국회가 등장할 경우 대통령의 비토권 행사는 빈번해질 수밖에 없을 것이다. 비토권이 행사된 법안은 국회에서 또 다시 재적의원 과반수의 출석과 출석의원 3분의 2 이상의 찬성으로 의결하면 법률로서 확정되기 때문에 국회가 절차를 밟아서 처리하면 된다. 또한 대통령은 거부권을 행사할 경우 미국의 대통령처럼 그 이유를 국민에게 직접 설명하고 국민의 이해를 구하는 것이 중요하다. 또한 국회에서 논의되고 있는 다양한 법안들에 대해서 사전에 공개적으로 충분한 입장을 표명하는 것도 필요하다. 이러한 대통령의 입장 표명과 기자회견은 민주국가에서 꼭 필요한 정치과정의 하나라는 점을 인식하는 것이 매우 중요하다.

상시청문회법에 대한 비토권 행사를 둘러싼 정치권의 논란은 살아 있는 정치교육이 정치현장을 통해서 이루어지고 있다는 것을 보여주고 있다. 국민은 언론에 보도되는 정치인들의 발언들을 보고 민주주의의 원리와 작동 과정을 생각하고 배운다. 특히 그 발언이 자라나는 세대들에게 미치는 영향력은 매우 크다. 그렇기 때문에 정치인들은 당리당략에 따른 주장을 펼 것이 아니라 헌법 정신에 맞게 생각하고 행동하면서 한국의 민주주의를 한 차원 높은 수준으로 이끌어가야 할 것이다. 제20대 국회에 거는 국민의 기대가 매우 높은 것도 바로 이런 이유 때문일 것이다.

8. 포퓰리즘을 거부한 박정희 대통령[13]

유광호

특권에 대한 혐오

박정희는 국민들에게 자조와 실용정신을 가르쳤던 국민의 스승이었다. 2017년 11월 14일이 박정희(朴正熙) 대통령 탄신 100년이다. 이를 기념하기 위하여 작년에 '박정희 대통령 탄생 100돌 기념우표' 발행이 결정돼 있었다. 그런데 올해 정권이 바뀌고 좌경세력이 철회 촉구 데모를 하자 우정사업본부는 기념우표 발행 계획을 철회했다. 오늘의 세계 10위권 대한민국을 만들어 내 세계의 경륜 있는 정치가들과 수많은 학자들의 찬사를 받고 있는 박정희 대통령이 좌파정권이 들어서자 기념우표 하나도 낼 수 없는 실정이 되었다.

반(反)대한민국 세력은 지속적으로 그를 '독재자', '친일파'로 몰아 역사적으로 매장하지 못해서 안달이다. 그런 프레임의 허구성과 악

13) 이 글은 〈월간조선〉 2017년 11월호에 게재된 것을 수정한 것이다.

의는 북한정권과 대한민국 전복세력의 심리전 내지 사상투쟁이고 그것에 편승 내지 추종하는 선동정치인들의 권력투쟁으로 드러난다. 박정희의 업적은 오늘날 한국이 보여주고 있는 과학·기술·생산능력과 경영능력이 웅변해주고 있다. 그런 세계사의 기적을 이뤄 낸 박정희의 정신세계를 당대의 시대적 맥락에서 살펴보는 것이 긴요하며, 망가지고 있는 이 나라 현실에 비추어볼 때 의미가 없지 않을 것이다.

박정희는 일제 식민지시기인 1917년 11월 14일 경상북도 구미 선산 상모리에서 빈농(貧農)의 4남3녀 중 막내로 태어났다. 부친은 부농(富農)의 맏이였으나, 입신출세의 꿈을 좇아 방황하다가 가산을 탕진할까 두려워한 부친으로부터 의절을 당하고 낙척(落拓)한 신세가 되었다. 어렵게 초등학교를 마친 박정희는 가난한 수재들이 들어가던 대구사범학교를 나와서 문경보통학교 교사를 했다. 거기서 일본인 교사들과 잦은 충돌을 빚던 그는 의무복무 연한을 마치고 만주군관학교에 들어가 일본육군사관학교 유학을 거친 후 만주군 육군중위로 해방을 맞았다. 대한민국 군문(軍門)에 들어가 육군 소장으로 1961년 5월 16일 군사혁명을 일으켜 군정을 실시하고 1963년 12월 직선제 선거로 제5대 대통령에 당선되었다.

박정희는 무엇보다 특권과 특권계급을 혐오했다. 이는 일정기의 친일배, 조선왕가 등의 특권층에 반감을 가지고 있었다는 말이 된다. 또한 한민족의 뿌리 깊은 가난과 망국에 따른 굴욕의 원인에 대하여 깊은 비판의식을 갖게 되었다. 그는 식민지 상황이지만 근대인으로서 큰 꿈을 펼쳐 보고 싶었다. 만주에서 약동하는 세상을 체험하기도

했다.

　이러한 비판적 자세 때문에 그는 이승만 대통령 시기의 권위주의적 정치 경제 사회상과 그 특권층에 대하여 혐오감을 가지고 있었다. 그래서 몇 차례 군사 쿠데타를 계획하기도 했다. 세상을 확 뒤집어 나라를 환골탈태시키고 싶었다. 오로지 그 일념으로 당시 관행이었던 부정부패에 일절 손대지 않았다. 그로 인해 장군이 되고서도 가족은 적지않은 고생을 했고 대신 그는 청렴한 군인의 표상으로 군인들의 존경을 받았다.

　본래 늦게 군문에 들어간 까닭에 나이는 여러 살 위였지만 1955년이면 소장으로서 대한민국 육사 동기 중 선두주자가 됐음에도 불구하고 그의 혁명 열정은 식을 줄 몰랐다. 현실 생활에는 거의 허무주의적이었다. 이런 혁명가의 정념(passion)과 꿈은 그의 출신 성분과 인생 역정과 잘 어울린다. 박정희는 하층에서 시작해 상류층 바로 밑의 사회적 지위까지 천신만고 끝에 능력 하나로 올라왔다. 역사를 보거나 사회학 이론을 보거나 대개 이런 층에서 혁명가들이 나온다.

　이 점은 소년 시절부터 선망의 대상으로 자신과 동일시했던 나폴레옹도 마찬가지였다. 나폴레옹은 유복한 가문 출신이기는 했지만 프랑스의 식민지였던 코르시카 출신으로 프랑스 육군사관학교에 유학하여 고위 장교로까지 올라가 혁명에 가담하고 대권을 쥐고 세계를 진동시켰던 것이다. 세계적으로 20세기 전반에 청소년들은 야망에 불탔던 시대 분위기가 있었다. 그때 그들에게 나폴레옹은 우상이었다. 현대그룹 창업자 정주영도 일정기에 나폴레옹 전기를 책이 헤

지도록 읽고 읽으며 웅지를 품곤 했다고 한다.

헤겔은 "역사상 성취된 위대한 일 중에 정념 없이 이루어진 것은 없다"고 단언했다. 문제의 정념이 무의식적으로 역사의 의미를 구현하는 '위대한 사람들' 내지 '창조적 소수'에게 영감을 불어넣어 준다는 것이다. 그들의 개인적 정념-부, 명예, 영광에 대한 갈증-이 없었다면 그들은 역사의 주요 인물이라는 반열에 오르지 못했을 것이다. 이승만이 주도한 '건국혁명'이 이 땅에 세운 자유민주 체제가 없었다면 박정희는 낭만적 사회주의자에 머물렀을지도 모른다. 그러나 박정희는 자유민주주의를 수용한 위에 국가와 민족의 근대적 개조라는 또 하나의 혁명을 도모했다. 경제사학자 이영훈 교수는 박정희의 정신세계를 다음과 같이 정리했다.

"박정희의 정신세계는 역사와 현실에 대한 근본적인 불만에 기인하는 팽배한 긴장으로 가득 찼다. 그는 식민지로 전락한 한국 민족의 사대주의 병폐, 자주정신의 결여, 게으름과 명예심의 결여를 증오했으며, 그 결과로 빚어진 민중의 고난과 가난에 분노하였다. 역사와 현실에 대한 그의 강렬한 비판의식과 소명감은 그의 모든 정치적 선택에 있어서 변함없는 기초를 이루었다. 그가 지향한 조국근대화는 단지 경제적 성취만을 위한 것이 아니었다. 그는 사회와 인간의 근본적인 개조를 추구하였다."

'상공'을 존중하는 군인

그는 '상공'을 중시하는 군인이었다. 박정희는 "가난이야말로 나의 스승"이라고 했다. 그의 혁명 동지들도 대부분이 가난한 농민의 아들들이었으며 그의 통치 기간에 보좌한 인재들도 가난한 농민과 가난한 선비의 후예들로서 어려운 처지에서 각고면려하여 실력을 쌓은 준재들이 태반이었다. 신현확, 김정렴, 오원철 씨 등을 비롯해 각계의 이름나지 않은 인재들까지 손에 꼽자면 이루 헤아릴 수 없이 많았다. 박정희는 그야말로 서민 출신 인재들에 의한 국민혁명을 이끌었던 것이다.

박정희는 전래의 사농공상(士農工商)의 질서를 상공농사(商工農士)로 바꾸고자 했다. 그는 '상공(商工)을 존중하는 군인'이었다. 그가 숭상하고 독려한 '능률과 실질'은 상공과 군(軍)을 함께 관통하는 공통의 특성이다. 그것은 그가 인류의 역사에 있어서 전쟁의 의미를 아는 군인이었기 때문에 할 수 있는 일이었다. 흡스의 세계관과 루소파의 세계관의 싸움에서 1960~70년대 세계의 사상을 휩쓸던 루소파의 세계관에 흔들리지 않았던 박정희라는 지도자를 한국이 가졌다는 것은 행운이었다.

미국의 역사학자 포칵(J. G. A. Pocock)은 '마키아벨리안 모멘트(Machiavellian Moment)', 즉 '마키아벨리적 계기'라는 개념으로 마키아벨리의 '혁신의 정치학'을 정리했다. 그것은 한 사회가 위기에 처했을 때, 혁신자 곧 새로운 통치자는 그것을 어떻게 극복해야 하는가에 대한 문제다. 혁신자를 물어뜯으려는 안팎의 도전에 대하여 혁신자 역시 그것을 이겨낼 만한 특출한 역량과 전략을 가져야만 한다. 마키아벨리 정치학이 탈(脫)도덕적이 되는 것은 바로 이러한 혁신의 목적과 상황 때문이라는 것이다.

그렇다면 우리는 박정희의 '마키아벨리적 계기'를 생각해 봐야 한다. 그것을 '박정희 모멘트'라고 부를 수 있을지 모르겠다. 박정희는 자신의 통치를 국가개조 혁명으로 간주하고 있었으므로 '혁명'을 원론 민주주의로 할 수는 없었을 것이다. 그의 통치 스타일이 점점 권위주의로 간 것은 어쩌면 불가피했다.

그러나 박정희는 공화국을 폐지한 적이 없다. 공화국의 반대는 독재-전체주의다. 박정희의 권위주의 통치 스타일은 공화국을 수호하고 그것을 반석에 올려놓기 위해 민주주의의 물질적 기반을 만들기 위해서였다. 그런 '박정희 모멘트'는 미국의 링컨 대통령이 내전시 국가를 수호하고 노예제를 폐지하는 과정에서 사용한 마키아벨리적 정치술과 비슷하다. 박정희는 북한 반란 집단으로부터 국가를 수호하며 민족개조와 산업혁명 근대화를 이루어 내고야 말았던 것이다.

박정희는 상당히 공화주의적이었다고 할 수 있다. 포칵은 "공화주의는 근대적 조건에서 고대적 방법을 전망하는 것"이라고 했다. 시민군에 기반하는 자유로운 국가가 마키아벨리 이래 서양 공화주의자들의 비전이었다. 박정희를 높이 평가하는 미국 학자 오버홀트(William H. Overholt)가 "박정희가 좌파 사회주의적이었다"고 평한 것은 박정희의 이런 측면을 부각시켰던 의미일 것이다.

'구호로서의 민주' 비판

　박정희는 대기업들을 육성했지만, 그것은 국제경쟁력을 키울 수 있는 실현 가능한 유일한 방법이었기 때문이며 그것도 국민을 위해서였다. 그러나 박정희는 재벌에 포획된 적이 없다. 원래 '재벌'을 싫어했던 박정희가 대기업 주도 전략을 선택한 이유는 기술을 가진 중소기업이라는 것 자체가 한국에 존재하고 있지 않았다는 것이 당시 한국 경제의 현실이었기 때문이다. 박정희는 국민적이어야 하고 애국적이어야 하는 대기업들이 국민을 위한 의무에서 벗어날까 봐 항상 주시했다. 공화주의는 대(大)소유에 반대하는 입장이지만, 박정희의 공화주의는 대기업이 국민에게 봉사하도록 지도했다. 자유주의의 권리론보다 공화주의의 책임과 의무를 더 강조하여 가르쳤다.

　박정희 대통령은 집권 초반에는 원론 민주주의를 수호하는 것을 자신의 정치적 임무로 여겼다. 그러나 한일 국교 정상화, 수출주도형의 산업혁명 문제, 유신체제 선포 등 현대사의 몇몇 고비에서 야당·지식인 그룹과 타협 불가능한 노선 싸움을 벌이면서 권위주의 정치로 밀려갔다. 박정희는 '구호로서의 민주'는 부정부패와 무능, 명분일 뿐이며 권력을 향한 장식물이자 선전수단일 뿐이라고 비판했다.

　북한에서 노예와 같은 생활을 하는 민족을 구원하고 대한민국의 주권을 유린하려고 하는 공산주의와 싸워 온 사람들을 진정한 민주주의 실천가로 보았다. 공산주의와 싸우는 것도 민주주의고, 민주주의의 기반을 만드는 것, 즉 산업화를 이루는 것도 민주주의라고 했다. 민주주의란 "경제건설과 안정된 국가적 토양 위에서만 피는 꽃"이라고 국민들을 설득하고자 했다. 그런데 '마키아벨리안 모멘트'에서 나라를 보전하고 중흥시킨 지도자들은 예컨대 링컨이나 박정희 같이 암살되고 마는 경우가 많다.

박정희의 '자유민족주의'

박정희는 번영하는 근대국가를 지향한 철저한 국민주의자였다. 북한과 좌경 민족주의자들이 내세우는 '우리 민족끼리'나 '분단·통일 사관'의 위험성과 함정에 대해서 박정희의 민족주의는 그 무엇보다 우선적인 '반공주의'로 대항하고 있었기 때문에 정치사상적으로 대비가 되어 있었다. 그것은 자유주의적 민족주의(Liberal Nationalism)라고 할 수 있다. 그에 반해 북한과 국내 좌익의 '민족주의'는 자유민주 대한민국을 정복하기 위한 선동수단이다. 그리고 종족적·혈연적 민족주의자들은 그들에게 이용되거나 그들을 추종하는 '쓸모 있는 바보들'이다.

박정희는 '반공을 국시(國是)의 제1의'로 삼거나 북한과 '체제경쟁을 선포'했다. 여기서 우리는 박정희가 민족보다 국가를 단연 우위이자 핵심 문제로 보았으며 전체주의의 질료(質料)가 되는 종족적·집단주의적 민족주의에 빠지지 않았음을 분명하게 알 수 있다.

조국근대화, 산업혁명, 자본주의도 도덕을 필요로 한다. 박정희에게 그런 도덕의 원천은 민족주의 내지 애국주의였다. 국민간의 협동이었다. 박정희는 거기에 개인의 자각, 즉 자조(自助)의 윤리를 병행시켰다. 그리하여 박정희는 시민적(civic), 즉 자유민주적 민족주의를 견지했다. 박정희는 선발국을 추격하기를 원하면서도 선발국이 노출한 사회적 갈등과 계급투쟁은 회피하거나 우회하기를 바랐다.

역사문화적 맥락에서 박정희를 생각해 보면 다음과 같이 말할 수 있을 것이다. 박정희의 사유(思惟)는 깊었다. 전쟁, 즉 인간 실존의 이치를 아는 선비였다. 책을 많이 읽었지만, 교과서에 얽매이는 사람이 아니었다. 실사구시(實事求是)의 자세였다. 그래서 박정희는 당대의 유행에 구애되지 않았다. '자기 준거적(準據的) 리더십'을 갖추게 됐다. 예로부터 나라를 다스릴 자는 '문무겸전(文武兼全)'이어야 한다는 것이 이상이었다. 옛 진유(眞儒)들이 박정희의 경세와 치적을 본다면 이상적인 '문무겸전'의 통유(通儒)라고 찬탄했을 것이다.

포퓰리즘 하지 않은 것이 가장 큰 치적

박정희가 당시 국내외 경제학자들의 말을 들었다면 그 후 몰락한 인도나 남미 꼴이 났을 것이다. 노벨 경제학상 수상자 루카스(Robert Lucas)가 박정희의 전략, 즉 박정희 경제학이 옳았음을 이론적으로 설명하는 논문을 1988년에야 발표했다. 박정희가 당대의 유행이나 경제학 패러다임을 곧이곧대로 따랐다든지, 포퓰리즘을 했더라면 한국은 일어날 수 없었다. 세상의 이치를 깊게 알았고, 우리 자신의 처지를 허상 없이 파악하고 그 처지에 맞게 일을 짰던 것, 겉멋을 부리지 않았던 것, 포퓰리즘을 일절 하지 않았다는 것, 그 치열한 정신적 긴장과 공변(public)됨이 박정희의 최대 치적이다.

그는 '해야 할 일'을 한 사람이었다. 다시 말해 의(義)를 행한 자다. 속물근성들에 절대 아부하지 않는 진정으로 맑고 고상한 정신, 그런 점에서 진정한 교육자요 국민의 스승이었다고 해야 할 것이다. 그 구체적 가르침은 자조와 협동 정신이다. 안보위기를 맞아서는 국민의 정신적 단결이 가장 기본적인 무기다. 박정희 정신을 이해하고 오늘에 되살려야 이 난국을 헤쳐 나갈 가망이 있을 것이다. 요즘 돌아가는 상황을 보면 '박정희 혁명'도 여기서 그만 '청산'되어 버리는 것이 아닌가 싶어 깊은 우려를 금할 수 없다.

9. '평화통일'을 다시 생각한다

김영호

　북한은 2016년 5월 제7차 당 대회에서 핵무기의 보유와 경제발전을 동시에 추진한다고 하는 소위 '핵·경제 병진노선'을 '항구적 전략노선'으로 채택했다. 이로써 북한이 핵무기를 포기하지 않을 것이라는 사실이 분명해졌다. 북한의 핵무기는 대량살상무기로서 군사적 의미뿐만 아니라 북한 전체주의체제 유지를 위한 명분을 제공하는 정치적 의미를 갖고 있다. 제7차 당 대회 이후 북한 정권이 군사적, 정치적 이유들 때문에 핵무기를 포기할 의사가 없다는 것이 더욱 확실히된 상황에서 '평화통일'의 의미를 다시 생각해보지 않을 수 없다.

　남북 관계는 '적대 관계'이다. 이러한 적대 관계는 북한의 기습 남침에 의해 시작된 6·25전쟁과 그 이후 지속적인 북한의 테러와 도발에 의해 심화되어 왔다. 이 점에서 쌍방이 전쟁을 치르지 않은 통일이전의 동서독 관계와 달리 남북 관계는 그 적대성이 두드러진다고할 수 있다. 북한의 선전 기관들은 한국의 대통령과 지도자들을 '원

수'로 부르고 있다. '원수'는 같은 하늘을 이고 도저히 살 수 없는 제거되어야 할 대상을 말하는 것으로서 남북 관계의 적대적 성격을 여실히 보여주고 있다. 북한의 전체주의체제는 그 존재의 정당성을 남한의 혁명적 타도와 흡수통일에서 찾고 있다. 그러한 혁명 정권을 군사적으로 뒷받침하는 물리적 수단이 바로 북한의 핵무기인 것이다. 북한의 핵 개발과 함께 남북의 적대 관계는 핵전쟁으로 인하여 민족 전체가 모두 절멸될 수 있는 우리 민족사에서 전대미문의 위기 상황으로 심화되고 있다.

남북의 '적대 관계'는 한국과 같은 민주주의국가에서 여당과 야당 사이에 존재하는 '갈등 관계'와는 완전히 다르다는 점을 인식하는 것이 중요하다. 한국의 여당과 야당은 자유민주주의체제의 유지에 대해서는 인식을 공유하면서 구체적 정책 채택과 추진 과정에서 이해 관계를 달리하는 '갈등 관계'를 형성하고 있다. 여야 대립이 아무리 격화되어도 북한 정권처럼 상대 정당을 타도하고 절멸시키겠다는 적대적 관계로까지는 나아가지 않는다. 민주적 선거를 통해서 여야 사이의 수평적 정권 교체가 일어나고 다수당의 지위에도 변화가 일어난다. 이러한 국내정치적 '갈등 관계'는 대화와 협상을 통하여 이해 관계의 차이점들을 조정해 나갈 수 있다. 남북 간의 '적대 관계'는 이러한 '갈등 관계'와 다르다는 것을 인식하는 것이 '평화통일'이 무엇인지를 정확하게 이해할 수 있는 가장 중요한 전제의 하나가 된다.

이런 관점에서 보면 '평화통일'은 남북 사이의 '적대 관계'를 '갈등 관계'로 전환시키는 것이다. 이러한 전환은 남북한 사이의 체제의 동질성이 확보될 때 비로소 가능하게 될 것이다. 이렇게 되기 위해서는 북한의 뜻대로 남한이 공산화되든지 아니면 북한이 유럽의 동구 공산권 국가들처럼 민주화를 통해서 자유민주주의국가로 체제 전환을 하는 것이다. 이것이 우리가 흔히 말하는 체제 변화(regime change)이다. 한국으로서는 자유와 인권이 보장되지 않는 북한 체제의 수용은 자멸의 길로 가는 것이기 때문에 도저히 받아들일 수 없는 것이다. 여기서 알 수 있는 것처럼 우리가 말하는 '평화통일'이라고 하는 것은 북한의 체제 변화를 통해서 남북 사이의 '적대 관계'가 '갈등 관계'로 전환되는 것이다. 이렇게 될 경우 동질 체제를 가진 남북은 진정한 의미에서 대화와 협력이 가능하게 되고 평화통일의 길이 열리게 될 것이다.

이처럼 '평화통일'을 생각할 때 체제 문제가 그 핵심적 위치를 차지하고 있다는 것을 알 수 있다. '평화통일' 문제는 민족이 아니라 체제를 기준으로 생각해야 된다는 점을 잊어서는 안 된다. 북한 정권은 민족공조를 내세우면서도 핵무기를 갖고 군사적으로 한국을 위협하고 민족 전체가 멸망할 수 있는 핵전쟁의 위기 상황을 조성하고 있다. 이렇게 보면 북한의 핵무기는 민족 전체를 보호하기 위한 것이 아니라 김정은 중심의 북한 전체주의체제를 유지하고 연장하기 위한 것이다. 북한의 핵 폐기가 북한의 체제변화와 밀접하게 연관되어 있다고 하는 이유가 바로 여기에 있다.

이러한 '평화통일'에 대한 뚜렷한 인식을 바탕으로 하여 자라나는 젊은 세대에게 왜 통일을 해야 하는지 그 당위성과 방법론을 구체적으로 설명해주어야 할 것이다. 또한 북한 전체주의체제를 군사적으로 뒷받침해주는 북한의 핵무기가 왜 통일에 방해가 되고 '평화통일'을 위해서는 반드시 제거되지 않으면 안 되는지에 대한 확고한 인식을 바탕으로 하여 평화통일에 대한 국민적 공감대를 형성해나가는 노력이 시급하다고 할 수 있다.

10. 북한 전체주의 규탄하는 반체제작가 반디의 '고발'

서명구

솔제니친과 반디

소설가 선우휘는 동인문학상 수상작 '불꽃'에서 한반도 북쪽에서 자리를 잡기 시작한 공산주의자들을 '청부업자'라고 칭하였다. 아무도 원하지 않는 유토피아를 건설해주겠다고 자청해서 나선 자들이라는 것이다. 그리고 이들은 종전의 유사한 부류와는 달리, "한 명도 놓치지 않고 건드려 놓고야 말려는 유능하고 가혹한 업자"라고 지적한 바 있다. 그로부터 60년의 세월이 흐른 오늘날, 소련과 같은 종주국을 비롯한 대부분 공산주의는 현실적으로 붕괴, 멸망하였거나 아니면 본래의 이념과 체제는 찾아보기 어려울 정도로 형해화된 것이 사실이다. 그러나 유독 북한만은 오히려 전체주의를 극단화시키고 나아가 1인 지배를 강화하다 못해 3대 세습이라는 전근대적 모습으로 퇴행하고 있는 것이 오늘의 현실이다.

공산주의 체제가 존재했던 냉전기간에도 소련을 위시한 공산권에서는 저들의 실상을 고발하는 많은 증언과 예술작품들이 있었다. 영화로도 익히 알려진 파스테르나크의 '닥터 지바고'를 비롯하여, '이반 데니소비치의 하루', '수용소군도', '암병동'으로 유명한 솔제니친이 대표적인 예이다. 우리의 경우도 황장엽 선생을 비롯한 많은 탈북인사들의 증언이 있었고, 또한 강철환의 '평양의 수족관'이 출간되어 국제사회에까지 커다란 충격을 주기도 하였다.

그러나 이들 대부분은 철의 장막 넘어 세계를 고발하면서, 혁명기 혹은 강제수용소라는 특수한 지역 혹은 집단을 대상으로 한 것이었다. '닥터 지바고'는 러시아혁명의 체험을 대상으로 하였고, 솔제니친의 작품들은 대개가 스탈린 시대의 강제수용소와 같은 특수 집단을 그리고 있다. '평양의 수족관' 역시 북한의 요덕 수용소를 고발하고 있다. 물론 솔제니친의 경우, 강제수용소라는 특수지역을 그 자체로 그리고 있는 것은 아니라, 소련 체제의 축소판으로서 이를 형상화하고 있다. 그리고 이를 통해 스탈린 시대 전체주의의 체제적 속성을 고발하면서 동시에 여기에서 살아가는 인간들의 정신적, 시대적 분위기를 그려내고 있는 것이다. 여기에서 고발하는 전체주의 원리란 '감시와 통제'와 이로 인한 부조리와 모순이다. 특히 강제 수용소라는 극단적인 폭력적 상황에서도 인간으로서의 존엄성을 잃지 않으려 몸부림치는 모습에서, 인간에 대한 희망의 메시지를 담고 있는 것이다.

이에 비해 북한의 작가 반디의 소설집 '고발'은 지극히 평범하고 일상적인 북한 사회 자체를 다루고 있다. 솔제니친이 주로 강제수용소와 같은 특수한 대상에서 전형적으로 드러나는 전체주의의 체제적 속성을 포착하려고 하였다면, 반디는 북한 사회 전체가 강제수용소라는 점을 웅변적으로 고발하고 있는 것이다. 솔제니친의 경우, 특수집단을 다루지 않을 경우에는, 주로 공권력이 상대적으로 크게 미치지 못하는 다시 말해 체제적 성격이 비교적 강하지 않은 시골지역을 대상으로 하고 있다. 그리고 거기에서 아직도 남아있는 러시아인의 특성과 장점을 찾아내려고 시도하였다. 이에 반해 반디는 평범한 북한 사회 곳곳에 현미경을 들이대면서, 전체주의 사회 속에서 상처 받은 인간의 삶의 모습을 묘파하고 있다. 특히 사회 전체에 편재한 무소불위의 감시와 통제를 고발하면서, 동시에 짓밟히고 왜곡되면서도 오히려 강해지는 인간애, 가족애를 증언하고 있다.

북한은 전형적인 전체주의 국가

북한은 언필칭 '공화국'을 자칭하고 있다. 그러면서도 저들 스스로 '토대' 혹은 '성분'과 '계층'을 규정하고 있다. 전근대적 사회에서도 계급 즉 신분 간 제도적 차별과 구분이 뚜렷하였지만, 이렇게 체계적인 감시와 핍박을 가하지는 못하였다. 이에 반해 북한은 적대계층에 대해서는 무자비한 감시와 탄압을 제도적, 체계적으로 가하고 있다. 북한이야말로 사회 전체를 통제와 감시 하에 놓고 철저하게 관리하는 전체주의 체제의 전형인 것이다. 단편 '탈북기'는 바로 이러한 '적대성분'의 낙인이 찍혀 신음하는 인간의 삶을 증언, 고발하고 있다.

리인철은 유능하고 전도유망한 발명가였으나, 성분상 '149호 가족' 즉 '적대 군중'으로 분류된다. 그의 처는 아직은 어린 조카 민혁이 적대계층의 낙인이 찍혀 피기도 전에 좌절하고 절망하는 처지를 안타깝게 여기면서, 자기 부부의 경우 이러한 저주스러운 낙인의 삶을 피할 수 없는 2세를 갖지 않기로 결심하고 몰래 피임을 결심한다. 여기에 남편의 멍에를 풀어줄 수 있다는 것을 미끼로 자신에게 접근하여 사욕을 채우려는 부문당비서의 겁탈미수사건을 겪게 된다. 결국 모든 내막을 알게 된 남편 리인철은 북한체제는 현대판 신분사회라는 사실, 그리고 자신은 '상놈' 더 정확히는 노예라는 점을 처절하게 절감하게 되고, 마침내 "어떤 성실과 근면으로써도 삶을 뿌리내릴 수 없는 기만과 허위와 학정과 굴욕의 이 땅"에서 탈출하려고 결심하게 된다.

단편 '무대'의 경우도 북한 주민에게 씌어진 '성분'의 멍에를 다루고 있다. 그러나 북한체제의 비리와 모순은 신분상 노예 즉 적대계층에게만 국한되는 것은 아니다. 여기에서는 체제 수호를 담당하는 간부의 경우를 그리고 있다. 주인공 홍영표는 연합기업소의 보위 주재원이다. 마침 김일성이 사망한 직후 추모기간을 맞아 조화가 동이 나자 전 주민이 산으로 들로 야생화를 꺾으러 다니게 되었다. 그런데 문제는 군에서 제대한지 얼마 안 되는 아들 경훈이 이를 핑계로 몰래 사귀는 여자 친구와 데이트를 하면서 음주까지 했다는 보고가 올라온 것이다. 아들 경훈은 군 복무 시 접경지대 즉 휴전선에서 근무하면서 남쪽의 '자유화방송'에 영향을 받아 '생활 제대'를 하여 주목의 대상이 된 상태다. 더욱 심각한 것은 경훈의 여자 친구인 큰 김숙이는 그 백부 일가가 "김정일이 후처를 한 사실"을 발설하여 '독재구역'으로 이주한 위험한 집안사람인 것이다. 이전부터 영표는 그 사실을 알고 교제를 말렸지만, 경훈은 그동안 아버지에게까지 그녀와 절교하였다고 속여 왔던 것이다. 경훈은 "억압, 통제하는 곳일수록 연극이 많아지기 마련"이라고 하면서, 북한주민 모두가 김일성의 빈소에서 억지 눈물을 흘리는 등 연기를 하지 않을 수 없는 배우라고 고발한다. 영표 부자는 크게 충돌하지만, 결국 영표 자신도 조의장에서 모두가 거짓 눈물을 흘리는 연극을 하고 있다는 사실, 나아가 자신의 인생 모두가 연극이었다는 것을 절감하고 스스로 생을 마감한다.

지배계급만이 살 수 있는 평양이라는 쇼윈도 도시의 사람들도 '프롤레타리아 독재' 다시 말해 마르크스와 김일성이라는 '붉은 유령'의 감시와 통제는 피할 수 없다. '유령도시'의 주인공 한경희는 '피살자 유가족'으로 지방에서 평양으로 시집와 수산물 상점 지배인으로 살아가고 있다. 그녀의 아파트는 '국경절'(9월 9일을 말하는 것 같음) 행사가 열리는 광장에 면해 있다. 마침 3개월 전부터 준비해온 행사가 당일 폭우로 인해 취소 여부가 논란이 되다가 날씨가 개면서 전 도시에 널려있는 100만 군중이 불과 45분 만에 정확히 광장에 모여 개최된다. 문제는 약질인 어린 아들 명식의 경풍(경기) 때문에 광장에 걸린 마르크스와 김일성의 대형 초상화가 보이지 않도록 창문의 커튼을 쳤다는 것이다. 이에 대해 "무슨 접선 암호인지 모르겠다"는 신고가 들어왔고 이에 당국의 경고가 내려졌다. 한경희는 자신의 사정을 설명하였으나, 당국은 김일성의 초상을 보고 경풍을 일으킨다고 하지만, 단순한 체질뿐 아니라 정신도 유전된다고 본 것이다. 따라서 이 사건은 단순한 커튼의 문제가 아니라 당의 유일사상체계와 관련된 문제로 간주되어 결국 평양에서 추방되고 만다. 일찍이 그의 남편은 이렇게 말했다. "프롤레타리아 독재! 그게 어떤 것인지를 알기에 이 도시 사람들은 누구나가 '토영삼굴'을 따르며 살고 있는 거요… 당신은 피살자 유가족이라는 그 밑자리 하나만을 믿고… 그 독재에 걸리는 날엔 피살자 유가족이 다 무어겠소." 그녀의 가장 중요한 죄목은 삶을 부지하자면 진작 일고 있어야 했을 무섭고도 무서운 진실, 즉 모두가 토끼처럼 3개의 숨을 굴을 갖고 살아야 한다는 '토영삼굴'을 몰랐다는 데 있었던 것이다.

북한체제는 주민들에 대한 통행의 자유마저 철저히 봉쇄하고 있어 전 사회를 실질적으로 감옥으로 운영하고 있는 전형적인 전체주의 사회다. 단편 '지척만리'는 모친의 병이 위독하지만 통행허가증이 나오지 않자, 온갖 어려움을 무릅쓰고 간신히 고향 농장의 지척까지 접근했지만 끝내 검문에 걸려 '노동단련'을 받고 돌아왔고 결국 모친의 부음을 듣는다는 스토리다. "제 나라 제 땅에 있는 고향 땅"이건만 어머니 병문안도 갈 수 없는 사회 체제에서는 모두가 '조롱속의 짐승'이라는 처절한 고발이다.

단편 '복마전'은 통행허가는 나왔으나, 해산을 앞둔 딸을 찾아가려던 노부부가 수령님이 지방시찰을 하는 '1호 행사'에 걸려 겪게 되는 북한체제의 모순을 보여준다. 이들은 어느 역사에서 행사에 걸렸고,

32시간이나 모든 열차 통행이 폐쇄된다. 노파 오씨는 자신의 영감 그리고 맡아 기르고 있는 손녀와 함께 딸집에 가려다가 어떤 역에서 열차 통행이 봉쇄되자, 그 역에서부터 그렇게 멀지 않은 딸집에 혼자 걸어 찾아가기로 한다. 그런데 가는 도중 자동차가 지나갈 수 있는 신작로를 피해 가라는 관련자들의 엄중한 주의에도 불구하고 빨리 갈 욕심에서 신작로로 가다가 마침 차량 행렬을 만나게 된다. 여기에서 노인은 수령님과 만나 자상한(?) 대화와 배려를 받게 되고, 일행의 자동차에 편승하게 된다. 한편 역사에서는 1호 행사가 해제되자 사람들이 한꺼번에 몰려들어 아수라장이 되고 그 통에 그의 손녀딸이 크게 다쳐 깁스를 하게 된다. 오씨는 손녀가 다쳐 누운 머리맡에서 이 모든 것이 자신의 탓이라고 자책하며 괴로워하고 있는데, 방송에서는 평범한 노인인 오씨가 수령님을 만나 크나큰 광영을 입었다는 '행복타령'이 수일간 되풀이 된다. 뭇사람의 고통의 울부짖음이 '행복의 웃음'으로 둔갑되는 무서운 힘을 가진 마술이 펼쳐지고 있는 것이다. 병상에서 옛날이야기를 해 달라고 조르는 손녀를 향해 오씨의 입에서는 수령님이야말로 바로 '마술을 부리는 마귀'에 다름 아니며, 북한사회야말로 이러한 마귀가 엎드려 있는 집, '복마전'이라는 이야기가 술술 나오게 된다.

이러한 북한 체제의 모순과 파탄에 직면한 현실은 누구보다 체제를 위해 헌신적 노력을 기울여온 평범한 노력영웅들이 절감하지 않을 수 없게 된다. 단편 '준마의 일생'은 '이밥에 고깃국 그리고 비단옷과 기와집'을 공산주의의 미래로 알고 그 실현을 위해 평생 몸 바쳐

일해 온 지방 기업소 안전원인 설용수를 주인공으로 하고 있다. 그는 해방 후 첫 공산당원, 마차 영웅으로 이름을 떨친 전쟁 노병, 그리고 각종 건설에 헌신하여 열세 번이나 훈장을 받은 일꾼이다. 1948년 그는 입당 기념으로 자기 집 마당에 느티나무를 심고, 이를 꿈의 열매를 맺어줄 소중한 '보물 느티나무'로 여기고 평생 소중히 가꾸어 왔다. 그런데 돌아온 것은 각종 이름의 훈장이라는 쇠붙이뿐, 현실은 집안은커녕 공장의 땔감마저 부족한 상황에서 절망하게 된다. 여기에 군에서는 통신 전선이 방해가 된다는 이유로 그의 마당에 있는 느티나무 가지를 잘라내겠다고 하자, 그는 자신의 소중한 꿈이 잘려 나가는 아픔을 느끼면서 순간적으로 감정이 폭발하여 도끼를 휘두르며 관련자들을 쫓아낸다. 그러나 결국 그는 한 평생 꿈을 의탁했던 느티나무를 자신의 손으로 찍어 내어 아궁이에 처넣어 불을 지피고는 스스로 생을 마감하고 만다.

전체주의 사회는 체제적 파탄의 책임을 전가할 희생양을 찾게 마련이다. 단편 '빨간 버섯'은 바로 그 희생양을 소재로 하고 있다. 항상 과장된 선전기사를 써서 '허대포'라는 별명을 갖고 있는 도일보 특파기자 허윤모는 친한 벗의 이모부인 고인식을 취재하게 된다. 그는 유능한 전문가로서 과거 중앙 정부기관에서 일한 바도 있지만, 처남이 월남하였다는 이력을 기만한 죄로 혁명화 대상이 되어 지방의 일개 장공장에서 기사장으로 일하고 있다. 그는 여기에서도 탄탄한 실력과 성실한 노력으로 최고 품질의 장을 생산하는 공장으로 키워놓았다. 그러나 원료부족으로 공장의 정상가동이 불가능하게 되자 그에게는 원료기지를 꾸리라는 특별한 사명이 주어진다. 그것은 심산에서 화전농을 일구는 힘든 일이었다. 허 기자는 이를 방문하고 그 성과를 도일보에 게재하려고 기사를 작성하였으나 시당 합평회에서 퇴짜를 맞고 만다. "우리 사회에서 당의 영도를 떠난 개인의 성과가 있을 수 있나?"하는 것이 이유였다. 문제는 수재로 인해 원료기지가 파괴되면서 고인식은 이제 산을 헤매면서 원료가 될 수 있는 것은 무엇이나 채취해야 하는 상황에 몰리게 된다. 결국 공장의 가동이 원활치 않은 것이 장공장 기사장에게 귀책되고, 그는 모든 책임을 물어 처형된다.

반디가 일깨운 북한인권에 대한 관심

그동안 북한사회를 고발하는 작품이나 직접적인 증언도 적지 않았다. 그러나 아직도 많은 국민들이 저들 사회의 실상에 주목하지 않고 있는 것이 오늘의 솔직한 현실이다. 특히 우리 정치권, 특히 입법부는 아직도 북한 인권문제마저도 의제로 삼지 않고 있다. 북한 인권문제라는 것 자체가 존재하지 않는다는 식이다. 여기에는 여러 이유가 있을 것이다. 먼저 시민교육, 국민교육 자체가 실종돼 버렸기 때문이다. 소련, 동구 공산권 붕괴 이전에는 공산 전체주의 사회에 대한 교육이 있었다. 문제는 민주화 이후 과도한 자신감 때문인지는 몰라도, 아직도 현존하는 북한 전체주의의 실상과 위협을 경시하고 이에 대한 교육을 소홀히 하는 경향이 강해진 것이다.

사태가 여기에 이르게 된 데에는 무엇보다 정부의 책임이 크다고 하지 않을 수 없다. 그러나 민주화 이후 우리 국민의 시각을 왜곡시켜온 일부 무책임한 지식인들과 정치인들의 의식과 행태야 말로 가장 큰 문제라고 하지 않을 수 없다. 북한체제의 '선전문학(illustrating literature)'을 마치 자유사회의 문학처럼 간주하거나, 언필칭 '내재적 접근'을 앞세워 이를 마치 진실의 반영인 것처럼 애써 인식시키려고 오도하고 있는 것이다. 어떤 작가는 북한을 방문, 저들이 전시관, 수족관처럼 보여주는 모습만을 따라가 보고서는 '사람이 살고 있었네'라는 제목의 책을 낸 것은 익히 알려진 사실이다. 그러면서도 저들의 작품 특히 김일성 우상화 내용은 말도 안 되는 허무맹랑한 것이라는 것이 은근히 켕기는지 이를 '건국신화'로 이해해 주어야 한다는 식으로 강변하기까지 하는 평론가도 있는 것이다. 북한이 '허구와 사기의 공화국'이라면, 한국은 가히 저들에 대한 인식에서 '환상의 공화국'이라고 하지 않을 수 없다.

반디의 소설에서 그리는 북한 체제는, 저들의 허위와 사기의 선전문학을 마치 음각처럼 뒤집어 보면 완벽하게 일치하는 것이라는 점에서 오히려 진실성을 갖고 있다고 볼 수 있다. 특히 반디의 소설에서는 김씨 왕조 권력자들의 이른바 '현지지도', 각종 '노력영웅'들의 스토리의 이면을 너무나 생생하게 증언하고 있다는 점에서 너무나도 사실적이라고 하지 않을 수 없다. 우리는 북한사회의 이러한 전체주의적 성격을 똑바로 직시하지 않으면 안 된다. 그리고 그 체제 속에서 신음하는 동포들의 고통, 아직도 살아 숨 쉬고 있는 인간의 원초적 인정(人情)과 양심의 소리에 귀를 기울여야 할 것이다.

2차 대전 말기 연합국은 카이로 선언을 통해 '한민족의 노예상태에 유의'하여 한국을 해방, 독립시키기로 한 바 있거니와, 통일이야말로 바로 이렇게 전체주의 체제하에서 신음하고 있는 북한 주민들을 해방시키는 것에 다름 아니다. 이것이야말로 한 핏줄 한겨레의 숭고한 도리요 엄숙한 책무가 아닐 수 없다. 이를 위해서는 우리가 먼저 '북한 주민의 노예상태'를 직시하지 못하게 하는 온갖 '환상'에서 벗어나지 않으면 안 된다. 그런 점에서 반디의 소설집 '고발'은 노예국가 북한의 실체를 똑바로 보도록 이끌어주는 소중한 길잡이가 될 것이다. 지금이야말로 칠흑 같은 어둠 속에서 꺼질 듯 말 듯 불빛을 내고 있는 작가 반디가 고발하는 북한체제의 전체주의적 가혹성과 만행을 국민과 세계에 정확히 알리고 규탄하는 데 적극 나서야 할 때이다.

11. 여론조사와 '유령(phantom)'의 선거

김영호

우리나라의 정당들이 대통령 후보와 국회의원 후보를 결정할 때 여론조사 결과를 반영하는 것은 '유령의 선거'를 조장하는 것이다. 여론조사라고 하는 것은 불특정 다수를 대상으로 하여 특정의 인물이나 정책에 대하여 의견을 묻는 것이다. 그렇기 때문에 여론조사는 유권자들이 후보를 선택하고 정부의 정책을 결정하는 과정에서 '참고용'으로만 사용되어야 한다. 그럼에도 불구하고 여론조사 결과를 근거로 하여 후보를 공천하고 정책을 결정한다는 것은 정치학적으로 볼 때 민주주의의 기본 원칙을 훼손시키고 왜곡시키는 커다란 문제라고 하지 않을 수 없다.

여론조사에 의해서 후보를 결정하고 정책을 결정한다고 하면 선거는 할 필요조차 없는 것이고 국가 정책을 논의하고 집행하기 위한 정부 부처들도 필요가 없을 것이다. 선거라고 하는 것은 유권자가 직접 투표소에 들어가서 투표를 하면서 자신의 의사를 표시하는 것이

민주주의의 원칙이다. 그럼에도 불구하고 유권자의 정체성(identity)이 불분명하고 확인되지도 않은 여론조사를 유권자의 투표 행위와 동일시 한다는 것은 '유령(phantom)'을 인정하는 것이나 다름이 없다. 우리가 투표소에 들어가기 전에 주민등록증이나 운전면허증과 같은 신분증을 검사하는 것은 유권자의 정체성을 확인하는 절차를 거치는 과정이다. 이런 과정을 거치지 않은 불특정 다수의 '유령'에 대한 여론조사를 근거로 하여 정당들이 후보를 결정하는 것은 당선된 후보들의 정당성(legitimacy)에 대한 심각한 의문을 제기하게 하는 것일 뿐만 아니라 선거 이후에도 정치체제 전반에 대한 심각한 정당성의 문제를 야기할 수 있다.

여론조사를 통한 후보 선출이 갖고 있는 이런 원칙적 문제뿐만 아니라 여론 조사의 방법과 기술적 차원에서도 수많은 문제점이 드러나고 있다. 이것은 여론조사에 의한 후보 선출이 한국 민주주의를 얼마나 왜곡시키고 있는지를 여실히 보여주고 있다. 한 여론조사 기관은 어떤 한 지역구에 출마한 후보의 지지율에 대한 여론기관들 사이의 조사 결과는 그 차이가 25%를 넘는 경우도 있었다는 문제점을 스스로 지적한 바 있다. 이런 문제점은 표본 추출, 전화조사, 데이터분석 등 조사기법 상의 왜곡이나 편법 때문에 발생한 것이라고 한다. 또한 후보들이 여론조사를 왜곡하기 위해 착신전환을 해 두는 불법적 방법을 동원하여 유죄 판결을 받은 경우도 있다. 이런 문제점들을 보면 여론조사 자체가 안고 있는 문제점들 때문에 여론조사에 의한 정당의 후보 선출이 얼마나 민주주의적 정치과정을 왜곡하고 있는지 알 수 있다.

미국의 경우 공화당과 민주당의 대통령 후보 선출을 위한 예비선
거 과정에서 여론조사 결과를 일부 반영한다는 소리는 들어보지 못
했다. 유권자들이 자신이 원하는 후보 선택에 참여하기 위해서는 반
드시 투표소에 나오지 않으면 안 된다. 미국에서도 여론조사가 이루
어지고 그 결과가 발표되지만 그것은 어디까지나 유권자들의 투표
행위를 돕기 위한 '참고용'일 뿐이다. 민주주의라고 하는 것은 일반
유권자가 되었든지 당원이 되었든지 간에 직접 투표소에 나가서 투
표에 참여함으로써 그 원칙이 준수되고 꽃필 수 있는 것이다. 불특정
다수를 대상으로 하는 책임 없는 여론조사라는 숫자를 갖고 투표 행
위와 결부시키는 것은 민주주의 원칙을 정면으로 위반하는 것이다.
이것은 여론조사 자체의 무용론을 주장하는 것이 아니다. 여론조사
는 하되 '참고용'으로만 사용해야 한다는 것이다. 이제 한국의 정당
들도 후보 선출과정에서 '유령'과 같은 여론조사 결과를 반영하는 비
민주주의적 선거 방식을 고쳐야할 것이다. 이 문제와 관련해서 여론
조사 기관들 자체적으로도 커다란 각성이 있어야 할 것이다. 또한 중
앙선거관리위원는 여론조사에 의한 후보 선출 방식이 민주주의 원칙
에 어긋난다는 점을 직시하고 그 문제점의 개선을 위한 제도적 보완
장치를 마련하는 데 적극적으로 나서야 할 것이다.

한국 민주주의의 위기는 '대표성의 위기'와 맞물려 있다. 그 위기
는 국민의 대표인 대통령과 국회의원들이 여론을 뒤꽁무니만을 따
라다닐 뿐 '설득권력(persuasive power)'을 적극적으로 행사하지 않으

려고 하는 데서 그 원인을 찾을 수 있다. 국민의 대표들은 국가적으로 중요한 정책들에 대해서는 여론의 반대가 있다고 하더라도 설득 권력을 행사하여 국민을 설득하고 리드해나가는 것이 국가발전을 위해 필요하다. 자유민주주의국가의 대표는 공산주의국가에서 보는 것처럼 공산당이 결정한 것을 사후적으로 추인해주는 고무도장과 같은 '대리인(delegate)'이 아니다. 그들은 독자적으로 사고하고 국가 전체를 위해 자율적 결정을 내릴 수 있는 '대표(representative)'이다. '유령'과 같은 여론의 맹신과 포퓰리즘에서 하루빨리 벗어나는 것이 한국 대의제 민주주의의 정착과 발전을 위해서 매우 중요하다고 할 수 있다.

12. 시민교육 프로그램을 위한 제언

김영호

시민교육은 한 공동체의 구성원으로 가져야 할 지식, 능력, 가치를 함양시키는 것을 말한다. 시민교육에는 정규적인 학교 교육이 커다란 역할을 하는 것이 사실이다. 자라나는 세대와 기성세대 모두에게 학교를 통해서 뿐만 아니라 매일매일 그들 주변에서 일어나는 일들과 보고 듣는 모든 것들이 그들의 생각에 영향을 미친다. 신문이 시민교육의 중요한 교재라고 하는 이유가 여기에 있다. 2017년 광화문 촛불집회에 참가한 대중이 '주권은 국민에게 있고, 모든 권력은 국민으로부터 나온다'는 국민주권론을 소리 높여 외쳤을 때 그와 관련된 헌법 조항을 많은 사람들이 찾아보기 시작했다는 것은 시국의 상황이 시민교육에 끼치는 영향력을 단적으로 보여준다.

시민교육이 행해지는 방식뿐만 아니라 더욱 중요한 것은 시민교육의 내용이다. '시민'의 개념은 근대에 탄생했지만 시민이 아닌 구성원을 가진 공동체는 어떤 것이든지 그 공동체의 성격에 부합되는 교육을 실시했다. 구성원에 대한 교육이 없을 경우 그 공동체는 유지·발전될 수 없기 때문이다. 플라톤과 아리스토텔레스와 공자는 자신이 속한 공동체의 유지뿐만 아니라 발전을 위해 교육의 중요성을 강조한 철학자였다. 이들의 경우에서 보는 것처럼 정치체제가 자유민주주의인가 아니면 전체주의인가에 따라서 교육의 방식과 내용은 크게 달라질 수밖에 없다.

여기서는 이 책에 실린 '한국자유회의 선언문'이 갖고 있는 한국 사회의 위기에 대한 문제의식을 바탕으로 하여 시민교육이 어떤 방향으로 이루어져야 하는지에 대해서 논의를 진행하고자 한다. 교육 방식의 경우에도 정규 학교 교육은 일단 논외로 하고 우리 사회의 시민단체들에서 행해지는 시민교육과 관련하여 몇 가지 제언을 하고자 한다. 물론 우리 사회에서는 시민단체 뿐만 아니라 토크빌이 말하는 시민사회의 자발적 조직인 포럼, 조찬모임, 동문모임, 기업 등에서 특정 주제에 대해서 강사를 초청하여 사회적 이슈들과 미래 사회와 관련된 교육과 토론이 이루어지는 것을 볼 수 있다. 이런 단체들의 활동은 시민교육뿐만 아니라 여론 형성에서 커다란 영향을 미친다. 시민단체 교육에 대한 제언은 이들 단체들에게도 유용하리라고 생각된다.

시민교육은 일반 시민들뿐만 아니라 정치인들에게도 매우 중요한 의미를 갖고 있다. 이 책 앞부분의 여러 장들에서 지적되고 있듯이 한국 자유민주주의는 대의제 민주주의이다. 대의제는 국민주권의 소유와 행사가 구분되어 있고 국민이 선출한 대표들이 일정 기간 권력을 행사하는 정치체제이다. 이들 대표들은 각자 전문분야에서 소양을 닦은 사람들이지만 본격적으로 국민의 대표로서 중앙과 지방 차원에서 정치에 입문할 경우에는 정당 차원에서 이들에게 소정의 시민교육을 제공하는 것은 당사자들뿐만 아니라 나라를 위해서도 바람직하다고 할 수 있다.

일부 정당들이 청년 당원들을 위해서 이런 교육프로그램을 운용하고 있는 것은 바람직한 현상이라고 할 수 있다. 이에 덧붙여 한국 정당들이 국회의원 및 지방선거 후보자들을 대상으로 교육프로그램을 의무적으로 운영한다면 한국 정치의 수준을 한 단계 업그레이드하는 데 기여할 수 있을 것이다. 각각 정당들이 추구하는 이념과 가치와 정책은 다를 수 있다. 정당의 특징에 맞게 이에 대한 심도 깊은 논의가 당연히 이 교육프로그램에 포함되어야 할 것이다. 이와 함께 한국의 정당들은 자유민주주의체제 내의 정당이라는 점을 인식하고 체제 교육을 강화시킬 필요가 있다.

구체적 시민교육프로그램을 마련하기 위한 실마리를 찾기 위해서는 다음의 예를 들어보면 크게 도움이 될 것이다. '당신이 서양정치사상 개론 강의를 한다고 하면 어떻게 강의계획서를 작성할 것인가? 그 내용을 제시하고 그 이유를 설명하라.' 이것은 미국 어느 명문 대학에서 출제된 박사학위 과정 '정치사상' 분야 종합시험 문제이다. 이 문제는 정치사상 전반에 대한 지식과 문제의식을 테스트하겠다는 의도를 갖고 있다. 이 질문은 정치사상에 관심을 가진 학생들에게 어떤 방식으로 강의를 구성하여 학생들로 하여금 정치사상을 이해하고 사고 능력을 배양시킬 것인지를 묻고 있다. 이 질문에 대한 해답을 보면 박사 학위 후보자의 정치사상에 대한 수준을 가늠해볼 수 있을 것이다.

한국 사회 시민교육프로그램을 작성하는 것도 이 시험 문제에서 힌트를 얻을 수 있을 것이다. '당신이 2018년 현재 한국 사회에서 시민단체 교육프로그램을 만들어야 한다고 한다면 어떻게 강의를 구성할 것인가? 그 프로그램의 구체적 제목과 내용을 제시하고 그 이유를 설명하라.' 이런 질문에 답하는 형식으로 프로그램을 짜고 그 정당한 이유를 제시할 수 있다고 한다면 각 시민단체의 수준에 맞는 훌륭한 교육안이 만들어질 수 있을 것이다.

'한국자유회의 선언문'에 나타난 문제의식을 근거로 하여 교육프로그램을 제시해보면 다음과 같다. 이 선언문은 구한말 이후 한국인은 '근대성' 확보를 위해 노력해 왔다는 점을 지적하고 있다. 그런 노력은 1948년 대한민국이라는 근대국민국가를 세운 '건국혁명'을 시작으로 '산업혁명'을 거쳐 자유민주주의체제에 의한 남북한이 하나가 되는 '통일혁명'의 과제를 남겨두고 있는 것으로 한국사의 흐름을 파악하고 있다. 한국은 북한 전체주의체제로부터 끊임없이 실존적 위협을 받고 있을 뿐만 아니라 한국 사회 내부의 체제 전복세력에 의해서 도전을 받고 있다. 이런 위기와 도전에 직면하여 대한민국을 지키려는 한국의 자유민주세력은 자유민주주의체제에 대한 사상적 이해를 강화시키고 내부 결속을 다지면서 한국 사회에 널리 퍼지고 있는 '전체주의적 사고의 일상화'에 적극 대처해나가야 한다는 점을 선언문은 지적하고 있다.

이 선언문의 문제의식을 반영한 교육프로그램의 구체적 주제들을 교육 순서대로 제시하면 다음과 같이 될 수 있을 것이다.

1) 건국사관의 관점에서 본 한국현대사
2) 21세기 미·중 패권경쟁과 한국의 국가전략
3) 자유민주주의란 무엇인가?
4) 국민주권론과 대의제 민주주의
5) 북한 전체주의의 정치사상적 기원과 그 비판
6) 한국의 정치적 낭만주의와 민족이데올로기 비판
7) 한국 사회의 전복세력과 전복전략
8) 한국 경제발전의 역사와 과제
9) 기존 통일방안의 비판적 평가와 새로운 통일전략의 모색

이상의 교육 내용들은 이 책에서 심도 있게 논의되고 있기 때문에 그 구체적 설명은 여기서 생략하고자 한다. 이것은 '한국자유회의 선언문'을 바탕으로 한 하나의 예시이다. 정당이라든지 시민단체의 경우 자신들이 갖고 있는 강령이라든지 조직의 목적에 맞게 나름대로 교육프로그램을 짤 수 있을 것이다. 교육 내용이 단순히 사실의 나열에 그치지 않고 현실에 대한 개념적 이해가 가능하도록 구성된다면 각 조직의 목적에 맞는 훌륭한 교육프로그램을 개발하고 발전시켜나 갈 수 있을 것이다.

찾아보기

ㄱ